权威·前沿·原创

皮书系列为

“十二五”“十三五”“十四五”时期国家重点出版物出版专项规划项目

BLUE BOOK

智库成果出版与传播平台

长江经济带蓝皮书
BLUE BOOK OF YANGTZE RIVER ECONOMIC BELT

长江经济带发展报告（2021~2022）

ANNUAL REPORT ON THE DEVELOPMENT OF YANGTZE RIVER ECONOMIC BELT (2021-2022)

主　编／王　振　杨　昕
副主编／王晓娟　尚勇敏

社会科学文献出版社
SOCIAL SCIENCES ACADEMIC PRESS (CHINA)

图书在版编目(CIP)数据

长江经济带发展报告.2021-2022 / 王振，杨昕主编.--北京：社会科学文献出版社，2023.2
（长江经济带蓝皮书）
ISBN 978-7-5228-1338-7

Ⅰ.①长… Ⅱ.①王… ②杨… Ⅲ.①长江经济带-区域经济发展-研究报告-2021-2022 Ⅳ.①F127.5

中国版本图书馆 CIP 数据核字（2022）第 254277 号

长江经济带蓝皮书
长江经济带发展报告（2021~2022）

主　　编 / 王　振　杨　昕
副 主 编 / 王晓娟　尚勇敏

出 版 人 / 王利民
组稿编辑 / 邓泳红
责任编辑 / 吴　敏
责任印制 / 王京美

出　　版 / 社会科学文献出版社 · 皮书出版分社（010）59367127
地址：北京市北三环中路甲 29 号院华龙大厦　邮编：100029
网址：www.ssap.com.cn
发　　行 / 社会科学文献出版社（010）59367028
印　　装 / 天津千鹤文化传播有限公司

规　　格 / 开 本：787mm×1092mm　1/16
印 张：23.25　字 数：347 千字
版　　次 / 2023 年 2 月第 1 版　2023 年 2 月第 1 次印刷
书　　号 / ISBN 978-7-5228-1338-7
定　　价 / 128.00 元

读者服务电话：4008918866

长江经济带蓝皮书
编　委　会

主要编撰者简介

王　振　上海社会科学院副院长，兼任信息研究所所长、绿色数字化发展研究中心主任、长三角与长江经济带研究中心常务副主任，区域经济学博士生导师。“长江经济带蓝皮书”“长三角经济蓝皮书”“数字经济蓝皮书”主编。1998 年毕业于日本京都大学，获博士学位，获得全国留学回国成就奖、上海市领军人才等荣誉，享受国务院政府特殊津贴。第十五届上海市人大代表、主席团成员。近年来研究出版多部著作，主要有《长三角共建世界级产业集群研究》《长三角协同发展战略研究》《上海 2050 年发展愿景》《新产业革命与上海的转型发展》《全面创新改革：上海建设全球科技创新中心的体制机制问题》《长江经济带创新驱动发展的协同战略研究》《构建人才全球战略与人才发展新格局》等。

杨　昕　上海社会科学院信息研究所长江经济带研究室主任，研究员，博士，中国老年学和老年医学学会理事，中国人口学会会员，上海老年学会理事。研究方向为人口发展与公共政策、人口老龄化、人口迁移。主持两项全国哲学社会科学基金课题、两项国家社科基金重大项目子课题、一项国家自科基金重大项目子课题，主持或作为核心成员参与完成多项上海市哲学社会科学基金和上海市政府决策咨询课题、数十项省市委办局委托课题项目，多次获得省部级以上奖励。

王晓娟　上海社会科学院应用经济研究所副研究员，2007 年毕业于浙江大学，获博士学位，2009 年上海社会科学院应用经济学博士后流动站出站，主要研究方向为产业网络和区域经济发展等，近年来主持或参与多项国家及省部级课题。主要学术成果有：专著《知识网络与企业竞争优势：浙江产业集群的经验研究》，论文《企业跨区域发展视角下的产业集群转型》《知识网络与集群企业创新绩效——浙江黄岩模具产业集群的实证研究》《上海服务业发展特征及其与经济增长的关系研究》《网络视角下企业跨区域发展与产业集群升级研究》《长江三角洲地区产业一体化的内涵、主体与途径》《跨国公司与产业集群的融合：从地理接近到关系嵌入》《三大都市圈的汽车产业集群》《工业城市转型升级的两种国际模式及对上海的启示》等。

尚勇敏 区域经济学博士，产业经济学博士后，上海社会科学院生态与可持续发展研究所副研究员，长三角与长江经济带研究中心副秘书长。主要从事区域创新与区域可持续发展研究，主持国家自然科学基金等国家级、省部级、委托课题 10 余项，出版著作 4 部，发表 SSCI、CSSCI 论文 20 余篇，曾获上海市哲学社会科学优秀成果奖二等奖、上海市决策咨询研究成果奖二等奖等荣誉，相关研究多次获上海市政府领导肯定性批示。

摘 要

《长江经济带发展报告（2021~2022）》是长江经济带蓝皮书系列的第七部，也是上海社会科学院长三角一体化发展创新团队组织研创的国家高端智库成果之一。本报告以长江经济带区域整体发展为研究对象，分为总报告、指数篇和产业篇三大部分，重点对2021~2022年长江经济带的经济、社会、环境等发展状态与态势做比较全面的梳理。运用统计数据和政府报告资料，一方面，继续对长江经济带126个城市的绿色发展、科技创新、产业转型、社会发展等进行综合评估和排名；另一方面，对长江经济带农业、工业、旅游业、交通运输业、数字经济产业等主要产业进行全面梳理，这些指数的发布和主要产业及城市发展的研究，对于长江经济带建设具有重要的决策参考价值。

总报告从经济发展、社会发展、生态发展三个角度，对2021年长江经济带总体发展进行了全面分析，其中经济发展报告指出，2021年在新冠肺炎疫情防控形势向好并呈现常态化防控的大背景下，长江经济带地区经济继续保持增长态势，占全国的经济比重持续上升，区域内经济集聚效应凸显。产业结构处于动态调整和优化阶段，服务业、工业、战略性新兴产业发展各有千秋。投资、消费、出口三大经济发展动能不断增强，内需消费强势反弹，投资、出口保持稳定增长。社会发展报告着重分析了长江经济带11个省市2019~2021年的社会事业发展基础数据，对人口发展、人民生活、公共服务、科技文化、就业与社会保障等维度的社会事业发展现状进行了研究，特别聚焦2021年疫情多点散发背景下的社会事业发展情况，试图通过厘清发展脉络、归纳基本特征来剖析长江经济带全流域经济社会协同发展面临的问题，以为推进长江经济带共同富裕目标的实现提供参考。生态发展报告指出，2021~2022年长江经济带各省市把修复长江生态环境放在压倒性位置，促进经济社会发展全面绿色转型，长江经济带生态环境保护发生了转折性变化。长江经济带各省市积极应对气候变化、加快实现“双碳”目标，强化生态环境治理、打好污染防治攻坚战，扎实推进生态建设、强化生态系统保护修复，加强生态环境保护督察、推进环境治理能力现代化，实现长江环境质量持续向好，长江生态保护修复成效逐步显现，资源利用效率稳步提升。通过构建指标体系对长江经济带生态绿色发展水平进行评估，发现长江经济带中部地区绿色发展进步明显，排名超越东部地区，九省二市绿色发展综合水平的区际差距持续缩小。其中，东部地区在绿色生产领域优势明显，中部和西部地区分别在绿色生活和绿色生态领域占据优势。未来，长江经济带应以水环境治理作为环境保护的突破口，以无废城市建设引领长江经济带循环经济发展，以低碳节能转型促进长江经济带尽快实现“双碳”目标。

指数篇包括了五大指数，分别是长江经济带地区绿色发展、科技创新驱动力、产业转型升级、社会发展和共同富裕水平指数。其中绿色发展指数报告从绿色生态、绿色生产、绿色生活三个领域，对长江经济带126个地级及以上行政区2020年度的绿色发展水平进行了系统评价。通过对绿色发展综合指数和三大领域发展指数的测算与排名，在城市、城市群两个尺度上全面刻画了长江经济带绿色发展水平和空间格局。科技创新驱动力指数报告通过构建长江经济带科技创新驱动力指标评价体系，并基于AHP-EVM模型设置主客观综合指标权重，得到科技创新驱动力综合指数与科技创新投入、科技创新载体、科技创新产出、科技创新绩效4个专项指数以及10个二级指标得分，全面、系统地评价了长江经济带110个城市的科技创新驱动力。结果表明，以上海、南京、武汉、苏州、杭州等城市为长江经济带科技创新核心驱动力的格局趋于稳定，成都、重庆、南昌、贵阳等中西部中心城市的排名有所提升。产业转型升级指数报告从结构优化、质量提升、产业创新、环境友好四个维度，系统而全面评价了长江经济带126个城市的产业转型升级水平。依据综合指数及四个专项指数，对126个城市进行了排名，并着重对长江经济带产业转型升级排名前20的重点城市进行了分析。社会发展指数报告将长江经济带全域内126个地级以上行政区作为样本，通过构建包括社会事业、社会保障、社会均衡、社会活力四个维度在内的发展指数，全面分析了长江流域发展动态。与上年相比，长江经济带社会发展指数得分持续提升，但疫情带来的影响仍然明显，导致提升速度较以往有所减缓。从区域差距来看，上中下游间仍存在明显的差距，特别是上游和下游间。从分项指标看，长江经济带全域的社会事业发展相对稳定，城乡发展相对均衡，社会保障事业向好且进步空间仍较大。具体而言，长江经济带下游三省一市继续大幅领先于全域，与中游和上游地区形成阶梯式的断层，上游和中游城市在社会保障领域发展仍明显滞后，需进一步采取针对性举措促进社会全面发展。共同富裕水平指数报告围绕长江经济带地区共同富裕的本质、内涵、目标构建了长江经济带共同富裕水平测度指标体系，从政治、经济、社会三大宏观层面来探究长江经济带实现共同富裕之路，并提出要深刻理解共同富裕的理论内涵，探索平衡、协调、包容的发展路径；夯实共同富裕的经济制度保障，深入实施区域协调发展战略；精神富裕和物质富裕同步推进，建设物质文明、精神文明高度共存的社会；全面实施乡村振兴战略，缩小城乡生活差距。

产业篇跟踪研究了长江经济带农业、工业、旅游业、交通运输业和数字经济的最新发展态势，运用统计年鉴、统计公报数据进行了全面梳理分析。其中农业发展报告指出，长江经济带地区农业增加值仍占全国农业经济的近半壁江山，拥有与全国总体相似的产业结构，上中下游地区农业基础各异，下游地区农业发展水平较高，中游地区次之，随着对农业用地的宜机化改造，以丘陵山区为主的中下游地区农业发展较快，机械化和设施化水平不断提高。要整体上实现农业现代化，长江经济带地区还存在短板，需要上中下游地区加强合作、协同发展。2022年长江经济带各地区继续以实施乡村振兴战略为总抓手，稳定主要农产品供给、夯实农业现代化基础、推动一二三产业融合发展，大力提升农业发展质量。工业发展报告指出，2021年长江经济带工业经济稳健上行、稳中向好，工业投资恢复快速增长，规上工业企业经济效益大幅提升，工业资产增幅持续扩大。从重点行业发展水平看，计算机、通信和其他电子设备制造业快速增长，化学原料和化学制品制造业营收持续下滑，电气机械和器材制造业平稳发展，汽车制造业产销量均显著提升，新能源汽车产量实现成倍增长。2022 年是实施“十四五”规划的关键之年。推进长江经济带发展作为促进区域协调发展的重大举措被党的二十大报告重点提及。长江经济带沿线各省市将加快培育壮大新动能，积极推进数字产业化、产业数字化，增强产业链供应链韧性和优势，提高制造业的核心竞争力，推动经济高质量发展。数字经济发展报告指出，2021 年我国数字经济增加值达到 45.5 万亿元，同比名义增长 16.2%，占 GDP 比重达到 39.8%。在过去一年里，长江经济带地区数字经济得到显著发展。从数字产业化来看，长江经济带的电子信息制造业占全国的 1/2 左右，软件与信息技术服务业增速在 10%以上。从产业数字化来看，江苏、浙江、上海、湖北、四川、湖南、安徽、重庆、江西的产业数字化规模都超过 1 万亿元。另外，长江经济带地区的电子商务、大数据、人工智能等在 2021 年都有不俗的表现。2022 年，长江经济带地区的数字经济成为后疫情时代经济高质量发展的重要动能，网络基础设施进一步完善，数字化转型步伐加快，数字经济实现更好地协同发展。旅游业发展报告指出，长江经济带作为我国旅游业综合实力最强、战略支撑作用最大的区域之一，将共建“长江国际黄金旅游带”作为实施长江经济带重大战略的突破口和重要抓手。经过多年发展，长江经济带 11 省市旅游业在资源开发、产业转型升级等方面实现了长效合作。但区域间的旅游发展水平仍存在差距，区域合作过程中仍存在壁垒。报告结合疫情防控常态化的背景，尤其是乡村旅游和红色旅游发展的新趋势，对长江经济带的旅游业现状进行分析，并针对当下旅游业发展中的新需求，围绕进一步开发国内旅游市场、丰富长江经济带乡村旅游业态、打响区域红色旅游品牌等提出相应的建议。交通运输业发展报告指出，2021 年疫情多点散发，国家采取各项有力防疫措施使得国内疫情防控形势向好。长江经济带交通运输业抓住时机求发展，交通基础设施建设稳步推进，综合立体交通网络加快完善，高效率交通基础设施以及普通干线交通网结构不断优化，交通运输水平逐步提升。基于交通网络里程、道路投资状况、港口建设和机场群建设等各方面统计数据，深入分析长江经济带交通运输业发展情况，并对上中下游发展状况进行比较，针对长江经济带交通运输业高质量发展提出相应的建议。

关键词： 长江经济带 经济发展 社会发展 产业发展 发展指数

目 录

Ⅰ 总报告

B.1 长江经济带经济发展报告（2021~2022）…… 王 振 马 双 / 001

B.2 长江经济带社会发展报告（2021~2022）…………… 杨 昕 / 013

B.3 长江经济带生态发展报告（2021~2022）…… 尚勇敏 海骏娇 / 050

Ⅱ 指数篇

B.4 长江经济带绿色发展指数报告（2021~2022）……… 海骏娇 / 077

B.5 长江经济带科技创新驱动力指数报告（2021~2022）
………………………………………………………… 杨 凡 / 107

B.6 长江经济带产业转型升级指数报告（2021~2022）
………………………………………………………… 马 双 / 142

B.7 长江经济带社会发展指数报告（2021~2022）……… 杨 昕 / 173

B.8 长江经济带共同富裕水平指数报告（2021~2022）
………………………………………………………… 乐 菡 / 198

Ⅲ 产业篇

B.9 长江经济带农业发展报告（2021~2022） …………… 戴伟娟 / 220

B.10 长江经济带工业发展报告（2021~2022）…………… 张美星 / 245

B.11 长江经济带数字经济发展报告（2021~2022）……… 徐丽梅 / 269

B.12 长江经济带旅游业发展报告（2021~2022）
…………………………………………… 于秋阳 王 倩 / 294

B.13 长江经济带交通运输业发展报告（2021~2022）
…………………………………………… 王晓娟 段 宇 / 318

Contents ……………………………………………………………… / 339

皮书数据库阅读**使用指南**

总报告

General Reports

B.1

长江经济带经济发展报告（2021～2022）

王振　马双*

摘　要： 长江经济带覆盖沿江11省市，横跨我国东中西三大板块，人口规模和经济总量均占全国半壁江山，经济地位突出，发展潜力巨大，在推动我国经济高质量发展中发挥着重要的作用。2021年，在新冠肺炎疫情防控形势向好且防控常态化的大背景下，长江经济带经济保持增长态势，占全国的比重持续上升，区域经济集聚效应凸显。产业结构处于动态调整和优化阶段，服务业、工业、战略性新兴产业发展各有千秋。投资、消费、出口三大经济发展动能不断增强，内需消费强势反弹，投资、出口保持稳定增长。

关键词： 经济发展　产业结构　经济动能　长江经济带

* 王振，上海社会科学院副院长、信息研究所所长，研究员；马双，上海社会科学院信息研究所副研究员。

长江经济带在我国区域经济发展格局中具有极其重要的地位和作用，是我国纵深最长、覆盖面最广、影响最大的黄金经济带，是畅通国内国际双循环、引领经济高质量发展的主力军。

2021 年，长江经济带经济继续保持平稳增长，产业结构进一步调整优化，新的经济增长动能逐渐增强，充分彰显出黄金经济带的活力和潜力。2021 年，长江经济带 11 省市经济总量占全国的比重达到 46.4%，持续支撑和引领全国经济发展。2021 年，在新冠肺炎疫情防控常态化的大背景下，沿江省市统筹做好疫情防控和经济社会发展工作，有效克服了内外部环境的变化冲击，为我国经济高质量发展作出了突出贡献。

一　2021年长江经济带经济发展概况

2021 年，长江经济带地区经济总量和人均经济规模持续扩大，在全国经济发展格局中的重要性稳步上升，区域经济集聚效应进一步凸显。在上一年新冠肺炎疫情严重影响经济增长的背景下，经济增长速度明显反弹，经济发展水平继续领先全国。

（一）经济规模持续扩大，增长速度反弹明显

2021 年，长江经济带 11 省市实现地区生产总值 53.0 万亿元，平均增速达到 8.6%（两年平均增速 5.6%），较上年平均增速上升 5.7 个百分点，较同期我国国内生产总值增速高出 0.5 个百分点，增长速度明显反弹，经济发展水平继续领先全国。人均 GDP 达到 88625 元，同比增长 11.7%，高出全国平均水平（80976 元）7649 元，领先幅度与上年相比有所增加。在 11 个省市中，湖北经济增速强势反弹（12.9%），而湖南、云南的经济增速（分别为 7.7%和 7.3%）低于全国平均水平，人均 GDP 低于全国平均水平的有安徽、江西、湖南、四川、贵州和云南 6 省，与上年保持一致。总体来看，长江经济带经济总量稳定增长，人均 GDP 继续提升，经济增速反弹明显。

表 1　2020~2021 年长江经济带 11 省市 GDP 和人均 GDP 情况

地　区	GDP(亿元)		GDP 增速(%)			人均 GDP(元)	
	2020 年	2021 年	2020 年	2021 年	两年平均	2020 年	2021 年
上　海	38701	43215	1.7	8.1	4.8	159672	173594
江　苏	102719	116364	3.7	8.6	6.1	122000	136812
浙　江	64613	73516	3.6	8.5	6.0	100070	113032
安　徽	38681	42959	3.9	8.3	6.0	63383	70321
江　西	25692	29620	3.8	8.8	6.2	56855	65560
湖　北	43443	50013	-5.0	12.9	3.3	75223	86416
湖　南	41782	46063	3.8	7.7	5.7	62882	69440
重　庆	25003	27894	3.9	8.3	6.1	78002	86879
四　川	48599	53851	3.8	8.2	6.0	58081	64323
贵　州	17827	19586	4.5	8.1	6.3	46229	50808
云　南	24522	27147	4.0	7.3	5.6	50299	57686
长江经济带	471582	530228	2.9	8.6	5.6	79336	88625
全　国	1015986	1143670	2.3	8.1	5.1	72447	80976

资料来源：2020~2021 年中国和相关省市统计公报。

（二）经济比重继续提升，经济集聚效应凸显

2021 年，长江经济带 11 省市地区生产总值占全国的比重达到 46.4%，较 2019 年提升 0.2 个百分点，与 2020 年持平，2019~2021 年经济总量每年增加 1 万亿元以上，年均增幅超过 5%，长江经济带地区经济在全国经济总量中的比重不断上升。

在总量保持上升的情况下，长江经济带地区经济集聚度进一步提升。2020 年，东部长三角地区（沪苏浙皖）的经济总量在长江经济带所占比重上升，从 2019 年的 51.8%上升到 2020 年的 51.9%，再上升到 2021 年的 52.1%，增加了 0.3 个百分点；中部地区的赣鄂湘从 2019 年的 24.1%下降到 2021 年的 23.7%，下降了 0.4 个百分点；西部地区的云贵川渝占比从 2019 年的 24.2%提高到 2020 年的 24.6%再下降到 2021 年的 24.3%，变化幅度较小。总体而言，长江经济带内部东部板块的经济总量占比逐年提高，经济集聚度进一步提升。

表 2　2019~2021 年长江经济带 11 省市 GDP 及占比情况

单位：亿元，%

地　区	2019 年		2020 年		2021 年	
	规模	占比	规模	占比	规模	占比
上　海	38155	8.3	38701	8.2	43215	8.2
江　苏	99632	21.8	102719	21.8	116364	21.9
浙　江	62352	13.6	64613	13.7	73516	13.9
安　徽	37114	8.1	38681	8.2	42959	8.1
江　西	24758	5.4	25692	5.4	29620	5.6
湖　北	45828	10.0	43443	9.2	50013	9.4
湖　南	39752	8.7	41782	8.9	46063	8.7
重　庆	23606	5.2	25003	5.3	27894	5.3
四　川	46616	10.2	48599	10.3	53851	10.2
贵　州	16769	3.7	17827	3.8	19586	3.7
云　南	23224	5.1	24522	5.2	27147	5.1
长江经济带	457806	—	471582	—	530228	—
全　国	990865	—	1015986	—	1143670	—
占　比	—	46.2	—	46.4	—	46.4

资料来源：2019~2021 年中国和各省市统计公报。

二　2021年长江经济带产业发展概况

2021 年，长江经济带产业结构进一步优化，除江西外各省市的第三产业占比均超过了 50%。其中，服务业发展稳中有进，工业经济运行良好，战略性新兴产业加速成长，重点行业表现突出，但省际产业结构、产业体系和重点产业发展情况仍存在明显的差异。

（一）产业结构进一步优化，地区特色差异明显

2021 年，长江经济带 11 省市产业结构进一步优化，三次产业结构平均值从 8.4∶37.9∶53.8 调整为 7.9∶38.6∶53.5，第一产业比重进一步下降，第二产业比重提升明显，第三产业比重小幅下降。分地区看，上海、湖北、重庆、四川的第三产业比重呈现上升趋势，其中湖北第三产业从疫情影响中恢复过来，占

比增长了 1.5 个百分点；上海第三产业比重继续上升，达到 73.3%。工业化持续推进，除上海和湖北外，其他省市第二产业比重均呈现不同程度的上升，江苏、浙江、江西、湖南、云南的第二产业比重涨幅均超过 1 个百分点。而各省市第一产业比重则呈现出不同程度的下降，其中降幅最大的四川下降了 0.9 个百分点。

从各省市的产业结构来看，上海第三产业产值占比高出第二产业 46.8 个百分点，与上年相比，第二和第三产业比重差距进一步拉大，第一产业占比微乎其微，服务型经济主导的产业结构特征极为明显；江苏、浙江、重庆三地的第一产业占比不足 7%，其中浙江、重庆第三产业占地区生产总值的比重高出第二产业 12 个百分点以上，形成典型的“三二一”产业结构，江苏制造业依旧占据重要位置，形成二三产业并驾齐驱的产业结构；安徽农业占据一定比例，第二产业占比增加，服务业占比较为稳定，工业化快速推进；江西农业也占据一定比重，但第二产业比重与第三产业比重相差不大，产业结构较为均衡；湖北、湖南、四川、贵州、云南的第一产业比重处于 9%~15%，第二产业比重不足 40%，第三产业占比又远远超过第二产业，产业体系中的农业仍占据一定地位，服务业稳定发展，工业化快速发展。

表 3　2020~2021 年长江经济带 11 省市三次产业结构变化情况

单位：%

地区	2020 年			2021 年		
	第一产业	第二产业	第三产业	第一产业	第二产业	第三产业
上海	0.3	26.6	73.1	0.2	26.5	73.3
江苏	4.4	43.1	52.5	4.1	44.5	51.4
浙江	3.3	40.9	55.8	3.0	42.4	54.6
安徽	8.2	40.5	51.3	7.8	41.0	51.2
江西	8.7	43.2	48.1	7.9	44.5	47.6
湖北	9.5	39.2	51.3	9.3	37.9	52.8
湖南	10.2	38.1	51.7	9.4	39.3	51.3
重庆	7.2	40.0	52.8	6.9	40.1	53.0
四川	11.4	36.2	52.4	10.5	37.0	52.5
贵州	14.2	34.8	50.9	13.9	35.7	50.4
云南	14.7	33.8	51.5	14.3	35.3	50.4

资料来源：2020~2021 年各省市统计公报。

（二）服务业发展稳中有进，工业经济运行良好

2021 年，长江经济带服务业增加值达 25.3 万亿元，占 GDP 比重达 47.7%，是拉动区域经济发展的主要产业部门。但受到新冠肺炎疫情的影响，服务业增加值出现负增长。除江西外，其他 10 个省市的服务业增加值占比均超过了 GDP 的一半。其中，上海、江苏、浙江的服务业对地区生产总值的增长贡献率最高，云南、湖北、湖南的服务业对地区生产总值的贡献率最低。

服务业重点行业发展情况地区差异较大。上海的金融业稳步增长，全年实现金融业增加值 7973.25 亿元，比上年增长 7.5%，全年金融市场交易总额达到 2511.07 万亿元，比上年增长 10.4%；江苏规上高技术服务业营业收入同比增长 18.1%，对全省规上服务业增长贡献率达 32%，数字赋能动力强劲，规上服务业中互联网和相关服务营业收入比上年增长 27.5%；浙江全年服务业增加值突破 4 万亿元大关，达 40118 亿元，比上年增长 7.6%，规模以上服务业企业营业收入 26929 亿元，增长 22.8%，规模以上服务业企业户均营业收入 2.2 亿元，比上年提高 0.4 亿元；安徽信息传输、软件和信息技术服务业增加值 964 亿元，同比增长 10.6%，租赁和商务服务业增加值 1267.4 亿元，同比增长 9.8%，全年规模以上服务业企业营业收入增长 16.8%，其中以互联网信息技术、商务服务等为代表的服务业营业收入增长 18.4%；江西全年服务业实现增加值 14102.2 亿元，比上年增长 9.5%，全年规模以上服务业企业营业收入 3669.4 亿元，比上年增长 18.0%，利润总额 230.4 亿元，增长 27.9%；湖北逐渐从新冠肺炎疫情影响中走出来，交通运输仓储和邮政业、批发和零售业、住宿和餐饮业、金融业、房地产业、其他服务业增加值分别增长 22.9%、18.3%、19.9%、4.5%、9.3%、12.4%；湖南全年规模以上服务业企业营业收入增长 17.6%，利润总额增长 41.7%，生产性服务业对经济增长的贡献率为 24.2%；重庆生活型服务业加快增长，增速居各部门首位，其中批发和零售业、住宿和餐饮业增加值分别比上年增长 13.4%、14.1%；四川服务业规模进一步扩大，全年增速达

8.9%，服务业市场主体快速成长，全省服务业新增市场主体 121.5 万户，占全部新增市场主体的近九成；贵州全年服务业增加值比上年增长 7.3%，两年平均增长 5.7%，部分规上服务业增势强劲，互联网和相关服务业、软件和信息技术服务业、商务服务业营业收入分别同比增长 165.0%、19.0%、13.0%；云南规模以上服务业实现营业收入 2085.04 亿元，增长 15.8%，两年平均增长 9.3%，其中，研究和试验发展业增长 94.8%，多式联运和运输代理业增长 86.5%，全年新增 5G 基站 21886 个，带动信息技术服务业加快增长。

2021 年，长江经济带工业经济运行态势良好，规上工业增加值平均增速达 11.1%。上海全年实现工业增加值 10738.80 亿元，比上年增长 9.5%，完成工业总产值 42013.99 亿元，增长 10.2%；江苏先进制造业增势良好，高技术产业、装备制造业增加值比上年分别增长 17.1%和 17.0%，高于规模以上工业 4.3 个和 4.2 个百分点，对规上工业增加值增长的贡献率达 30.5%和 67.3%；浙江工业增加值迈上 2 万亿元新台阶，比上年增长 12.9%，两年平均增长 9.1%，38 个工业行业大类中，35 个行业增加值比上年增长，增长面为 92.1%，19 个行业实现两位数增长，其中，金属制品（25.6%）、计算机通信电子（22.7%）、通用设备（19.0%）、电气机械（17.2%）、专用设备（14.2%）和汽车（10.0%）等 6 个行业合计拉动规模以上工业增加值增长 10.5 个百分点；安徽规模以上工业企业 19553 户，比上年增加 1184 户，全年规模以上工业增加值比上年增长 8.9%，41 个工业门类中，计算机、通信和其他电子设备制造业，汽车制造业，金属制品业成为增速最快的三个行业；江西实现工业高质量发展，全年工业增加值 10773.4 亿元，比上年增长 9.0%，规模以上工业增加值增长 11.4%，非公工业贡献突出，非公有制工业增加值增长 12.6%，占全省规上工业比重为 81.7%，对规模以上工业增长的贡献率为 86.9%；湖北规模以上工业企业达到 16269 家，规模以上工业增加值比上年增长 14.8%，其中制造业增加值增长 14.8%；湖南装备制造业增加值增长 13.7%，占规模以上工业的比重为 31.7%，省级及以上产业园区工业增加值增长 10.1%，占规模以上工业的比重为69.8%，比上年提高0.7个百分点；重庆规模以上工业增加值比上年增长10.7%，电气机械和器材制造业，电力、热力生产和供应业，农副食品加工业增长最快，增速分别为27.0%、15.6%、14.0%；四川规模以上工业41个行业大类中有31个行业增加值增长，高技术制造业增加值增长19.4%，占规模以上工业增加值的比重为15.6%，五大现代产业增加值增长10.9%，六大高耗能行业增加值增长9.5%；贵州19个重点监测的工业行业中，12个行业增加值保持增长，其中，酒、饮料和精制茶制造业增加值比上年增长40.7%，计算机、通信和其他电子设备制造业增加值增长27.8%，化学原料和化学制品制造业增加值增长25.9%；云南工业生产平稳增长，全年规模以上工业增加值增长8.8%，其中高技术制造业增加值增长34.9%。

表4 2019~2021年长江经济带11省市规上工业增加值增速

单位：%

地 区	2019年	2020年	2021年
上 海	0.4	1.7	11.0
江 苏	6.2	6.1	12.8
浙 江	6.6	5.4	12.9
安 徽	7.3	6.0	8.9
江 西	8.5	4.6	11.4
湖 北	7.8	-6.1	14.8
湖 南	8.3	4.8	8.4
重 庆	6.2	5.8	10.7
四 川	8.0	4.5	9.8
贵 州	9.6	5.0	12.9
云 南	8.1	2.4	8.8

资料来源：2019~2021年各省市统计公报。

（三）战略性新兴产业快速发展，重点领域各具特点

2021年，长江经济带11省市战略性新兴产业实现快速发展。上海新能

源、高端装备、生物、新一代信息技术、新材料、新能源汽车、节能环保、数字创意等工业战略性新兴产业完成规模以上工业总产值 16055.82 亿元，比上年增长 14.6%，占全市规模以上工业总产值比重达到 40.6%；江苏全年工业战略性新兴产业、高新技术产业产值分别占规上工业比重达 39.8%、47.5%，分别比上年提高 3 个、1 个百分点，数字经济加速赋能，规上工业中数字产品制造业增加值比上年增长 19.7%，高于规上工业 6.9 个百分点；浙江以新产业、新业态、新模式为主要特征的“三新”经济增加值占 GDP 的 27.8%，数字经济核心产业增加值增长 20.0%，增速比规模以上工业高 7.1 个百分点，拉动规模以上工业增加值增长 2.9 个百分点；安徽新兴动能不断增强，新一代信息技术产业、新能源汽车产业产值分别增长 31.2%、31%；江西战略性新兴产业、高新技术产业增加值占规模以上工业增加值比重分别为 23.2%、38.5%，比上年分别提高 1.1 个、0.3 个百分点，新增国家级专精特新“小巨人”企业 109 家，总数达 144 家；湖北全年规上工业战略性新兴产业实现营业收入 10964.3 亿元，高新技术产业增加值达到 10196.5 亿元，均首次突破万亿元大关，集成电路、新型显示器件、下一代信息网络、生物医药四大战略性新兴产业加快发展；湖南全年战略性新兴产业增加值增长 12.3%，高新技术企业数量突破 1 万家，高端装备、新材料、航空航天、新一代信息技术等产业集群规模效应凸显；重庆全年规模以上工业中战略性新兴产业增加值比上年增长 18.2%，新一代信息技术产业、生物产业、新材料产业、高端装备制造产业增加值分别增长 18.6%、11.9%、19.6%、13.2%；四川战略性新兴产业整体发展势头良好，重点领域亮点凸显，医药制造业、新能源汽车业加速发展，新型基础设施建设进一步加快；贵州 2021 年战略性新兴产业总产值占规模以上工业总产值的比重达 12%，绿色发展成效明显，全省 2 家企业入选国家工业产品绿色设计企业，17 户企业、3 个园区、13 种产品被纳入国家绿色制造公示名单；云南围绕生物医药、新能源、新材料等重点行业领域加快发展新兴产业，高技术制造业、装备制造业增加值分别比上年增长 34.9%、32.7%，增速快于规模以上工业 26.1 个、23.9 个百分点。

三　2021年长江经济带三大经济动能概况

2021 年，新冠肺炎疫情防控常态化，长江经济带经济增长动力复苏变化。三大增长动力中，内需消费强势反弹，经济贡献率显著上升；投资规模仍然处于增长态势，但贡献有所下降；出口规模持续上扬，部分地区波动较大。总体而言，2021 年长江经济带投资、出口对经济增长的拉动作用仍然显著，出口的影响力进一步提升，消费出现强势反弹，增长速度由负转正。长江经济带区域间经济增长动力也存在较明显的差异。

（一）投资规模继续扩大，增长幅度反弹明显

2021 年，长江经济带固定资产投资额继续保持增长，固定资产投资规模达 373068 亿元，占全国的比重为 67.5%；平均投资增速达 8.7%，高出全国平均值 3.8 个百分点。长江经济带沿线各省市逐渐适应疫情防控常态化，长江经济带固定资产投资增长加速，占全国的比重也略有上升。除贵州投资呈现负增长外，其余省市投资增速都出现反弹迹象。湖北投资增速强势反弹，是 11 省市中增速唯一超过 20%的，浙江、江西、四川等地的投资增速变化幅度较大，江苏、云南的投资增速变化幅度较小。

（二）内需消费快速增长，全国占比有所上升

2021 年，长江经济带内需消费快速增长，全社会消费品零售总额为 21.6 万亿元，平均增速达 14.9%，高出全国平均值 2.4 个百分点，占全国的比重上升了 1 个百分点，达到 48.9%。与 2020 年各省市消费大多出现负增长的情况相比，2021 年除浙江、云南外，其余省市的全社会消费品零售总额增速均在 10%以上。2021 年，长江经济带沿线各省市有效控制住疫情，家庭消费、服务性消费、奢侈品消费快速反弹，数字化消费需求增加态势依旧延续，消费规模和经济带动作用反弹明显。

（三）贸易出口持续上扬，部分地区波动较大

2021 年，在疫情和中美贸易摩擦的不利背景下，长江经济带贸易出口继续上扬，沿线 11 省市贸易出口均实现了 10%以上的正增长。全年长江经济带实现出口额 134950 亿元，同比增长 19.3%，增速较 2020 年上升 4.0 个百分点，但在全国外贸形势整体利好的情况下，增速低于全国 2.1 个百分点。浙江、安徽、江西、湖北、湖南、重庆、四川、云南 8 省市的出口实现了 20%以上的增长，上海、江苏、贵州 3 省市的出口增长 10%以上，从增幅变动情况来看，受疫情影响，贵州、云南的出口增速波动较大，分别下降 18.9 个和 23.9 个百分点；其余省市的增幅均出现不同程度的上升，其中，江西、四川增幅分别为 8.8 个和 3.5 个百分点，上海、江苏、浙江、安徽、湖北、湖南、重庆的增幅均在 10 个百分点以上，湖北增幅甚至超过了 20 个百分点。总体而言，长江经济带整体出口形势良好，但个别省市的出口波动较大。

表 5　2021 年长江经济带 11 省市投资、消费和出口情况

单位：亿元，%

地区	绝对值			增速		
	投资	消费	出口	投资	消费	出口
上　海	9553	18079	43683	8.1	13.5	16.3
江　苏	62362	42703	32532	5.8	15.1	18.6
浙　江	42863	29211	30121	10.8	9.7	22.4
安　徽	40969	21471	4095	9.4	17.1	29.5
江　西	32122	12207	3672	10.8	17.7	25.8
湖　北	38194	21561	3509	20.4	19.9	29.9
湖　南	44090	18597	4213	8.0	14.4	27.5
重　庆	21744	11680	5168	6.1	18.5	23.4
四　川	37423	24133	5709	10.1	15.9	22.7
贵　州	18066	5206	487	-3.1	13.7	13.0
云　南	25682	10732	1761	4.0	9.6	23.5
长江经济带	373068	215580	134950	8.7	14.9	19.3
全　国	552884	440823	391009	4.9	12.5	21.4

资料来源：2021 年中国和各省市统计公报。

2021年，在疫情防控形势向好和常态化的大背景下，三大增长动力对经济增长的拉动作用出现明显变化，经济增长动力结构也存在较明显的区域差异。具体而言，投资、出口对长江经济带经济增长的拉动作用依旧明显，投资的驱动力明显弱于出口，而消费的拉动力出现强势反弹。从各省市来看，上游和下游地区消费和出口的拉动作用较凸显，中游地区“三驾马车”的贡献作用较为均衡。浙江消费的带动作用弱于投资，上海、江苏、浙江、江西等在投资、消费与出口方面的增幅差距较小；中部地区的湖北强势反弹，三大增长动力增强；西部地区各省市出口的稳定性和带动作用明显优于投资和消费。其余地区增长动力波动变化，对经济的贡献率也呈现出不同的结果。

B.2

长江经济带社会发展报告（2021~2022）

杨 昕*

摘 要： 本报告着重分析了长江经济带11省市2019~2021年的社会事业发展数据，对人口发展、人民生活、公共服务、科技文化、就业与社会保障等维度的社会事业发展现状进行了阐述，特别聚焦疫情多点散发背景下的社会事业变动情况，试图通过厘清发展脉络、归纳基本特征来剖析长江经济带全流域经济社会协同发展面临的问题，以为推进长江经济带共同富裕目标的实现提供参考。

关键词： 长江经济带 社会发展 社会事业

长江经济带是我国社会经济发展综合实力最强、具有重大战略支撑作用的区域，覆盖我国东中西三大板块，辖区面积占全国的1/5，2021年人口占全国的43.00%，经济产出占全国的46.36%。2014年以来，党和政府对这一区域的重视程度日益提升。2016年《长江经济带发展规划纲要》正式印发，习近平总书记多次召开座谈会做出重要指示，为长江经济带的发展把脉定向。2020年11月14日，习近平总书记在全面推动长江经济带发展座谈会上指出，要围绕当前制约长江经济带发展的热点、难点、痛点问题开展深入研究，摸清真实情况，找准问题症结，提出应对之策。

* 杨昕，上海社会科学院信息研究所研究员。

疫情多点散发对我国宏观经济发展带来了显著影响，长江经济带2021年经济发展形势较2020年有所好转，但仍弱于疫情前。在社会事业发展方面，2021年9省2市保持了既有水平，稳中有进。本报告基于各种社会事业发展数据①描述了长江经济带9省2市2021年的社会事业发展状况，同时对存在的问题进行了梳理，试图为推动长江经济带各省市社会事业发展向更高层次迈进提供有价值的意见和建议。

一　长江经济带各省市社会事业发展基本情况

为了保持与上年度报告内容的延续性，下文对长江经济带社会事业发展的现状描述将从人口发展、人民生活、公共服务、科技文化、就业与社会保障等五个方面展开。

（一）人口发展

2020年我国进行了第七次人口普查，相关详细数据于2022年7月发布。比较2019年、2020年和2021年的各省份人口数据可以看到，长江经济带人口发展中出现的新情况。

1. 常住人口增速普遍放缓，但上中下游之间有所差异

从2022年7月第七次人口普查数据来看，2010~2020年长江经济带的常住人口规模增长了3300.99万人，增长速度慢于全国平均水平，这使得长江经济带常住人口占全国总人口的比例有不到1个百分点的下降。

从全国来看，长期的超低生育水平使得我国人口规模增速整体放缓，虽然区域发展不均衡会使得部分经济发达地区的人口增速仍保持在较高水平，但最终其也会受到宏观环境的影响。比较2019~2021年的常住人口数据变

① 本报告数据如无特别说明，来源如下：历史数据均来自《中国统计年鉴》和各地年度统计年鉴，2021年人口规模、区域分布和受教育水平数据来自全国和各地第七次人口普查公报、统计公报，人民生活、公共服务、科技文化、就业与社会保障等数据如无说明均来自全国和各地2021年统计公报。

动会发现，虽然总体而言长江经济带常住人口规模增长速度仍略高于全国平均水平，但这主要是源于少数省份人口增长速度较快，实际上常住人口增速放缓的特征在长江经济带大部分省市都已出现。

表 1 中的绝对数据表明，长江经济带 11 省市中有 9 省市 2020~2021 年的常住人口规模增长速度明显慢于 2019~2020 年，其中有 5 省市增量减少：上游四川省和重庆市分别从 2020 年增长 20 万人和 21 万人变成 2021 年增长 1 万人和 3 万人，下游上海市从 2020 年增长 7 万人变成 2021 年增加 1 万人，浙江省从 2020 年增长 93 万人变成 2021 年增加 72 万人，安徽省从 2020 年增长 13 万人变成 2021 年增加 8 万人；有 4 省市的常住人口规模从增加转为减少：上游贵州省从 2020 年增长 10 万人变成 2021 年减少 6 万人，云南省从 2020 年增长 8 万人变成 2021 年减少 32 万人，中游江西省从 2020 年增长 3 万人变成 2021 年减少 2 万人，湖南省从 2020 年增长 5 万人变为 2021 年减少 23 万人。全流域仅有下游江苏省和中游湖北省 2020~2021 年的常住人口规模增长快于 2019~2020 年，其中湖北省从 2019~2020 年下降 182 万人变成 2020~2021 年增长 85 万人，这有可能是受疫情影响。

表 1 的相对数据表明，11 省市中有 7 省市 2020~2021 年的人口变化速度慢于或等同于全国平均水平，其中中游的湖南省和上游的云南省常住人口规模占全国的比例均下降了 0. 02 个百分点。

表 1　2019~2021 年长江经济带 11 省市常住人口总量及占比

单位：万人，%

区　域	2019 年		2020 年		2021 年	
	人口	占比	人口	占比	人口	占比
上　海	2481	1. 76	2488	1. 76	2489	1. 76
江　苏	8469	6. 01	8477	6. 00	8505	6. 02
浙　江	6375	4. 52	6468	4. 58	6540	4. 63
安　徽	6092	4. 32	6105	4. 32	6113	4. 33
江　西	4516	3. 20	4519	3. 20	4517	3. 20
湖　北	5927	4. 20	5745	4. 07	5830	4. 13

续表

区域	2019年		2020年		2021年	
	人口	占比	人口	占比	人口	占比
湖南	6640	4.71	6645	4.71	6622	4.69
四川	8351	5.92	8371	5.93	8372	5.93
重庆	3188	2.26	3209	2.27	3212	2.27
贵州	3848	2.73	3858	2.73	3852	2.73
云南	4714	3.34	4722	3.34	4690	3.32
长江经济带	60601	42.98	60607	42.92	60742	43.00
全国	141008	100.00	141212	100.00	141260	100.00

人口规模变动源自人口的自然增长和机械增长。

表2列出了长江经济带11省市2015年、2020年和2021年的出生率、死亡率和自然增长率，由此可以观察到各省市的人口自然增长水平的变动情况。在出生率方面，2015~2020年除贵州、重庆和安徽3省市出生率年均降幅较小甚至有所上升外，绝大多数省市的年均降幅在4%~6%；但2020~2021年，绝大多数省市的出生率一年之内下降了12%~20%，云南和重庆甚至分别下降了25.97%和38.07%。在死亡率方面，2015~2020年上海、安徽、江西、湖南、湖北、重庆6省市的死亡率均有所上升，其中湖北和湖南的死亡率年均上升幅度分别达到6.31%和8.92%，而江苏、浙江、四川、贵州和云南则有不同幅度的下降，除浙江的年均下降幅度达到7.16%外，其余4省的年均降幅在1.5%左右；但2020~2021年，除上海和湖南之外，其余省市的死亡率均明显上升，其中浙江和云南的上升幅度分别达到67.14%和30.97%。出生率和死亡率的变化方向直接决定了自然增长率的变动情况。2015~2020年，长江经济带11省市中除贵州和云南的自然增长率略有增长外，其他省市均有不同幅度的下降，而2020~2021年，除上海自然增长率有一定程度的回升外（但仍为负值），其余省市均有所下降，且下降幅度较前五年更大。

表 2　2015 年、2020 年、2021 年长江经济带 11 省市人口自然增长情况

单位：‰

年份	指标	上海	江苏	浙江	安徽	江西	湖北	湖南	四川	重庆	贵州	云南
2015 年	出生率	7.35	9.05	10.52	12.92	13.20	10.74	13.58	10.30	11.05	13.00	12.88
	死亡率	8.62	7.03	5.50	5.94	6.24	5.83	6.86	6.94	7.19	7.20	6.48
	自然增长率	-1.27	2.02	5.02	6.98	6.96	4.91	6.72	3.36	3.86	5.80	6.40
2020 年	出生率	5.35	6.66	8.52	12.03	9.48	8.28	8.53	7.6	10.48	13.7	12.63
	死亡率	8.87	6.49	3.53	6.04	6.61	7.67	9.92	6.3	7.57	7.17	6.20
	自然增长率	-3.52	0.17	4.99	5.99	2.87	0.61	0.61	1.3	2.91	6.53	6.43
2021 年	出生率	4.67	5.7	6.9		8.34	6.98	7.13		6.49	12.17	9.35
	死亡率	5.59	6.8	5.9		6.71	7.86	8.28		8.04	7.19	8.12
	自然增长率	-0.92	-1.1	1.0		1.63	-0.88	-1.15		-1.55	4.98	1.23

注：在 11 省市中，上海和重庆的自然增长率是户籍人口口径，其他省市为常住人口口径。虽然口径不同，但总体趋势一致，因而放在一起进行比较。

资料来源：2015 年、2020 年数据来自各省市 2016~2020 年统计年鉴，2021 年数据来自统计公报。

从机械增长来看，2015 年以来长江经济带各省市出现了不一样的走势。位于下游的三省一市，上海、江苏和浙江仍是人口净流入的省份，但 2021 年上海的非户籍人口规模较 2020 年有所下降，而江苏和浙江保持了持续增长态势，特别是浙江省，位居我国非户籍人口流入快速增长的前列，但同处下游的安徽省 2015~2020 年人口净流出规模不断上升，由于缺乏 2021 年的数据，目前尚无法判断 2021 年是否趋势不改。位于中游的三个省份均是人口净流出省份，其中江西和湖南 2015~2021 年人口净流出规模上升的趋势未改，湖北省 2015~2020 年人口净流出规模上升，暂缺 2021 年的数据。位于上游的三省一市，虽然仍然都是人口净流出省市，但 2015~2020 年的四川、重庆和云南人口净流出规模有明显下降，2020~2021 年，除四川有微弱反弹，其余省市仍不改人口净流出规模下降的趋势（见表 3）。

表 3　2015 年、2020 年、2021 年长江流域 11 省市的净流入人口变动情况

单位：万人

区　域	2015 年	2020 年	2021 年
上　海	981.65	1047.42	1031.99
江　苏	258.71	600.51	624.34
浙　江	1111.66	1396.76	1444.22
安　徽	-938.00	-1014.40	
江　西	-429.95	-506.00	-515.00
湖　北	-288.40	-384.74	
湖　南	-459.00	-651.11	-678.11
四　川	-906.00	-710.90	-722.50
重　庆	-355.25	-198.29	-189.79
贵　州	-687.33	-763.89	-276.20
云　南	-94.60	-82.20	

总体而言，与 2020 年相比，2021 年长江经济带各省市的人口规模增长乏力，虽然长江下游的江苏、浙江人口规模仍有所增长，但部分省市的人口规模出现一定程度的萎缩。在人口自然增长方面，生育水平保持在超低位多年未曾改变，而疫情则大大抑制了人口的迁移和流动活跃度。

2. 人口城乡分布

随着社会经济的不断发展，越来越多的人会聚集到基础设施更完善、公共服务更完备的城镇，城市化水平日益提升。第七次全国人口普查数据表明 2020 年居住在城镇的常住人口已经达到 9.02 亿人，占全部人口的 62.49%，而同年长江经济带的平均城镇化率为 63.22%，略高于全国平均水平，但上中下游间差异较大，其中上游和中游省市的平均城镇化率均低于全国平均水平，分别为 56.50% 和 60.62%，而下游明显超过全国平均水平达到 70.85%。

2021 年全国的城镇化水平继续提升至 64.69%，长江经济带各省市的城镇化水平也进一步提升。

分省市来看，3 省市的城镇化率超过 70%，均位处长江下游，分别为上海（89.30%）、江苏（73.44%）和浙江（72.17%），有5省市的城镇化率仍未超过60%，其中1个位于下游地区、1个位于中游地区、3个位于上游地区，分别为安徽（58.30%）、湖南（58.76%）、四川（56.70%）、贵州（53.12%）和云南（50.05%），中游地区的江西（60.44%）、湖北（62.89%）和上游地区的重庆（69.46%）的城镇化率为60%~70%。长江下游地区仍是长江经济带中城镇化水平较高的区域，而上游地区的城镇化率还有较大提升空间。

表4　2020年、2021年长江经济带11省市人口城镇化率

单位：万人，%

区　域	2020年	2021年	区　域	2020年	2021年
上　海	89.30		湖　南	58.76	59.71
江　苏	73.44	73.94	四　川	56.70	57.80
浙　江	72.17	72.70	重　庆	69.46	70.32
安　徽	58.30	59.40	贵　州	53.12	54.33
江　西	60.44	61.46	云　南	50.05	51.05
湖　北	62.89	64.09	全　国	62.49	64.69

资料来源：全国数据来自国家统计局《中华人民共和国2021年国民经济和社会发展统计公报》，各省市数据来自相关省市统计局国民经济和社会发展统计公报。

比较2020年和2021年的数据，可以看到长江经济带半数以上省市的城镇化率在一年间上升了1~1.21个百分点，包括原本城镇化率较低的安徽、江西、湖北、四川、贵州和云南，而原本城市化率就较高的江苏和浙江均上升了0.5个百分点左右，重庆市则上升了0.86个百分点。湖南省2020年城镇化率仅为58.76%，一年间提升不到1个百分点，表现相对欠佳。

城镇化率的提升不会一蹴而就，即使是城镇化水平原本较低的省市，仅一年的时间也难以实现质的飞跃。因而，处于城镇化进程不同阶段的上中下游各省市间的差距在2021年并未出现明显缩小。总体而言，2020~2021年，长江经济带城镇化率的提升速度慢于全国平均水平，虽然原本城镇化率相对较低的中游和上游各省市的提升速度快于下游各省市，但其与前些年增速相比仍有所放缓。

从近几年我国区域发展来看，推进城市群建设是带动区域一体化高质量发展的重要手段。无论是上游的成渝地区双城经济圈起飞，还是中游的城市群崛起，或者是下游的长三角城市群壮大，都在不同程度上带动了区域内人口规模的上升和社会经济的发展。但需要注意的是，长江经济带上游的云南、中游的湖北、下游的上海在近两年都是受到疫情影响较大的区域，而这也是长江经济带城镇化率提升速度放缓的重要原因。

（二）人民生活

1. 居民收入与消费水平

2021 年新冠肺炎疫情多点散发在不同程度上影响了各地的经济运行，但居民人均可支配收入和人均生活消费支出仍有一定程度的增长。

2021 年长江经济带 11 省市居民人均可支配收入的平均值为 37175 元，较同年全国平均水平高出 2047 元，较 2020 年增长 3149 元。2020~2021 年，长江经济带居民人均可支配收入的名义增长幅度为 9.25%，略高于全国平均水平 9.13%。[①] 分省市来看，居民人均可支配收入年均增长速度基本都在 8%~10%，其中云南和贵州的年均增长率分别达到 10.18%和 10.10%，而湖北省仅为 5.81%。分上中下游来看，上游 4 省市居民人均可支配收入的年均增长率为 9.43%，中游为 8.96%，下游为 9.46%。

按居民常住地来划分，长江经济带 11 省市城镇居民人均可支配收入均值为 50081 元，较同年全国平均水平高出 2669 元，较 2020 年增长 3944 元。2020~2021 年，长江经济带城镇居民人均可支配收入的名义增长幅度为 8.55%，略高于全国平均的 8.16%；11 省市农村居民人均可支配收入均值为 19835 元，较同年全国平均水平高出 904 元，较 2020 年增长 1929 元。

① 2021 年长江经济带居民人均可支配收入和人均生活消费支出为分省市人均可支配收入和人均生活消费支出的加权平均数，权重为各省市常住人口占长江经济带常住总人口的比例。计算增长幅度时未扣除价格因素影响，为保持一致，全国数据也照此处理，因而所得数值高于国家统计局官方网站上的年度增长率。

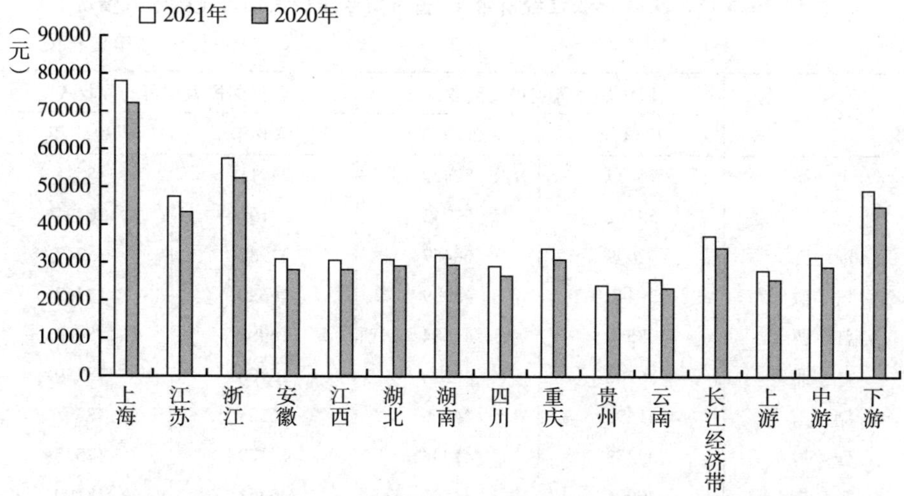

图 1　2020 年、2021 年长江经济带 11 省市居民人均可支配收入情况

资料来源：各省市数据来自相关省市 2020 年、2021 年国民经济和社会发展统计公报。全国数据来自国家统计局官方网站。长江经济带均值由各省市相关数据计算而得。

2020~2021 年，长江经济带农村居民人均可支配收入的名义增长幅度为 10.77%，略高于全国平均水平 10.51%。

若进一步将居民人均可支配收入按居民常住地进行划分，则得到各省市城乡居民人均可支配收入情况（见表 5）。由表 5 可知，2021 年各省市城乡居民人均可支配收入都有不同程度的增长，绝大部分的城镇居民人均可支配收入年增长率在 7.5%~9.5%，而乡村居民人均可支配收入年增长率则在 10%~12%。城镇居民的人均可支配收入最高的是上海，达到 82429 元，最低的是湖北，为 40278 元，分上中下游来看，下游的长三角三省一市的均值远高于其他地区，而中游和上游之间的差异并不明显。农村居民的人均可支配收入最高的也是上海，达到 38521 元，最低的是贵州，仅为 12856 元，分上中下游来看，下游平均值可达 26393 元，大大高出其他地区，但中游和上游的差别也较为明显，中游三省的农村居民人均可支配收入有 18388 元，较上游高出 2600 元。

表 5　2020 年、2021 年长江经济带 11 省市城乡居民人均可支配收入情况

单位：元

区　域	城镇居民人均可支配收入		农村居民人均可支配收入	
	2020 年	2021 年	2020 年	2021 年
上　海	76437	82429	34911	38521
江　苏	53102	57743	24198	26791
浙　江	62699	68487	31930	35247
安　徽	39442	43009	16620	18368
江　西	38556	41684	16981	18684
湖　北	36706	40278	16306	18259
湖　南	41698	44866	16585	18295
四　川	38253	41444	15929	17575
重　庆	40006	43502	16361	18100
贵　州	36096	39211	11642	12856
云　南	37500	40905	12842	14197
长江经济带	46137	50081	17906	19835
上　游	38052	41330	14263	15754
中　游	39101	42384	16602	18388
下　游	55983	60847	23828	26393

资料来源：各省市数据来自相关省市 2020 年、2021 年国民经济和社会发展统计公报。全国数据来自国家统计局官方网站。长江经济带均值由各省市相关数据计算而得。

长江经济带 2021 年居民人均生活消费支出的平均值为 26203 元，较同年全国平均水平高出 2103 元，较 2020 年增长 2901 元。2020～2021 年，长江经济带居民人均生活消费支出的名义增长幅度为 12.45%，略低于全国平均水平 13.63%。分省市来看，除个别省份外，大部分省市居民人均生活消费支出年均增长速度为 11.5%～21%，其中增速最快的前三位是贵州、湖北和江苏，分别为 20.73%、20.66%和 19.93%；增速最慢的后三位是四川、云南和湖南，分别为 3.83%、5.75%和 8.57%。分上中下游来看，上游 4 省市居民人均生活消费支出的年均增长率为 9.95%，中游为 14.91%，下游为 15.60%。

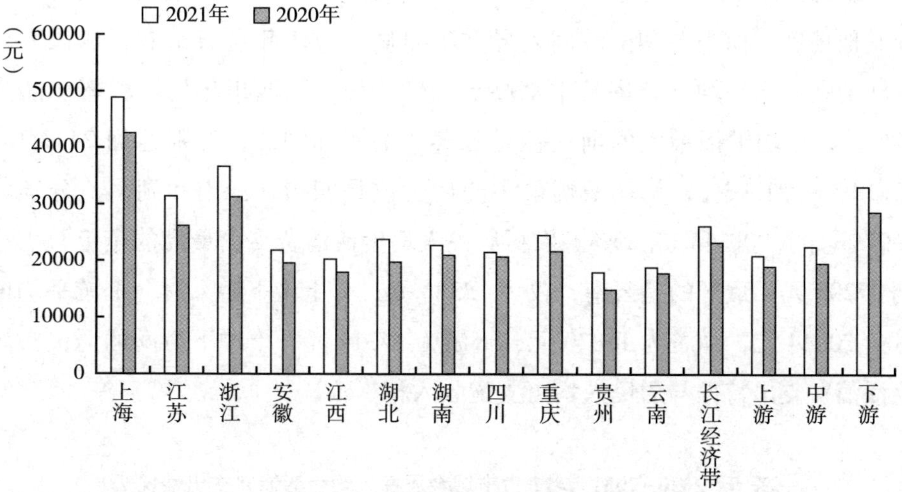

图2　2020年、2021年长江经济带11省市居民人均生活消费支出情况

资料来源：各省市数据来自相关省市2020年、2021年国民经济和社会发展统计公报。全国数据来自国家统计局官方网站。长江经济带均值由各省市相关数据计算而得。

按居民常住地来划分，长江经济带11省市城镇居民人均生活消费支出的平均水平为31940元，较同年全国平均水平高出1633元，较2020年增长4379元。2020~2021年，长江经济带城镇居民人均生活消费支出的名义增长幅度为15.89%，略高于全国平均水平12.22%；11省市农村居民人均生活消费支出的平均水平为17228元，较同年全国平均水平高出1312元，较2020年增长1801元。2020~2021年，长江经济带农村居民人均生活消费支出的名义增长幅度为11.67%，低于全国平均水平16.07%。

若进一步将居民人均生活消费支出按居民常住地进行划分，则得到各省市分城乡居民人均生活消费支出变化情况（见表6）。由表6可知，2021年各省市城乡居民人均生活消费支出有不同程度的增长，除湖南和四川之外，其他省市的城镇居民人均生活消费支出年均增长率都在10%以上，其中年均增幅最大的前三位是湖北、贵州和江苏，分别为24.56%、23.05%和18.38%，年均增幅最小的后三位是湖南、四川和江西，分别为5.59%、7.31%和11.08%。城镇居民人均生活消费支出最高的是上海，达到51295

元，最低的是江西，为24587元；分上中下游来看，下游4省市的均值远高于其他地区，而中游和上游间差异并不明显。2021年各省市农村居民人均生活消费支出年均增长率基本都高于城镇居民，除四川年均增长率未超过10%外，年均增幅最大的前三位是江苏、上海和湖北，分别达到24.13%、23.13%和21.93%，年均增幅最小的后三位是四川、云南和湖南，分别为9.97%、11.90%和13.20%。农村居民人均生活消费支出最高的是上海，达到27205元，最低的是云南，仅为12386元；分上中下游来看，下游平均值可达20844元，中游为16830元，上游为14314元。上中下游间的居民人均生活消费支出特征与居民人均可支配收入相一致。

表6　2020~2021年11省市城乡居民人均生活消费支出情况

单位：元

区　域	城镇居民人均生活消费支出		农村居民人均生活消费支出	
	2020年	2021年	2020年	2021年
上　海	44839	51295	22095	27205
江　苏	30882	36558	17022	21130
浙　江	36197	42193	21555	25415
安　徽	22863	26495	15024	17163
江　西	22134	24587	13579	15663
湖　北	22885	28506	14473	17647
湖　南	26796	28294	14974	16951
四　川	25133	26971	14953	16444
重　庆	26464	29850	14140	16096
贵　州	20587	25333	10818	12557
云　南	24569	27441	11069	12386
长江经济带	27561	31940	15427	17228
上　游	24458	26834	12965	14314
中　游	24175	27386	14439	16830
下　游	33018	37920	17665	20844

资料来源：各省市数据来自相关省市2020年、2021年国民经济和社会发展统计公报。全国数据来自国家统计局官方网站。长江经济带均值由各省市相关数据计算而得。

从城乡比的变化来看，居民人均可支配收入和居民人均生活消费支出有所不同。2021 年长江经济带各省市的居民人均可支配收入城乡比均出现了不同程度的下降，而安徽、湖北、贵州和云南四省的居民人均生活消费支出城乡比上升，其他省市的居民人均生活消费支出城乡比下降了。

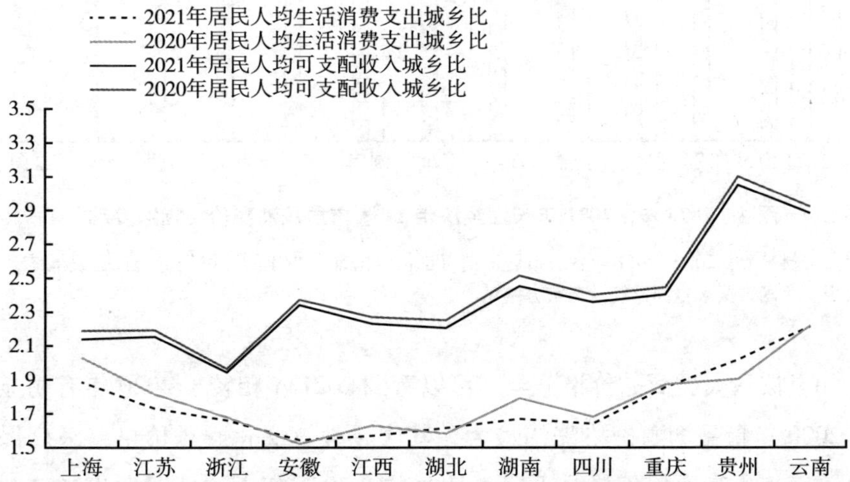

图 3　2020 年、2021 年居民人均可支配收入及居民人均生活消费支出城乡比变动

资料来源：根据各省市城镇和农村居民人均可支配收入及人均生活消费支出数据计算而得。计算使用的基础数据来自相关省市 2020 年和 2021 年的国民经济和社会发展统计公报。

2. 居民消费价格

反映居民生活质量的除了收入指标，还有物价指标。居民消费价格指数反映了相同消费支出条件下能够享有的商品和服务的数量及质量。因而，居民消费价格指数一直是很重要的经济指标。

2021 年全国居民消费价格指数上涨了 0.9%，较 2020 年的上涨幅度有明显回落。同年，长江经济带各省市的居民消费价格指数变动在 0.1%~1.6%，其中下游的江苏、浙江和上海是居民消费价格指数上涨最快的地区，分别上涨了 1.6%、1.5%和 1.2%，高于全国平均水平；贵州、云南、四川、重庆和湖北是居民消费价格上涨最慢的地区，分别为 0.1%、0.2%、0.3%、0.3%和 0.3%。与 2020 年相比，长江经济带各省市的居民消费价格指数变化幅度都明显收窄。

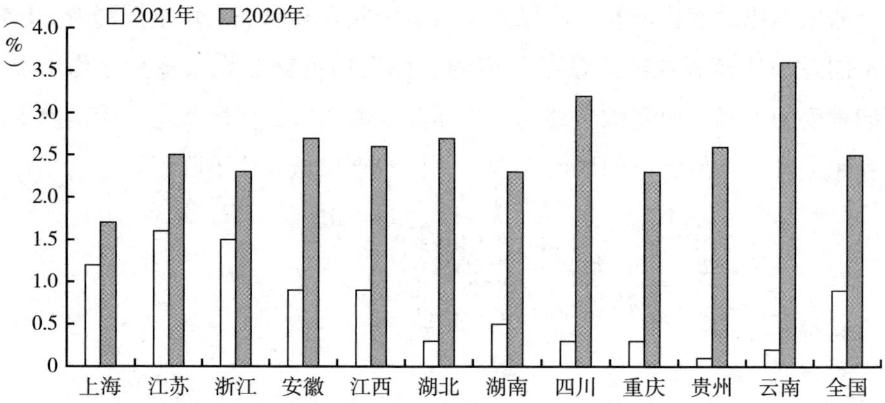

图 4 2020 年、2021 年长江经济带 11 省市居民消费价格指数变动

资料来源：2020~2021 年各省市居民消费价格数据来自当年的国民经济和社会发展统计公报。全国数据来自国家统计局官方网站。

如果按八大类商品价格分类，可以看到 2021 年相较于 2020 年有明显不同。2020 年食品烟酒价格涨幅最大，其次是教育文化娱乐价格、医疗保健价格，而交通和通信价格是下降最明显的。2021 年上述情况发生逆转。除苏浙沪三地外，其余省市食品烟酒价格均出现下降，其中湖南、四川、重庆和贵州下降幅度达到或超过 2%，全国平均水平为下降 0.3%；而交通和通信价格则明显上升，除贵州和云南分别为 3.9%和 3.6%外，其余省市达到或超过 4%，最高的安徽和湖南均达到 4.8%。除食品烟酒价格、交通和通信价格外，衣着价格、生活及服务价格、医疗保健价格的波动幅度小于居民消费价格指数，且表现出不同省份有涨有跌的特点。其中，衣着价格方面，上海、江西、四川、贵州和云南降幅达 0.2%~0.7%，湖北与上年持平，其他省市则涨幅达 0.7%~1.5%；生活及服务价格方面，贵州和云南分别下降了 0.3%和 0.4%，浙江、江苏分别上涨了 1.6%和 1.1%，其余省市的涨幅为 0.1%~0.7%；医疗保健价格方面，上海、重庆和江西分别下降 1.1%、0.4%和 0.1%，四川、江苏分别上涨了 1.9%和 1.0%，其余省市涨幅为 0.1%~0.8%。

与 2020 年相比，2021 年在各地政府和人民群众的努力下，生产生活受疫情的影响有一定程度的减小，生活必需品供给增加，因而反映在价格方面，2020 年涨幅最大的食品烟酒价格有所回落，而交通和通信价格随着出行需求增加而变成涨幅最明显的。

表 7　2021 年长江经济带 11 省市城乡居民消费价格指数及分项

单位：%

区域	居民消费价格指数	食品烟酒价格	衣着价格	居住价格	生活及服务价格	交通和通信价格	教育文化娱乐价格	医疗保健价格
上海	1.2	0.5	-0.5	1.1	0.7	4.0	2.7	-1.1
江苏	1.6	0.9	1.5	1.3	1.1	4.3	1.8	1.0
浙江	1.5	0.7	1.0	0.9	1.6	4.1	3.5	0.8
安徽	0.9	-0.5	1.1	0.7	0.1	4.8	2.8	0.5
江西	0.9	-0.7	-0.3	0.9	0.4	4.3	3.0	-0.1
湖北	0.3	-1.5	0.0	0.0	0.4	4.0	2.4	0.1
湖南	0.5	-2.0	0.7	1.2	0.3	4.8	1.0	0.7
四川	0.3	-2.0	-0.2	0.3	0.6	4.1	0.9	1.9
重庆	0.3	-2.2	1.4	0.4	0.7	4.7	1.7	-0.4
贵州	0.1	-2.3	-0.7	0.0	-0.3	3.9	1.3	0.4
云南	0.2	-1.6	-0.3	0.2	-0.4	3.6	0.7	0.1
全国	0.9	-0.3	0.3	0.8	0.4	4.1	1.9	0.4

总体而言，长江经济带居民生活水平 2021 年平稳提升，居民人均可支配收入和人均生活消费支出的增长速度均高于全国平均水平。分城乡来看，由于农村居民人均可支配收入增速高于城镇居民，2021 年居民人均可支配收入城乡比较 2020 年有所下降。分上中下游来看，长江经济带各省市经济发展水平呈现阶梯式特征，下游地区的经济发展水平最高，而中游和上游地区明显落后，这反映在居民生活方面就表现为下游地区的居民人均可支配收入和生活消费支出均大大高于中游和上游地区，而中游和上游地区间未表现出显著差异。2021 年经济运行渐趋平稳，生产有所恢复，特别是生活必需品供给得到保障，人们的出行需求增加，这

些变化反映在居民消费价格方面就是食品烟酒价格回落而交通和通信价格明显上涨。

（三）公共服务①

2021 年长江经济带的公共服务事业受到疫情影响，但仍保持了稳中有进的态势，各省市教育、医疗卫生资源丰裕程度有所不同，但居民享有的公共服务基本能得到较好保障；虽然经济仍没有完全恢复，但各省市的新增就业岗位及社会保障覆盖面等指标持续优化。

1. 教育事业

2020 年，长江经济带各省市小学教育、初中教育、职业教育、高中教育和高等教育的在校生人数分别达到 4371. 17 万人、2087. 29 万人、552. 45 万人、1051. 39 万人和 1410. 51 万人，各个阶段的在校生人数均较上年有不同程度的增长，占全国同教育阶段在校生人数的比例分别为 40. 66%、42. 43%、33. 21%、42. 06%和 42. 93%。

表 8　2020 年长江经济带 11 省市教育各阶段在校生人数

单位：万人

区　域	小学教育	初中教育	职业教育	高中教育	高等教育
全　国	10750. 87	4918. 99	1663. 37	2499. 65	3285. 29
长江经济带	4371. 17	2087. 29	552. 45	1051. 39	1410. 51
上　海	86. 10	46. 81	8. 99	16. 64	54. 07
江　苏	580. 82	254. 26	57. 99	115. 54	225. 84
浙　江	372. 73	163. 84	54. 85	80. 70	125. 87
安　徽	468. 24	223. 96	56. 36	113. 36	136. 84
江　西	406. 31	220. 41	44. 17	110. 45	124. 20
湖　北	380. 85	170. 83	49. 21	89. 17	161. 37
湖　南	534. 25	251. 97	68. 29	127. 34	151. 03

① 因数据获取困难，本部分中教育、医疗卫生资源相关数据为 2020 年数据，其他数据为 2021 年数据。

续表

区　域	小学教育	初中教育	职业教育	高中教育	高等教育
四　川	552.91	279.79	81.71	140.88	180.09
重　庆	202.47	114.98	44.14	62.63	68.00
贵　州	397.27	178.07	40.36	97.52	86.78
云　南	389.22	182.37	46.38	97.16	96.42

资料来源：各省市 2021 年统计年鉴，国家统计局官方网站。

从在校生人数来看，长江经济带小学及以上各阶段在校生人数占全国的比例方面高等教育的占比最高，为 42.93%，初中教育次之，为 42.43%，高中教育和小学教育分别为第 3 和第 4 位，这几类在校生人数占比都在 40%以上，而职业教育的占比仅为 33.21%。这说明长江经济带地区的职业教育发展与普通学历教育相比较滞后。除此之外，长江经济带整体出生率较低，长三角的上海、江苏及中游的两湖地区近 10 年来出生率均呈下降趋势，这也会导致小学教育在校人数下降，进而出现小学教育在校生人数占比相对较低；与高中以下教育（特别是义务教育）基本是本地生源，在校生规模与本地出生率有较为紧密关联的情况不同，高等教育生源来自全国各地，因而高等教育的在校生规模与地区高等教育资源的丰裕程度紧密关联。上海、南京和武汉是我国高等教育资源高度集中的城市，这使得长江经济带高等教育在校生人数占全国的比例相比较高。

在高等教育事业发展方面高等教育的毛入学率是最常用的指标，但由于本报告考察的是省级行政范围或者长江经济带范围，该指标不适用，故用高中教育毕业人数和高等教育招生人数的比值作为衡量指标。需要说明的是，高等教育招生人数包括大专及高等职业院校的招生人数，因而高中教育毕业人数包括高中阶段的普通高中毕业生人数和中等职业教育毕业生人数。

由表 9 可知，长江经济带各省市的高等教育资源相对较丰富，除贵州外，其余省市的高等教育招生人数和高中教育毕业人数的比值等于或高于全国平均水平。其中上海、江苏、湖北和重庆均超过 1，上海最高，达到 1.92，江苏为 1.53，远超全国平均水平。高等教育资源集中给这些省市的人口素质提升带来了积极影响，进而推动当地经济和社会事业发展。

表 9　2020 年高等教育招生人数和高中教育毕业人数及比值

区　域	高中教育毕业人数(万人)	高等教育招生人数(万人)	招毕比
全　国	1275.35	967.45	0.76
上　海	8.00	15.33	1.92
江　苏	49.98	76.31	1.53
浙　江	53.23	41.24	0.77
安　徽	51.60	46.29	0.90
湖　南	43.87	42.19	0.96
湖　北	39.18	51.28	1.31
江　西	60.00	49.40	0.82
四　川	74.10	58.93	0.80
重　庆	32.46	41.34	1.27
贵　州	47.51	16.87	0.36
云　南	43.26	34.57	0.80

资料来源：各省市 2021 年统计年鉴，国家统计局官方网站。

长江经济带各省市高中教育和初中教育招毕比情况如表 10 所示。数据表明，我国义务教育事业发展顺利，除个别省份，绝大多数省份初中教育招毕比达到 1.00，长江上游和中游的大部分省份初中教育招毕比甚至超过 1.00，而长江下游的上海、江苏初中教育招毕比反而较低，这与两地非户籍人口占比较高有关。从前文可知，上海、江苏属于长江经济带非户籍人口占比最高的地区，且因种种原因中考仍未向非户籍人口开放，不少非户籍人口子女在小学毕业后会返回户籍所在地就读，因而上海、江苏在初中招生规模方面有所考虑，这也成为这两个省市的初中教育招毕比低于社会经济发展水平相对落后的省市的原因之一。在高中教育阶段，除上海和重庆这两个直辖市的高中教育招毕比高于 60%外，其余省市为 0.53～0.59，其中湖北、云南、江苏、湖南和江西在 0.55 以上，而浙江最低，为 0.53。需要说明的是，此处高中教育招毕比是指普通全日制高中，不包括初中毕业后流入中等职业学校的部分。

表 10　2020 年长江经济带 11 省市初中和高中教育招毕比

区域	初中教育毕业人数(万人)	高中教育招生人数(万人)	高中教育招毕比	小学教育毕业人数(万人)	初中教育招生人数(万人)	初中教育招毕比
全国	1535.20	876.44	0.57	1640.32	1632.10	0.99
上海	9.60	5.97	0.62	14.23	13.48	0.95
江苏	74.77	42.34	0.57	88.67	87.50	0.99
浙江	53.23	28.34	0.53	56.90	56.70	1.00
安徽	70.75	39.08	0.55	74.01	74.95	1.01
江西	68.69	38.51	0.56	68.24	68.57	1.00
湖北	52.68	31.32	0.59	57.93	58.11	1.00
湖南	84.00	48.10	0.57	88.70	89.70	1.01
四川	86.63	47.38	0.55	92.23	93.17	1.01
重庆	34.95	21.73	0.62	37.16	38.06	1.02
贵州	61.11	33.13	0.54	58.14	59.37	1.02
云南	62.51	36.00	0.58	60.80	60.40	0.99

资料来源：各省市 2021 年统计年鉴，国家统计局官方网站。

除了各阶段在校生规模、初中及以上各级教育招毕比，下文还列出长江经济带各省市的专任教师规模以考察教育资源丰富程度。

表 11 的数据显示，与全国平均水平相比，长江经济带专任教师队伍略显不足，在各个教育阶段大部分省市的生师比都高于全国平均水平。2020 年全国小学阶段生师比为 17.11，长江经济带 11 省市中上海、江西、四川和重庆低于该数值，最低的上海为 14.47，其余 6 省市均高于全国平均，其中最高的贵州达到 18.70。初中阶段生师比低于全国平均水平的仅上海、江苏、浙江，其余省市中最高的为湖北，达到 24.94。全国高中阶段生师比为 13.40，长江经济带中最低的是上海，为 8.95，11 个省

市中高于 15 的有 3 个省市，分别为江西（18.26）、湖南（15.08）、重庆（15.70）。全国高等教育阶段生师比为 18.88，低于该水平的仅有上海、江苏、浙江、湖北，其余省市高等教育阶段生师比为 19.74~23.62。比较上中下游各省市数据可以看出，下游三角洲的苏浙沪仍是教育资源最为丰富的地区，而上游和中游地区在该方面上升空间更大，特别是上游地区。

表 11　2020 年长江经济带各省市各阶段专任教师人数

区域	小学阶段		初中阶段		高中阶段		高等教育阶段	
	专任教师数（万人）	生师比	专任教师数（万人）	生师比	专任教师数（万人）	生师比	专任教师数（万人）	生师比
全国	626.91	17.11	374.74	13.11	186.12	13.40	174.01	18.88
上海	5.95	14.47	4.31	10.86	1.86	8.95	4.63	11.68
江苏	33.21	17.49	20.10	12.65	9.93	11.63	12.06	16.71
浙江	21.61	17.25	19.25	8.50	9.00	8.99	6.67	16.11
安徽	25.54	18.33	16.24	13.79	8.04	14.10	6.24	21.92
江西	23.85	17.04	13.66	16.13	6.05	18.26	6.02	23.62
湖北	20.98	18.15	13.50	24.94	6.85	13.02	8.88	18.21
湖南	28.71	18.61	18.83	13.38	8.44	15.08	7.65	19.74
四川	33.78	16.37	21.17	13.22	10.12	13.92	8.98	20.06
重庆	12.87	15.73	8.12	14.16	3.99	15.70	4.55	20.12
贵州	21.25	18.70	12.82	13.89	6.81	14.32	3.78	22.23

资料来源：各省市 2021 年统计年鉴，国家统计局官方网站。

2. 医疗卫生事业

2021 年长江经济带各省市居民健康水平普遍提升，绝大多数省份的平均预期寿命、婴儿死亡率和孕产妇死亡率这三个核心指标明显改善。其中，浙江、湖北和江苏的平均预期寿命延长了 1 岁以上，云南、贵州、湖南等的婴儿死亡率下降幅度较大，而贵州、湖南和四川等的孕产妇死亡率下降幅度较大。

从表12的数据可知，2021年长江经济带11省市中至少有5个省市的平均预期寿命高于或等于全国平均水平（鉴于有缺失值），较2020年至少多了1个省市，其中最高的上海比全国平均水平高出6.11岁，较2020年的差距拉大了0.37岁；从婴儿死亡率来看，长江经济带11省市婴儿死亡率均低于全国平均水平，其中有6省市低于3‰，浙江甚至低于2‰，仅为1.77‰；从孕产妇死亡率来看，长江经济带11省市均低于全国平均水平，其中8省市低于10人/10万人，最低的上海、浙江、江西三省市分别为1.60人/10万人、4.08人/10万人和5.23人/10万人。

表12　2020~2021年全国及长江经济带11省市主要健康数据

区域	平均预期寿命(岁)		婴儿死亡率(‰)		孕产妇死亡率(人/10万人)	
	2020年	2021年	2020年	2021年	2020年	2021年
全国	77.93	78.00	5.40	5.00	16.90	16.10
上海	83.67	84.11	2.66	2.30	3.66	1.60
江苏	78.27	79.32	2.44	2.19	5.09	5.51
浙江	79.47	82.20	1.97	1.77	3.85	4.08
安徽	77.30	78.00	3.47	2.80	8.00	5.89
江西	77.20	77.80	4.20	3.49	5.94	5.23
湖北	76.95	78.71	2.87		11.10	
湖南	77.10		3.30	2.37	9.49	6.07
四川	77.34	77.95	5.22	4.70	16.84	13.65
重庆	78.15		2.92	2.42	9.52	9.79
贵州	74.59	75.50	5.01	4.03	15.90	9.72
云南	75.10	74.40	5.07	3.93	12.42	11.96

资料来源：浙江省婴儿死亡率数据来自《浙江省儿童医疗服务发展行动计划（2021—2025年）》，孕产妇死亡率数据来自《浙江省实施〈中国妇女发展纲要（2011—2020年）〉〈浙江省妇女发展规划（2016—2020年）〉终期统计监测报告》。其余省市相关数据来自省（市）卫健委卫生健康事业发展统计公报。全国数据来自《2021年我国卫生健康事业发展统计公报》。

长江经济带居民健康水平不断提升，是该区域医疗卫生事业稳步推进的直观反映。[①] 2020年全国各级医院有3.54万所，床位数713.12万张，

① 多数省市2022年统计年鉴尚未出版，而统计公报中不少省市并没有列出医疗卫生资源的详细数据，故此处的医疗卫生资源基本情况分析基于2020年数据。

专业技术人员数 1067.80 万人，其中执业（助理）医师数 748.74 万人，每千人床位数 5.05 张，每千人专业技术人员数 7.56 人，每千人执业（助理）医师数 5.30 人。同年，长江经济带 11 省市共有医院 1.65 万所，床位数为 328.67 万张，专业技术人员数 459.40 万人，其中执业（助理）医师数 173.26 万人，占全国的比例分别为 46.57%、46.09%、43.02% 和 23.14%，每千人床位数、每千人专业技术人员数和每千人执业（助理）医师数为 5.41 张、7.56 人和 2.85 人。由此可知，长江经济带医疗卫生资源方面硬件设施相对丰富，略高于全国平均水平，专业人才队伍方面与全国平均水平相当，但执业（助理）医师较为紧缺。

如果分省市来看，每千人床位数居前三位的省市是江西、四川和上海，分别为 6.33 张、5.79 张和 5.77 张；每千人专业技术人员数居前三位的省市是上海、浙江和江苏，分别为 9.10 人、8.38 人和 7.82 人；每千人执业（助理）医师数居前三位的省市是浙江、上海和江苏，分别为 3.33 人、3.31 人和 3.15 人。

表 13　2020 年全国及长江经济带 11 省市医疗卫生资源基本情况

区　域	医院数量（所）	床位数（万张）	每千人床位数(张)	专业技术人员数（万人）	每千人专业技术人员数(人)	执业(助理)医师数（万人）	每千人执业(助理)医师数(人)
全　国	35394	713.12	5.05	1067.80	7.56	748.74	5.30
长江经济带	16484	328.67	5.41	459.40	7.56	173.26	2.85
上　海	405	14.37	5.77	22.64	9.10	8.23	3.31
江　苏	1996	42.17	4.96	66.55	7.82	26.78	3.15
浙　江	1429	31.7	4.85	54.80	8.38	21.77	3.33
安　徽	1388	31.84	5.21	41.22	6.74	16.43	2.69
江　西	2452	28.58	6.33	28.61	6.33	10.49	2.32
湖　北	1048	29.66	5.09	42.90	7.36	16.00	2.74
湖　南	1649	37.67	5.69	50.00	7.55	19.04	2.88
四　川	2435	48.48	5.79	63.33	7.56	23.53	2.81
重　庆	859	17.5	5.45	23.77	7.40	8.87	2.76

续表

区域	医院数量（所）	床位数（万张）	每千人床位数（张）	专业技术人员数（万人）	每千人专业技术人员数（人）	执业（助理）医师数（万人）	每千人执业（助理）医师数（人）
贵州	1378	21.45	5.57	28.93	7.51	9.86	2.56
云南	1445	25.25	5.38	36.65	7.81	12.26	2.61
上游	6117	112.68	5.60	152.68	7.59	54.52	2.71
中游	5149	95.91	5.65	121.51	7.16	45.53	2.68
下游	5218	120.08	5.08	185.21	7.83	73.21	3.10

资料来源：各省市2021年统计年鉴，国家统计局官方网站：国家数据（stats. gov. cn）。

分上中下游来看，上游和中游硬件资源较为充足，每千人床位数明显超过下游，但医疗卫生人才资源较为紧缺，每千人专业技术人员数和每千人执业（助理）医师数都少于下游，其中中游硬件资源丰富而人力不足问题更加明显。

（四）科技文化

1. 科技进步

经济发展水平往往与科技水平有较为明显的关联性。长三角地区作为我国经济发达程度最高的区域，同时也肩负着引领全国科技创新的重任。长江下游地区作为我国科技创新的主要策源地之一，不仅集聚众多重点院校和科研院所，拥有大科学装置和国家级重点实验室，拥有上千名两院院士及大量跨国公司研究机构的高端人才，还拥有大量的先进制造业企业，这使得其科技创新链条完善，具有科技与产业深度融合的环境和能力。而随着近年来以城市群为核心的区域发展不断推进，以武汉为中心的长江中游城市群、上游的成渝地区双城经济圈等的科技创新发展势头较好。

比较2020年和2021年的研究和试验（R&D）投入数据可以看到，疫情反复使得经济增长放缓，虽然长江经济带各省市的R&D投入仍进一步增加，但投入强度并没有提升。

从 R&D 投入规模来看，2020~2021 年我国 R&D 平均投入名义增长率为 14.61%，长江经济带 11 省市的 R&D 名义增长率为 11.50%~17.00%，其中浙江、江西、湖北、四川和重庆 5 个省市 R&D 名义增长率高于全国平均水平，分别为 16.01%、16.60%、15.41%、15.09%和 14.62%，云南名义增长率与全国平均水平持平，名义增长率最低的 3 个省市为贵州、上海和安徽，分别为 11.56%、12.63%和 13.92%。

从 R&D 投入强度来看，2021 年我国 R&D 投入占 GDP 的比重为 2.44%，高出 2020 年 0.04 个百分点，长江经济带 11 省市的 R&D 投入强度变化幅度为 0.01~0.09 个百分点。其中，增长幅度高于全国平均水平的有四川、湖南、浙江、安徽和重庆 5 个省市，分别为 0.09 个、0.08 个、0.06 个、0.06 个和 0.05 个百分点；增长幅度与全国平均水平持平的有上海和云南两个省市；增长幅度低于全国平均水平的有江苏、江西、湖北和贵州 4 个省市。

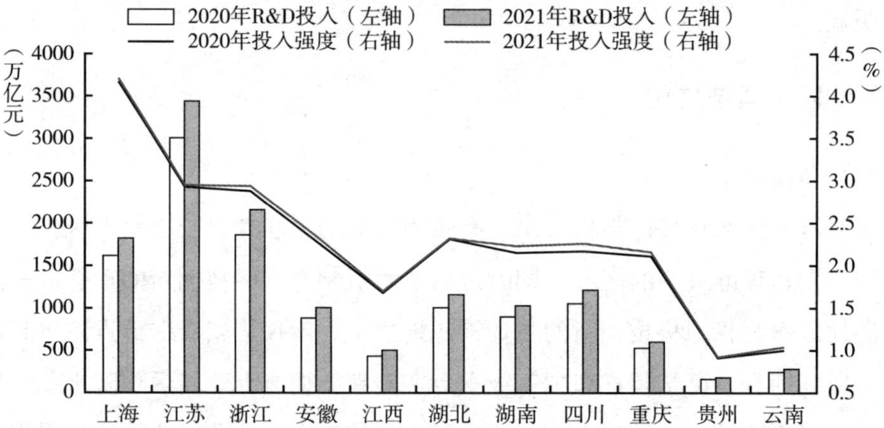

图 5　2020~2021 年 11 省市 R&D 投入与投入强度

资料来源：《2020 年全国科技经费投入统计公报》《2021 年全国科技经费投入统计公报》。

从技术合同交易和全年专利授予情况来看，2020~2021 年长江经济带各省市表现良好，技术合同交易规模和全年专利授予规模都大幅增长，其中技术合同交易规模从 10730.26 亿元上升到 14410.49 亿元，名义增长 34.30%，全年专利授予规模从 162. 60 万件增加到 209. 29 万件，增长幅度达到 28. 71%，无论是技术合同交易规模的增长幅度还是全年专利授予规模的增长幅度都大于 2019~2020 年。

在技术合同交易方面，除安徽以外，其余省市的交易额都呈现出两位数以上的增长；各省市增速差异巨大，其中云南和重庆的年均增长率分别达到 111. 78%和 101. 52%，江西和湖南的年均增速均超过 70%，而安徽最低仅为 12. 12%，四川和贵州分别为 11. 85%和 16. 12%。在全年专利授予方面，各省市年均增幅为 10%~65%，其中江西、云南、湖北三省增幅超过 40%，分别达到 64. 13%、42. 56%和 40. 78%，而浙江和贵州两省增幅不超过 20%，分别为 18. 72%和 12. 32%。

表 14　2020~2021 年 11 省市专利授予和交易情况

单位：亿元，万件

区域	技术合同交易规模		全年专利授予规模	
	2020 年	2021 年	2020 年	2021 年
上海	1815. 21	2761. 25	13. 98	17. 93
江苏	2335. 81	3013. 60	49. 90	64. 10
浙江	1478. 24	1992. 19	39. 20	46. 54
安徽	672. 19	753. 65	11. 97	15. 30
江西	233. 43	414. 00	5. 91	9. 70
湖北	1686. 95	2111. 63	11. 01	15. 50
湖南	735. 95	1261. 30	7. 87	9. 89
四川	1248. 78	1396. 70	10. 84	14. 67
重庆	154. 23	310. 80	5. 54	7. 62
贵州	249. 12	289. 27	3. 49	3. 92
云南	50. 10	106. 10	2. 89	4. 12

资料来源：各省市数据来自相关年份各省市国民经济和社会发展统计公报。

以上数据表明，2021 年科技创新产出大幅增长，这得益于长期、持续的 R&D 投入。R&D 投入与经济发展水平和速度均具有关联性，经济发达地区 R&D 投入强度普遍大于经济欠发达地区，这不仅与地方政府对科技创新的重视程度有关，也与经济实力和科技创新能力有关。当宏观经济增长放缓时，即便科研投入的绝对规模仍有所增加，投入强度可能也难以进一步提升，这对任何地区都适用。长三角地区作为我国科技创新主要策源地之一，无论是R&D投入规模还是投入强度都与长江经济带中游和上游地区拉开了差距。

2. 文化发展

受疫情影响，2020年以来宏观经济增速明显放缓，政府财税收入增速同步放缓，各省市政府一般公共服务支出中的文化旅游体育与传媒支出变动各异。与2019~2020年度相比，2020~2021年度除上海、江苏和湖北进一步下降外，其余省市的人均文化旅游体育与传媒支出均略有回升。

分省市来看，上海市人均公共文化财政支出从2020年的648.55元下降到2021年的628.36元，江苏省从367.77元下降到366.47元，湖北省从251.64元下降到249.28元，其余8个省市则有10~75元不等的增加，其中江西从193.85元上升到266.44元，安徽省从100.33元上升到158.78元，云南从152.22元上升到198.46元，上升幅度居前三位。

与2020年相比，2021年人均公共文化财政支出在200元以下的省市数量从5个下降到4个，但上、中、下游间阶梯式差距仍很明显。上游中有3个省市人均公共文化财政支出在200元以下，中游3个省市人均公共文化财政支出较为接近，均在250元上下，而下游中有1个省市人均公共文化财政支出超过600元，两个超过300元，仅安徽不到200元。

（五）就业与社会保障

党的二十大报告强调，就业是最基本的民生，要强化就业优先政策，健全就业促进机制，促进高质量充分就业；而社会保障体系是人民生活的安全网和社会运行的稳定器，要健全覆盖全民、统筹城乡、公平统一、安全规范、可持续的多层次社会保障体系。这两项工作的抓紧落实和增量提质将直接影响到人民群众的生活质量和幸福感。

2020年疫情对经济的影响极为广泛，其中住宿和餐饮业，交通运输、仓储和邮政业，租赁和商务服务业，批发和零售业受到的冲击尤其严重。为

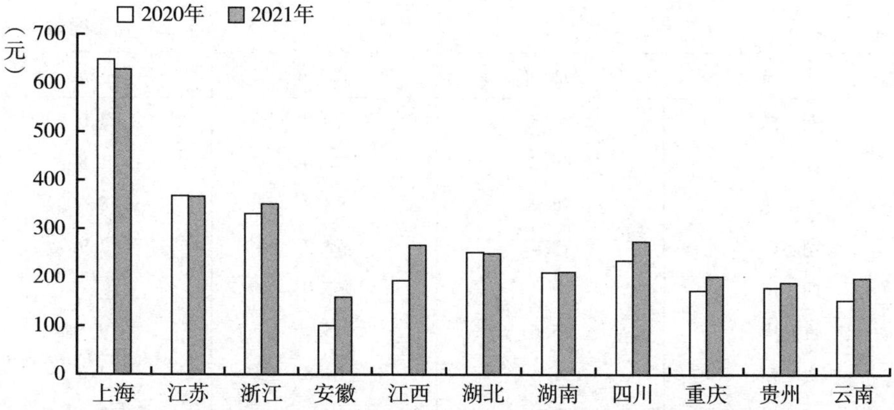

图6　2020年、2021年11省市人均公共文化财政支出情况

资料来源：上海数据来自《上海市2021年市级一般公共预算支出决算情况表》，上海市2021年全市及市本级财政决算（sh. gov. cn）。其他省市数据来自相关省市国民经济和社会发展统计公报。

了应对疫情对就业市场的冲击，国务院办公厅发布了《关于支持多渠道灵活就业的意见》，长江经济带各省市纷纷制定具体措施，全力以赴保就业。即便如此，2020年长江经济带各省市的新增城镇就业人数仍全面下降，与2019年相比，有7个省市的新增城镇就业人数下降幅度超过10%，其中贵州下降幅度达到21.47%。

2021年，疫情多点散发，各地政府继续出台各项优惠政策，以促进就业。从统计数据上看，这些努力取得了一定成效。2020~2021年，长江全流域11省市新增城镇就业人数均回升，大部分幅度超过5%，其中湖北、重庆和上海的新增城镇就业人数分别上升了24.73%、14.48%和11.40%。

表15　2020年、2021年11省市就业人口规模和新增城镇就业人数情况

单位：万人，%

区　域	2020年	2021年	变动
上　海	57.0	63.5	6.5
江　苏	132.8	140.2	7.4
浙　江	111.8	122.4	10.6

续表

区　域	2020 年	2021 年	变动
安　徽	66.3	70.9	4.6
江　西	46.2	48.0	1.8
湖　北	75.2	93.8	18.6
湖　南	72.4	75.3	2.9
四　川		105.0	
重　庆	65.6	75.1	9.5
贵　州	61.6	64.8	3.2
云　南	49.4	53.3	3.9

资料来源：各省市国民经济和社会发展统计公报。

在社会保障方面，长江经济带 11 省市不断深化改革，夯实服务基础。城乡基本养老保险、失业保险和工伤保险的覆盖面继续扩大，社会养老保险待遇、城乡居民最低生活保障标准等均有不同程度的提升。需要注意的是，在社会保险中失业保险和工伤保险的覆盖面扩大，而城乡基本医疗保险的覆盖率变化幅度最小，且不同省市有不同的变化方向，11 省市中有 6 个省市覆盖面有所扩大，但覆盖率的提升幅度较小，为 0.25~1.75 个百分点，有 5 个省市覆盖面有所缩小，城乡基本医疗保险参保人数方面安徽下降了 0.63%，江西下降了 1.45%，四川下降了 0.06%，重庆下降了 0.19%，云南下降了 1.99%。

表 16　2021 年长江经济带 11 省市五类社保参保基本情况

单位：万人

区域	城乡基本养老保险	城乡基本医疗保险	失业保险	工伤保险	生育保险
上海	1728.78	1978.48	1021.26	1097.33	
江苏	5964.00	8063.80	1967.00	2340.70	
浙江	4423.00	5655.00	1793.50	2741.60	1811.00
安徽	4841.80	6662.90	616.60	718.10	700.10
江西	3321.80	4710.50	308.00	563.30	378.40

续表

区域	城乡基本养老保险	城乡基本医疗保险	失业保险	工伤保险	生育保险
湖北	4447.04	5619.69	698.69	828.30	710.09
湖南	5293.10	6748.70	687.40	853.30	652.80
四川	6359.60	8586.20	1128.90	1472.10	1201.70
重庆	2494.18	3261.73	598.30	765.73	536.55
贵州	2684.65	4214.47	320.95	529.93	
云南	3199.66	3952.63	329.80	541.90	

资料来源：各省市国民经济和社会发展统计公报。

二　2021年长江经济带11省市社会事业发展的行动与成效

2021 年长江经济带 11 省市实现国内生产总值 52.64 万亿元，较 2020 年增长 5.17 万亿元，名义增长率 10.90%，与同期全国的平均水平相比，增长率低了 2.84 个百分点。分上中下游来看，上游的名义增长率为 10.79%，中游为 6.74%，下游为 12.90%。[①] 由此可知，即使经济增速最快的长三角地区，也仅略高于全国平均水平，中游低于全国平均水平 6.10 个百分点，几乎只有全国平均水平的一半。结合各地受疫情影响程度可知，2021 年长江经济带努力恢复经济活力，但程度有限。在此情况下，各省市以保就业、促生产、提科创、稳民生为目标，积极出台各项保障和促进措施，用足政策红利，社会事业发展保持了稳中向好的局面。

（一）促进就业鼓励创业，在全流域努力实现高质量的充分就业

党的十九大以来，就业就被列为最大的民生工程，党中央始终强调要尽可能“实现更高质量和更充分就业”，要让人民群众共享国家改革开放和经

① 资料来源：国家统计局官方网站。

济发展的成果，实现共同富裕。

疫情对我国经济影响极为广泛，虽然从国务院到地方政府纷纷出台强扶持和刺激政策，但就业市场仍没有迅速恢复，表现在数据上，2020 年全年城镇新增就业人数明显下降。

2021 年党和政府带领全国人民在抗疫工作中取得阶段性胜利，但各地疫情时有反复。因而，保就业、促生产仍是除疫情防控外的重要工作内容。

长江三角洲地区强化就业优先政策，大规模开展职业技能培训和统筹推进高校毕业生群体就业。例如，上海市政府进一步完善经济政策与就业的联动机制，依托重点产业，相继启动五大新城建设，扩大就业岗位的供给规模；同时更加重视终身职业技能培训，进一步完善技能人才评价制度，通过职业技能认定的全面推行来激励劳动者自身和企业对职业技能提升的需求，并通过政府补贴的形式来增加相关培训供给，针对疫情反复的特点全面实施线上线下相融合的“互联网+职业技能培训”计划持续推进职业技能提升行动；2021 年继续实施阶段性减免企业社保费政策，尽可能为企业减负、降低成本，同时稳定就业岗位。除此之外，上海市政府还积极推进高校毕业生就业工作落地落实，鼓励国有企业增加面向高校毕业生的招聘岗位，扩大基层项目规模；增加各类政策性岗位计划数，确保政策性岗位的充分释放，积极调整优化就业见习政策。江苏省不少地方政府发放稳岗返还资金，落实阶段性降低失业率、工伤保险费率政策，切实减轻企业用工负担，同时还加快搭建人力资源服务供需对接平台，缓解企业“招工难”；陆续出台“就业困难人员认定”“灵活就业社会保险补贴”“公益性岗位开发管理”等一系列政策，缓解重点群体的就业难题。

在长江中游地区中，湖北省受疫情影响较大，2020 年新增城镇就业岗位数量下降幅度居长江经济带倒数第二，但经过不懈的努力，2021 年新增城镇就业岗位数量已经超过 2019 年的水平，在 11 省市中名列前茅。湖北省保就业主要从以下几个方面着手：第一，积极落实减负稳岗扩就业的 13 条措施，通过发放各类就业补贴、减免社会保险费等真正减少企业用工成本，以保留尽可能多的岗位；第二，除了实行高校毕业生直接落户并给予租房、就业创业补贴等政策外，还推出“万名乡村医生”“万名乡村教师”等基层岗位引导基层就业，优先解决重点群体的就业难题；第三，加大创业担保贷款力度，以创业促就业，还通过举办创业赛事来营造良好的创业氛围。

在长江上游地区中，重庆市2020年新增城镇就业人数下降幅度较大，经过2021年的努力，新增城镇就业人数已经基本恢复到2019年的水平。与其他省份一样，重庆市向企业发放“留岗红包”，为企业切实降低用工成本，以鼓励企业留存更多岗位，是保就业、促生产的重要举措。除此之外，重庆市还以推动乡村振兴为抓手，建立全国首个国家级乡村振兴专家服务基地，选派150多个团队的上千名专家服务基层，对农村转移劳动力进行职业技能培训，扩大农村转移劳动力的就业规模、提升就业质量。为了使保就业政策在更大范围内见效，重庆市与四川省人社部门仅一年时间就在人社领域签署上百个合作协议，川渝合作进入快车道。

（二）推进教育、卫生服务体系建设，增强公共服务供给能力

公共服务的数量和质量直接关系到人民群众的生活质量与幸福感，推进教育、医疗卫生和养老服务体系建设，增强公共服务供给能力是中央及地方政府的重要工作。疫情对各地经济增长的冲击明显，然而各地方政府在推进公共服务体系建设方面从未放松。

在增强教育公共服务方面，各省市根据自身人口规模、结构和空间布局的特点，加快幼托设施建设，优化教育资源布局，探索深化教育综合改革的路径。在长江上游地区，四川省针对人口持续向城镇集中且乡村人口规模下降、年龄结构老化的特点，按照教育资源布局由“行政区”向“经济区”转变、教师配置由“学校人”向“系统人”转变、管理体制由“管学校”向“管学区”转变的思路，重点推进“空心学校”、生源严重萎缩的小规模学校（含教学点）的撤并整合，将人口、地理、经济与教育结合起来，以空间布局调整为牵引，破除城乡教育资源分布不均衡的难题。而这种工作思路对于同样面临人口布局发生变化、经济发展水平相对落后的贵州、云南而言具有一定的借鉴意义。在长江中游地区，2021年是湖北省高校“本科教

学质量年”，全省启动并实施了“湖北高校本科教学质量年专项行动计划”。根据行动计划，湖北省对高等教育的教学体制机制进行创新，在医学、考古学和农林专业的高等教育方面做出探索，建立了湖北省医学教育联席会议制度，持续推进新时代考古学共同体建设，指导农林类高校落实教育部关于高等农林教育创新发展的意见。湖北省以设置本科专业为抓手，推动教学改革与时俱进，引导省属高校加快设置紧缺急需、特色鲜明的专业，加强集成电路、人工智能、公共卫生等领域相关急需紧缺人才培养，鼓励有条件的高校加强交叉学科专业人才培养。在此专项行动中湖北省还将专业学习与动手实践相结合，通过组织学科竞赛、推进创新创业等来增强大学生的创新创业能力。在长江下游地区，2021 年上海加大了新一轮教育综合改革力度。在高等教育方面，教育部和上海市政府签署《教育部　上海市人民政府共同全面深化上海市教育领域综合改革战略合作协议（2021—2025 年）》，编制了新一轮教育综合改革方案《上海市全面深化教育领域综合改革国家示范区建设方案（2021—2025 年）》，出台了《上海市基础教育综合改革国家实验区建设方案（2021—2025 年）》。在中等教育方面，推进中考改革各项政策落地，落实“双新”背景下的高考综合改革配套举措。研究形成教育系统基建“补短板”项目清单并予以落实，推动上海市属高等院校和部属院校的校区功能整体提升。在学前教育方面，进一步加强幼托机构和设施的建设工作，特别在人口导入和城郊结合地新建和扩建项目，启动了普惠性民办幼儿园的认定和扶持工作，形成以幼儿园托班为主、普惠性资源为主导的托育服务格局。

在优化医疗公共服务方面，各省市以卫生健康服务专项行动、医药卫生体制改革、健康扶贫与乡村振兴有效衔接等为抓手，积极落实各项措施，稳步推进各项工作，卫生医疗资源无论是规模还是质量方面都有较为显著的提升。一方面全力推进公立医院高质量发展，着力完善整合型医疗卫生服务体系；另一方面有序推进分级诊疗制度建设，特别是像上海这样的高端医疗资源集中的地区，积极推进区域性医疗中心建设，深化紧密型医联体建设，让城市地区的医疗资源服务范围得以扩展和延伸。除常规医疗服务外，从严从紧做好疫情防控工作是各省市 2021 年医疗卫生健康服务的重要内容。各地积极组建专家组，定期开展疫情动态研判和分析，加强流调溯源和病原学监测，与政府其他职能部门密切配合，同时积极推进疫苗接种工作。一些省市还进一步完善政策法规等。

除了优化医疗公共服务外，长江经济带还积极推动区域卫生健康一体化建设，长三角地区卫生健康一体化工作已初显成效。自《长江三角洲区域一体化发展规划纲要》发布以来，长江下游的三省一市在卫生健康领域达成共识，提出要促进医疗服务均质发展，通过协同推进健康科技创新、健康信息互联互通及建立综合执法监督联动协调机制等推动公共卫生一体化。截至 2021 年，三省一市基本实现公共服务信息互联互通，建立健全了异地就医直接结算和应急联动机制，建立了互认互通的档案专题数据标准体系；在疫情期间，重大传染病联防联控工作进一步深化，各省市通力协作；为了推动高端医疗卫生资源在长三角区域的布局，三省一市鼓励以合作办院、设立分院和组建医联体的形式扩大优质医疗资源的覆盖范围。来自三省一市 30 多个城市的数百家医院自发组建了“长三角城市医院协同发展战略联盟”，以推进落实分级诊疗，发展区域医联体，形成有效的转诊机制。在卫生监督执法方面，长三角地区联合开展卫生监督执法队伍的演练和培训，互相支持和配合调查取证、线索共享，在打击无证行医、消毒产品、涉水产品和餐饮具集中消毒等领域先行先试，联合查处跨省市重大违法违规案件、互通违法违规案件查处情况。

（三）积极改善相关法律法规，营造生育友好型的社会氛围

人口是社会经济发展中的核心要素之一，30 多年来我国人口环境发生了质的转变。长期保持的超低生育水平，使我国人口增长惯性逐渐从正向转为负向，人口结构的加速老化和高龄化不利于经济增长。长江经济带 11 省市的生育水平在全国处于较低水平，特别是上海、江苏、湖北、湖南等地。2021 年长江经济带 11 省市纷纷通过修订地方计划生育条例在营造生育友好型社会氛围方面做出改进。对比修订前后的条例内容可以看到，各省市的改

进措施都集中在休假、补贴、配套支持方面。

首先，各省市无一例外地延长了产假时间，增设男方护理假和育儿假。在原法定产假时长的基础上，各省市延期30~90天，其中8省市产假延长60天，重庆市延长80天，江西省延长90天，最长的可达188天；设定男方护理假至少15天，安徽、江西和云南三省的男方护理假均达到30天。除此之外，长江经济带大部分省市还规定在子女3周岁之前，夫妻双方每年各有5~10天育儿假，安徽和重庆则规定在子女6周岁之前，夫妻双方都可享有带薪育儿假。安徽、江西、重庆、贵州、云南等五省市还将婚假延长10~15天。

其次，部分省市针对多子女家庭直接发放育儿补贴，或者在生育医疗费用方面予以报销和减免，直接降低养育成本。浙江省的计划生育条例中将对有3周岁以下婴幼儿家庭给予育儿津贴和托育费用补贴的权力下放至县级政府，让有财力的县级地区的家庭能够率先享受到现金资助。湖北省的计划生育条例中规定参加生育保险的女性职工的生育医疗费用、生育津贴等都纳入保险待遇足额支付，参加了城乡居民医疗保险的参保人则可报销生育医疗费用。贵州省则明确表示参加生育报销的女职工，第三胎也能全额享有保险待遇。四川省攀枝花市对于按政策生育二孩、三孩的户籍人口家庭，给予每孩每月500元的育儿补贴金，直至孩子年满3周岁。

最后，所有省市在最新修订的条例里都提出要从财政、教育、住房、就业和社会保险等方面予以支持。上海提出要鼓励用人单位采用灵活休假和弹性工作措施，以为多子女家庭争取更多养育时间；江苏省鼓励和引导社会力量兴办托育机构，支持幼儿园、机关企事业单位和社区提供更多的托育服务；安徽省规定在配租公租房时将对多子女家庭在房型选择、租金等方面给予照顾和优惠，也鼓励幼儿园和小学提供延时托管服务，鼓励社会力量兴办假期托管机构；几乎所有省份的条例修订版中都提出要加快托幼机构、母婴设施建设。

各地区通过修订地方性条例，将营造生育友好型社会氛围的措施都以法律的形式予以明确，符合推进我国法治建设的要求，而措施的设计兼顾了家庭养育时间、养育成本、养育周期等各个方面，也明确了各方应负有的责任。这些政策的落地落实大概率会为提升长江经济带生育水平带来积极影响。

总体而言，长江经济带在受疫情严重影响的情况下仍保持了社会事业的平稳发展，但上中下游间应对措施和实施效果仍存在较大差距。如何在精准防控疫情的情况下恢复原有的生产生活节奏是长江经济带各省市需要探讨和思考的问题。

三　2022年长江经济带社会事业发展中的难题与建议

（一）为应对人口发展趋势逆转对社会经济发展带来的负面影响，需积极探索延迟退休政策并尽快落地

我国退休制度建立时，人口平均预期寿命只有 50 多岁，20 世纪 70 年代初期提升到 60 岁。2021 年长江经济带 11 省市中人口平均预期寿命超过全国平均水平 78 岁的有 6 个，其中上海达到 84.11 岁，浙江达到 82.20 岁。而同期我国的退休年龄并没有发生变化，仍在沿用女性职工 50 岁或 55 岁退休、男性职工 60 岁退休的标准。退休年龄和死亡年龄之间的间隔已经由 70 年代初的 10 岁以内扩大到目前的 20 岁上下。这意味着养老金领取年限也几乎翻倍。鉴于我国的养老金领取水平是按照 129 个月来计算的，这意味着即使不考虑人口年龄结构的变动，社会养老保险金的可持续性运行也将受到严重挑战。如果将人口年龄结构的变动考虑进去，情况就更为紧迫。计划生育政策的长期推行，让我国快速实现了人口转变，虽然获得了二三十年的人口红利期，但老年人口占比快速上升、规模快速增加也是事实。长江经济带 11 省市的总体生育水平长期低于全国平均水平，过去因长三角地区是人口净流入规模最大的地区之一，无论是规模增长的缓慢还是年龄结构的老化问题都被掩盖。但随着全国人口增长速度呈断崖式下降，长江经济带人口规模增速明显放缓，人口老龄化、高龄化问题日益凸显，在长江中游和下游地区

人口正增长惯性被负增长惯性取代的形势逆转意味着改变现有退休制度势在必行。

延迟退休相关讨论已有多年，但并没有被提上议事日程。2022 年 2 月《“十四五”国家老龄事业发展和养老服务体系规划》正式发布，明确提出要实施渐进式延迟退休年龄政策。而同年 1 月，长江下游的江苏省就发布了《江苏省企业职工基本养老保险实施办法（修订版）》。江苏省这一方案是遵照国家“小步调整、弹性实施、分类推进和统筹兼顾”的原则来制定的，体现了国家对于延迟退休政策落地渐进式、分人群、完善配套等方面的考虑，是我国最早出台的较为完整的方案。江苏省的尝试可为其他省市提供以下借鉴：第一，该政策制订是在基层深度调研基础上完成的；第二，政策秉持系统和整体考虑的思路，积极回应用人单位和参保人员双方的相关诉求，且与其他相关社会政策之间有接口；第三，充分考虑经济发展、人口发展等方面的宏观环境，同时明确政策调整的目的是解决现实问题。但需要注意的是，目前提出的渐进式延迟退休方案，并没有从国家层面明确法定退休年龄的调整，而是以劳动者自愿为原则，要想该政策顺利落地，必须提高人们延迟退休的意愿。因此，必须在职业培训、税收和专项补贴优惠、幼托等公共服务方面都有所呼应。

（二）深刻认识科技创新对经济发展的重要意义，构建与产业体系相匹配的长江经济带创新联合体

党的二十大报告强调必须坚持科技是第一生产力、人才是第一资源、创新是第一动力，深入实施科教兴国战略、人才强国战略、创新驱动发展战略。同时指出，加快实施创新驱动发展战略，加快实现高水平科技自立自强是当前的重要工作任务。

2022 年我国五大科创中心均顺利建成，其中三个落在长江经济带，分别是上游的成渝区域科创中心、中游的武汉国家科创中心和下游的长三角国际科创中心。仅从名称就可看出，这三个科创中心的定位与当地的科技创新能力及周边产业体系相契合。作为“龙头”的长三角 G60 科创走廊，一直

瞄准国际先进科创能力，构建了以高成长性科创企业为代表的创新集群，闯出了一条科创引领转型发展的新路。目前，上海张江科学城已建和在建的国家重大科技基础设施达14个（包括已运行装置6个、在建装置8个），设施数量、投资金额与建设进度均领先全国。作为“龙腰”的光谷科技创新大走廊建设也正如火如荼。光谷科技创新大走廊贯通武汉、鄂州、黄石、黄冈等区域，旨在打造“基础研究—技术创新—产业化”梯度科技产业协同发展的湖北全域创新格局。目前，武汉东湖科学城已布局脉冲强磁场、精密重力测量等3个大科学设施，并有3个项目被纳入国家“十四五”相关专项规划，数量居全国前列。作为“龙尾”的成渝科创走廊以“一城多园”模式合作共同开展关键核心技术攻关，建设西部科学城，推进创新资源共享，推动川渝两地协同创新全面提速。目前，西部科学城正加快实施重大项目建设，40个重大项目涉及总投资达1054.5亿元。虽然与长三角相比，成渝和武汉科技创新中心的规模和创新能力较弱，高端人才相对紧缺，资金力量相对薄弱，但是从国家科技创新地理空间的长远布局来看，这两个科创中心的建设与发展将为我国形成“双循环”新发展格局起到“四两拨千斤”的重要支撑作用。在成渝和武汉建设国家科创中心是国家战略科技资源向内陆地区优化配置的重大信号，是构建与经济增长极相匹配的区域创新极的必然选择，也是为长江经济带全域高质量发展装上了一台以科技创新为推动力的永动机。

当前，长江经济带科技创新尚存在产业链与创新链脱离、产业科技创新合作主体不均衡、创新要素分布及能力不协调的现象。因而，长江上中下游地区应携手合作，把科技创新协同放在更加突出的位置，共建长江创新联合体。建立统筹长江全流域的产业科技创新组织，上游和中游发挥在重大装备等基础产业领域的创新优势，下游要发挥在集成电路、生物医药等前沿产业领域的创新优势，组建创新联合体，共同推进产业技术攻关，不断完善市场化、多元化投入机制，汇聚力量全面提升全流域科技创新协同能力。

B.3 长江经济带生态发展报告（2021~2022）

尚勇敏　海骏娇*

摘　要： 长江经济带各省市把修复长江生态环境放在压倒性位置，促进经济社会发展全面绿色转型，长江经济带生态环境保护发生了转折性变化。2021~2022年，长江经济带各省市积极应对气候变化、加快实现“双碳”目标，强化生态环境治理、打好污染防治攻坚战，扎实推进生态建设、强化生态系统保护修复，加强生态环境保护督察、推进环境治理能力现代化，实现长江环境质量持续向好、长江生态保护修复成效逐步显现、资源利用效率稳步提升。通过构建指标体系对长江经济带生态发展水平进行评估，发现长江经济带中部地区绿色发展水平进步明显，排名超越东部地区。九省二市间绿色发展综合水平差距持续缩小。其中，东部地区绿色生产领域优势明显，而中部和西部地区分别在绿色生活和绿色生态领域占据优势。未来，长江经济带应将水环境治理作为长江经济带环境保护的突破口，以无废城市建设引领长江经济带循环经济发展，以低碳节能转型促进长江经济带尽快实现“双碳”目标。

关键词： 生态发展　“双碳”发展　绿色低碳转型　长江经济带

---

* 尚勇敏，区域经济学博士，博士后，上海社会科学院生态与可持续发展研究所副研究员，主要从事区域创新与区域可持续发展研究；海骏娇，区域经济学博士，上海社会科学院信息研究所助理研究员，主要从事长江经济带绿色发展研究。

推动长江经济带发展是以习近平同志为核心的党中央作出的重大决策，是关系国家发展全局的重大战略。2022 年 6 月 8 日，习近平在四川考察时讲话指出，保护好长江流域生态环境，是推动长江经济带高质量发展的前提，也是守护好中华文明摇篮的必然要求，为推动长江经济带高质量发展把脉定向。近年来，长江经济带各省市认真贯彻落实党中央、国务院有关决策部署，全面贯彻新发展理念，把修复长江生态环境放在压倒性位置，促进经济社会发展全面绿色转型，长江经济带生态环境保护发生了转折性变化。长江经济带“共抓大保护、不搞大开发”并没有影响经济社会发展速度，对全国高质量发展的支撑带动作用增强，各省市从相对粗放式发展转向绿色高质量发展，从开发利用主导转向保护修复主导，展现出一幅天蓝水清土净、山水人城和谐的画卷。

长江经济带生态环境修复和改善是一个需要付出长期艰苦努力的过程。当前，长江经济带生态发展仍然面临诸多矛盾和挑战，生态环境稳中向好的基础还不稳固，生态环境监测基础薄弱、水污染风险较大等问题依然明显，生态环境质量同人民群众对美好生活的期盼、建设美丽中国的目标、建设人与自然和谐共生的现代化的要求相比都还有很大的差距。面对我国“双碳”目标，长江经济带各省市实现碳达峰碳中和任务艰巨，资源环境压力仍然巨大，必须坚持久久为功，持续推进长江大保护。本报告系统梳理了 2021 年长江经济带生态环境治理成效与生态发展特征，构建长江经济带生态发展相关指标体系，并进行定量评价，提出促进长江经济带生态发展的政策建议，以期为长江经济带生态环境保护和高质量发展提供参考。

一　长江经济带生态发展的现状与问题

在党中央、国务院对长江生态环境保护的重要指示下，长江经济带各省市围绕“共抓大保护、不搞大开发”的要求，聚焦长江“十年禁渔”、长江干支流岸线保护、长江水生态保护修复以及水土气污染防治攻坚等关键问题，大力推进生态环境整治，切实提升资源环境效率，协同推动长江经济带高质量发展，长江经济带生态环境治理取得阶段性成效，生态优先、绿色发展态势凸显。然而，长江经济带生态环境治理显著成效与发展背后的问题依然并存，《2021 年长江经济带生态环境警示片》深刻展现了长江经济带工业与农业污染、建设占湖等生态环境问题，生态环境风险仍未从根本上扭转。

（一）长江环境质量持续向好

国家有关部门及长江经济带各省市始终把长江保护修复作为打好污染防治攻坚战的重中之重，积极推动生态环境保护修复，长江经济带生态环境质量持续改善。

一是水环境质量持续改善。长江经济带各省市持续打好水污染防治攻坚战，根据《2021 中国生态环境状况公报》，2021 年，长江流域水环境质量进一步改善，长江流域监测的 1017 个国考断面中，优良的水质断面占 97.1%，同比增加 1.2 个百分点；劣 V 类占 0.5%，同比下降 0.4 个百分点。继 2020 年之后，长江干流水质再次全线年均值达到了Ⅱ类，长江干流和主要支流水质均为优。从各省市地表水质达标情况看，浙江、江西、湖北、湖南、重庆、四川、贵州的地表水质达标率均达到 90%以上，上海、江苏、云南则相对较低，安徽的地表水质达标率仅为 77.3%，从地表水质区域分布看，长江上中游省市水质总体优于下游省市。长江经济带仍然存在较大面积劣 V 类水体、黑臭河道等现象，主要分布在云南、贵州、湖南；同时，太湖流域、巢湖流域等湖泊，以及螳螂川、沱江、岷江等支流仍然存在污染物超标现象。从海洋环境质量看，随着沿江污染物减少、生态环境质量改善，长江口近岸海域环境质量也相应有所改善，但海洋环境质量问题依然明显。江苏海洋环境质量稍好，一类、二类水质占比达到 87.4%，而上海和浙江分别仅 25.4%和 46.5%，主要污染物为无机氮、活性磷酸盐等。

表 1　2021 年长江流域水质状况

水体	断面数（个）	比例（%）					
		Ⅰ类	Ⅱ类	Ⅲ类	Ⅳ类	Ⅴ类	劣Ⅴ类
流域	1017	7.5	70.7	18.9	2.4	2.4	0.5
干流	83	13.4	86.6	0	0	0	0
主要支流	935	7	69.3	20.5	2.6	2.6	0.6
跨界断面	156	6.4	77.6	11.5	3.8	3.8	0.6
水体	断面数（个）	比 2020 年变化（个百分点）					
		Ⅰ类	Ⅱ类	Ⅲ类	Ⅳ类	Ⅴ类	劣Ⅴ类
流域	1017	0.2	−0.4	1.4	−0.7	0	−0.4
干流	83	6.1	−6.1	0	0	0	0
主要支流	935	−0.3	0.1	1.4	−0.8	0	−0.4
跨界断面	156	−1.3	3.2	−2.6	0	0.6	0

资料来源：《2021 中国生态环境状况公报》。

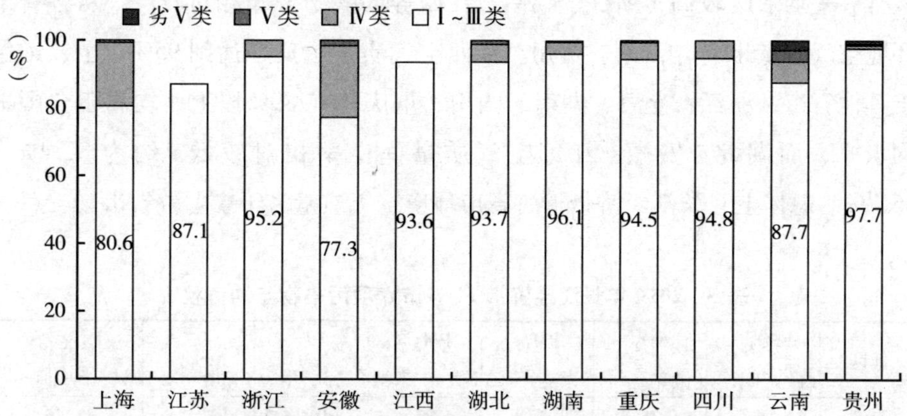

图 1　2021 年长江经济带 11 省市地表水质达标率

注：江苏、江西仅发布了Ⅰ~Ⅲ类水的比重。

资料来源：2021 年各省市生态环境状况公报。

表 2　2021 年上海、江苏、浙江海洋环境质量

地　区	一类、二类	三类	四类	劣四类
上　海	25.4	14.4		60.2
江　苏	87.4	8.1	2.8	
浙　江	46.5	23.1		30.4

资料来源：2021 年上海、江苏、浙江生态环境状况公报。

二是环境空气质量总体向好。长期以来，长江经济带工业化、城市化快速推进，形成高污染、高能耗、低效率的粗放型经济发展方式，火电、钢铁、石化、建材等资源密集型行业规模大、发展快，大气污染物排放持续增加，部分地区保护与发展矛盾突出，复合型大气污染问题突出。① 2020 年，长江经济带二氧化硫、氮氧化物、颗粒物排放量分别为 116.5 万吨、374.2 万吨、172.2 万吨，分别占全国的 36.6%、36.7%、28.2%。② 从长江经济带 11 省市六项污染物年均值看，SO_2、PM_{10}、$PM_{2.5}$、CO 等污染物浓度总体优于全国平均水平，NO_2、O_3 与全国平均水平接近。从区域特征看，江西的 SO_2 排放平均浓度较高，上海、重庆、江苏、浙江等 NO_2 排放平均浓度较高，安徽、湖北、江苏、重庆、湖南等的可吸入颗粒物及 $PM_{2.5}$ 平均浓度较高，湖北、江西、湖南、四川等的 CO 平均浓度相对较高，江苏、安徽、上海等的臭氧排放平均浓度较高，浙江、湖南、江西等的酸雨分布相对较广。从各省市环境空气质量来看，云南、贵州、江西空气质量优良率达到 95%以上，远优于其他省市，浙江、上海、湖南、四川、重庆等在 89%以上，均高于全国平均水平，而湖北、安徽、江苏空气质量优良率相对较低，约为 82.4%～86.7%。总体上，长江经济带下游省市环境空气质量劣于中上游省市。

表 3　2019 年长江经济带 11 省市六项污染物年均值状况

地区	SO_2（微克/米^3）	NO_2（微克/米^3）	PM_{10}（微克/米^3）	$PM_{2.5}$（微克/米^3）	CO（毫克/米^3）	O_3（毫克/米^3）	降水 pH 平均值
上海	6	35	43	27	0.9	145	5.56
江苏	7	29	57	33	1.0	163	6.11
浙江	6	29	47	24	0.9	142	5.21
安徽	8	26	61	35	1.0	148	5.95
江西	12	22	51	29	1.1	126	5.49
湖北	8	23	59	34	1.2	138	6.65

① 左芝鲤、郭海湘、成金华：《长江经济带空气质量影响因素研究》，《环境经济研究》2018 年第 4 期。

② 截至 2022 年 9 月长江经济带各省市大气污染排放数据更新至 2020 年。

续表

地区	SO_2（微克/米^3）	NO_2（微克/米^3）	PM_{10}（微克/米^3）	$PM_{2.5}$（微克/米^3）	CO（毫克/米^3）	O_3（毫克/米^3）	降水 pH 平均值
湖南	8	21	50	35	1.1	127	5.34
重庆	9	32	54	35	1.0	127	5.82
四川	8	24	49	32	1.1	127	6.09
云南	8*	15*	33*	21*	1.0*	119*	6.43
贵州	8	15	35	23	0.8	116	6.38~7.39
全国	11	27	63	36	1.4	148	4.39~8.43

注：①由于云南未发布2021年全省平均污染物数据，“*”为2020年数据；②贵州、全国仅发布降水 pH 年均值范围。

资料来源：2021年各省市生态环境状况公报。

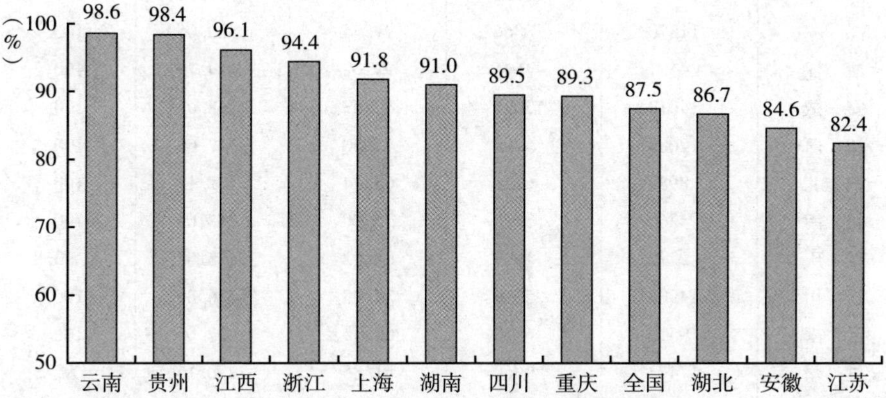

图2　2021年长江经济带11省市空气质量优良率

资料来源：2021年各省市生态环境状况公报。

三是固废污染控制能力增强。长江经济带是我国重要的重化工业集聚区，钢铁、电力、金属冶炼、石油化工等生产活动产生了大量工业固体废物。2020年，长江经济带11省市产生工业固体废物10.19亿吨,[①] 约占全国的27.72%；工业固体废物综合利用量6.73亿吨，约占全国的33.03%；

① 截至2021年8月长江经济带大部分省市固废产生量数据更新至2019年，江苏、安徽、湖南、重庆、四川五省市仅更新至2018年。

工业固体废物综合利用率为 66.08%，高于全国工业固体废物综合利用率（55.45%）。2020 年，长江经济带危险废物产生量为 2642.86 万吨，约占全国的 36.29%；除重庆、贵州外，其余省市生活垃圾无害化处理率均达到 100%。总体上，相较于在全国经济中的比重，长江经济带工业固废产生量、危险废物产生量均低于全国平均水平，工业固体废物综合利用及生活垃圾无害化处理情况总体优于全国。

表 4　2020 年长江经济带 11 省市工业废物及生活垃圾综合利用情况

单位：万吨，%

区　域	工业固体废物产生量	工业固体废物综合利用量	工业固体废物综合利用率	危险废物产生量	生活垃圾无害化处理率
上　海	1809	1702	94.09	131.91	100
江　苏	11870	10866	91.54	522.05	100
浙　江	4591	4546	99.02	444.79	100
安　徽	14012	12026	85.83	168.02	100
江　西	12083	5498	45.50	147.66	100
湖　北	8987	6178	68.74	122.17	100
湖　南	4360	3270	75.00	218.63	100
重　庆	2272	1909	84.02	83.53	93.8
四　川	14903	5656	37.95	456.89	100
云　南	9516	6610	69.46	57.05	100
贵　州	17473	9060	51.85	290.16	97.8
长江经济带	101876	67321	66.08	2642.86	—
全　国	367546	203798	55.45	7281.81	99.7

资料来源：《中国环境统计年鉴 2021》《中国统计年鉴 2021》。

（二）长江生态保护修复成效逐步显现

随着《长江保护法》等法律、规划、政策等的实施，长江经济带生态保护修复深入推进，长江经济带生态恶化趋势得到遏制，生态保护修复效果显现。2021 年，长江经济带各省市累计完成造林面积 190.95 万公顷，占全国造林面积的 53.04%，在全国造林面积中的比重较上年进一步提升，且远高于其在全国国土面积中的比重；其中，重庆、湖南、四川造林面积均在40万公顷以上，居长江经济带前列。2021年，长江经济带11省市森林覆盖率总体高于全国平均水平，其中，云南、江西、贵州、浙江均在60%以上，湖南、重庆、湖北、四川均在40%以上，长江经济带11省市中仅上海低于全国平均水平。2021年，长江经济带11省市生态环境状况指数整体保持稳定，且高于全国平均水平，湖南、江西、湖北、四川、重庆均在70以上，浙江、安徽、江苏、上海等相对较低。

表5　长江经济带造林面积、森林覆盖率及生态环境状况指数

区　域	全年完成造林面积（万公顷）	森林覆盖率（%）	生态环境状况指数
上　海	0.34	19.42	62.4
江　苏	1.45	24.00	66.6
浙　江	3.17	61.17	48.6~90.6
安　徽	3.67	30.00	68.6
江　西	6.94	63.10	78.86
湖　北	13.10	42.50	73.92
湖　南	42.50	59.97	79.2
重　庆	44.00	54.50	70.2
四　川	40.52	40.23	71.7
云　南	11.16	65.16	优45.74%；良54.26%
贵　州	24.10	62.12	优8.9%;良84.6%;一般6.5%
全　国	360.00	23.04	59.77

注：①江苏省森林覆盖率数据为林木覆盖率。②云南、贵州仅发布2021年生态环境状况各等级的占比；贵州未公布2021年数据，表中为2020年数据。

资料来源：2021年各省市国民经济统计公报、生态环境状况公报。

随着长江经济带各省市积极推进水土保持、生态修复，长江经济带生态系统逐步改善。水利部2020年全国水土流失动态监测成果显示，长江流域水土流失面积达到33.26万平方公里，占全国水土流失面积的12.44%，占其流域面积的18.57%；2021年水土流失面积较2020年减少1.32%，较2011年第一次水利普查结果减少13%。其中，三峡库区、西南石漠化地区、丹江口库区及上游地区水土流失面积相比 2020 年减幅分别为 1.44%、1.36%、1.17%。从长江经济带输沙量看，2021 年长江经济带不同河段输沙量呈现“N”形变化趋势，在金沙江河段年输沙量相对较低，在重庆河段输沙量明显增加，三峡库区及库区下游输沙量显著降低，下游地区输沙量逐渐增加。从时间变化看，2021 年全流域输沙情况总体好转，四川、重庆、湖北河段输沙量快速下降，如攀枝花、向家坝输沙量与近 10 年平均对比下降 80%以上，中下游河段输沙量下降幅度相对较小。

表 6　2021 年长江干流主要水文控制站实测水沙特征值年际比较

单位：亿吨，%

指标	直门达	石鼓	攀枝花	向家坝	朱沱	寸滩	宜昌	沙市	汉口	大通
近 10 年平均年输沙量	0.130	0.345	0.055	0.164	0.613	0.950	0.201	0.326	0.790	1.22
2021 年年输沙量	0.135	0.214	0.009	0.011	0.229	0.735	0.111	0.178	0.644	1.02
2020 年与近 10 年平均对比	4	-38	-84	-93	-63	-23	-45	-45	-18	-16

资料来源：《长江泥沙公报 2021》。

（三）资源利用效率得到稳步提升

长江经济带是我国重要的人口与产业承载区，能源资源消费量巨大。2020 年，长江经济带能源消费总量达到 17.95 亿吨，约占全国能源消费总量的 39.4%。从各省市能源消费看，江苏、浙江、四川能源消费总量位居前列，均在 2 亿吨标准煤以上，湖北、湖南等省市能源消费总量为 1 亿~2 亿吨标准煤，江西、重庆能源消费总量在 1 亿吨标准煤以下。从能源消费强度看，云南、贵州能源消费强度远高于其他省市，上海、江苏、重庆等相对较低。从电力消费看，长江经济带下游省市是主要电力消费地，但单位 GDP 用电量总体低于上游地区；与全国平均水平相比，长江经济带单位 GDP 用电量降幅小于全国平均水平。长江经济带持续推进节水型社会建设，从水耗情况看，江苏、湖南、湖北、安徽等中下游省市用水总量较大，但单位 GDP 用水量持续下降；与全国平均水平相比，长江经济带单位 GDP 用水量下降幅度总体大于全国平均水平。

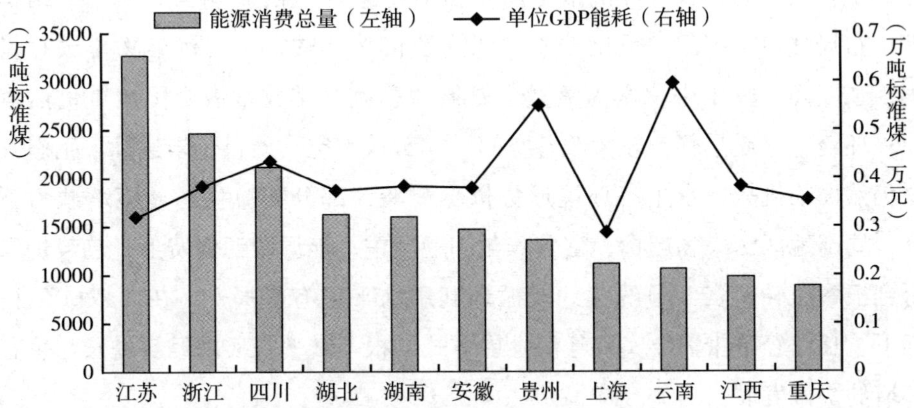

图 3　2020 年长江经济带 11 省市能源消耗情况

资料来源：2021 年各省市统计年鉴。

表 7　2020 年长江经济带单位 GDP 能耗水耗情况

区域	电力消费量（亿千瓦时）	单位 GDP 用电量（千瓦时/万元）	单位 GDP 用电量变化（%）	用水总量（亿立方米）	单位 GDP 用水量（立方米/万元）	用水总量增长（%）
上海	1750	404.95	0.12	98	25.02	-5.79
江苏	7101	610.24	-1.57	572	55.64	-11.34
浙江	5514	750.04	0.45	164	25.34	-4.55
安徽	2715	632.00	-0.93	268	70.49	-6.47
江西	1863	628.97	-0.33	244	94.68	-7.80
湖北	2472	494.27	-0.86	279	64.85	-2.83
湖南	2155	467.84	0.75	305	73.44	-12.01
重庆	1341	480.75	1.51	70	27.99	-13.62
四川	3275	608.16	2.96	237	48.84	-10.28
云南	1743	889.90	0.21	90	50.45	-21.74
贵州	2138	787.57	-4.50	156	63.53	-4.75
全国	77620	684.94	-8.01	5812.9	57.81	-5.40

注：用水总量及单位 GDP 用水量为 2020 年数据。

资料来源：国家统计局数据库（http：//www.stats.gov.cn/tjsj/）。

长江经济带生态发展不断取得新进展，生态优先、绿色低碳高质量发展成效日渐显著；然而，长江经济带生态环境保护仍存在一些亟待解决的问题，主要表现为：长江经济带生产生活对生态环境的影响与日俱增，结构性、布局性风险突出，重化工业围江问题仍然严峻；主要污染物排放总量大、强度高，废水中化学需氧量、氨氮、总氮等排放量占全国比重仍然较大；环境空气质量仍有较大改善空间，大量城市空气质量仍未达标；生态安全仍然面临挑战，水生态环境形势依然严峻，部分支流生态环境承载力下降，局部地区污染物超标、富营养化问题严重；能源资源消费上升趋势仍未得到根本扭转，资源节约集约及循环利用水平仍有待提升。在“双碳”目标下，长江经济带需要实现经济发展方式的根本转变，实现经济增长与生态环境的协调发展。

二　长江经济带生态发展的行动与成效

“共抓大保护、不搞大开发”。2021~2022 年，长江经济带各省市围绕长江生态绿色发展积极探索，落实“双碳”行动，打好污染防治攻坚战，强化生态系统保护修复，推进环境治理能力现代化，加强生态环境共保共建，长江经济带生态环境保护取得了显著成效。

（一）积极应对气候变化，加快实现“双碳”发展目标

长江经济带是我国碳排放的主要区域，公众环境研究中心数据显示，2020 年，长江经济带实现二氧化碳排放量 35.17 亿吨，约占全国碳排放总量的 32.1%，长江经济带应对气候变化行动及其碳达峰碳中和进程对于全国“双碳”目标的实现具有关键作用。2021 年 10 月，党中央、国务院印发了《关于完整准确全面贯彻新发展理念做好碳达峰碳中和工作的意见》《2030 年前碳达峰行动方案》，长江经济带各省市围绕“双碳”发展要求，积极应对气候变化，推进温室气体减排。一是开展“双碳”发展部署谋划。上海、江西、四川、重庆、云南等 5 省市分别发布《上海市碳达峰实施方

案》（2022 年 8 月）、《江西省碳达峰实施方案》（2022 年 7 月）、《成渝地区双城经济圈碳达峰碳中和联合行动方案》（2022 年 3 月）、《云南省碳达峰实施方案》（2022 年 8 月），同时，江苏、浙江分别发布《江苏省“十四五”应对气候变化规划》《浙江省应对气候变化“十四五”规划》；2022 年 6 月，安徽印发《安徽省“十四五”节能减排实施方案》，其余各省市也正在积极编制碳达峰实施方案。二是推进碳核查和碳交易。各省市积极推进碳核查和参与全国碳排放权交易市场建设，强化第三方核查机构管理，基本完成第一个履约周期碳排放配额核定和发放工作，上海碳排放企业连续 8 年 100%完成履约，江苏、四川、贵州首个履约周期碳排放配额清缴履约率分别达 99.92%、99.72%、99.60%；各地积极开展重点排放单位碳市场交易相关能力培训，助力全国碳排放权交易市场平稳有序运行。三是加强碳管理。各地积极落实国家碳监测工作要求，江苏出台《江苏省碳监测评估试点工作方案》，探索开展碳浓度、碳源、碳汇相关监测，碳监测体系初步构建，碳监测能力初步形成。四是推进温室气体减排。各地积极推进能源结构调整，持续推动产业结构低碳发展，推进交通运输低碳转型；浙江在全国率先发布“碳管理账户”，完成 1635 家碳排放重点企业碳账户建设工作，强化数字控碳。

（二）强化生态环境治理，打好污染防治攻坚战

2021~2022 年，长江经济带各省市始终坚持生态优先、绿色发展，巩固污染防治工作成效，不断深化生态环境综合治理，积极打好蓝天保卫战、碧水保卫战、净土保卫战，开展清废行动等，推进生态环境质量持续提升。

一是深入打好蓝天保卫战。首先，各省市按照深入打好污染防治攻坚战的总体要求，发布大气污染防治规划与实施计划，包括《浙江省空气质量改善“十四五”规划》《重庆市大气环境保护“十四五”规划（2021—2025 年）》等五年规划，以及《上海市 2022 年大气环境与应对气候变化工作计划》等年度计划，明确了“十四五”及当年大气环境保护的重点任务和措施。其次，长江经济带各省市按照深入打好污染防治攻坚战的总体要

求，以“减污降碳”为总抓手，以改善环境质量为核心，统筹源头防控、结构优化、末端治理三大减排手段，积极开展空气质量巩固提升行动。各省市突出重点领域，持续推进产业、能源、交通运输结构转型，实施工业废气治理项目，深化工业污染治理，开展移动源污染整治，深化扬尘污染防治。比如，安徽完成1306万吨钢铁产能超低排放改造。上海、安徽等省市积极推进国三以下柴油货车、老旧车辆淘汰；2019~2021年，上海累计完成国三柴油货车淘汰84390辆。上海还积极推进重型柴油车安装远程在线监控设备并联网，继续推进餐饮企业第三方集约化治理。各省市突出重点工程，以重点工程减排为抓手，实施污染防治项目，深入推进主要污染物总量减排。最后，各省市突出重点区域，建立信息共享、预警预报、联动应急等工作机制，强化长三角、长株潭、成渝等地区大气污染联防联控，落实应急减排机制，协同防范重污染天气。同时，各省市积极开展示范创建，如浙江13个县级以上城市建成清新空气示范区。

二是深入打好碧水保卫战。2021~2022年，长江经济带各省市持续推进长江经济带修复项目。首先，积极加强顶层设计，各省市纷纷编制发布水生态环境保护规划，如《湖北长江高水平保护十大攻坚提升行动方案》《浙江省深化“五水共治”碧水行动计划（2021—2025年）》等，对区域内水生态环境保护进行科学谋划和部署。其次，加强水环境综合整治，强化重点行业治理，加强总磷污染治理，推进矿渣、废水等治理，实施农业农村污染防治、城乡生活污染治理等，强化黑臭水体治理，全面启动沿江化工企业关改搬转绿色转型。同时，各省市积极推进美丽河湖建设，四川邛海、泸沽湖（云南部分）、德清下渚湖、浦阳江（浦江段）、安徽新安江（黄山段）等入选全国首批9个美丽河湖优秀案例，浙江温州洞头诸湾入选全国8个美丽海湾案例。再次，积极保护饮用水源地，持续推进饮用水水源地规范化建设；2021年，安徽积极开展饮用水源地环境问题“清零行动”，上海实现水源地内农村生活污水全覆盖收集处理，完成2021年水源地生态补偿考核，全面开展水源保护区内入河排污口排查。同时，积极推进长江入河排污口溯源整治，各省市全面加强河湖排污口排查整治。2021年，浙江完成全省

4453 个入海排污口专项排查；安徽积极开展长江一、二级支流排查，发现排口 23430 个。最后，加强水环境联防联控。2021 年，湖北、湖南、江西联合签订建立长江经济带中游三省危险废物联防联控机制合作协议，并与周边省市签订跨省流域上下游突发水污染事件联防联控协议；“川渝打造跨省河流联防联控联治合作”获评“2020 基层治水十大经验”。

三是深入打好净土保卫战。首先，加强土壤污染源头预防。在重点行业污染方面，各省市积极推进重点行业污染防控、隐患排查等，如重庆印发《2021 年重庆市土壤污染重点监管单位名录》，将 192 家企业纳入土壤污染重点监管单位管理，累计排查污染隐患 315 处、整改 246 处。在土壤污染调查方面，四川等省市均开展重点行业企业用地土壤污染状况调查。2021 年，四川排查工业企业 10704 家、信息采集地块 5330 个，获取数据近 60 万个；浙江完成重点企业用地详查任务，详查成果得分居全国第一。在废渣治理方面，截至 2021 年，贵州累计完成重金属历史遗留废渣治理项目 5262 万吨，废渣治理率达到 90%。其次，强化建设用地土壤风险管控与修复。四川在全国率先开展长江黄河上游土壤风险管控区建设，启动 15 个分区管控试点区建设；贵州发布两批《贵州省建设用地土壤污染风险管控和修复名录》；浙江积极推进污染地块修复，为城市建设提供净地 123.26 万平方米，重点建设用地安全利用率保持在 100%。上海出台《上海市建设用地土壤污染状况调查、风险评估、风险管控和修复、效果评估等工作的若干规定》，完成风评、修复效果评估相关报告评审委托下放工作。再次，加强地下水污染防治。浙江丽水、江苏泰州、江西抚州、湖北宜昌、湖南娄底、四川广元、贵州遵义等 7 市入选全国首批 21 个地下水污染防治试验区。重庆市编制《重庆市“十四五”土壤生态环境保护规划（2021—2025 年）》，并推进重庆市土壤污染防治条例立法。最后，创新土壤及建设用地管理模式，各省市积极推进土壤及建设用地信息化、精细化管理。上海建设土壤污染防治综合管理监管平台，通过信息汇聚、数据共用、动态传送，为全市土壤污染防治工作“看清楚、统起来、管到位”迈向数字化、精细化、智能化管理提供技术支撑。安徽开发遥感管理系统，对 467 个重点地块实行“一张图”管理，构建建设用地地块闭环管理体系，有效防止违规开发利用。

四是深入开展清废行动。各省市积极推进危废规范化管理，有序推动危废专项整治，推进生活垃圾无害化处理，排查渣场尾矿库问题，优化危废利用处置结构，开展危废规范化环境管理评估，持续推进固废管理信息化应用。贵州研究部署全省危险废物等安全生产专项整治三年行动。2021 年，浙江省累计建成 94 个“小微产废”企业危险废物统一收运平台，惠及小微产废企业 6.3 万家；迭代升级“浙江危险废物在线”应用场景，在线监管服务企业 9.1 万家，实时监控 53 万批次危险废物转移。重庆在全国率先开展跨省域无废城市共建，多个案例入选“无废城市建设模式探索与案例”。

（三）扎实推进生态建设，强化生态系统保护修复

“共抓大保护、不搞大开发”。2021 年，长江经济带各省市围绕生态环境保护积极探索，结合各自实际开展多样化专项工作，推出各项政策举措，形成生态建设合力。

一是加强生物多样性保护。2021 年，联合国《生物多样性公约》第十五次缔约方大会（COP15）在云南昆明举行，各省市积极参会参展，展示长江经济带生态文明建设和生物多样性保护成效，编制《四川省生物多样性保护战略与行动计划（2021—2035 年）》等战略规划，印发《2021 年江西省生物多样性保护宣传工作方案》等相关实施计划，为生物多样性保护提供支撑。严格野生动植物保护管理，严厉打击破坏野生动植物资源的违法犯罪行为。2021 年，江苏盐城“以恢复鸟类栖息地为目标的自然解决方案”、浙江“钱江源国家公园集体土地地役权改革的探索实践”等多个项目入选“生物多样性 100+全球特别推荐案例”，其中，“蚂蚁森林滇金丝猴栖息地修复和廊道建设项目”位居案例之首；上海长宁“乐颐生境花园”、四川平武“熊猫故乡关坝村十二年的‘两山论’践行探索案例”等入选“生物多样性 100+全球典型案例”。

二是强化自然生态保护修复。各省市积极推进山水林田湖草沙生态修复与综合治理，加强湿地保护与修复。强化自然保护地监管，持续开展自然保

护地人类活动遥感监测核查，深入开展“绿盾2021”自然保护地强化监督工作，及时发现涉自然保护地违法违规问题并加快推进整改，有力发挥震慑、警示和教育工作的作用。四川优化整合各级各类自然保护地，全省自然保护地面积达到10万平方公里。实施“长江十年禁渔”，健全长江禁捕长效机制，整合沿江各级执法力量，持续加强重点水域、重点时段、重点人群执法监管工作；其中，上海市投入3亿元专项资金建设长江禁捕智能化管控系统、渔政执法码头和高速船艇等工程，实现上海长江禁捕管理区全天候、全水域智能监控。沪苏浙皖四地联合建立长三角区域长江禁渔专项行动警务合作机制，强化省际毗邻区域巡查互补，实现上下游同步、左右岸协同。

三是推进生态文明示范创建。各省市大力推进生态文明示范创建，积极探索“绿水青山就是金山银山”有效转化路径，2021年，上海金山区漕泾镇、四川荥经县等17个地区被命名为第五批“绿水青山就是金山银山”实践创新基地（49个），上海青浦区、江苏盐城市等48个县（市、区）入围第五批国家生态文明建设示范区拟命名名单（102个）

四是强化生态环境保护监管。在《长江保护法》及相关政策指导下，长江经济带各省市加强生态空间保护，积极推进生态保护红线评估调查、监管工作，推动长江经济带“三区三线”划定和“三线一单”① 编制与实施。全面推行林长制，湖北、湖南等省市积极探索建立“一长三员”（林长、护林员、监管员、执法人员）的网格化管护体系，建立健全森林生态安全治理长效机制。同时，各地加强生态环境问题监管，2021年，四川启动生态保护红线生态破坏问题监管试点，对1208个生态破坏疑似问题开展现场核查处理；江西积极推进矿产资源开发领域生态环境问题整治，2021年共排查生态环境问题2260个，完成整改2244个。总体上，长江经济带各地坚持问题导向，强化系统思维，协同保护管理，为长江经济带生态环境保护监管交出了一份优异的生态答卷。

---

① “三区三线”：城镇、农业、生态空间和生态保护红线、永久基本农田保护红线、城镇开发边界；“三线一单”：生态保护红线、环境质量底线、资源利用上线和生态环境准入清单。

（四）加强生态环境保护督察，推进环境治理能力现代化

一是突出生态环境保护督察问题整改。首先，各省市积极配合中央生态环境保护督察组对本省市开展生态环境保护督察工作，成立配合中央生态环保督察工作领导小组，做好各类保障工作，并组织对督察交办的典型案例、重难点问题进行现场督导帮扶。其次，积极开展省（市）内督察。在中央生态环保督察制度下，各省市有计划地开展生态环境保护专项督察和日常督察，对中央交办问题开展专项督察，如四川省政府主要领导带队开展督察，属全国首次。再次，全力推进督察整改。各省市围绕中央生态环保督察、国家长江经济带生态环境警示片交办问题全力推进整改。如安徽省截至2021年底，三次中央生态环保督察共交办问题296个，已完成整改219个。贵州实行“三挂打法”[①]，有效落实领导责任、部门责任、企业责任和个人责任，统筹推进突出生态环境问题整改；同时，首创“三三制”工作法，采取“巡查、明查、暗查”和“访群众、查场外、查场内”三三制现场检查法，推动突出生态环境问题快速有效解决，该机制获得生态环境部高度认可并在全国范围推广。最后，不断完善长效机制，围绕中央、省级生态环保督察要求，完善制度设计；江西省配合制定督察常设机构内部运行、问题线索管理以及工作计划等内部管理和外部联动9项创新性制度；重庆市率先制定并实施《重庆市生态环境保护督察五年工作计划（2021—2025年）》，完成46个市级部门、30个市属国有重点企业生态环保督察全覆盖；安徽建立人防、技防、制防相结合的“发现—交办—整改—督办—验收—考核”闭环机制，开展“严、重、促”突出生态环境问题“大起底”“回头看”。

二是严格环境管理。首先，各省市按照《长江保护法》及本省市环境准入标准，实施生态环境分区管控，严格实施准入清单管理，并推进环境准入清单与国土空间规划相衔接。其次，强化生态环境执法监管，规范执法队伍，优化执法方式，强化执法监管，并围绕重点流域区域开展联合执法，及

① “三挂”：挂牌督战、挂图作战、挂账销号。

时查处跨流域生态环境违法行为。贵州开展打击环境违法犯罪“利剑2021~2025”专项行动等。安徽推行生态环境轻微违法违规行为免罚清单制度和环境监督执法正面清单制度，并入选“安徽省2021年度行政执法十件大事”。浙江开展环境污染问题排查见底百日攻坚执法、“绿剑”执法、打击危废犯罪和自动监测弄虚作假等各类专项行动，2021年，全省共查处环境违法行政处罚案件7304件、罚款7.7亿元；同时，还推进环保“e企管”平台建设，以杭州等5市为试点，对3.7万家企业进行赋码。上海注重强化管理、执法和监测部门的“三监联动”，拓展在线监测、无人机、走航监测等科技手段的运用范围。再次，完善环境法规制度体系，各地加快推行生态环境地方立法，四川出台《四川嘉陵江流域生态环境保护条例》等地方法规，积极配合开展云贵川共同立法、川渝协同立法。上海、江苏、浙江和安徽共同制定发布《大气超级站质控质保体系技术规范》《制药工业大气污染物排放标准》等长三角区域地方标准，共同形成《长三角区域主要污染物总量协同控制合作备忘录》。最后，强化环境应急管理，各省市积极制订政府突发环境事件应急预案，开展环境事故应急演练等。2021年，浙江共有118个县（市、区、开发区）政府突发环境事件应急预案、94个县级以上集中式饮用水水源地突发环境事件应急预案等。

三是全面加强生态环境治理能力建设。以深化生态文明体制改革为抓手，推进生态环境治理体系和治理能力现代化。首先，加强信息化能力建设，湖南等省市制定信息化试点省工作方案，推进生态环境大数据资源中心建设，建设生态环保督察、固废管理等信息化平台。其次，提升生态环境监测监控能力，持续推动监测能力提升建设，如2021年湖南建成污染源自动监控、环境质量监控、电力监控、视频监控“四合一”的生态环境监管平台。浙江积极构建“1+5+N”数字化改革体系，打造“浙里无废”“生态环境问题发现·督察在线”“浙里蓝海”“减污降碳在线”“生态环境资源配置”“环保e企管”“社会环境机构监管服务”等7个场景，取得一批数字化改革成果。最后，强化生态环保科技支撑，建设生态环保科技创新平台，开展重大生态环保科技创新。上海继续推进生态环境决策咨询“环保智库”

建设，推广面向在沪企业的生态环保技术咨询服务，推动上海企事业单位生态环境服务平台在“一网通办”上线运行。

四是推进公众参与及交流合作。首先，开展环境宣传教育，各省市积极组织开展“六五”环境日、生态日主题宣传活动等，以及浙江“最美环保人”、“重庆最美生态打卡地”、江苏“长江大保护绿色共成长”等宣教活动。其次，推动环境公众参与，各地深化环境信访体制机制改革，畅通环境信访通道，信访积案化解率和群众满意度稳步上升，推动城市环保设施、城市污水、垃圾处理设施向公众开放，其中，“皖江流域水环境保护公众参与案例”获评全国“2021 年十佳公众参与案例”。最后，积极开展国际合作交流，2021 年 10 月，《生物多样性公约》第 15 次缔约方大会第一阶段会议在昆明召开，并发布《昆明宣言》，展示了中国生态文明建设和生物多样性保护成就。2021 年 7 月，举办生态文明贵阳国际论坛，以“低碳转型　绿色发展——共同构建人与自然生命共同体”为主题。2021 年 10 月，生态环境部对外合作与交流中心和上海市相关部门联合主办可持续发展全球大会生态韧性主题论坛。同时，积极开展“澜沧江—湄公河区域与全球环境治理圆桌对话”“2021 年中国—东盟环境合作论坛：气候韧性与绿色低碳发展分论坛”等交流合作活动。

三　长江经济带生态发展评价

保护好长江流域生态环境，是推动长江经济带高质量发展的前提。长江经济带发展战略实施以来，各省市全力打好长江保护修复攻坚战，实施产业绿色转型升级行动，取得显著成效。本部分构建长江经济带绿色发展指数指标体系，通过绿色生态、绿色生产、绿色生活 3 个一级指标、7 个二级指标、21 个三级指标［指标体系及权重方案详见“B. 4 长江经济带绿色发展指数报告（2021～2022）”附表 1］，对长江经济带 11 省市 2020 年度的生态发展水平进行系统评价，为“十四五”时期长江经济带生态发展提供行动依据。

（一）评价结果概况

2020 年，长江经济带各省市及东中西部三大区域绿色发展指数各级指标测算结果及排名如表 8、表 9 所示。总体而言，中部地区绿色发展综合指数得分超越东部地区，升至第一位，这主要得益于其在绿色生产领域与东部地区的差距有所减小。在发展差异性方面，绿色生态指数的优势区域依然是西部地区，绿色生产指数的优势区域依然是东部地区，绿色生活指数的优势区域依然是中部地区。在发展均衡性方面，长江经济带 11 省市绿色发展各领域总体水平趋于均衡，绿色生活领域的区际差异最小，绿色生产领域的区际差异相对较大，区际差异最大的具体指标为人均环保经费投入。

表 8　2020 年长江经济带东中西三大区域绿色发展指数得分及排名

项目	东部地区		中部地区		西部地区	
	得分	排名	得分	排名	得分	排名
绿色发展	53.19	2	55.21	1	51.27	3
绿色生态	40.69	3	57.32	2	63.66	1
自然禀赋	34.59	3	82.09	2	84.15	1
环境质量	44.76	2	40.81	3	49.99	1
绿色生产	56.14	1	48.11	2	36.14	3
节能减排	58.80	2	70.13	1	54.76	3
绿色科技	53.49	1	26.10	2	17.52	3
绿色生活	61.75	2	62.56	1	59.06	3
污染治理	68.60	1	56.28	2	50.97	3
城市绿化	47.86	3	59.78	2	62.02	1
环境压力	75.81	2	80.69	1	69.32	3

注：东部地区包括上海、江苏、浙江、安徽四省市，中部地区包括江西、湖北、湖南三省，西部地区包括重庆、四川、贵州、云南四省市。

资料来源：2021 年中国统计年鉴、中国城市建设统计年鉴、中国环境统计年鉴、全国科技经费投入统计公报、11 省市统计年鉴，以及土地调查、中国环境监测总站等各级政府及相关部门公开数据等。

表 9　2020 年长江经济带 11 省市绿色发展指数得分及排名

项目	上海	江苏	浙江	安徽	江西	湖北	湖南	重庆	四川	贵州	云南
绿色发展	58.09	50.24	56.94	47.47	56.62	49.49	59.53	59.29	51.42	47.99	46.38
	(3)	(7)	(4)	(10)	(5)	(8)	(1)	(2)	(6)	(9)	(11)
绿色生态	36.54	23.77	63.53	38.93	63.49	49.94	58.53	44.25	56.44	77.95	75.99
	(10)	(11)	(3)	(9)	(4)	(7)	(5)	(8)	(6)	(1)	(2)
自然禀赋	1.58	21.17	57.87	57.75	88.34	77.70	80.24	68.62	84.44	85.86	97.70
	(11)	(10)	(8)	(9)	(2)	(6)	(5)	(7)	(4)	(3)	(1)
环境质量	59.84	25.51	67.30	26.38	46.92	31.44	44.06	28.01	37.78	72.68	61.52
	(4)	(11)	(2)	(10)	(5)	(8)	(6)	(9)	(7)	(1)	(3)
绿色生产	91.80	54.99	40.36	37.41	42.07	44.40	57.87	56.40	46.59	18.43	23.14
	(1)	(4)	(8)	(9)	(7)	(6)	(2)	(3)	(5)	(11)	(10)
节能减排	83.61	58.65	39.66	53.28	59.60	58.93	91.87	71.63	74.25	32.11	41.06
	(2)	(7)	(10)	(8)	(5)	(6)	(1)	(4)	(3)	(11)	(9)
绿色科技	100.00	51.34	41.06	21.55	24.54	29.88	23.87	41.17	18.93	4.75	5.22
	(1)	(2)	(4)	(8)	(6)	(5)	(7)	(3)	(9)	(11)	(10)
绿色生活	34.71	70.38	72.47	69.43	69.14	55.80	62.74	78.19	52.86	57.44	47.76
	(11)	(3)	(2)	(4)	(5)	(8)	(6)	(1)	(9)	(7)	(10)
污染治理	56.77	58.99	87.11	71.52	46.59	48.03	74.23	70.18	24.99	54.08	54.62
	(6)	(5)	(1)	(3)	(10)	(9)	(2)	(4)	(11)	(8)	(7)
城市绿化	0.00	73.43	55.56	62.46	85.98	50.67	42.68	78.41	62.09	70.03	37.56
	(11)	(3)	(7)	(5)	(1)	(8)	(9)	(2)	(6)	(4)	(10)
环境压力	60.00	87.07	77.00	79.17	80.57	81.61	79.90	93.78	90.11	38.96	54.42
	(9)	(3)	(8)	(7)	(5)	(4)	(6)	(1)	(2)	(11)	(10)

注：括号中的数字为 11 省市在该领域的得分排名。

资料来源：2021 年中国统计年鉴、中国城市建设统计年鉴、中国环境统计年鉴、全国科技经费投入统计公报、11 省市统计年鉴，以及土地调查、中国环境监测总站等各级政府及相关部门公开数据等。

（二）分区域评价结果

从区域划分来看，长江经济带东中西区域间排名发生变化，中部地区超越东部地区跃升为首位；11 省市间绿色发展综合水平区际差距持续缩小，区际排名变动相对较大。

第一，在东中西三大区域尺度上，中部地区绿色发展水平最高，东部地区次之，西部地区依然相对落后。2019 年度东、中、西三大区域综合水平得分分别为 56.49、54.06 和 50.94，第 1 与第 2 名、第 2 与第 3 名之间的得分差距分别为 2.43 和 3.12；2020 年度三大区域综合水平得分分别为 53.19、55.21 和 51.27，第 1 与第 2 名、第 2 与第 3 名之间的得分差距分别缩小到 2.02 和 1.92。三大区域之间的差距持续缩小，中部地区进步最快，西部地区次之。

第二，在省级尺度上，长江经济带各省市绿色发展综合得分差距缩小，湖南省绿色发展综合指数排名取得较大进步，首次跃升为第 1 名。2018 年度各省市综合水平的变异系数为 14.4%，2019 年度降低至 9.7%，2020 年度进一步降低至 9.1%，长江经济带整体绿色发展水平趋于均衡。其中，排序提升的省市有：湖南省（提升 4 个位次）、四川省（提升 3 个位次）、重庆市（提升 1 个位次）、江苏省（提升 1 个位次）；排序相对下降的省市有：上海市（下降 1 个位次）、江西省（下降 1 个位次）、湖北省（下降 2 个位次）、贵州省（下降 2 个位次）、浙江省（下降 3 个位次）；安徽省、云南省排名保持不变。湖南省由于绿色生产尤其是绿色科技水平显著提升，综合得分整体排名大幅提高至第 1 位；浙江省则由于节能减排水平相对落后，综合得分排名从第 1 位下降至第 4 位。

第三，各省市的空间位置与排名位次相对均衡，东、中、西三大区域内均有绿色发展综合水平优势省市与劣势省市。东部地区三省一市排名分别为：上海市（第 3 名）、浙江省（第 4 名）、江苏省（第 7 名）、安徽省（第 10 名），上海市为优势省市，安徽省为相对劣势省市；中部地区三省排名分别为：湖南省（第 1 名）、江西省（第 5 名）、湖北省（第 8 名），湖南省为优势省市，湖北省为相对劣势省市。西部地区排名分别为：重庆市（第 2 名）、四川省（第 6 名）、贵州省（第 9 名）、云南省（第 11 名），重庆市为优势省市，云贵两省处于相对劣势位置。此外，三大领域发展最为均衡的省份为湖北省，绿色生态、绿色生产、绿色生活领域分别排名第 7、第 6 和第 8 位，协调发展潜力最大。

（三）分领域评价结果

从领域划分来看，在绿色生态领域占据优势地位的是西部地区；绿色生产领域各省市间得分差异最大，东部地区具有整体优势；绿色生活领域各省市间得分差异最小，中部地区具有整体优势。

第一，绿色生态领域包括自然禀赋、环境质量两个评价主题。在绿色生态领域，各省市排名与上一年度相比变化不大，仅上海与安徽两地相邻位次排名互换；同时，贵州、云南两省得分继续保持前两位且领先优势较突出。具体而言，西部、中部、东部地区绿色生态指数得分分别为63.33、57.32与40.69，西部与中部地区得分差异相对较小，东部地区绿色生态水平与前两者差距相对较大。在自然禀赋方面，西部与中部地区占据绝对优势，得分分别为84.15和82.09，远高于东部地区的34.59。云南、江西、贵州在该主题上排名居前三位。自然禀赋受区域基础条件影响较大，因此排名年度变动幅度相对较小，变动潜力相对较小。在环境质量方面，西部地区以49.99排名第1，东部地区以44.76排名第2位，中部地区以40.81处于相对落后地位。贵州、浙江、云南在该主题上排名居前3位。虽然环境质量水平受区域自然环境条件的影响较大，但是调节与可控程度比自然禀赋高，因此，中、东部地区在环境治理方面仍有大力提升的必要性。

第二，绿色生产领域包括节能减排、绿色科技两个评价主题。在绿色生产领域，东部地区以上海为引领，其继续保持较明显优势；同时，各省市排名变动相对较大，湖南省进步幅度最大，从第7位大幅上升至第2位，浙江、湖北两省则均下降3个位次。具体而言，东、中、西部地区绿色生产指数得分分别为56.14、48.11和36.14，东部地区领先优势依旧明显，但是与中、西部地区之间的差距逐步减小。在绿色科技方面，东部地区以53.49遥遥领先，中、西部地区得分分别为26.10和17.52。上海、江苏、重庆在该主题上排名居前三位。该主题得分与区域经济基础的关联性相对较强。在节能减排方面，中部地区得分70.13，远高于东部地区（58.80）和西部地区（54.76）。湖南、上海、四川在该主题上排名居前三位。相对而言，东、中、西部地区的节能减排各有优势，东部地区的单位工业增加值二氧化硫排放量较低，中部地区的生产用电集约度较高，西部地区的生产用水集约度较高。

第三，绿色生活领域包括污染治理、城市绿化、环境压力三个评价主题。在绿色生活领域，东、中、西部地区发展水平相对接近，中部地区得分略优于东部和西部地区；同时，各省市排名变动相对较小，重庆升至第1名。具体而言，东、中、西部地区绿色生活指数得分分别为61.75、62.56和59.06。在污染治理方面，得分最高的是东部地区（68.60），中部地区次之。浙江、湖南、安徽在该主题上排名居前三位。“无废城市”建设与该领域息息相关，在未来几年将会迎来发展热潮。在城市绿化方面，得分最高的是西部地区（62.02），中部地区次之。江西、重庆、江苏在该主题上排名居前三位，与上一年度排名相同，变动性相对较小。在环境压力方面，得分最高的是中部地区（80.69），东部地区次之。重庆、四川、江苏在该主题上排名居前三位。碳排放强度指标归属于该主题，因此也是“十四五”时期生态建设的重点领域。

四 提升长江经济带生态发展水平的对策建议

“十四五”时期长江经济带发展“1+N”规划政策体系已基本形成，各省市已陆续发布生态环境“十四五”规划，绿色低碳、无废城市、水环境治理是“十四五”时期绿色发展的热点。为此，下一阶段长江经济带将在生态优先、绿色发展原则下，就相关重点领域谋发展。

（一）以水环境治理作为长江经济带环境保护的突破点

首先，把握长江水环境亟须跨界治理的根本特征，建立健全利益协同机制及其制度保障体系。以《支持长江全流域建立横向生态保护补偿机制的实施方案》为引领，各省市政府及财政、水利、生态环境等部门明确职责分工与主体责任，协同逐步建立长江干流、支流跨域生态环境保护机制。同时，在政府主导下，逐步建立多元主体全过程参与的多元共治框架，充分利用日益壮大的市场机制，以环境保护资金和技术投入等为重点突破口；增强民众的环保意愿及主观能动性，以信息公开、交流参与平台等为重点突破口。

其次，加快环保技术研发，促进相关技术应用于水环境治理工程项目。建立统一的长江经济带生态环境治理技术与应用平台，以大治理修复工程带动陆水共治等瓶颈类技术的研发和推广。加速已有技术对接并实际应用于治理工程，以此打通科技成果转化路径，降低前端研发成本与风险，充分提高科研院所及相关技术企业科研成果转化率，形成产学研用深度融合，促进长江流域环境治理产业发展。重点关注长江流域农业农村面源污染顽疾，通过政策引导和市场培育，加快农业科技推广，培育相关技术研发与应用产业链，形成农业服务产业，实现农业经济增长、农村就业质量提高、农村环境改善三赢局面。

（二）以“无废城市”建设引领长江经济带循环经济发展

首先，扩展“无废城市”试点范围，聚焦重点领域开展专项试点。在《“无废城市”建设试点工作方案》的基础上，在区域或省级层面增加长江经济带“无废城市”试点数量，探索建立“无废城市”建设综合管理制度。开展工业固体废弃物、农业主要废弃物、生活垃圾、建筑垃圾、危险固废等专项试点，在各个“无废城市”试点围绕建设目标系统集成固体废物领域相关核心技术与管理经验和做法，以技术创新驱动专项领域高水平探索，突破固体废弃物循环再利用技术瓶颈，形成“无废城市”建设技术体系。

其次，探索建立固体废弃物减量化和循环利用制度体系。健全固体废物统计制度，规范一般工业固废综合利用率、农膜包装等主要农业废弃物回收利用率、城乡生活垃圾回收利用率等指标的统计口径及报送公开程序。建立城市固体废弃物产生、收集、转移、利用、处置全过程管理体系，以专项政策行动计划、重点任务等形式切实提升城市固体废弃物综合管理水平。加快固体废物综合治理领域的产业化，促进静脉产业发展，支持绿色设计和绿色供应链建设，培育绿色经济新增长点。加大资金和资本支持力度，依托长江大保护基金创新模式，引导金融政策逐渐向固体废物综合治理领域倾斜。

（三）以低碳节能转型促进长江经济带尽快实现“双碳”目标

首先，科学促进清洁能源发展，大力建设长江经济带上中下游清洁能源走廊。科学发展水电，以切实改善江河湖泊关系及流域生态环境为目标，推动四川、云南等重点区域和金沙江、澜沧江等重点河流生态友好型大型水电建设，强化干流大中型水电联合调度，推动小水电减量发展。探索建立云贵川渝区域能源电力市场，加快区域内联网及外送通道建设，提升水电协同消纳能力。同时大力发展风电光电，审慎稳步推进区域核电发展。

其次，建立能源供给与能源需求一体化能源监测管理体系，推进清洁能源大范围配置、高效利用。在供给侧，长江上游是我国重要的清洁能源供应基地，要加快形成以特高压骨干网络架构为核心的清洁能源资源优化配置平台，构建中国能源互联网；完善长江经济带“三横四纵”骨干管网布局，提高天然气支线管网覆盖程度，加强储气调峰能力建设。在需求侧，充分发挥长三角地区创新优势，率先实现重点用能单位、机关办公建筑和公共建筑能耗监测系统全覆盖，完善工业园区分布式能源系统，大力发展综合能源服务，倡导推进住宅节能和家居能源管理；推广已成熟的能效管理经验，从长三角逐步扩展，带动长江经济带整体高质量发展，尽快实现全流域碳达峰。

此外，大力发展负排放技术，为实现碳中和目标提供技术支撑。以我国科技部 2019 年发布的《中国碳捕集、利用与封存技术发展路线图研究》为基础，重点关注生物能源的碳捕获与封存（BECCS）、沿海蓝碳和陆地碳去除与封存等关键技术，建立我国负排放技术体系，推动负排放技术的研发、示范和商业化。发挥长江经济带下游沿海区位和技术优势、中上游生态和生物资源优势，合理布局负排放技术发展节点，推动相关技术大规模集群示范。

参考文献

董战峰、季曦、刘宇、李庆、王东、刘昌义、杨富强、涂瑞和、任树本、黄全胜、张安华、江志红、娄伟:《碳中和实现路径与政策选择(笔谈)》,《阅江学刊》2021 年第 3 期。

李云生、王浩、王昕竑、田仁生:《长江流域生态环境治理的瓶颈及对策分析》,《环境科学研究》2020 年第 5 期。

沈维萍、陈迎:《气候行动之负排放技术:经济评估问题与中国应对建议》,《中国科技论坛》2020 年第 11 期。

苏铭:《长江经济带能源协同发展研究》,《宏观经济管理》2019 年第 12 期。

许继军、吴志广:《新时代长江水资源开发保护思路与对策探讨》,《人民长江》2020 年第 1 期。

张萍:《冲突与合作:长江经济带跨界生态环境治理的难题与对策》,《湖北社会科学》2018 年第 9 期。

张贤、李凯、马乔、樊静丽:《碳中和目标下 CCUS 技术发展定位与展望》,《中国人口·资源与环境》2021 年第 9 期。

张燕华、胡梦媛:《“无废城市”建设能力评价与路径优化——基于武汉固体废物治理的 PEST-SWOT-AHP 分析》,《特区经济》2022 年第 9 期。

张占仓、盛广耀、李金惠、徐林:《无废城市建设:新理念　新模式　新方向》,《区域经济评论》2019 年第 3 期。

左芝鲤、郭海湘、成金华:《长江经济带空气质量影响因素研究》,《环境经济研究》2018 年第 4 期。

指数篇

Index Reports

B.4

长江经济带绿色发展指数报告（2021~2022）

海骏娇*

摘　要： 长江经济带作为国家生态优先绿色发展的主战场，协同推动生态环境保护和经济发展是区域建设的主旋律。本报告通过构建长江经济带绿色发展指数指标体系，从绿色生态、绿色生产、绿色生活三个方面对长江经济带126个市（州）的绿色发展水平进行评估，对比上中下游城市群的绿色发展进程，并对综合指数排名前20位的领军城市发展情况进行了分类和重点介绍。

关键词： 绿色发展　指标体系　长江经济带

* 海骏娇，上海社会科学院信息研究所长江经济带研究室助理研究员，主要研究方向为区域协调可持续发展。

长江经济带作为国家生态优先绿色发展的主战场，协同推动生态环境保护和经济发展是区域建设的主旋律。经过多年建设发展，沿江各省市绿色发展水平显著提升。本报告通过构建长江经济带绿色发展指数指标体系，从绿色生态、绿色生产、绿色生活三个方面对长江经济带区域126个市（州）的绿色发展水平进行年度评估，并划分城市群，对比上中下游区域的绿色发展进程。长江经济带绿色发展指数指标体系框架及权重详见附录。

一　长江经济带绿色发展综合指数

绿色发展综合指数包括绿色生态、绿色生产、绿色生活3个领域，2020年度长江经济带城市绿色发展综合指数测算结果及排名如表1所示。总体来看，长江经济带各城市绿色发展综合指数得分总体差距进一步缩小，2020年度变异系数降低为8.81%，东部地区城市整体发展水平相对领先。黄山市排名保持第一位，综合得分为65.93。得分60以上的城市共有13个，多数位于长三角区域。得分为55~60的城市有37个，以东部和中部城市为主。得分为50~55的城市有53个，各区域城市数量基本持平，西部城市相对较多。得分为45~50的城市有20个，以西部城市为主。得分45以下的城市有3个，集中在长江上游流域（见图1）。

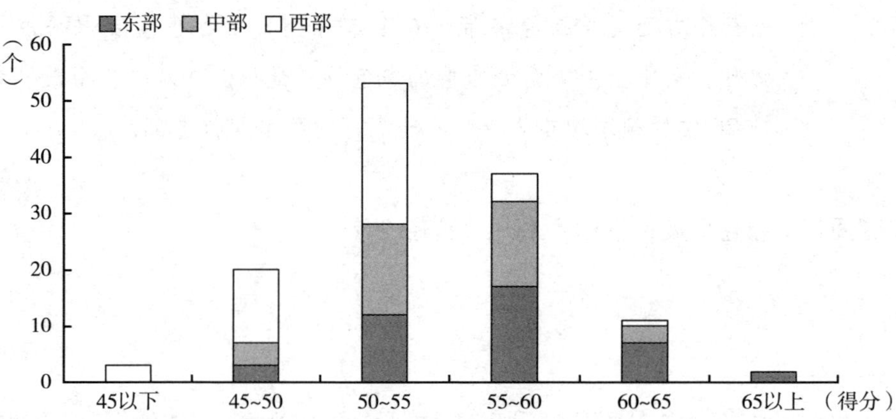

图1　2020年长江经济带绿色发展综合指数得分分布

表 1　2020 年长江经济带城市绿色发展综合指数得分及排名

排序	城市	得分	排序	城市	得分	排序	城市	得分
1	黄山(安徽)	65.93	35	雅安(四川)	56.79	69	鄂州(湖北)	53.57
2	湖州(浙江)	65.01	36	宣城(安徽)	56.44	70	德阳(四川)	53.55
3	吉安(江西)	63.05	37	武汉(湖北)	56.42	71	上饶(江西)	53.50
4	丽水(浙江)	62.65	38	金华(浙江)	56.33	72	安顺(贵州)	53.41
5	景德镇(江西)	62.22	39	镇江(江苏)	56.17	73	阿坝州(四川)	53.31
6	杭州(浙江)	61.93	40	南昌(江西)	56.16	74	绍兴(浙江)	53.25
7	萍乡(江西)	61.20	41	温州(浙江)	56.13	75	蚌埠(安徽)	53.15
8	南京(江苏)	61.19	42	永州(湖南)	56.11	76	淮安(江苏)	52.86
9	绵阳(四川)	61.08	43	衢州(浙江)	56.01	77	昆明(云南)	52.81
10	舟山(浙江)	61.03	44	常德(湖南)	55.86	78	广元(四川)	52.79
11	池州(安徽)	61.01	45	滁州(安徽)	55.45	79	湘西州(湖南)	52.58
12	宁波(浙江)	60.93	46	邵阳(湖南)	55.41	80	贵阳(贵州)	52.50
13	苏州(江苏)	60.28	47	九江(江西)	55.37	81	宜昌(湖北)	52.48
14	株洲(湖南)	59.93	48	马鞍山(安徽)	55.18	82	亳州(安徽)	52.40
15	南通(江苏)	59.78	49	玉溪(云南)	55.09	83	连云港(江苏)	52.35
16	无锡(江苏)	59.74	50	重庆	55.03	84	泸州(四川)	52.20
17	恩施州(湖北)	59.71	51	郴州(湖南)	54.94	85	保山(云南)	51.98
18	扬州(江苏)	59.45	52	芜湖(安徽)	54.86	86	黔东南州(贵州)	51.93
19	抚州(江西)	59.30	53	襄阳(湖北)	54.76	87	随州(湖北)	51.93
20	丽江(云南)	58.92	54	六安(安徽)	54.68	88	衡阳(湖南)	51.58
21	长沙(湖南)	58.89	55	迪庆州(云南)	54.59	89	安庆(安徽)	51.57
22	台州(浙江)	58.71	56	益阳(湖南)	54.51	90	大理州(云南)	51.31
23	十堰(湖北)	58.43	57	岳阳(湖南)	54.43	91	黔西南州(贵州)	51.12
24	泰州(江苏)	58.36	58	成都(四川)	54.43	92	遂宁(四川)	50.92
25	宜春(江西)	58.03	59	遵义(贵州)	54.41	93	娄底(湖南)	50.89
26	黔南州(贵州)	57.89	60	甘孜州(四川)	54.31	94	资阳(四川)	50.82
27	常州(江苏)	57.66	61	铜陵(安徽)	54.18	95	眉山(四川)	50.68
28	赣州(江西)	57.48	62	咸宁(湖北)	53.91	96	南充(四川)	50.53
29	盐城(江苏)	57.48	63	宜宾(四川)	53.91	97	普洱(云南)	50.46
30	鹰潭(江西)	57.32	64	楚雄州(云南)	53.89	98	自贡(四川)	50.40
31	新余(江西)	57.23	65	巴中(四川)	53.78	99	阜阳(安徽)	50.35
32	嘉兴(浙江)	57.21	66	怀化(湖南)	53.68	100	黄石(湖北)	50.31
33	上海	57.17	67	宿迁(江苏)	53.63	101	淮北(安徽)	50.16
34	合肥(安徽)	57.16	68	湘潭(湖南)	53.58	102	荆门(湖北)	50.14

续表

排序	城市	得分	排序	城市	得分	排序	城市	得分
103	乐山(四川)	50.09	111	达州(四川)	49.09	119	内江(四川)	46.14
104	孝感(湖北)	49.96	112	西双版纳州(云南)	49.06	120	毕节(贵州)	46.13
105	广安(四川)	49.90	113	张家界(湖南)	48.88	121	文山州(云南)	45.57
106	徐州(江苏)	49.54	114	铜仁(贵州)	48.61	122	怒江州(云南)	45.25
107	黄冈(湖北)	49.47	115	攀枝花(四川)	48.32	123	凉山州(四川)	45.25
108	红河州(云南)	49.42	116	淮南(安徽)	47.67	124	昭通(云南)	43.93
109	曲靖(云南)	49.40	117	荆州(湖北)	47.23	125	六盘水(贵州)	41.16
110	临沧(云南)	49.19	118	宿州(安徽)	46.67	126	德宏州(云南)	39.49

资料来源：《中国城市统计年鉴 2021》《中国城市建设统计年鉴 2021》，各省市 2021 年统计年鉴，各省市政府网站公开信息等。

在领先城市方面，排名前 20 位的市（州）分别为黄山、湖州、吉安、丽水、景德镇、杭州、萍乡、南京、绵阳、舟山、池州、宁波、苏州、株洲、南通、无锡、恩施州、扬州、抚州、丽江。其中，东部区域有 12 个城市入围，包括江苏 5 席、浙江 5 席、安徽 2 席；中部区域有 6 个城市入围，包括江西 4 席、湖北、湖南各 1 席；西部区域 2 个城市入围，四川、云南各 1 席。与 2019 年度排名相比，这些领先城市在各省市的分布情况基本不变，舟山、池州、苏州和抚州四地为新上榜城市。

从城市群[①]尺度来看，长三角城市群绿色发展综合指数平均得分最高，长江中游城市群整体得分居中，成渝城市群的平均得分相对落后。长三角城

① 考虑数据的可得性，长三角城市群的统计范围为上海市，江苏省南京市、无锡市、常州市、苏州市、南通市、扬州市、镇江市、盐城市、泰州市，浙江省杭州市、宁波市、温州市、湖州市、嘉兴市、绍兴市、金华市、舟山市、台州市，安徽省合肥市、芜湖市、马鞍山市、铜陵市、安庆市、滁州市、池州市、宣城市全域；长江中游城市群统计范围为湖北省武汉市、黄石市、鄂州市、黄冈市、孝感市、咸宁市、襄阳市、宜昌市、荆州市、荆门市，湖南省长沙市、株洲市、湘潭市、岳阳市、益阳市、常德市、衡阳市、娄底市，江西省南昌市、九江市、景德镇市、鹰潭市、新余市、宜春市、萍乡市、上饶市、抚州市、吉安市全域；成渝城市群统计范围为重庆市，四川省成都市、自贡市、泸州市、德阳市、绵阳市、遂宁市、内江市、乐山市、南充市、眉山市、宜宾市、广安市、达州市、雅安市、资阳市全域。

市群平均得分为 57.91，城市群内部得分变异系数为 5.17%，在三大城市群中，继续保持区域绿色发展水平整体优势，且区域内部差距不断缩小。长江中游城市群平均得分为 55.05，城市群内部得分变异系数为 7.35%，相较而言，与长三角城市群的整体差距不断缩小，但是区域内部差距仍然较大。成渝城市群平均得分为 52.22，城市群内部得分变异系数为 6.74%，虽然区域绿色发展整体得分相对落后，但是与中下游区域的差距缩小。

表 2　2019 年、2020 年长江经济带三大城市群绿色发展综合指数得分及变异系数

项目	长三角城市群		长江中游城市群		成渝城市群	
	2019 年	2020 年	2019 年	2020 年	2019 年	2020 年
平均得分	61.09	57.91	57.89	55.05	54.19	52.22
变异系数(%)	5.6	5.17	7.1	7.35	6.1	6.74

资料来源：笔者根据计算结果整理。

二　长江经济带绿色发展指数分领域情况

（一）绿色生态指数得分及城市排名

绿色生态领域包括自然禀赋和环境质量两个二级指标，2020 年长江经济带城市绿色生态指数测算结果及排名如表 3 所示，西部城市平均得分最高，具有总体优势。在 126 个市（州）中，排名前 20 位的城市分别为丽水、黄山、迪庆州、怒江州、普洱、黔东南州、甘孜州、黔南州、丽江、恩施州、阿坝州、文山州、永州、吉安、景德镇、德宏州、雅安、大理州、邵阳、楚雄州。与 2019 年度相比，排名基本保持不变，仅楚雄州提升两个位次，首次进入前 20。从分布区域来看，有 13 个城市位于西部地区，5 个城市位于中部地区，2 个城市位于东部地区。其中，云南省有 8 个城市进入前 20 位，绿色生态整体水平遥遥领先。

表 3　2020 年长江经济带城市绿色生态指数得分及排名

城市	一级指标		二级指标			
	绿色生态		自然禀赋		环境质量	
	排序	得分	排序	得分	排序	得分
丽水(浙江)	1	69.95	11	55.87	1	79.34
黄山(安徽)	2	67.02	9	56.29	2	74.18
迪庆州(云南)	3	66.92	4	66.09	7	67.48
怒江州(云南)	4	65.32	3	69.43	18	62.58
普洱(云南)	5	63.27	5	64.06	16	62.73
黔东南州(贵州)	6	63.13	18	51.69	4	70.75
甘孜州(四川)	7	62.50	1	71.25	31	56.67
黔南州(贵州)	8	62.28	46	44.81	3	73.92
丽江(云南)	9	61.98	17	52.95	6	68.01
恩施州(湖北)	10	59.64	8	56.77	20	61.55
阿坝州(四川)	11	58.56	2	71.00	62	50.27
文山州(云南)	12	58.06	21	51.25	17	62.59
永州(湖南)	13	57.92	38	46.06	9	65.83
吉安(江西)	14	57.20	19	51.59	22	60.94
景德镇(江西)	15	56.61	31	47.88	19	62.43
德宏州(云南)	16	56.60	7	56.90	34	56.40
雅安(四川)	17	55.18	6	58.32	52	53.09
大理州(云南)	18	55.06	27	48.99	26	59.11
邵阳(湖南)	19	54.73	43	44.95	21	61.26
楚雄州(云南)	20	54.13	24	49.63	28	57.13
保山(云南)	21	54.00	22	50.32	33	56.45
衢州(浙江)	22	53.63	39	45.85	27	58.82
黔西南州(贵州)	23	53.36	29	48.85	35	56.37
怀化(湖南)	24	53.29	15	53.38	51	53.23
攀枝花(四川)	25	53.01	34	47.55	32	56.65
张家界(湖南)	26	52.68	10	55.95	60	50.50
遵义(贵州)	27	52.46	40	45.67	29	56.98
湘西州(湖南)	28	51.77	16	53.10	58	50.89
临沧(云南)	29	51.51	13	53.92	65	49.90
郴州(湖南)	30	51.07	32	47.73	50	53.30
金华(浙江)	31	50.93	69	37.56	24	59.84
广元(四川)	32	50.69	12	55.13	79	47.73

续表

城市	一级指标		二级指标			
	绿色生态		自然禀赋		环境质量	
	排序	得分	排序	得分	排序	得分
湖州(浙江)	33	50.67	86	29.80	11	64.59
台州(浙江)	34	50.13	73	35.64	25	59.78
萍乡(江西)	35	50.03	53	41.61	39	55.65
曲靖(云南)	36	49.75	54	41.54	42	55.23
池州(安徽)	37	49.63	20	51.56	73	48.35
宁波(浙江)	38	49.23	94	26.24	12	64.56
西双版纳州(云南)	39	49.00	30	48.31	67	49.47
温州(浙江)	40	48.95	67	37.84	36	56.35
凉山州(四川)	41	48.88	35	47.18	64	50.02
杭州(浙江)	42	48.81	60	39.41	44	55.09
宜春(江西)	43	48.73	45	44.83	57	51.32
巴中(四川)	44	48.30	28	48.96	78	47.87
新余(江西)	45	48.26	64	38.49	47	54.78
舟山(浙江)	46	48.26	102	20.07	8	67.05
赣州(江西)	47	48.20	23	49.82	81	47.12
宣城(安徽)	48	48.14	37	46.45	68	49.27
红河州(云南)	49	47.79	42	45.24	66	49.49
抚州(江西)	50	47.48	25	49.60	86	46.06
安顺(贵州)	51	47.27	76	34.60	38	55.71
昭通(云南)	52	46.80	61	39.12	55	51.92
绍兴(浙江)	53	46.51	82	32.05	37	56.15
盐城(江苏)	54	45.83	110	18.30	13	64.19
昆明(云南)	55	45.81	81	32.45	48	54.72
铜仁(贵州)	56	45.64	49	43.29	80	47.20
十堰(湖北)	57	45.60	14	53.84	107	40.11
株洲(湖南)	58	45.56	52	41.91	76	48.00
贵阳(贵州)	59	45.38	84	30.56	41	55.26
咸宁(湖北)	60	45.03	51	42.88	85	46.47
玉溪(云南)	61	44.93	41	45.55	91	44.51
嘉兴(浙江)	62	44.44	123	7.62	5	68.99
毕节(贵州)	63	44.13	66	37.93	74	48.27
上饶(江西)	64	44.04	47	44.72	97	43.59

续表

城市	一级指标		二级指标			
	绿色生态		自然禀赋		环境质量	
	排序	得分	排序	得分	排序	得分
六盘水(贵州)	65	43.99	78	34.03	59	50.63
娄底(湖南)	66	43.33	74	34.89	69	48.96
荆州(湖北)	67	43.30	95	25.87	45	54.91
鹰潭(江西)	68	42.98	55	41.52	94	43.95
南通(江苏)	69	42.95	119	13.03	15	62.90
益阳(湖南)	70	42.72	57	41.42	98	43.58
绵阳(四川)	71	42.34	36	46.59	108	39.50
马鞍山(安徽)	72	42.21	98	22.47	40	55.37
岳阳(湖南)	73	41.95	72	36.92	87	45.30
乐山(四川)	74	41.94	33	47.66	114	38.13
泰州(江苏)	75	41.82	117	13.86	23	60.46
安庆(安徽)	76	41.82	70	37.43	88	44.74
六安(安徽)	77	40.99	63	38.90	102	42.38
荆门(湖北)	78	40.81	58	40.31	104	41.14
九江(江西)	79	40.76	48	44.21	112	38.47
湘潭(湖南)	80	40.60	83	31.22	82	46.86
苏州(江苏)	81	40.57	125	5.25	14	64.11
芜湖(安徽)	82	40.49	99	21.17	49	53.36
眉山(四川)	83	40.34	77	34.36	92	44.33
长沙(湖南)	84	40.16	80	33.31	89	44.72
达州(四川)	85	40.16	50	43.15	113	38.16
上海	86	40.08	126	2.07	10	65.41
随州(湖北)	87	40.06	44	44.90	117	36.84
铜陵(安徽)	88	40.03	97	24.52	61	50.36
衡阳(湖南)	89	39.85	75	34.67	100	43.30
宜昌(湖北)	90	39.69	26	49.45	121	33.18
重庆	91	39.63	65	38.22	106	40.57
南昌(江西)	92	39.30	104	19.85	54	52.27
泸州(四川)	93	39.19	62	39.02	109	39.30
合肥(安徽)	94	38.91	108	18.60	53	52.45
滁州(安徽)	95	38.84	85	30.29	90	44.54
亳州(安徽)	96	38.82	105	19.50	56	51.70

续表

城市	一级指标		二级指标			
	绿色生态		自然禀赋		环境质量	
	排序	得分	排序	得分	排序	得分
扬州(江苏)	97	38.72	115	14.42	45	54.91
孝感(湖北)	98	38.62	92	26.53	84	46.68
南京(江苏)	99	38.29	121	10.54	30	56.79
常德(湖南)	100	38.26	68	37.72	111	38.62
遂宁(四川)	101	37.76	88	28.74	96	43.77
黄冈(湖北)	102	37.65	71	37.27	115	37.90
广安(四川)	103	37.30	91	27.45	95	43.88
蚌埠(安徽)	104	37.25	100	20.58	72	48.36
资阳(四川)	105	37.20	89	28.71	101	42.86
黄石(湖北)	106	36.73	87	29.45	103	41.59
宜宾(四川)	107	36.52	59	40.16	120	34.10
淮安(江苏)	108	35.73	106	19.11	83	46.81
鄂州(湖北)	109	35.67	111	17.30	77	47.92
襄阳(湖北)	110	35.60	56	41.49	123	31.67
南充(四川)	111	35.57	79	33.44	116	36.99
阜阳(安徽)	112	35.56	112	15.59	70	48.88
无锡(江苏)	113	35.54	124	6.06	43	55.19
镇江(江苏)	114	34.92	120	12.06	63	50.16
淮南(安徽)	115	34.58	101	20.20	93	44.17
武汉(湖北)	116	34.53	116	14.10	75	48.15
内江(四川)	117	33.68	96	25.63	110	39.05
宿迁(江苏)	118	33.37	109	18.39	99	43.35
德阳(四川)	119	32.99	90	28.02	118	36.30
常州(江苏)	120	32.98	122	9.50	71	48.64
连云港(江苏)	121	30.58	114	14.76	105	41.12
成都(四川)	122	29.69	103	20.06	119	36.10
宿州(安徽)	123	27.28	107	19.09	122	32.74
自贡(四川)	124	27.13	93	26.36	125	27.64
淮北(安徽)	125	23.71	113	14.79	124	29.67
徐州(江苏)	126	19.05	118	13.26	126	22.90

资料来源：《中国城市统计年鉴2021》《中国城市建设统计年鉴2021》，各省市2021年统计年鉴，各省市政府网站公开信息等。

从二级指标来看，自然禀赋方面得分最高的城市依次为甘孜州、阿坝州、怒江州，主要得益于这些城市的人均水资源量具有较大优势；环境质量方面得分与上年相比变动不大，得分最高的城市分别为丽水、黄山和黔南州。

从城市群尺度来看，长三角城市群的绿色生态指数平均得分相对较高，长江中游城市群次之，成渝城市群平均得分较低，整体情况与2019年度相比变化不大。具体而言，长三角城市群平均得分为43.32，区域内部得分变异系数为12.21%，差异相对较小。长江中游城市群平均得分为42.69，区域内部得分变异系数为13.34%，相较而言，绿色生态总体水平和区域内部差异均属于中等。成渝城市群平均得分为37.91，城市群内部得分变异系数为16.46%，城市群绿色生态水平相对较低，区域内部差异相对较大。

表4　2019年、2020年长江经济带三大城市群绿色生态指数得分及变异系数

项目	长三角城市群		长江中游城市群		成渝城市群	
	2019年	2020年	2019年	2020年	2019年	2020年
平均得分	43.23	43.32	42.53	42.69	37.77	37.91
变异系数(%)	12.2	12.21	13.6	13.34	16.2	16.46

资料来源：笔者根据计算结果整理。

（二）绿色生产指数得分及城市排名

绿色生产领域包括节能减排和绿色科技两个二级指标，2020年长江经济带城市绿色生产指数测算结果如表5所示，东部城市平均得分具有显著优势。在126个市（州）中，排名前20的城市分别为上海、绵阳、苏州、长沙、南京、无锡、杭州、常州、合肥、扬州、武汉、株洲、南通、湖州、镇江、泰州、舟山、宁波、成都、鹰潭。与2019年度相比，排名变化不大，仅舟山市首次进入前20位。从分布区域来看，东部区域有14个城市入围，中部区域有4个城市入围，西部区域有2个城市入围。其中，江苏省有8个城市进入前20位，具有显著的领先优势。

表 5　2020 年长江经济带城市绿色生产指数得分及排名

城市	一级指标		二级指标			
	绿色生产		节能减排		绿色科技	
	排序	得分	排序	得分	排序	得分
上海	1	76.11	35	90.02	1	62.19
绵阳（四川）	2	70.53	15	92.19	6	48.87
苏州（江苏）	3	69.95	77	83.72	2	56.18
长沙（湖南）	4	69.93	8	93.20	8	46.66
南京（江苏）	5	69.19	85	82.81	3	55.56
无锡（江苏）	6	69.16	84	82.91	4	55.40
杭州（浙江）	7	67.73	67	85.86	5	49.61
常州（江苏）	8	66.86	69	85.14	7	48.58
合肥（安徽）	9	65.55	48	88.26	11	42.85
扬州（江苏）	10	65.38	14	92.32	17	38.44
武汉（湖北）	11	65.37	68	85.74	9	44.99
株洲（湖南）	12	65.00	11	92.86	20	37.14
南通（江苏）	13	64.70	21	91.55	18	37.86
湖州（浙江）	14	64.18	59	86.99	13	41.37
镇江（江苏）	15	64.09	62	86.45	12	41.74
泰州（江苏）	16	63.51	20	91.59	23	35.43
舟山（浙江）	17	62.97	39	89.59	22	36.35
宁波（浙江）	18	62.75	89	82.42	10	43.09
成都（四川）	19	62.51	9	93.02	28	31.99
鹰潭（江西）	20	61.60	22	91.40	29	31.80
襄阳（湖北）	21	61.58	4	94.19	37	28.97
芜湖（安徽）	22	60.92	61	86.94	25	34.91
萍乡（江西）	23	60.64	19	91.63	36	29.64
十堰（湖北）	24	60.63	31	90.35	31	30.91
湘潭（湖南）	25	60.58	28	90.71	34	30.46
南昌（江西）	26	59.80	51	88.07	30	31.53
嘉兴（浙江）	27	59.29	100	79.26	16	39.33
重庆	28	58.88	58	87.01	32	30.75
德阳（四川）	29	58.73	60	86.98	33	30.48
玉溪（云南）	30	58.16	43	89.02	40	27.31
池州（安徽）	31	58.11	90	82.11	26	34.11
台州（浙江）	32	58.09	36	90.02	43	26.17

续表

城市	一级指标		二级指标			
	绿色生产		节能减排		绿色科技	
	排序	得分	排序	得分	排序	得分
盐城(江苏)	33	58.01	47	88.33	39	27.69
黄山(安徽)	34	57.88	64	86.09	35	29.67
宜昌(湖北)	35	57.84	103	78.44	19	37.24
常德(湖南)	36	57.84	7	93.33	62	22.34
甘孜州(四川)	37	57.83	24	91.28	52	24.39
益阳(湖南)	38	57.58	3	94.20	67	20.96
连云港(江苏)	39	57.41	49	88.25	41	26.57
岳阳(湖南)	40	57.30	44	88.93	46	25.67
昆明(云南)	41	57.04	45	88.38	45	25.70
徐州(江苏)	42	56.98	37	89.82	54	24.14
温州(浙江)	43	56.90	27	90.97	60	22.83
迪庆州(云南)	44	56.69	112	73.31	14	40.07
滁州(安徽)	45	56.54	53	87.66	47	25.43
宜宾(四川)	46	56.39	42	89.14	57	23.64
淮安(江苏)	47	54.96	72	84.93	48	25.00
咸宁(湖北)	48	54.26	40	89.58	71	18.93
吉安(江西)	49	54.12	33	90.18	73	18.06
鄂州(湖北)	50	54.08	91	81.89	42	26.27
宜春(江西)	51	53.95	66	85.95	65	21.96
淮北(安徽)	52	53.81	76	84.58	59	23.04
随州(湖北)	53	53.69	5	93.92	90	13.46
丽水(浙江)	54	53.69	75	84.64	61	22.74
荆门(湖北)	55	53.33	86	82.81	56	23.85
抚州(江西)	56	53.21	65	86.04	69	20.38
景德镇(江西)	57	53.16	82	82.92	58	23.40
遂宁(四川)	58	53.12	6	93.73	95	12.51
宣城(安徽)	59	52.95	98	80.12	44	25.78
自贡(四川)	60	52.52	17	91.98	91	13.06
怀化(湖南)	61	52.43	29	90.61	85	14.25
九江(江西)	62	52.37	97	80.56	53	24.19
郴州(湖南)	63	52.33	46	88.34	75	16.32
宿迁(江苏)	64	52.32	88	82.45	63	22.19

续表

城市	一级指标		二级指标			
	绿色生产		节能减排		绿色科技	
	排序	得分	排序	得分	排序	得分
永州(湖南)	65	52.32	30	90.38	84	14.26
金华(浙江)	66	52.13	81	82.96	66	21.31
遵义(贵州)	67	51.98	32	90.31	89	13.65
楚雄州(云南)	68	51.97	13	92.84	99	11.11
衡阳(湖南)	69	51.74	56	87.25	76	16.24
孝感(湖北)	70	51.70	73	84.87	72	18.54
蚌埠(安徽)	71	51.62	101	79.22	55	24.02
赣州(江西)	72	51.48	70	85.07	74	17.90
黄石(湖北)	73	51.34	104	77.71	49	24.98
邵阳(湖南)	74	51.15	10	93.01	107	9.29
丽江(云南)	75	50.96	41	89.24	94	12.67
资阳(四川)	76	50.88	1	95.95	124	5.81
南充(四川)	77	50.72	25	91.20	103	10.25
恩施州(湖北)	78	50.61	2	95.11	121	6.10
湘西州(湖南)	79	50.50	18	91.64	106	9.37
泸州(四川)	80	50.20	74	84.76	77	15.65
阿坝州(四川)	81	50.19	117	68.27	27	32.11
广元(四川)	82	49.95	38	89.69	105	10.21
亳州(安徽)	83	49.88	16	92.01	113	7.76
六安(安徽)	84	49.87	23	91.35	110	8.38
达州(四川)	85	49.81	12	92.85	117	6.77
内江(四川)	86	49.69	55	87.36	96	12.03
铜陵(安徽)	87	49.55	122	59.76	15	39.34
马鞍山(安徽)	88	49.40	119	63.66	24	35.14
荆州(湖北)	89	48.99	71	85.05	92	12.93
黄冈(湖北)	90	48.95	54	87.52	100	10.38
新余(江西)	91	48.93	113	73.14	50	24.72
娄底(湖南)	92	48.87	78	83.63	87	14.11
上饶(江西)	93	48.86	79	83.57	86	14.16
西双版纳州(云南)	94	48.81	63	86.23	97	11.40
贵阳(贵州)	95	48.81	109	75.58	64	22.03
大理州(云南)	96	48.79	87	82.63	81	14.94

续表

城市	一级指标		二级指标			
	绿色生产		节能减排		绿色科技	
	排序	得分	排序	得分	排序	得分
雅安(四川)	97	48.66	107	76.49	68	20.84
黔南州(贵州)	98	48.62	83	82.92	83	14.33
广安(四川)	99	48.56	26	91.02	122	6.09
安庆(安徽)	100	48.32	95	81.02	78	15.61
阜阳(安徽)	101	48.07	57	87.14	108	9.01
黔西南州(贵州)	102	47.81	96	80.59	80	15.03
宿州(安徽)	103	47.52	50	88.15	115	6.89
巴中(四川)	104	47.10	34	90.11	126	4.10
凉山州(四川)	105	47.03	52	87.83	120	6.22
红河州(云南)	106	46.73	102	79.11	82	14.35
绍兴(浙江)	107	46.33	123	55.66	21	37.00
眉山(四川)	108	46.02	93	81.68	101	10.37
安顺(贵州)	109	45.98	94	81.68	102	10.29
保山(云南)	110	45.65	80	83.26	111	8.04
衢州(浙江)	111	45.21	121	61.77	38	28.64
淮南(安徽)	112	45.18	105	77.68	93	12.69
铜仁(贵州)	113	45.15	92	81.75	109	8.54
乐山(四川)	114	45.07	108	76.20	88	13.93
曲靖(云南)	115	44.15	106	76.95	98	11.34
临沧(云南)	116	43.07	99	79.36	116	6.78
张家界(湖南)	117	41.62	114	73.02	104	10.23
文山州(云南)	118	40.85	111	74.66	114	7.05
黔东南州(贵州)	119	40.80	110	75.22	119	6.39
普洱(云南)	120	39.22	116	70.65	112	7.78
六盘水(贵州)	121	39.06	120	62.56	79	15.56
毕节(贵州)	122	38.58	115	71.16	123	5.99
攀枝花(四川)	123	37.84	124	51.24	51	24.44
昭通(云南)	124	35.09	118	63.72	118	6.46
怒江州(云南)	125	32.71	125	46.04	70	19.38
德宏州(云南)	126	19.69	126	34.40	125	4.97

资料来源：《中国城市统计年鉴 2021》《中国城市建设统计年鉴 2021》，各省市 2021 年统计年鉴，各省市政府网站公开信息等。

从二级指标来看，节能减排方面得分最高的城市分别为资阳、恩施州和益阳，领先城市多位于中、西部区域，其中排名前十位的城市集中在湖南、湖北和四川三省；绿色科技方面得分最高的城市分别为上海、苏州和南京，领先城市多数位于中、东部地区。

从城市群尺度来看，长三角城市群的绿色生产指数平均得分显著高于长江中游城市群和成渝城市群，城市群之间、城市群内部发展差距均有所缩小。具体而言，长三角城市群平均得分为60.69，区域内部得分变异系数为12.33%，区域绿色生产整体水平较高。长江中游城市群平均得分为55.82，区域内部得分变异系数为10.06%，城市之间差异度最小。成渝城市群平均得分为53.27，城市群内部得分变异系数为12.49%。

表6　2019年、2020年长江经济带三大城市群绿色生产指数得分及变异系数

项目	长三角城市群		长江中游城市群		成渝城市群	
	2019年	2020年	2019年	2020年	2019年	2020年
平均得分	62.79	60.69	57.19	55.82	53.16	53.27
变异系数(%)	13.6	12.33	12.1	10.06	14.3	12.49

资料来源：笔者根据计算结果整理。

（三）绿色生活指数得分及城市排名

绿色生活领域包含污染治理、城市绿化、环境压力三个主题，2020年长江经济带城市绿色生活指数测算结果及排名如表7所示，中、东部城市得分相对较高。在126个市（州）中，排名前20位的城市分别为吉安、湖州、景德镇、抚州、新余、池州、马鞍山、宿迁、黄山、六安、赣州、铜陵、九江、南京、萍乡、衢州、宜春、扬州、恩施州、淮北。与2019年度相比，排名变动相对较大，马鞍山、宿迁、六安、铜陵、南京、恩施州等6地均为首次进入前20位。从分布区域来看，东部地区有11个城市入围，中部地区有9个城市入围，西部地区没有城市入围，排名最高的城市为四川省自贡市（第24位）。其中，江西省有8个城市进入前20位，是绿色生活领域的发展标杆。

表 7　2020 年长江经济带城市绿色生活指数得分及排名

城市	一级指标		二级指标					
	绿色生活		污染治理		城市绿化		环境压力	
	排序	得分	排序	得分	排序	得分	排序	得分
吉安(江西)	1	80.80	37	88.04	8	64.83	1	98.27
湖州(浙江)	2	80.46	4	95.03	9	63.45	63	85.33
景德镇(江西)	3	79.92	78	79.92	2	78.35	80	83.04
抚州(江西)	4	79.23	92	74.98	3	76.63	7	92.93
新余(江西)	5	77.26	59	83.43	1	84.29	125	50.85
池州(安徽)	6	76.24	75	80.33	7	66.29	32	87.99
马鞍山(安徽)	7	75.86	12	92.10	16	55.45	70	84.17
宿迁(江苏)	8	75.64	25	89.49	15	55.54	29	88.15
黄山(安徽)	9	75.56	84	77.97	6	66.82	27	88.22
六安(安徽)	10	74.80	8	93.29	24	50.36	47	86.72
赣州(江西)	11	74.76	65	82.31	13	56.91	3	95.37
铜陵(安徽)	12	74.51	68	81.85	11	61.86	65	85.15
九江(江西)	13	73.97	45	87.13	17	55.18	64	85.20
南京(江苏)	14	73.42	17	91.18	19	52.53	96	79.68
萍乡(江西)	15	73.13	2	96.25	12	56.98	123	59.19
衢州(浙江)	16	72.79	20	90.70	27	49.37	75	83.84
宜春(江西)	17	72.77	46	86.85	21	51.82	51	86.49
扬州(江苏)	18	72.27	74	80.33	14	56.82	42	87.06
恩施州(湖北)	19	71.93	47	86.64	28	48.89	25	88.58
淮北(安徽)	20	71.74	85	76.35	10	61.87	84	82.28
无锡(江苏)	21	71.39	6	93.99	34	45.66	106	77.66
舟山(浙江)	22	71.20	50	85.44	20	51.89	89	81.38
蚌埠(安徽)	23	71.10	9	93.23	44	42.54	74	83.96
自贡(四川)	24	70.85	36	88.06	35	45.57	43	86.98
常德(湖南)	25	70.83	5	94.04	57	39.82	53	86.44
鄂州(湖北)	26	70.80	40	87.45	31	47.98	79	83.14
滁州(安徽)	27	70.62	57	83.86	26	49.38	50	86.60
宁波(浙江)	28	70.19	1	98.01	65	37.62	95	79.70
徐州(江苏)	29	70.11	56	83.95	30	48.20	55	86.25
常州(江苏)	30	70.09	10	92.81	49	41.51	87	81.79
南通(江苏)	31	70.03	77	80.09	22	51.67	49	86.64
安顺(贵州)	32	69.44	105	67.94	5	67.95	117	75.42

续表

城市	一级指标		二级指标					
	绿色生活		污染治理		城市绿化		环境压力	
	排序	得分	排序	得分	排序	得分	排序	得分
宣城(安徽)	33	69.39	44	87.14	43	42.55	37	87.55
亳州(安徽)	34	69.34	30	88.74	41	42.80	77	83.63
雅安(四川)	35	69.23	89	75.71	23	51.46	12	91.81
绍兴(浙江)	36	69.21	16	91.27	53	40.28	81	82.97
上饶(江西)	37	69.14	118	58.02	4	68.32	6	93.02
盐城(江苏)	38	68.42	70	81.41	37	44.59	19	90.08
成都(四川)	39	68.40	34	88.21	38	43.85	104	77.86
十堰(湖北)	40	68.31	54	85.15	51	41.27	24	88.68
南昌(江西)	41	68.18	3	95.98	92	29.32	17	90.29
阜阳(安徽)	42	68.18	24	89.52	54	40.26	90	81.34
巴中(四川)	43	68.17	42	87.40	56	39.90	56	86.24
台州(浙江)	44	68.10	35	88.08	67	36.46	13	91.43
泰州(江苏)	45	68.03	51	85.29	47	41.70	59	86.15
宜宾(四川)	46	67.98	15	91.46	80	33.87	22	89.25
泸州(四川)	47	67.88	41	87.41	63	37.68	23	89.23
株洲(湖南)	48	67.53	28	88.99	66	36.89	61	85.86
连云港(江苏)	49	67.39	60	83.26	52	41.22	33	87.96
金华(浙江)	50	67.32	19	90.86	73	35.98	82	82.91
丽水(浙江)	51	67.30	14	91.81	83	32.45	31	88.01
杭州(浙江)	52	67.29	21	90.66	69	36.45	85	82.24
绵阳(四川)	53	67.22	48	86.43	68	36.46	16	90.32
眉山(四川)	54	67.21	71	81.11	42	42.64	26	88.56
淮安(江苏)	55	67.20	61	83.15	55	40.12	20	89.49
德阳(四川)	56	67.19	67	82.18	45	42.40	46	86.81
嘉兴(浙江)	57	67.19	7	93.69	72	36.07	115	76.41
苏州(江苏)	58	67.09	27	89.05	60	39.13	97	79.09
镇江(江苏)	59	66.84	62	82.99	50	41.32	62	85.59
丽江(云南)	60	66.46	53	85.20	46	41.89	102	78.13
武汉(湖北)	61	66.37	26	89.36	61	38.88	118	75.35
鹰潭(江西)	62	65.96	97	72.30	36	44.69	2	95.80
黔南州(贵州)	63	65.85	88	75.73	25	49.78	99	78.23
安庆(安徽)	64	65.67	18	90.87	90	30.08	52	86.47

续表

城市	一级指标		二级指标					
	绿色生活		污染治理		城市绿化		环境压力	
	排序	得分	排序	得分	排序	得分	排序	得分
重庆	65	65.29	104	68.17	29	48.39	5	93.34
南充(四川)	66	65.22	99	72.04	33	46.91	28	88.19
宿州(安徽)	67	64.92	32	88.25	84	31.99	71	84.14
乐山(四川)	68	64.92	90	75.61	48	41.56	18	90.25
襄阳(湖北)	69	64.83	79	79.25	59	39.15	40	87.33
贵阳(贵州)	70	64.54	73	80.70	40	43.39	120	74.54
资阳(四川)	71	64.36	33	88.24	89	30.22	67	84.88
广安(四川)	72	64.30	96	73.37	39	43.60	38	87.53
合肥(安徽)	73	64.21	49	85.93	77	33.96	91	81.26
淮南(安徽)	74	64.07	29	88.97	94	29.20	73	84.03
岳阳(湖南)	75	63.10	72	80.87	79	33.88	60	85.98
衡阳(湖南)	76	63.08	52	85.21	91	30.01	66	84.97
长沙(湖南)	77	62.89	39	87.57	93	29.30	92	80.71
黄石(湖北)	78	62.53	82	78.53	74	35.52	69	84.54
咸宁(湖北)	79	62.34	55	84.70	98	27.51	41	87.24
温州(浙江)	80	62.29	11	92.62	109	22.38	88	81.43
郴州(湖南)	81	62.28	113	64.67	32	47.55	45	86.93
益阳(湖南)	82	62.22	22	90.48	112	21.96	57	86.21
黄冈(湖北)	83	61.98	58	83.44	96	28.17	48	86.66
邵阳(湖南)	84	61.77	87	76.01	75	35.32	58	86.19
随州(湖北)	85	61.44	80	78.85	95	28.73	10	92.04
玉溪(云南)	86	61.16	83	78.15	71	36.13	112	77.23
娄底(湖南)	87	61.15	23	90.34	114	20.24	68	84.58
遂宁(四川)	88	61.15	91	75.23	78	33.95	39	87.38
芜湖(安徽)	89	61.14	76	80.21	86	30.93	78	83.41
遵义(贵州)	90	59.61	120	54.06	18	53.53	83	82.84
永州(湖南)	91	59.36	38	87.63	117	17.29	44	86.97
孝感(湖北)	92	58.98	64	82.45	107	22.94	72	84.12
广元(四川)	93	58.67	114	63.19	62	37.82	14	91.34
保山(云南)	94	58.39	101	71.30	81	33.62	86	82.09
毕节(贵州)	95	58.21	103	68.40	58	39.37	116	75.50
宜昌(湖北)	96	58.14	102	71.04	88	30.24	30	88.13

续表

城市	一级指标		二级指标					
	绿色生活		污染治理		城市绿化		环境压力	
	排序	得分	排序	得分	排序	得分	排序	得分
攀枝花(四川)	97	57.59	116	60.78	64	37.64	15	91.11
湘潭(湖南)	98	57.23	93	74.82	103	26.34	76	83.83
达州(四川)	99	57.07	98	72.05	87	30.43	93	80.38
楚雄州(云南)	100	56.21	86	76.09	106	25.34	101	78.17
铜仁(贵州)	101	56.20	107	66.99	82	33.52	94	79.99
湘西州(湖南)	102	56.15	95	73.90	113	21.77	21	89.41
曲靖(云南)	103	56.05	66	82.25	116	19.49	113	76.76
怀化(湖南)	104	55.74	69	81.80	118	13.70	36	87.71
黔东南州(贵州)	105	55.57	81	78.57	102	26.43	122	67.86
荆门(湖北)	106	55.23	108	66.46	97	27.63	34	87.96
临沧(云南)	107	55.03	13	92.03	124	6.64	105	77.79
张家界(湖南)	108	54.75	31	88.44	126	4.54	35	87.78
红河州(云南)	109	54.63	100	71.64	104	26.26	111	77.35
昆明(云南)	110	54.15	109	66.17	85	31.85	119	74.73
内江(四川)	111	53.86	111	65.87	76	34.30	121	68.95
黔西南州(贵州)	112	53.28	106	67.78	100	26.74	110	77.38
昭通(云南)	113	52.84	63	82.68	120	11.19	114	76.48
普洱(云南)	114	52.63	112	65.15	99	27.33	100	78.19
阿坝州(四川)	115	52.21	115	61.99	110	22.20	9	92.68
大理州(云南)	116	50.94	110	65.94	108	22.61	108	77.58
西双版纳州(云南)	117	49.44	122	48.18	70	36.40	103	78.06
上海	118	49.01	43	87.23	125	6.09	124	58.42
荆州(湖北)	119	48.83	117	59.23	115	19.65	54	86.35
德宏州(云南)	120	48.80	94	74.42	121	8.79	109	77.57
怒江州(云南)	121	41.91	126	32.72	105	25.37	4	93.39
甘孜州(四川)	122	41.42	125	35.07	111	22.12	8	92.71
六盘水(贵州)	123	41.12	119	57.69	101	26.64	126	36.95
迪庆州(云南)	124	39.46	123	48.16	119	11.20	98	78.57
文山州(云南)	125	39.37	121	50.99	122	8.63	107	77.63
凉山州(四川)	126	39.25	124	44.05	123	8.10	11	91.96

资料来源：《中国城市统计年鉴2021》《中国城市建设统计年鉴2021》，各省市2021年统计年鉴，各省市政府网站公开信息等。

从二级指标来看，污染治理方面得分最高的城市分别为宁波、萍乡和南昌，城市绿化方面得分最高的城市分别为新余、景德镇和抚州，环境压力领域得分最高的城市分别为吉安、鹰潭和赣州。

从城市群尺度来看，长三角城市群、长江中游城市群、成渝城市群的绿色生活指数平均得分依次递减，城市群间发展水平差距有所减小，而各城市群内部得分差距有所扩大。具体而言，长三角城市群平均得分为68.8，城市群内部得分变异系数为8.40%。长江中游城市群平均得分为66.37，城市群内部得分变异系数为11.75%，区域内部差异最大。成渝城市群平均得分为65.13，城市群内部得分变异系数为6.85%，区域内部差异最小。

表8　2019年、2020年长江经济带三大城市群绿色生活指数得分及变异系数

项目	长三角城市群		长江中游城市群		成渝城市群	
	2019年	2020年	2019年	2020年	2019年	2020年
平均得分	76.69	68.80	74.19	66.37	71.99	65.13
变异系数(%)	7.20	8.40	10.70	11.75	4.00	6.85

资料来源：笔者根据计算结果整理。

三　长江经济带绿色发展20强城市

根据绿色生态、绿色生产、绿色生活各分项指数得分排名，长江经济带绿色发展综合指数20强城市可以进一步分为6个类别，如表9所示。

第Ⅰ类别城市在绿色生态领域具有显著优势，而绿色生产和绿色生活水平相对落后。该类别包括两个城市，分别为：丽水，综合指数得分62.65，排名第4位；丽江，综合指数得分58.92，排名第20位。这两个城市的自然生态条件一直较优越，在上一年度排名中也同属于“以绿色生态为优势”的领先城市类别。然而，这两个城市在本年度的综合排名均出现不同程度的下降，表明绿水青山转化为金山银山的潜力有待进一步挖掘。

表 9　2020 年长江经济带绿色发展指数 20 强城市分类

类别	城市	特征*
I	丽水(4);丽江(20)	以绿色生态为优势
II	杭州(6);绵阳(9);苏州(13);株洲(14);南通(15);无锡(16)	以绿色生产为优势
III	池州(11);抚州(19)	以绿色生活为优势
IV	黄山(1);吉安(3);景德镇(5);恩施州(17)	以绿色生态、绿色生活为优势
V	湖州(2);南京(8);扬州(18)	以绿色生产、绿色生活为优势
VI	萍乡(7);舟山(10);宁波(12)	绿色生态、绿色生产、绿色生活相对均衡发展

注：若某城市在某一领域排名居前 20 位，则认为该城市在该领域具有优势。绿色生态、绿色生产、绿色生活相对均衡发展的城市在三大领域上的排名差距均在 30 个位次以内。

丽水、丽江的绿色生态排名分别为第 1 位、第 9 位。其中，丽水市环境质量优异，在 126 个市（州）中继续保持第 1 位，水环境质量尤为突出；自然禀赋同样较好，排名第 11 位，森林、农田、水域面积占比均达到较高水平。丽江市的环境质量排名同样优于自然禀赋，两者分别位列第 6 和第 17 位，其优势指标是空气质量水平和工业用水量，2020 年度丽江市 $PM_{2.5}$ 浓度为 12.50 微克/米^3，位居长江经济带各市（州）第 2 位，单位工业增加值用水量同样处于第 2 位，仅次于四川甘孜州(见表 10)。

表 10　2020 年长江经济带绿色发展指数 20 强城市得分及排名（第 I 类别）

指标	丽水		丽江	
	得分	排名	得分	排名
绿色发展	62.65	4	58.92	20
绿色生态	69.95	1	61.98	9
自然禀赋	55.87	11	52.95	17
环境质量	79.34	1	68.01	6
绿色生产	53.69	54	50.96	75
节能减排	84.64	75	89.24	41
绿色科技	22.74	61	12.67	94

续表

指标	丽水		丽江	
	得分	排名	得分	排名
绿色生活	67.30	51	66.46	60
污染治理	91.81	14	85.20	53
城市绿化	32.45	83	41.89	46
环境压力	88.01	31	78.13	102

资料来源：笔者根据计算结果整理。

第 II 类城市在绿色生产领域具有显著优势，而绿色生态和绿色生活水平相对落后。该类别有 6 个城市，分别为：杭州，综合指数得分 61.93，排名第 6 位；绵阳，综合指数得分 61.08，排名第 9 位；苏州，综合指数得分 60.28，排名第 13 位；株洲，综合指数得分 59.93，排名第 14 位；南通，综合指数得分 59.78，排名第 15 位；无锡，综合指数得分 59.74，排名第 16 位。在这些城市中，绵阳、苏州、株洲三地综合排名较上一年度有所提升，杭州、南通、无锡的综合排名则有所下降。这些城市属于东、中、西部地区的中心城市，人口和经济活动密度高，虽然绿色生产转型力度较大，但是生态质量和人居环境状况仍有较大提升空间。

根据细分领域的得分特征，这 6 个城市可以进一步分为两个子类。第 II-1 类城市为杭州、苏州和无锡，这 3 个城市均位于长三角城市群，绿色科技领域的排名遥遥领先，排名分别为第 5 位、第 2 位和第 4 位，节能减排领域的排名则不理想。在具体指标方面，3 个城市的人均 GDP、全社会研发经费占 GDP 比重等指标得分整体较高，其中无锡、苏州、杭州的人均 GDP 在长江经济带 126 个市（州）中分列第 1、第 3、第 6 位，苏州、杭州的全社会研发经费占 GDP 比重分别高达 3.78%和 3.59%，位列第 3、第 4 名。此外，这 3 个城市污染治理领域的排名也相对靠前，无锡市排第 6 位（见表 11）。

表 11　2020 年长江经济带绿色发展指数 20 强城市得分及排名（第 II-1 类别）

指标	杭州		苏州		无锡	
	得分	排名	得分	排名	得分	排名
绿色发展	61.93	6	60.28	13	59.74	16
绿色生态	48.81	42	40.57	81	35.54	113
自然禀赋	39.41	60	5.25	125	6.06	124
环境质量	55.09	44	64.11	14	55.19	43
绿色生产	67.73	7	69.95	3	69.16	6
节能减排	85.86	67	83.72	77	82.91	84
绿色科技	49.61	5	56.18	2	55.40	4
绿色生活	67.29	52	67.09	58	71.39	21
污染治理	90.66	21	89.05	27	93.99	6
城市绿化	36.45	69	39.13	60	45.66	34
环境压力	82.24	85	79.09	97	77.66	106

资料来源：笔者根据计算结果整理。

第 II-2 类城市为绵阳、株洲和南通，这 3 个城市在绿色科技和节能减排两个主题上的排名相对均衡。绵阳和株洲在上一年度也属于该类型的领先城市，南通市则因绿色生活领域的排名下降而转入该类型。在具体指标方面，这些城市进入前十位的优势指标有：绵阳市 2020 年度全社会研发经费占 GDP 比重高达 7.14%，在长江经济带各市（州）中继续保持第 1 位；株洲市的单位工业增加值用电量为 490.13 千瓦时/万元，排名第 3 位；南通市的单位工业增加值二氧化硫排放量为 1.24 吨/万元，排名第 6 位（见表 12）。

表 12　2020 年长江经济带绿色发展指数 20 强城市得分及排名（第 II-2 类别）

指标	绵阳		株洲		南通	
	得分	排名	得分	排名	得分	排名
绿色发展	61.08	9	59.93	14	59.78	15
绿色生态	42.34	71	45.56	58	42.95	69
自然禀赋	46.59	36	41.91	52	13.03	119
环境质量	39.50	108	48.00	76	62.90	15

续表

指标	绵阳		株洲		南通	
	得分	排名	得分	排名	得分	排名
绿色生产	70.53	2	65.00	12	64.70	13
节能减排	92.19	15	92.86	11	91.55	21
绿色科技	48.87	6	37.14	20	37.86	18
绿色生活	67.22	53	67.53	48	70.03	31
污染治理	86.43	48	88.99	28	80.09	77
城市绿化	36.46	68	36.89	66	51.67	22
环境压力	90.32	16	85.86	61	86.64	49

资料来源：笔者根据计算结果整理。

第Ⅲ类城市在绿色生活领域具有显著优势，而绿色生态和绿色生产水平相对落后。该类别有两个城市，分别为：池州，综合指数得分 61.01，排名第 11 位；抚州，综合指数得分 59.30，排名第 19 位。这两个城市本年度进步较大，均首次入围前 20 领先城市。

抚州、池州的绿色生活得分分别排名第 4、第 6 位，优势领域是城市绿化，此外，自然禀赋较好，环境压力相对较小。在具体指标方面，池州市的人均公园绿地面积为 18.97 平方米，在长江经济带中排名第 5 位；人均环保经费投入高达 1093.42 元，排名第 4 位。抚州市的建成区绿化覆盖率达到 50.27%，仅次于景德镇和新余，排名第 3 位；单位 GDP 能耗也达到较高水平（见表 13）。

表 13　2020 年长江经济带绿色发展指数 20 强城市得分及排名（第Ⅲ类别）

指标	池州		抚州	
	得分	排名	得分	排名
绿色发展	61.01	11	59.30	19
绿色生态	49.63	37	47.48	50
自然禀赋	51.56	20	49.60	25
环境质量	48.35	73	46.06	86

续表

指标	池州		抚州	
	得分	排名	得分	排名
绿色生产	58.11	31	53.21	56
节能减排	82.11	90	86.04	65
绿色科技	34.11	26	20.38	69
绿色生活	76.24	6	79.23	4
污染治理	80.33	75	74.98	92
城市绿化	66.29	7	76.63	3
环境压力	87.99	32	92.93	7

资料来源：笔者根据计算结果整理。

第Ⅳ类城市在绿色生态、绿色生活领域表现出色，在绿色生产领域处于相对弱势。该类别包括四个城市，分别为：黄山，综合指数得分65.93，排名第1位；吉安，综合指数得分63.05，排名第3位；景德镇，综合指数得分62.22，排名第5位；恩施州，综合指数得分59.71，排名第17位。其中，黄山、吉安、景德镇三地与上年结果一致，仍属于该类型领先城市，恩施州因绿色生活领域排名提升而转入该类型。

黄山与恩施州的得分结构较为相似，绿色生态领域排名更优于绿色生活领域。其中，黄山市绿色发展水平在长江经济带126个市（州）中保持首位，绿色生态领域排名第2位，绿色生活领域排名第9位，在环境质量、城市绿化和自然禀赋三个主题上得分较高，分别排名第2、第6和第9位，农田与水域面积占比、林木覆盖率、考核断面水环境质量、人均水资源量、人均环保经费投入、建成区绿化覆盖率等指标具有相对优势。恩施州绿色生态领域排名第10位，绿色生活领域排名第19位，优势领域为节能减排领域，排名高居第2位，自然禀赋相对较好，排名第8位，在具体指标方面，单位工业增加值废水排放量得分在126个市（州）中排名第1，人均水资源量、一般工业固体废弃物综合利用率等指标表现较好。

吉安和景德镇两市的得分结构较为相似，绿色生活领域排名更优于绿色生态领域。其中，吉安市的绿色生活领域排名高居榜首，带动其绿色发展综合指数得分排名上升至第3位，具体而言，环境压力小（主题排名第1位）、城市绿化水平高（主题排名第8位）。景德镇的绿色生活领域排名第3位，城市绿化得分尤其高，排名第2位，建成区绿化覆盖率达到50.99%，在长江经济带各城市中高居榜首，而其他主题表现均不太突出（见表14）。

表14　2020年长江经济带绿色发展指数20强城市得分及排名（第Ⅳ类别）

指标	黄山		吉安		景德镇		恩施州	
	得分	排名	得分	排名	得分	排名	得分	排名
绿色发展	65.93	1	63.05	3	62.22	5	59.71	17
绿色生态	67.02	2	57.20	14	56.61	15	59.64	10
自然禀赋	56.29	9	51.59	19	47.88	31	56.77	8
环境质量	74.18	2	60.94	22	62.43	19	61.55	20
绿色生产	57.88	34	54.12	49	53.16	57	50.61	78
节能减排	86.09	64	90.18	33	82.92	82	95.11	2
绿色科技	29.67	35	18.06	73	23.40	58	6.10	121
绿色生活	75.56	9	80.80	1	79.92	3	71.93	19
污染治理	77.97	84	88.04	37	79.92	78	86.64	47
城市绿化	66.82	6	64.83	8	78.35	2	48.89	28
环境压力	88.22	27	98.27	1	83.04	80	88.58	25

资料来源：笔者根据计算结果整理。

第Ⅴ类城市在绿色生产、绿色生活领域表现出色，而在绿色生态领域存在相对短板。该类别包括三个城市，分别为：湖州，综合指数得分65.01，排名第2；南京，综合指数得分61.19，排名第8；扬州，综合指数得分59.45，排名第18位。其中，湖州、扬州两地与上年结果一致，仍属于该类型领先城市，南京市因绿色生活领域排名提升幅度较大而转入该类型。

湖州市综合指数排名较高，绿色生活领域排名优于绿色生产领域，绿色生态领域也不存在劣势。具体而言，湖州在污染治理主题上位列第 4 名，一般工业固体废弃物综合利用率达到 99.97%，在 126 个市（州）中居首位，在城市绿化主题上排名第 9 位，建成区绿化覆盖率为 46.33%，在长江经济带中排名第 9 位。

南京与扬州的得分结构较为相似，绿色生产领域排名优于绿色生活领域，绿色生态领域存在显著短板。其中，南京市的绿色科技主题排名高达第 3 位，人均 GDP 为 15.93 万元、全社会研发经费占 GDP 比重为 3.48%，分别位居第 2、第 7 位。扬州市的节能减排、城市绿化、绿色科技三个主题排名相对靠前，就具体指标而言，人均 GDP 为 13.28 万元，指标得分排名第 7 位，单位工业增加值二氧化硫排放量为 1.8 吨/万元，排名第 10 位（见表 15）。

表 15　2020 年长江经济带绿色发展指数 20 强城市得分及排名（第 V 类别）

指标	湖州		南京		扬州	
	得分	排名	得分	排名	得分	排名
绿色发展	65.01	2	61.19	8	59.45	18
绿色生态	50.67	33	38.29	99	38.72	97
自然禀赋	29.80	86	10.54	121	14.42	115
环境质量	64.59	11	56.79	30	54.91	45
绿色生产	64.18	14	69.19	5	65.38	10
节能减排	86.99	59	82.81	85	92.32	14
绿色科技	41.37	13	55.56	3	38.44	17
绿色生活	80.46	2	73.42	14	72.27	18
污染治理	95.03	4	91.18	17	80.33	74
城市绿化	63.45	9	52.53	19	56.82	14
环境压力	85.33	63	79.68	96	87.06	42

资料来源：笔者根据计算结果整理。

第 VI 类城市在绿色生态、绿色生产、绿色生活三大领域的表现相对均衡，既没有绝对优势领域，也不存在显著短板。该类别包括三个城市，分别为：萍乡，综合指数得分61.20，排名第7；舟山，综合指数得分61.03，排名第10；宁波，综合指数得分60.93，排名第12位。

萍乡市的绿色生态、绿色生产、绿色生活三大领域排名分别为第35、第23和第15位，绿色生活领域排名相对靠前，但没有绝对优势领域；舟山和宁波的三大领域排名同样相对均衡，绿色生产领域排名相对靠前。就二级指标而言，宁波、萍乡的污染治理水平优异，在长江经济带中排名前2位；舟山的环境质量排第8位，具有比较优势。就三级指标而言，萍乡的单位工业增加值废水排放量为0.65吨/万元，排名第3位，同时，人均环保经费投入、污水处理厂集中处理率、建成区绿化覆盖率等指标的排名在第5~第10；宁波的一般工业固体废弃物综合利用率为99.61%，排名第3位，人均GDP、单位工业增加值二氧化硫排放量、污水处理厂集中处理率等指标排名在第5~第10；舟山市$PM_{2.5}$年均浓度为16.8微克/米^3，排名第6位（见表16）。

表16　2020年长江经济带绿色发展指数20强城市得分及排名（第VI类别）

指标	萍乡		舟山		宁波	
	得分	排名	得分	排名	得分	排名
绿色发展	61.20	7	61.03	10	60.93	12
绿色生态	50.03	35	48.26	46	49.23	38
自然禀赋	41.61	53	20.07	102	26.24	94
环境质量	55.65	39	67.05	8	64.56	12
绿色生产	60.64	23	62.97	17	62.75	18
节能减排	91.63	19	89.59	39	82.42	89
绿色科技	29.64	36	36.35	22	43.09	10
绿色生活	73.13	15	71.20	22	70.19	28
污染治理	96.25	2	85.44	50	98.01	1
城市绿化	56.98	12	51.89	20	37.62	65
环境压力	59.19	123	81.38	89	79.70	95

资料来源：笔者根据计算结果整理。

附录：长江经济带绿色发展指数评价方法

本报告沿用上一年度长江经济带绿色发展指数指标评价体系框架，包括3个一级指标、7个二级指标、21个三级指标。通过层次分析法和专家打分法对各级指标进行赋权（见附表1）。

附表1 长江经济带绿色发展指数指标体系

一级指标		二级指标		三级指标		
名称	权重	名称	权重	序号	名称	权重
绿色生态	0.3	自然禀赋	0.4	1	林木覆盖率	0.3
				2	农田与水域面积占比	0.2
				3	人均水资源量	0.3
				4	人均耕地面积	0.2
		环境质量	0.6	5	考核断面水环境质量	0.3
				6	$PM_{2.5}$ 年均浓度	0.4
				7	土壤侵蚀度	0.3
绿色生产	0.4	节能减排	0.5	8	单位工业增加值用电量	0.25
				9	单位工业增加值用水量	0.25
				10	单位工业增加值废水排放量	0.25
				11	单位工业增加值二氧化硫排放量	0.25
		绿色科技	0.5	12	人均 GDP	0.3
				13	全社会研发经费占 GDP 比重	0.4
				14	人均环保经费投入	0.3
绿色生活	0.3	污染治理	0.4	15	生活垃圾无害化处理率	0.2
				16	污水处理厂集中处理率	0.4
				17	一般工业固体废弃物综合利用率	0.4
		城市绿化	0.4	18	建成区绿化覆盖率	0.5
				19	人均公园绿地面积	0.5
		环境压力	0.2	20	单位 GDP 能耗	0.6
				21	人口密度	0.4

在综合指数的计算中，首先，对各指标原始数据进行极差标准化，其中，$PM_{2.5}$ 年均浓度、土壤侵蚀度、单位工业增加值用电量、单位工业增加值用水量、单位工业增加值废水排放量、单位工业增加值二氧化硫排放量、

单位 GDP 能耗、人口密度等 8 个指标为逆指标；其次，根据权重对各级指标依次加权求和。

指标数据来源广泛。其中，人均 GDP、水资源总量、工业用电量、工业废水排放量、工业二氧化硫排放量、一般工业固体废弃物综合利用率等指标数据主要来源于《中国城市统计年鉴 2021》，城市生产用水量、城市生活垃圾无害化处理率、污水处理厂集中处理率、建成区绿化覆盖率、人均公园绿地面积等指标数据主要来源于《中国城市建设统计年鉴 2021》，常住人口数量、工业增加值等指标数据主要来源于各省市 2021 年统计年鉴，耕地面积、林地面积、水域面积等指标数据来源于土地调查，地方一般公共预算节能环保经费支出、$PM_{2.5}$ 年均浓度、考核断面水环境质量等指标数据广泛来源于 2020 年度国家和地方专项统计公报与政府开放数据。部分空缺数据采用全省平均值或插值法进行替代或估算。

数据评价时期为 2020 年。

B.5
长江经济带科技创新驱动力指数报告（2021~2022）

杨　凡*

摘　要： 科技创新驱动力已成为长江经济带高质量发展的主导因素。基于投入—产出—载体—绩效的科技创新驱动力系统框架构建指标体系，对长江经济带110个城市科技创新驱动力进行定量评估，在总体上对城市进行等级划分，并比较城市在科技创新驱动力分系统中的排名。同时，运用能力结构模型分析区域协同创新发展状况，基于城市科技创新驱动力的分系统结构，重点揭示协同创新可能性较高的重点城市组合以及协同创新的获益格局。

关键词： 长江经济带　科技创新　指标体系　能力结构模型　协同发展

长江经济带发展是支撑我国经济发展的重要轴线，也是关系国家区域发展全局的重大战略，有机会建设成为具有全球影响力的科技创新走廊。加快长江经济带发展的创新驱动步伐，建设创新型城市群对于长江经济带可持续发展而言具有重要意义。上年度报告基于投入—产出—载体—绩效的科技创新驱动力系统框架构建指标体系，对长江经济带科技创新驱动力综合指数和分系统指数进行了测度分析，并运用耦合协调模型考察了城市内部科技创新驱动力分系统之间的互动关系及发展水平。① 本年度报告将通过能力结构模型，考察科技创新

* 杨凡，博士，上海社会科学院信息研究所长江经济带研究室助理研究员，主要研究方向：科技创新、区域发展。

① 王振、杨昕主编《长江经济带发展报告（2020~2021）》，社会科学文献出版社，2022。

驱动力系统的城市间耦合协调关系及协同创新网络构建的可能性，从而促进地区间优势互补和提升协同能力，为长江经济带科技创新协同发展提供有益的科学指导。

科技创新驱动力可具体分解为两大动力：一是研发创新力，即支撑区域经济的核心竞争力和基础动力；二是产业创新力，当研发创新力有效转化为产业创新力，将成为区域经济发展的核心动力和基本保障。[①] 长江经济带覆盖上海、江苏、浙江、安徽、江西、湖北、湖南、重庆、四川、云南和贵州9省2市，区域发展在科技创新驱动力方面的不平衡问题表现得尤为突出。一方面，科技创新综合发展水平存在区域势差；另一方面，基于区域创新系统及其空间界定，在区域科技创新驱动力系统内部，投入、产出、载体和绩效等分系统之间的相互作用及协调发展程度也存在区域差异。其中，投入分系统是区域内研发人员、经费及其他相关资源的投入建设系统，产出分系统是区域内科研成果的生产与转化系统，载体分系统是区域内集聚科技创新要素的平台运行系统，绩效分系统是科技创新及其驱动经济发展的效率系统。只有充分认识长江经济带科技创新驱动力的区域差异，才能更准确地制定区域协同创新发展路径。

一 研究方法与数据

（一）科技创新驱动力指标体系

以长江经济带110个地级以上城市单元为研究样本。如表1所示，从科技创新投入、科技创新载体、科技创新产出、科技创新绩效4个方面，选取与之对应的35个指标，构建城市科技创新驱动力指标体系。城市科技创新驱动力指数和相关指标的权重基于D-S证据合成理论，将主观性较强的AHP和客观性较强的熵值法相结合确定综合权重。指标体系中采用的统计数据来源于《中国城市统计年鉴》、《中国区域经济统计年鉴》、各省市统计

① 王振、卢晓菲：《长三角城市群科技创新驱动力的空间分布与分层特征》，《上海经济研究》2018年第10期；黄亮、王振、范斐：《基于突变级数模型的长江经济带50座城市科技创新能力测度与分析》，《统计与信息论坛》2017年第4期。

年鉴和统计公报、清科数据库、Web of Science 科技论文检索系统，以及科技部、各省科技厅、各市科技局等相关政府部门网站。需要说明的是，从近 5 年跟踪研究看，长江经济带科技创新驱动力的城市等级分布比较稳定，因此本报告不考虑时序变动情况，基于数据可得性选取 2020 年数据进行分析。

表 1　科技创新驱动力指标体系

目标层	变量	准则层	指标层	单位
科技创新投入	TNI_1	科技研发投入	研发经费	亿元
			研发强度	%
			科技经费占地方财政支出比重	%
		人力资源投入	研发人员数	人
			每万人从业人口中研发人员数	人
			每十万城市人口中的在校研究生数量	人
		创新基础投入	人均 GDP	元
			地方财政支出	亿元
			人均教育投入	元
			信息化水平	户/百人
科技创新载体	TNI_2	科技研发载体	高等院校	所
			国家工程技术中心、国家级企业技术中心	家
			国家级重点实验室	家
			国家重大科学装置	家
			规上工业企业中设立研发机构企业占比	%
			独角兽企业数	家
		高新产业载体	国家级园区面积	平方公里
			国家级大学科技园区	家
		创新培育载体	国家级科技企业孵化器	家
			国家级众创空间	家
			风险投资机构	家
科技创新产出	TNI_3	科技研发成果	国内授权发明专利总量	件
			每万人国内授权发明专利数	件
			科技论文发表总量	篇
			每万人科技论文发表量	篇
		成果转化与产业化	技术合同交易额总量	亿元
			人均技术合同交易额	元
			高新技术产业产值总量	亿元
			人均高新技术产业产值	元

续表

目标层	变量	准则层	指标层	单位
科技创新绩效	TNI_4	投入产出绩效	每亿元研发投入产生的国内授权发明专利数	件
			每亿元研发投入形成的高新技术产业产值	亿元
			每亿元科技经费产生的科技论文数	篇
		驱动转型绩效	高新技术产业产值占工业总产值比重	%
			从业人员人均规上工业增加值	元
			生产性服务业占服务业比重	%

注：①研发强度等于研发经费占 GDP 的比重；②信息化水平指标采用人均互联网宽带接入用户数衡量；③高等院校指标采用 1 所一流大学和一流学科建设大学分别折算为 4 所和 2 所普通高校的统计方法；④国家级重点实验室指标采用 1 家国家实验室折算为 3 家国家级重点实验室的统计方法；⑤独角兽企业数指标根据科技部发布的中国独角兽企业榜单整理；⑥国家级园区包括国家级高新区和国家级经济技术开发区；⑦科技论文采用 SCI 和 SSCI 论文口径进行统计；⑧生产性服务业占服务业比重指标采用生产性服务业的从业人数占服务业总从业人数的比重表示，生产性服务业包括交通运输、仓储和邮政业，信息传输、计算机服务和软件业，金融业，租赁和商务服务业，科学研究、技术服务和地质勘查业。

（二）指数测度模型

根据指标体系及测度模型得到综合指数和分系统指数。为消除数据量纲差异过大对测度结果的影响，在指数测度中采用极值法对原始数据进行标准化处理，使其取值范围为0~1。同时，计算科技创新驱动力二级指数，即准则层中确定的各项指数，根据其包含的具体指标的综合权重计算，公式如下：

$$TNI_e = \sum_{i=1}^{n} X_i W_i \tag{1}$$

式中，X_i 为单项指标的标准化数值；n 为二级指数所包含的单项指标的个数；TNI_e 为二级指数。

根据二级指数，继续采用加权求和法可得到科技创新驱动力分系统指数，即目标层中确定的各项指数，进一步根据分系统指数最终得到科技创新驱动力综合指数，公式如下：

$$TNI_s = \sum_{i=1}^{n'} (TNI_e)_i W'_i \quad (2)$$

$$TNI = \sum_{i=1}^{n''} (TNI_s)_i W''_i \quad (3)$$

式中，$(TNI_e)_i$ 和 $(TNI_s)_i$ 分别为二级指数值和分系统指数值，W' 和 W'' 分别为准则层和目标层各要素的权重，n' 和 n'' 分别为分系统指数和综合指数所包含的单项指标的个数；TNI_s 和 TNI 分别为分系统指数和综合指数。

（三）能力结构关系模型

建立反映城市科技创新驱动力结构的科技创新驱动力分系统指数，其值由组成科技创新驱动力的各要素加权求和得到。A 和 B 城市的各项分系统指数计算公式如（2）所示。TNI_{A_i}、TNI_{B_i} 分别为城市 A 和 B 的各项分系统指数，A_i、B_i 分别为 A 和 B 城市科技创新驱动力的指标值，i 为变量个数，由于共研究 4 个能力，i=4。

耦合度计算公式如下：

$$C_{AB} = \sum | TNI_{A_i} / (TNI_{B_i} - 1) | / \sqrt[i]{| TNI_{A_i} / TNI_{B_i} - 1 |} \quad (4)$$

城市之间科技创新驱动力的结构耦合度是由不同城市各项创新驱动力分系统指数值的差异大小决定的，反映了城市间科技创新的协同程度，C_{AB} 越大，说明 A 和 B 城市的科技创新驱动力结构耦合度越高，城市间开展协同创新的可能性越高；反之，则说明 A 和 B 城市的科技创新驱动力结构较差的一方影响了两个城市间的创新合作。

科技创新驱动力结构与协同创新利益分配图可以解释两个城市在协同创新中的获益情况（见图 1）。

横轴、纵轴分别代表城市 A、B 的科技创新驱动力。射线 OA 和 OB 的斜率 K_{OA} 与 K_{OB} 可用 A、B 城市的科技创新驱动力分系统指数函数来表示：$K_{OA}=1-TNI_A$、$K_{OB}=1/(1-TNI_B)$，其中，OA 线的长度 L_{OA} 与 OB 线的长度 L_{OB} 用科技创新驱动力结构指数（分系统指数）表示的函数式为公式（5）；

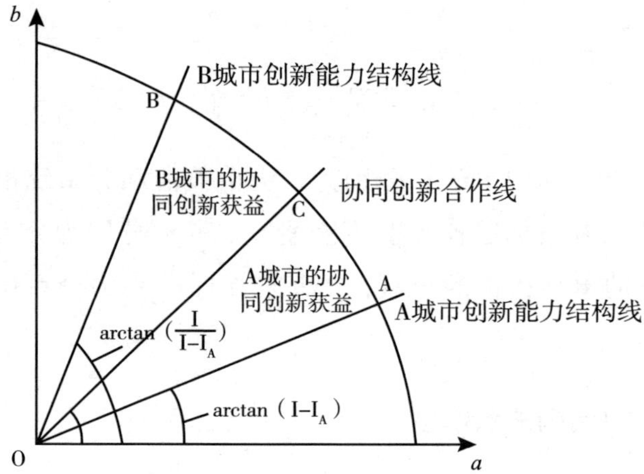

图1　城市科技创新驱动力结构与协同创新利益分配关系

注：a 为A城市的创新能力，b 为B城市的创新能力，OA 为A城市创新能力结构线，OB 为B城市创新能力结构线，OC 为A、B城市的协同创新合作线，I_A、I_B 分别为A城市和B城市的综合创新能力结构指数。

S_{AOB} 代表了A和B两城市协同创新的总收益，S_{AOC} 与 S_{BOC} 则分别代表了A城市的协同创新获益与B城市的协同创新获益，具体公式如下：

$$L_{OA} = L_{OB} = TNI_A \times TNI_B \times C_{AB} \tag{5}$$

$$S_{AOB} = 1/2 \times TNI_A \times TNI_B \times C_{AB} \times \{\arctan[1/(1 - TNI_B)] - \arctan(1 - TNI_A)\} \tag{6}$$

$$S_{AOC} = 1/2 \times TNI_A \times TNI_B \times C_{AB} \times [\pi/4 - \arctan(1 - TNI_A)] \tag{7}$$

$$S_{BOC} = 1/2 \times TNI_A \times TNI_B \times C_{AB} \times \{\arctan[1/(1 - TNI_B)] - \pi/4\} \tag{8}$$

S_{AOB}、S_{AOC}、S_{BOC} 都是关于 TNI_A、TNI_B 的单调增函数，即城市在协同创新中的获益随着各科技创新驱动力系统能力结构的优化而增加。两城市在协同创新中的获益情况取决于其科技创新驱动力结构（分系统），协同创新双方的科技创新驱动力结构（分系统能力）越强，在协同创新中获益越大。协同创新的持续稳定开展取决于协同创新双方的获益和分配比例。总获益不变时，分配比例较大的一方开展协同创新的意愿更强；分配比例不变时，协同创新总获益越大，开展稳定协同创新的可能性越大。双方在协同创新中的获益比值越接近1，两个城市在合作中的获益分配越均匀，从而开展协同创新的可能性就越大。

二　城市科技创新驱动力评价

（一）总体评价

长江经济带110个地级以上城市科技创新驱动力综合指数的平均值为0.137，中位数为0.098。排名前5位的城市依次为上海（0.650）、南京（0.541）、武汉（0.538）、杭州（0.447）、苏州（0.414）。与上年相比，前五城市没有变化，上海保持首位，南京和杭州的排名均上升1个位次，武汉和苏州均下降1个位次。排名靠后的城市主要集中在云贵川。科技创新驱动力综合指数在城市间的差距进一步缩小，最高得分是最低得分的26倍，上年为30倍，而前年是245倍，长江经济带科技创新发展趋于协调和均衡。

根据科技创新驱动力分级标准将城市分为强驱动力、较强驱动力、中等驱动力、较弱驱动力及弱驱动力5组，从组内城市数量看，长江经济带科技创新驱动力的城市等级呈金字塔形结构（见表2）。各组综合指数平均值依次为0.518、0.272、0.159、0.098、0.060，强驱动力组平均得分是弱驱动力组平均得分的8.6倍，科技创新驱动力综合指数的组间差距仍非常显著，但与上年相比有所缩小，同时镇江和扬州两个江苏城市进入较强驱动力组，铜陵和滁州两个安徽城市进入中等驱动力组，尽管高等级城市变动不大，但大量弱驱动力城市向较弱驱动力城市跃迁。

表2　长江经济带110个城市科技创新综合驱动力的等级分布

组别(城市数量)	城市
强驱动力(5)	上海、武汉(湖北)、南京(江苏)、苏州(江苏)、杭州(浙江)
较强驱动力(13)	长沙市(湖南)、合肥市(安徽)、成都市(四川)、宁波市(浙江)、无锡市(江苏)、重庆市、芜湖市(安徽)、南通市(江苏)、常州市(江苏)、嘉兴市(浙江)、镇江市(江苏)、扬州市(江苏)、南昌市(江西)

续表

组别(城市数量)	城市
中等驱动力(20)	湘潭市(湖南)、徐州市(江苏)、贵阳市(贵州)、温州市(浙江)、昆明市(云南)、绍兴市(浙江)、湖州市(浙江)、株洲市(湖南)、泰州市(江苏)、马鞍山市(安徽)、舟山市(浙江)、绵阳市(四川)、台州市(浙江)、襄阳市(湖北)、金华市(浙江)、蚌埠市(安徽)、宜昌市(湖北)、盐城市(江苏)、滁州市(安徽)、铜陵市(安徽)
较弱驱动力(37)	连云港市(江苏)、常德市(湖南)、淮安市(江苏)、宣城市(安徽)、衡阳市(湖南)、岳阳市(湖南)、鹰潭市(江西)、萍乡市(江西)、衢州市(浙江)、自贡市(四川)、赣州市(江西)、黄石市(湖北)、益阳市(湖南)、吉安市(江西)、郴州市(湖南)、新余市(江西)、九江市(江西)、遵义市(贵州)、德阳市(四川)、池州市(安徽)、景德镇市(江西)、咸宁市(湖北)、荆门市(湖北)、亳州市(安徽)、宜春市(江西)、丽水市(浙江)、六安市(安徽)、攀枝花市(四川)、永州市(湖南)、玉溪市(云南)、怀化市(湖南)、娄底市(湖南)、淮北市(安徽)、雅安市(四川)、阜阳市(安徽)、抚州市(江西)、安庆市(安徽)
弱驱动力(43)	孝感市(湖北)、玉溪市(云南)、淮北市(安徽)、眉山市(四川)、黄山市(安徽)、雅安市(四川)、宿迁市(江苏)、宜宾市(四川)、随州市(湖北)、邵阳市(湖南)、十堰市(湖北)、南充市(四川)、安庆市(安徽)、上饶市(江西)、抚州市(江西)、乐山市(四川)、铜仁市(贵州)、荆州市(湖北)、六安市(安徽)、鄂州市(湖北)、内江市(四川)、阜阳市(安徽)、亳州市(安徽)、安顺市(贵州)、泸州市(四川)、淮南市(安徽)、遂宁市(四川)、资阳市(四川)、六盘水市(贵州)、毕节市(贵州)、广安市(四川)、广元市(四川)、丽江市(云南)、宿州市(安徽)、曲靖市(云南)、黄冈市(湖北)、张家界市(湖南)、达州市(四川)、保山市(云南)、普洱市(云南)、昭通市(云南)、临沧市(云南)、巴中市(四川)

资料来源：根据指标测算得到，详细排名与得分见附录。

从区域板块差异看，长江经济带科技创新驱动力总体呈现上游地区<中游地区<下游地区的梯度化空间分异特征。上、中、下游地区科技创新驱动力的平均指数值分别为 0.087、0.122、0.189，下游地区的科技创新驱动力明显强于上、中游地区。长江上、中游地区科技创新驱动力较强的城市主要集中在成渝城市群和长江中游城市群，黔中和滇中城市群的科技创新驱动力整体较弱。与上年相比，下游的长三角城市群的指数上升明显，长江中游城市群的指数也有所上升，而上游城市群的指数几乎没有变化，导致三大区域板块之间的差距有所拉大。

（二）分系统评价

上海的科技创新投入、科技创新载体排名首位，武汉的科技创新产出排名首位，长沙的科技创新绩效排名首位。总体来看，长江中下游核心城市排名靠前，上游城市排名普遍靠后，只有少数中心城市（成绵、重庆）在投入、载体和产出方面具有优势，个别区域性重点城市（绵阳、贵阳、自贡等）在绩效方面跻身前列。具体来说，科技创新投入排前 5 位的城市是上海（0.764）、南京（0.607）、杭州（0.475）、武汉（0.452）、苏州（0.440），与上年相比，武汉下降 2 个位次，苏州下降 2 个位次，杭州上升 1 个位次，长沙则掉出前 5 位；科技创新载体排前 5 位的城市是上海（0.759）、武汉（0.505）、南京（0.498）、合肥（0.390）、苏州（0.387），与上年相比，武汉和合肥分别上升 2 个位次和 1 个位次，南京下降 1 个位次；科技创新产出排前 5 位的城市是武汉（0.685）、上海（0.652）、南京（0.557）、成都（0.491）、杭州（0.490），与上年相比，苏州和长沙掉出前 5 位，成都跻身前 5 位；科技创新绩效排前 5 位的城市是长沙（0.516）、武汉（0.481）、南京（0.461）、常德（0.404）、杭州（0.402），与上年相比，武汉上升 2 个位次，常德下降 3 个位次。

在没有进入前 5 位的城市中，部分城市在细分领域也具有一定优势。在投入方面，苏州在科技研发投入和创新基础投入上都排名第 2 位，合肥的科技研发投入排名第 4 位，重庆在创新基础投入上排名第 4 位；在载体方面，杭州的高新产业载体和创新培育载体分别排第 4 和第 3 位，重庆的高新产业载体排名第 6 位；在产出方面，苏州和长沙的成果转化与产业化分别排第 1、第 4 位，合肥的科技研发成果排名第 5 位；在绩效方面，眉山和宿州的投入产出绩效分别排名第 1、第 2 位，合肥的驱动转型绩效排名第 4 位。

三　城市科技创新驱动力协同发展

（一）协同耦合度分析

城际创新驱动力结构的耦合度是由不同城市各项创新能力之间的差异决

定的，反映了不同城际创新驱动力结构的均衡与匹配程度。利用城市协同创新能力结构值，根据公式（4）计算出不同城市之间科技创新驱动力结构的耦合度。为了增强简化性与可视性，选取强驱动力和较强驱动力城市，以及贵阳和昆明（属于中等驱动力城市）两个省会城市，共计20个核心城市进行重点分析。

从长江经济带整体来看，城市科技创新驱动力结构耦合度网络呈现“东密西疏”的空间分布格局，具有十分明显的空间不平衡性。长三角地区的科技创新匹配程度远高于中上游地区，同时武汉、长沙都与长三角核心城市上海、南京和杭州具有密切协同关系，成都、重庆和南昌也与杭州、苏州和宁波的耦合协同度较高，但贵阳和昆明则没有进入长江经济带协同创新的核心圈层，表明耦合网络的极化效应明显。因此，长江经济带协同创新网络存在明显的核心—边缘结构，核心城市集中在上海、南京、武汉、杭州、苏州、长沙、成都。南京—武汉（9.00）、上海—武汉（8.48）、成都—杭州（7.86）、上海—南京（7.48）、杭州—苏州（7.13）、南通—常州（6.49）、武汉—杭州（5.83）、南京—杭州（5.73）、武汉—苏州（5.52）、长沙—武汉（5.19）、上海—杭州（5.19）、合肥—杭州（5.09）、苏州—成都（5.05）是长江经济带科技创新驱动力协同耦合度最高的城市组合，不少特别适合开展协同创新的城市组合具有跨区域特征。

从区域角度来看，江苏省的无锡与上海、宁波、芜湖，常州与镇江具有较高协同耦合度，南京—苏州是最适配的省内协同城市组合，苏锡常也是省内重要的协同创新区；浙江省的宁波与上海、苏州、无锡、重庆、芜湖、南昌具有较高协同耦合度，杭州—宁波—嘉兴—温州是省内的主要协同创新区；安徽省的芜湖与武汉、成都、宁波、无锡，马鞍山与苏州具有较高协同耦合度，合肥—芜湖—马鞍山是省内的主要协同创新区；湖北、江西、湖南、四川、贵州和云南城市普遍与其他省份城市的协同耦合度不高，武汉—襄阳—宜昌，长沙—湘潭—常德—株洲、成都—绵阳分别是湖北、湖南和四川省内的主要协同创新区，而江西、贵州和云南省内还没有形成科技创新驱动力结构耦合度较高的协同创新区。

（二）协同获益格局分析

在量化分析城际科技创新驱动力结构匹配程度的基础上，进一步辨析2020年不同板块内部及板块之间的城市协同创新获益效果，包括获益值和获益比。需要指出的是，城市科技创新驱动力结构越强，城市开展高质量协同创新的可能性越高。为使结果简明，本文仅列出区域板块内及区域板块间城际协同创新总获益值前三强及其平均值，如表3所示。

表3　城市间协同创新获益值及获益比

区域板块划分	城际协同创新（城市A—城市B）	城市A收益（S_{AOC}）	城市B收益（S_{BOC}）	总收益（S_{AOB}）	获益比
上游地区内部	成都—重庆	0.032	0.076	0.108	0.421
	成都—贵阳	0.015	0.027	0.041	0.556
	成都—昆明	0.014	0.025	0.038	0.560
	平均	0.020	0.043	0.187	0.512
中游地区内部	武汉—长沙	0.199	0.411	0.610	0.484
	武汉—南昌	0.048	0.061	0.109	0.797
	武汉—湘潭	0.044	0.054	0.098	0.823
	平均	0.097	0.175	0.272	0.701
下游地区内部	上海—南京	0.591	1.248	1.839	0.473
	上海—杭州	0.338	0.600	0.938	0.564
	南京—杭州	0.246	0.551	0.797	0.446
	平均	0.392	0.800	1.191	0.494
下游—中游	上海—武汉	0.666	1.402	2.068	0.475
	南京—武汉	0.466	1.239	1.704	0.376
	武汉—杭州	0.248	0.558	0.806	0.443
	平均	0.460	1.066	1.526	0.432
上游—下游	杭州—成都	0.182	0.441	0.623	0.414
	上海—成都	0.231	0.348	0.578	0.663
	南京—成都	0.160	0.304	0.464	0.525
	平均	0.191	0.364	0.555	0.534

续表

区域板块划分	城际协同创新（城市 A-城市 B）	城市 A 收益（S_{AOC}）	城市 B 收益（S_{BOC}）	总收益（S_{AOB}）	获益比
中游—上游	武汉—成都	0.151	0.289	0.439	0.521
	长沙—成都	0.078	0.213	0.291	0.366
	武汉—重庆	0.079	0.119	0.198	0.663
	平均	0.102	0.207	0.310	0.517

注：①用 S_{AOB} 代表 A、B 城市协同创新的总收益，S_{AOC} 与 S_{BOC} 分别代表 A 城市的协同创新获益与 B 城市的协同创新获益，S_{AOC} 与 S_{BOC} 的比值代表协同创新获益比；②A 城市与 B 城市的协同创新获益比值越接近于 1，说明两地在协同创新中的分配越均匀，则两地开展协同创新的可能越大，反之则越小；③限于篇幅，仅列出每个区域板块内及区域板块之间协同创新总获益值排前三的区域。

从城市协同创新的总收益来看，在区域板块内部，上游地区<中游地区<下游地区，上海和南京协同创新的总收益最大；在区域板块之间，下游—中游<上游—下游<中游—上游，上海和武汉协同创新的总收益最大。可以看出，地区间协同创新的获益值存在很大的空间差异，长江经济带下游的长三角城市群是整个区域协同创新的“龙头”，在上海、南京和杭州的引领下，长江下游地区获得了较好的协同创新收益。同时，武汉、成都分别是中上游区域的核心城市，带动各自板块内城市获取协同创新收益。从城市协同创新的获益值和获益比来看，科技创新驱动力更强的城市，在协同创新中的收益相对更低，获益比小于 1，而科技创新驱动力较弱的城市，则能在协同创新中获得更高的收益，表明区域协同创新存在知识溢出效应。从不同区域板块的获益比来看，在总体上，区域板块之间<区域内部；在区域板块内部，下游地区<上游地区<中游地区；在区域板块之间，下游—中游<中游—上游<上游—下游。获益比越低，表明高等级城市在协同创新中的获益占比越低，也就意味着协同创新的知识溢出效果越好。因此，从结果可知，跨区域协同的溢出效果更好，特别是下游和中游地区的合作，因为两者的创新能力都较强且具有地理邻近优势，而上、下游合作的效果相对不佳，同时下游城市间的合作效果最好，反映了长三角科技创新一体化具有基础优势。

四　结论与政策建议

通过近年来的持续研究发现，长江经济带城市科技创新驱动力的空间分层特征基本稳定，排名靠前的城市主要为长三角城市和中上游的省会城市，同时安徽、湖南、江西的部分城市排名显著提升。高等级城市在科技创新投入、载体和产出上普遍具有明显优势，但在绩效上仍有继续优化的空间。在区域协同创新方面，高等级城市之间的协同耦合度更高，成为协同创新网络的主要枢纽节点，并在协同创新中发挥了知识溢出作用，推动区域科技创新的均衡、协调发展。结合研究结果，本文认为长江经济带科技创新发展应重视以下两方面。

一是提升长江上游地区城市科技创新能力。由于科技创新要素分布不均，目前还存在“东高西低”的现象。下游地区高校、科研院所、规模科技型企业等数量多且涉及行业范围广，创新网络较为发达。相较于长江经济带上游地区，中下游地区创新合作主体数量更多、形态各异、功能更广。但与此同时，下游地区也出现投入产出比较低、创新资源低效的趋向。有必要进一步加强对上游地区的政策倾斜，加大科技创新投入，加快相关基础设施和高能级载体建设，增强其人才吸引力。

二是构建多层级的区域协同创新网络。在省内以省会城市为核心构建协同圈，在流域板块内以省会城市和主要区域性中心城市为核心构建协同带，在整个区域内以上海、重庆，以及各省会城市为核心枢纽构建协同网。通过多层级和多尺度的城市协同创新，实现知识信息的层层传导和溢出。在区域协同创新中，长江下游地区要发挥引领作用，推动整个流域创新资源共享、城际科技要素无阻碍流动与创新资源高效汇聚。通过建立跨区域协同合作机制，加快长江经济带区域协同创新平台建设，优化区域协同创新的制度环境。

附录

附表1 2020年长江经济带110个城市科技创新驱动力综合指数及排名

排名	城市	综合指数	排名变化	排名	城市	综合指数	排名变化
1	上海市	0.650	–	32	襄阳市(湖北)	0.153	-4
2	南京市(江苏)	0.541	–	33	金华市(浙江)	0.143	+4
3	武汉市(湖北)	0.538	–	34	蚌埠市(安徽)	0.141	+1
4	杭州市(浙江)	0.447	+1	35	宜昌市(湖北)	0.138	+3
5	苏州市(江苏)	0.414	-1	36	盐城市(江苏)	0.134	-5
6	长沙市(湖南)	0.404	–	37	滁州市(安徽)	0.132	+7
7	合肥市(安徽)	0.380	–	38	铜陵市(安徽)	0.132	-5
8	成都市(四川)	0.371	–	39	连云港市(江苏)	0.126	-5
9	宁波市(浙江)	0.274	+1	40	常德市(湖南)	0.125	+22
10	无锡市(江苏)	0.273	-1	41	淮安市(江苏)	0.124	+2
11	重庆市	0.273	+2	42	宣城市(安徽)	0.124	+3
12	芜湖市(安徽)	0.269	+2	43	衡阳市(湖南)	0.119	+6
13	南通市(江苏)	0.232	+2	44	岳阳市(湖南)	0.117	+2
14	常州市(江苏)	0.221	-3	45	鹰潭市(江西)	0.112	+2
15	嘉兴市(浙江)	0.214	+3	46	萍乡市(江西)	0.110	+9
16	镇江市(江苏)	0.207	-4	47	衢州市(浙江)	0.110	-7
17	扬州市(江苏)	0.207	-1	48	自贡市(四川)	0.110	-6
18	南昌市(江西)	0.206	+2	49	赣州市(江西)	0.108	+16
19	湘潭市(湖南)	0.195	+5	50	黄石市(湖北)	0.107	-9
20	徐州市(江苏)	0.188	+2	51	益阳市(湖南)	0.099	+9
21	贵阳市(贵州)	0.179	+5	52	吉安市(江西)	0.099	+7
22	温州市(浙江)	0.175	+7	53	郴州市(湖南)	0.099	+1
23	昆明市(云南)	0.174	-2	54	新余市(江西)	0.099	-4
24	绍兴市(浙江)	0.168	-1	55	九江市(江西)	0.099	+8
25	湖州市(浙江)	0.168	-6	56	遵义市(贵州)	0.097	+18
26	株洲市(湖南)	0.165	+10	57	德阳市(四川)	0.097	-4
27	泰州市(江苏)	0.163	-10	58	池州市(安徽)	0.095	-7
28	马鞍山市(安徽)	0.163	-1	59	景德镇市(江西)	0.091	+13
29	舟山市(浙江)	0.161	+3	60	咸宁市(湖北)	0.091	+6
30	绵阳市(四川)	0.160	-5	61	荆门市(湖北)	0.090	-5
31	台州市(浙江)	0.155	-1	62	亳州市(安徽)	0.088	+13

续表

排名	城市	综合指数	排名变化	排名	城市	综合指数	排名变化
63	宜春市(江西)	0.088	1-	87	十堰市(湖北)	0.068	-6
64	丽水市(浙江)	0.088	-12	88	铜仁市(贵州)	0.068	+16
65	六安市(安徽)	0.088	+14	89	鄂州市(湖北)	0.068	-41
66	攀枝花市(四川)	0.086	-27	90	宜宾市(四川)	0.067	-6
67	永州市(湖南)	0.083	1-	91	乐山市(四川)	0.065	-
68	玉溪市(云南)	0.083	+25	92	安顺市(贵州)	0.065	-9
69	怀化市(湖南)	0.083	2-	93	内江市(四川)	0.062	-22
70	娄底市(湖南)	0.083	+6	94	遂宁市(四川)	0.060	-9
71	淮北市(安徽)	0.082	-13	95	广元市(四川)	0.060	+6
72	雅安市(四川)	0.082	-3	96	泸州市(四川)	0.059	-2
73	阜阳市(安徽)	0.082	+13	97	资阳市(四川)	0.056	-36
74	抚州市(江西)	0.081	+14	98	六盘水市(贵州)	0.053	-3
75	安庆市(安徽)	0.081	-11	99	毕节市(贵州)	0.053	-1
76	黄山市(安徽)	0.079	-19	100	黄冈市(湖北)	0.052	-4
77	孝感市(湖北)	0.079	-1-	101	曲靖市(云南)	0.050	+1
78	宿迁市(江苏)	0.076	-8	102	广安市(四川)	0.050	-22
79	上饶市(江西)	0.075	+13	103	张家界市(湖南)	0.046	-6
80	邵阳市(湖南)	0.075	-2	104	丽江市(云南)	0.046	+3
81	宿州市(安徽)	0.075	+18	105	普洱市(云南)	0.044	+3
82	南充市(四川)	0.074	-	106	达州市(四川)	0.040	-3
83	随州市(湖北)	0.074	+4	107	保山市(云南)	0.039	+2
84	淮南市(安徽)	0.073	-16	108	昭通市(云南)	0.036	-3
85	眉山市(四川)	0.071	+15	109	临沧市(云南)	0.033	+1
86	荆州市(湖北)	0.070	+4	110	巴中市(四川)	0.025	-4

资料来源：笔者根据指标体系计算所得；排名变化为2020年与2019年的位次差。

附表2　2020年长江经济带110个城市科技创新投入指数及排名

一级指标排序	城市	一级指标得分	二级指标		
			科技研发投入	人力资源投入	创新基础投入
1	上海市	0.764	0.797(1)	0.654(2)	0.919(1)
2	南京市(江苏)	0.607	0.388(6)	0.880(1)	0.500(3)
3	杭州市(浙江)	0.475	0.445(3)	0.508(4)	0.472(5)

续表

一级指标排序	城市	一级指标得分	二级指标		
			科技研发投入	人力资源投入	创新基础投入
4	武汉市(湖北)	0.452	0.409(5)	0.517(3)	0.411(8)
5	苏州市(江苏)	0.440	0.533(2)	0.312(8)	0.510(2)
6	合肥市(安徽)	0.378	0.429(4)	0.374(6)	0.284(16)
7	长沙市(湖南)	0.357	0.272(13)	0.451(5)	0.341(11)
8	重庆市	0.320	0.281(12)	0.273(10)	0.495(4)
9	宁波市(浙江)	0.308	0.331(8)	0.231(15)	0.417(7)
10	芜湖市(安徽)	0.301	0.314(10)	0.320(7)	0.238(24)
11	无锡市(江苏)	0.298	0.316(9)	0.213(16)	0.432(6)
12	成都市(四川)	0.290	0.377(7)	0.209(18)	0.280(17)
13	镇江市(江苏)	0.239	0.166(26)	0.278(9)	0.306(13)
14	常州市(江苏)	0.239	0.255(15)	0.167(21)	0.350(9)
15	南昌市(江西)	0.221	0.170(24)	0.265(12)	0.233(25)
16	南通市(江苏)	0.218	0.223(18)	0.149(22)	0.344(10)
17	绍兴市(浙江)	0.214	0.254(16)	0.132(25)	0.297(15)
18	湘潭市(湖南)	0.207	0.190(20)	0.255(13)	0.143(64)
19	嘉兴市(浙江)	0.207	0.232(17)	0.144(23)	0.280(18)
20	扬州市(江苏)	0.196	0.154(30)	0.184(19)	0.304(14)
21	昆明市(云南)	0.196	0.125(40)	0.267(11)	0.194(37)
22	贵阳市(贵州)	0.190	0.138(38)	0.234(14)	0.208(32)
23	徐州市(江苏)	0.188	0.146(34)	0.209(17)	0.230(27)
24	绵阳市(四川)	0.181	0.308(11)	0.080(41)	0.128(73)
25	湖州市(浙江)	0.179	0.190(21)	0.121(26)	0.275(19)
26	株洲市(湖南)	0.176	0.261(14)	0.101(34)	0.159(54)
27	宜昌市(湖北)	0.165	0.156(29)	0.140(24)	0.233(26)
28	泰州市(江苏)	0.162	0.173(22)	0.109(31)	0.244(22)
29	盐城市(江苏)	0.158	0.154(31)	0.119(27)	0.247(21)
30	温州市(浙江)	0.153	0.157(28)	0.106(32)	0.240(23)
31	马鞍山市(安徽)	0.148	0.160(27)	0.118(28)	0.186(39)
32	舟山市(浙江)	0.146	0.095(61)	0.111(30)	0.319(12)
33	台州市(浙江)	0.146	0.169(25)	0.083(40)	0.225(29)
34	金华市(浙江)	0.142	0.153(32)	0.103(33)	0.198(36)
35	蚌埠市(安徽)	0.133	0.172(23)	0.093(36)	0.132(71)
36	宣城市(安徽)	0.131	0.150(33)	0.112(29)	0.132(70)

续表

一级指标排序	城市	一级指标得分	二级指标		
			科技研发投入	人力资源投入	创新基础投入
37	连云港市(江苏)	0.129	0.139(36)	0.092(37)	0.183(44)
38	铜陵市(安徽)	0.128	0.199(19)	0.045(62)	0.152(57)
39	鹰潭市(江西)	0.128	0.142(35)	0.066(50)	0.222(30)
40	滁州市(安徽)	0.121	0.119(44)	0.097(35)	0.172(46)
41	襄阳市(湖北)	0.119	0.136(39)	0.061(53)	0.198(34)
42	淮安市(江苏)	0.117	0.101(55)	0.092(38)	0.200(33)
43	雅安市(四川)	0.114	0.061(80)	0.173(20)	0.102(94)
44	宿迁市(江苏)	0.114	0.121(43)	0.078(43)	0.171(48)
45	赣州市(江西)	0.112	0.115(48)	0.073(46)	0.186(40)
46	九江市(江西)	0.110	0.098(58)	0.068(47)	0.219(31)
47	宜春市(江西)	0.110	0.122(42)	0.061(54)	0.184(42)
48	衢州市(浙江)	0.109	0.117(45)	0.043(64)	0.225(28)
49	丽水市(浙江)	0.108	0.096(59)	0.038(70)	0.270(20)
50	景德镇市(江西)	0.105	0.104(52)	0.076(45)	0.167(50)
51	吉安市(江西)	0.105	0.095(62)	0.084(39)	0.167(49)
52	萍乡市(江西)	0.104	0.094(63)	0.080(42)	0.172(47)
53	衡阳市(湖南)	0.098	0.117(46)	0.078(44)	0.103(93)
54	玉溪市(云南)	0.097	0.094(64)	0.049(60)	0.198(35)
55	新余市(江西)	0.094	0.083(72)	0.063(52)	0.180(45)
56	抚州市(江西)	0.094	0.099(57)	0.058(55)	0.159(55)
57	岳阳市(湖南)	0.092	0.116(47)	0.045(61)	0.139(67)
58	安庆市(安徽)	0.089	0.087(69)	0.056(56)	0.157(56)
59	十堰市(湖北)	0.087	0.092(65)	0.051(58)	0.152(59)
60	黄石市(湖北)	0.086	0.100(56)	0.043(63)	0.143(63)
61	德阳市(四川)	0.085	0.139(37)	0.019(88)	0.110(88)
62	荆州市(湖北)	0.083	0.104(51)	0.063(51)	0.081(106)
63	咸宁市(湖北)	0.083	0.112(49)	0.039(66)	0.112(86)
64	六安市(安徽)	0.083	0.076(73)	0.068(48)	0.124(77)
65	荆门市(湖北)	0.082	0.109(50)	0.035(71)	0.121(79)
66	怀化市(湖南)	0.081	0.124(41)	0.023(85)	0.110(89)
67	上饶市(江西)	0.078	0.086(70)	0.038(69)	0.143(65)
68	鄂州市(湖北)	0.076	0.070(75)	0.027(83)	0.186(41)
69	黄冈市(湖北)	0.073	0.102(54)	0.028(81)	0.107(90)

续表

一级指标排序	城市	一级指标得分	二级指标		
			科技研发投入	人力资源投入	创新基础投入
70	孝感市(湖北)	0.072	0.103(53)	0.033(74)	0.088(103)
71	益阳市(湖南)	0.072	0.095(60)	0.039(67)	0.092(97)
72	郴州市(湖南)	0.071	0.089(67)	0.028(80)	0.119(80)
73	遵义市(贵州)	0.070	0.043(91)	0.040(65)	0.183(43)
74	淮南市(安徽)	0.069	0.064(77)	0.067(49)	0.086(105)
75	自贡市(四川)	0.067	0.059(83)	0.051(59)	0.116(83)
76	娄底市(湖南)	0.067	0.089(68)	0.033(75)	0.091(99)
77	宜宾市(四川)	0.067	0.072(74)	0.014(91)	0.163(52)
78	永州市(湖南)	0.067	0.085(71)	0.029(79)	0.105(91)
79	黄山市(安徽)	0.066	0.089(66)	0.013(92)	0.128(74)
80	六盘水市(贵州)	0.066	0.060(82)	0.029(78)	0.152(58)
81	常德市(湖南)	0.063	0.047(88)	0.038(68)	0.143(66)
82	淮北市(安徽)	0.061	0.063(78)	0.032(76)	0.116(82)
83	安顺市(贵州)	0.061	0.060(81)	0.027(82)	0.129(72)
84	曲靖市(云南)	0.060	0.042(92)	0.035(73)	0.146(61)
85	池州市(安徽)	0.060	0.069(76)	0.012(93)	0.136(68)
86	攀枝花市(四川)	0.059	0.059(84)	0.008(97)	0.161(53)
87	铜仁市(贵州)	0.057	0.036(94)	0.011(94)	0.190(38)
88	亳州市(安徽)	0.057	0.048(87)	0.053(57)	0.081(107)
89	泸州市(四川)	0.056	0.047(89)	0.027(84)	0.135(69)
90	阜阳市(安徽)	0.053	0.054(86)	0.035(72)	0.088(104)
91	毕节市(贵州)	0.049	0.046(90)	0.005(101)	0.143(62)
92	随州市(湖北)	0.049	0.062(79)	0.020(87)	0.079(108)
93	邵阳市(湖南)	0.049	0.055(85)	0.022(86)	0.090(101)
94	内江市(四川)	0.048	0.033(96)	0.005(103)	0.165(51)
95	南充市(四川)	0.047	0.032(99)	0.031(77)	0.111(87)
96	宿州市(安徽)	0.039	0.033(97)	0.016(89)	0.096(95)
97	乐山市(四川)	0.038	0.034(95)	0.005(102)	0.114(84)
98	昭通市(云南)	0.037	0.013(109)	0.006(99)	0.146(60)
99	丽江市(云南)	0.036	0.018(105)	0.009(96)	0.126(75)
100	保山市(云南)	0.035	0.022(104)	0.014(90)	0.104(92)
101	遂宁市(四川)	0.035	0.039(93)	0.003(104)	0.091(100)
102	张家界市(湖南)	0.035	0.031(100)	0.009(95)	0.095(96)

续表

一级指标排序	城市	一级指标得分	二级指标		
			科技研发投入	人力资源投入	创新基础投入
103	广元市(四川)	0.033	0.023(103)	0.002(107)	0.116(81)
104	临沧市(云南)	0.033	0.016(107)	0.005(100)	0.125(76)
105	普洱市(云南)	0.032	0.015(108)	0.007(98)	0.113(85)
106	广安市(四川)	0.031	0.016(106)	0.001(108)	0.124(78)
107	眉山市(四川)	0.031	0.027(102)	0.003(105)	0.092(98)
108	达州市(四川)	0.028	0.030(101)	0.002(106)	0.077(109)
109	资阳市(四川)	0.023	0.032(98)	0.001(109)	0.049(110)
110	巴中市(四川)	0.021	0.009(110)	0.000(110)	0.089(102)

注：括号中是二级指标排名。

资料来源：笔者根据指标体系计算所得。

附表 3　2020 年长江经济带 110 个城市科技创新载体指数及排名

一级指标排序	城市	一级指标得分	二级指标		
			科技研发载体	高新产业载体	创新培育载体
1	上海市	0.759	0.877(1)	0.356(5)	1.000(1)
2	武汉市(湖北)	0.505	0.518(3)	0.477(2)	0.490(4)
3	南京市(江苏)	0.498	0.581(2)	0.292(7)	0.471(5)
4	合肥市(安徽)	0.390	0.498(4)	0.185(12)	0.206(12)
5	苏州市(江苏)	0.387	0.166(11)	0.846(1)	0.677(2)
6	杭州市(浙江)	0.383	0.352(6)	0.377(4)	0.601(3)
7	成都市(四川)	0.325	0.386(5)	0.168(17)	0.322(7)
8	重庆市	0.279	0.265(8)	0.295(6)	0.329(6)
9	长沙市(湖南)	0.269	0.288(7)	0.243(9)	0.211(11)
10	昆明市(云南)	0.221	0.226(9)	0.213(10)	0.206(13)
11	南通市(江苏)	0.186	0.099(22)	0.415(3)	0.187(14)
12	南昌市(江西)	0.181	0.185(10)	0.175(14)	0.175(16)
13	无锡市(江苏)	0.166	0.147(13)	0.160(19)	0.303(8)
14	宁波市(浙江)	0.151	0.152(12)	0.117(27)	0.223(10)
15	泰州市(江苏)	0.127	0.119(15)	0.158(20)	0.104(22)
16	贵阳市(贵州)	0.120	0.123(14)	0.122(26)	0.099(23)
17	盐城市(江苏)	0.117	0.114(18)	0.099(33)	0.178(15)
18	徐州市(江苏)	0.107	0.112(19)	0.078(40)	0.149(18)

续表

一级指标排序	城市	一级指标得分	二级指标		
			科技研发载体	高新产业载体	创新培育载体
19	扬州市(江苏)	0.105	0.117(17)	0.063(45)	0.131(20)
20	镇江市(江苏)	0.103	0.118(16)	0.054(48)	0.134(19)
21	宜昌市(湖北)	0.103	0.051(55)	0.254(8)	0.062(26)
22	绍兴市(浙江)	0.101	0.072(30)	0.199(11)	0.044(30)
23	宿迁市(江苏)	0.101	0.089(25)	0.167(18)	0.013(57)
24	常州市(江苏)	0.101	0.107(20)	0.020(76)	0.262(9)
25	赣州市(江西)	0.096	0.073(29)	0.175(13)	0.050(29)
26	温州市(浙江)	0.090	0.098(23)	0.069(43)	0.093(24)
27	嘉兴市(浙江)	0.088	0.083(26)	0.075(41)	0.157(17)
28	连云港市(江苏)	0.082	0.057(46)	0.169(16)	0.030(38)
29	淮安市(江苏)	0.081	0.070(33)	0.131(23)	0.028(40)
30	湖州市(浙江)	0.081	0.068(34)	0.100(32)	0.114(21)
31	芜湖市(安徽)	0.080	0.077(28)	0.102(31)	0.042(31)
32	抚州市(江西)	0.080	0.106(21)	0.033(64)	0.027(42)
33	金华市(浙江)	0.077	0.059(40)	0.142(21)	0.031(36)
34	曲靖市(云南)	0.072	0.058(43)	0.129(24)	0.020(48)
35	黄石市(湖北)	0.072	0.041(62)	0.172(15)	0.020(47)
36	蚌埠市(安徽)	0.068	0.091(24)	0.028(69)	0.021(44)
37	马鞍山市(安徽)	0.068	0.078(27)	0.054(49)	0.040(32)
38	萍乡市(江西)	0.058	0.071(31)	0.047(55)	0.003(82)
39	宣城市(安徽)	0.058	0.045(58)	0.111(29)	0.005(72)
40	绵阳市(四川)	0.057	0.053(52)	0.061(46)	0.068(25)
41	滁州市(安徽)	0.055	0.066(36)	0.042(57)	0.020(46)
42	吉安市(江西)	0.055	0.064(37)	0.048(54)	0.018(54)
43	湘潭市(湖南)	0.053	0.056(49)	0.053(51)	0.035(35)
44	襄阳市(湖北)	0.051	0.057(44)	0.034(62)	0.055(27)
45	孝感市(湖北)	0.051	0.051(56)	0.066(44)	0.012(62)
46	安庆市(安徽)	0.051	0.036(68)	0.097(34)	0.028(41)
47	新余市(江西)	0.051	0.044(60)	0.082(37)	0.018(51)
48	鹰潭市(江西)	0.050	0.067(35)	0.025(72)	0.004(79)
49	宜春市(江西)	0.050	0.057(45)	0.050(53)	0.003(80)

续表

一级指标排序	城市	一级指标得分	二级指标		
			科技研发载体	高新产业载体	创新培育载体
50	池州市(安徽)	0.050	0.038(65)	0.094(35)	0.013(59)
51	九江市(江西)	0.050	0.061(38)	0.025(71)	0.039(33)
52	内江市(四川)	0.049	0.019(93)	0.139(22)	0.012(67)
53	十堰市(湖北)	0.047	0.058(41)	0.030(65)	0.015(55)
54	舟山市(浙江)	0.047	0.071(32)	0.000(86)	0.005(78)
55	衢州市(浙江)	0.046	0.058(42)	0.030(67)	0.011(69)
56	铜陵市(安徽)	0.044	0.053(53)	0.033(63)	0.020(45)
57	自贡市(四川)	0.044	0.027(83)	0.103(30)	0.012(64)
58	景德镇市(江西)	0.041	0.051(57)	0.025(70)	0.020(49)
59	丽水市(浙江)	0.040	0.060(39)	0.005(83)	0.001(89)
60	荆州市(湖北)	0.039	0.054(51)	0.012(79)	0.013(60)
61	上饶市(江西)	0.039	0.038(66)	0.054(50)	0.003(81)
62	宜宾市(四川)	0.039	0.027(82)	0.081(38)	0.005(73)
63	黄山市(安徽)	0.038	0.056(47)	0.000(89)	0.018(52)
64	咸宁市(湖北)	0.038	0.012(103)	0.122(25)	0.001(90)
65	台州市(浙江)	0.038	0.056(48)	0.000(87)	0.019(50)
66	衡阳市(湖南)	0.038	0.055(50)	0.008(81)	0.000(95)
67	玉溪市(云南)	0.037	0.052(54)	0.011(80)	0.005(74)
68	常德市(湖南)	0.036	0.030(78)	0.060(47)	0.013(61)
69	黄冈市(湖北)	0.034	0.039(64)	0.030(66)	0.012(63)
70	随州市(湖北)	0.034	0.023(89)	0.070(42)	0.012(68)
71	遵义市(贵州)	0.033	0.033(72)	0.040(58)	0.018(53)
72	淮南市(安徽)	0.033	0.045(59)	0.016(78)	0.000(93)
73	德阳市(四川)	0.032	0.032(73)	0.022(73)	0.055(28)
74	安顺市(贵州)	0.031	0.017(97)	0.080(39)	0.003(83)
75	株洲市(湖南)	0.031	0.031(75)	0.029(68)	0.038(34)
76	遂宁市(四川)	0.031	0.003(107)	0.113(28)	0.005(76)
77	益阳市(湖南)	0.030	0.028(80)	0.046(56)	0.005(77)
78	攀枝花市(四川)	0.029	0.029(79)	0.037(59)	0.012(65)
79	六安市(安徽)	0.029	0.035(70)	0.020(75)	0.013(58)
80	泸州市(四川)	0.029	0.021(92)	0.051(52)	0.025(43)

续表

一级指标排序	城市	一级指标得分	二级指标		
			科技研发载体	高新产业载体	创新培育载体
81	鄂州市(湖北)	0.029	0.031(77)	0.034(60)	0.000(108)
82	阜阳市(安徽)	0.028	0.043(61)	0.000(90)	0.000(91)
83	郴州市(湖南)	0.027	0.039(63)	0.005(84)	0.008(70)
84	岳阳市(湖南)	0.026	0.035(69)	0.001(85)	0.030(39)
85	永州市(湖南)	0.024	0.038(67)	0.000(95)	0.000(103)
86	张家界市(湖南)	0.023	0.035(71)	0.000(94)	0.003(87)
87	广安市(四川)	0.023	0.003(108)	0.084(36)	0.000(94)
88	荆门市(湖北)	0.022	0.021(90)	0.021(74)	0.030(37)
89	亳州市(安徽)	0.021	0.032(74)	0.000(92)	0.005(75)
90	丽江市(云南)	0.020	0.031(76)	0.000(108)	0.000(107)
91	娄底市(湖南)	0.020	0.017(98)	0.034(61)	0.006(71)
92	乐山市(四川)	0.019	0.021(91)	0.018(77)	0.012(66)
93	宿州市(安徽)	0.018	0.028(81)	0.000(91)	0.000(98)
94	普洱市(云南)	0.017	0.026(84)	0.000(109)	0.003(86)
95	怀化市(湖南)	0.016	0.024(85)	0.000(96)	0.003(84)
96	淮北市(安徽)	0.015	0.023(86)	0.000(88)	0.000(92)
97	昭通市(云南)	0.015	0.023(87)	0.000(107)	0.000(102)
98	南充市(四川)	0.015	0.023(88)	0.000(97)	0.000(99)
99	六盘水市(贵州)	0.012	0.019(94)	0.000(103)	0.000(97)
100	保山市(云南)	0.012	0.018(95)	0.000(106)	0.000(105)
101	铜仁市(贵州)	0.011	0.015(99)	0.000(105)	0.015(56)
102	邵阳市(湖南)	0.011	0.017(96)	0.000(93)	0.000(101)
103	临沧市(云南)	0.010	0.015(100)	0.000(110)	0.000(110)
104	雅安市(四川)	0.010	0.015(101)	0.000(100)	0.000(109)
105	毕节市(贵州)	0.009	0.014(102)	0.000(104)	0.000(106)
106	广元市(四川)	0.006	0.006(106)	0.008(82)	0.000(100)
107	达州市(四川)	0.005	0.007(104)	0.000(99)	0.003(88)
108	眉山市(四川)	0.004	0.006(105)	0.000(98)	0.003(85)
109	资阳市(四川)	0.000	0.000(109)	0.000(102)	0.000(104)
110	巴中市(四川)	0.000	0.000(110)	0.000(101)	0.000(96)

注：括号中是二级指标排名。

资料来源：笔者根据指标体系计算所得。

附表 4　2020 年长江经济带 110 个城市科技创新产出指数及排名

一级指标排序	城市	一级指标得分	二级指标	
			科技研发成果	成果转化与产业化
1	武汉市（湖北）	0.685	0.783(1)	0.587(5)
2	上海市	0.652	0.621(3)	0.683(3)
3	南京市（江苏）	0.557	0.629(2)	0.486(8)
4	成都市（四川）	0.491	0.263(6)	0.719(2)
5	杭州市（浙江）	0.490	0.504(4)	0.477(10)
6	苏州市（江苏）	0.484	0.237(8)	0.731(1)
7	长沙市（湖南）	0.464	0.261(7)	0.668(4)
8	合肥市（安徽）	0.380	0.264(5)	0.496(6)
9	芜湖市（安徽）	0.314	0.137(15)	0.490(7)
10	无锡市（江苏）	0.313	0.148(12)	0.478(9)
11	宁波市（浙江）	0.306	0.147(14)	0.466(11)
12	常州市（江苏）	0.263	0.111(19)	0.416(13)
13	南通市（江苏）	0.263	0.080(26)	0.447(12)
14	嘉兴市（浙江）	0.255	0.147(13)	0.363(14)
15	重庆市	0.202	0.150(11)	0.253(20)
16	扬州市（江苏）	0.193	0.091(25)	0.295(17)
17	湘潭市（湖南）	0.191	0.045(35)	0.336(15)
18	徐州市（江苏）	0.181	0.098(24)	0.263(19)
19	舟山市（浙江）	0.178	0.115(17)	0.241(22)
20	镇江市（江苏）	0.172	0.150(10)	0.193(27)
21	襄阳市（湖北）	0.164	0.019(57)	0.308(16)
22	绍兴市（浙江）	0.159	0.114(18)	0.204(24)
23	株洲市（湖南）	0.158	0.051(32)	0.265(18)
24	湖州市（浙江）	0.157	0.070(28)	0.244(21)
25	马鞍山市（安徽）	0.152	0.106(22)	0.198(26)
26	温州市（浙江）	0.149	0.187(9)	0.110(45)
27	南昌市（江西）	0.147	0.109(20)	0.186(28)
28	台州市（浙江）	0.146	0.120(16)	0.171(31)
29	泰州市（江苏）	0.128	0.055(31)	0.202(25)
30	铜陵市（安徽）	0.122	0.033(44)	0.211(23)
31	贵阳市（贵州）	0.121	0.070(27)	0.172(30)
32	金华市（浙江）	0.117	0.108(21)	0.127(39)
33	蚌埠市（安徽）	0.111	0.039(39)	0.183(29)

续表

一级指标排序	城市	一级指标得分	二级指标	
			科技研发成果	成果转化与产业化
34	滁州市(安徽)	0.106	0.047(34)	0.165(33)
35	绵阳市(四川)	0.096	0.059(29)	0.133(37)
36	宜昌市(湖北)	0.095	0.036(41)	0.154(34)
37	淮安市(江苏)	0.091	0.040(38)	0.141(35)
38	岳阳市(湖南)	0.088	0.012(73)	0.165(32)
39	宣城市(安徽)	0.086	0.040(37)	0.133(38)
40	黄石市(湖北)	0.076	0.013(70)	0.139(36)
41	新余市(江西)	0.067	0.008(83)	0.126(40)
42	衡阳市(湖南)	0.066	0.056(30)	0.077(58)
43	攀枝花市(四川)	0.066	0.029(47)	0.104(48)
44	鹰潭市(江西)	0.066	0.009(81)	0.123(41)
45	萍乡市(江西)	0.065	0.013(69)	0.116(42)
46	盐城市(江苏)	0.064	0.048(33)	0.079(57)
47	荆门市(湖北)	0.063	0.014(65)	0.113(43)
48	衢州市(浙江)	0.062	0.044(36)	0.081(56)
49	常德市(湖南)	0.061	0.018(58)	0.104(49)
50	自贡市(四川)	0.061	0.010(76)	0.111(44)
51	昆明市(云南)	0.060	0.099(23)	0.022(95)
52	连云港市(江苏)	0.060	0.029(46)	0.091(52)
53	郴州市(湖南)	0.059	0.007(85)	0.110(46)
54	池州市(安徽)	0.058	0.010(77)	0.106(47)
55	吉安市(江西)	0.053	0.014(63)	0.092(51)
56	益阳市(湖南)	0.053	0.010(80)	0.095(50)
57	德阳市(四川)	0.051	0.015(61)	0.087(54)
58	九江市(江西)	0.050	0.010(78)	0.090(53)
59	咸宁市(湖北)	0.048	0.011(74)	0.085(55)
60	淮北市(安徽)	0.048	0.027(49)	0.069(64)
61	阜阳市(安徽)	0.045	0.037(40)	0.052(71)
62	安庆市(安徽)	0.044	0.025(51)	0.063(66)
63	赣州市(江西)	0.043	0.026(50)	0.060(68)
64	鄂州市(湖北)	0.042	0.016(60)	0.068(65)
65	孝感市(湖北)	0.042	0.014(64)	0.070(62)
66	丽水市(浙江)	0.042	0.035(42)	0.049(76)

续表

一级指标排序	城市	一级指标得分	二级指标	
			科技研发成果	成果转化与产业化
67	宜春市（江西）	0.041	0.008（84）	0.073（60）
68	娄底市（湖南）	0.040	0.005（92）	0.075（59）
69	邵阳市（湖南）	0.039	0.005（94）	0.073（61）
70	遵义市（贵州）	0.038	0.025（52）	0.051（72）
71	安顺市（贵州）	0.038	0.005（90）	0.070（63）
72	黄山市（安徽）	0.037	0.023（55）	0.051（73）
73	景德镇市（江西）	0.034	0.018（59）	0.051（74）
74	亳州市（安徽）	0.033	0.027（48）	0.039（82）
75	六安市（安徽）	0.033	0.029（45）	0.036（84）
76	上饶市（江西）	0.032	0.005（91）	0.059（69）
77	随州市（湖北）	0.032	0.003（103）	0.061（67）
78	永州市（湖南）	0.031	0.004（99）	0.059（70）
79	十堰市（湖北）	0.031	0.014（67）	0.048（77）
80	遂宁市（四川）	0.030	0.011（75）	0.050（75）
81	宿州市（安徽）	0.030	0.034（43）	0.027（91）
82	抚州市（江西）	0.028	0.014（66）	0.043（80）
83	淮南市（安徽）	0.027	0.025（53）	0.028（90）
84	宜宾市（四川）	0.025	0.005（93）	0.044（79）
85	荆州市（湖北）	0.024	0.015（62）	0.033（86）
86	广安市（四川）	0.023	0.001（106）	0.046（78）
87	怀化市（湖南）	0.023	0.006（88）	0.040（81）
88	眉山市（四川）	0.022	0.012（72）	0.032（87）
89	六盘水市（贵州）	0.020	0.002（105）	0.039（83）
90	南充市（四川）	0.020	0.009（82）	0.031（88）
91	资阳市（四川）	0.019	0.004（97）	0.034（85）
92	雅安市（四川）	0.019	0.013（71）	0.024（93）
93	铜仁市（贵州）	0.018	0.024（54）	0.011（102）
94	泸州市（四川）	0.017	0.020（56）	0.014（100）
95	黄冈市（湖北）	0.017	0.004（98）	0.030（89）
96	乐山市（四川）	0.016	0.006（87）	0.025（92）
97	广元市（四川）	0.015	0.013（68）	0.017（97）
98	宿迁市（江苏）	0.014	0.010（79）	0.018（96）
99	内江市（四川）	0.013	0.003（102）	0.023（94）

续表

一级指标排序	城市	一级指标得分	二级指标	
			科技研发成果	成果转化与产业化
100	达州市(四川)	0.008	0.001(107)	0.016(99)
101	毕节市(贵州)	0.008	0.001(109)	0.016(98)
102	张家界市(湖南)	0.007	0.004(100)	0.011(103)
103	巴中市(四川)	0.007	0.001(108)	0.013(101)
104	玉溪市(云南)	0.004	0.007(86)	0.002(104)
105	普洱市(云南)	0.004	0.006(89)	0.001(105)
106	保山市(云南)	0.003	0.005(95)	0.001(108)
107	临沧市(云南)	0.002	0.005(96)	0.000(110)
108	曲靖市(云南)	0.002	0.003(101)	0.001(106)
109	丽江市(云南)	0.002	0.002(104)	0.001(107)
110	昭通市(云南)	0.000	0.000(110)	0.000(109)

注：括号中是二级指标排名。

资料来源：笔者根据指标体系计算所得。

附表 5　2020 年长江经济带 110 个城市科技创新绩效指数及排名

一级指标排序	城市	一级指标得分	二级指标	
			投入产出绩效	驱动转型绩效
1	长沙市(湖南)	0.516	0.238(10)	0.701(1)
2	武汉市(湖北)	0.481	0.320(5)	0.589(2)
3	南京市(江苏)	0.461	0.330(4)	0.549(3)
4	常德市(湖南)	0.404	0.341(3)	0.446(17)
5	杭州市(浙江)	0.402	0.218(12)	0.524(5)
6	合肥市(安徽)	0.374	0.132(33)	0.535(4)
7	上海市	0.367	0.139(31)	0.519(6)
8	成都市(四川)	0.356	0.172(20)	0.479(11)
9	扬州市(江苏)	0.345	0.147(29)	0.476(12)
10	芜湖市(安徽)	0.341	0.104(39)	0.500(8)
11	温州市(浙江)	0.330	0.305(6)	0.346(51)
12	绵阳市(四川)	0.328	0.064(61)	0.503(7)
13	湘潭市(湖南)	0.327	0.073(55)	0.497(9)
14	镇江市(江苏)	0.314	0.183(17)	0.402(27)
15	自贡市(四川)	0.314	0.054(67)	0.487(10)

续表

一级指标排序	城市	一级指标得分	二级指标	
			投入产出绩效	驱动转型绩效
16	衡阳市(湖南)	0.311	0.206(13)	0.380(36)
17	贵阳市(贵州)	0.306	0.120(36)	0.430(21)
18	重庆市	0.301	0.139(30)	0.409(25)
19	台州市(浙江)	0.299	0.158(25)	0.393(32)
20	南昌市(江西)	0.298	0.150(28)	0.396(29)
21	宁波市(浙江)	0.297	0.073(56)	0.447(16)
22	苏州市(江苏)	0.296	0.072(58)	0.446(18)
23	马鞍山市(安徽)	0.296	0.106(38)	0.422(22)
24	嘉兴市(浙江)	0.291	0.111(37)	0.412(24)
25	遵义市(贵州)	0.291	0.170(21)	0.371(41)
26	株洲市(湖南)	0.290	0.050(72)	0.450(15)
27	襄阳市(湖北)	0.289	0.025(94)	0.465(13)
28	岳阳市(湖南)	0.287	0.032(89)	0.457(14)
29	亳州市(安徽)	0.286	0.268(7)	0.299(65)
30	无锡市(江苏)	0.285	0.085(47)	0.418(23)
31	益阳市(湖南)	0.280	0.032(88)	0.445(19)
32	徐州市(江苏)	0.280	0.178(18)	0.348(50)
33	郴州市(湖南)	0.274	0.030(91)	0.436(20)
34	舟山市(浙江)	0.273	0.174(19)	0.338(54)
35	眉山市(四川)	0.272	0.424(1)	0.170(101)
36	蚌埠市(安徽)	0.268	0.070(59)	0.400(28)
37	昆明市(云南)	0.266	0.233(11)	0.288(70)
38	连云港市(江苏)	0.265	0.057(64)	0.404(26)
39	滁州市(安徽)	0.264	0.093(43)	0.379(38)
40	湖州市(浙江)	0.257	0.072(57)	0.380(37)
41	南充市(四川)	0.256	0.253(8)	0.259(80)
42	宿州市(安徽)	0.254	0.367(2)	0.179(99)
43	泰州市(江苏)	0.252	0.056(66)	0.383(35)
44	常州市(江苏)	0.251	0.084(48)	0.362(47)
45	池州市(安徽)	0.251	0.035(87)	0.395(31)
46	南通市(江苏)	0.250	0.076(52)	0.366(44)
47	德阳市(四川)	0.248	0.036(86)	0.389(33)
48	金华市(浙江)	0.247	0.183(15)	0.290(69)

续表

一级指标排序	城市	一级指标得分	二级指标	
			投入产出绩效	驱动转型绩效
49	衢州市(浙江)	0.246	0.093(42)	0.348(49)
50	永州市(湖南)	0.243	0.014(107)	0.396(30)
51	怀化市(湖南)	0.242	0.021(97)	0.389(34)
52	萍乡市(江西)	0.239	0.047(74)	0.368(43)
53	铜陵市(安徽)	0.238	0.038(83)	0.372(40)
54	六安市(安徽)	0.236	0.183(16)	0.272(74)
55	宣城市(安徽)	0.235	0.086(45)	0.335(55)
56	阜阳市(安徽)	0.235	0.243(9)	0.229(88)
57	邵阳市(湖南)	0.234	0.030(90)	0.370(42)
58	淮北市(安徽)	0.233	0.190(14)	0.262(79)
59	娄底市(湖南)	0.233	0.017(105)	0.377(39)
60	淮安市(江苏)	0.228	0.124(34)	0.297(67)
61	玉溪市(云南)	0.226	0.021(96)	0.362(46)
62	乐山市(四川)	0.223	0.088(44)	0.314(62)
63	盐城市(江苏)	0.223	0.063(63)	0.330(57)
64	黄石市(湖北)	0.222	0.041(77)	0.342(52)
65	鹰潭市(江西)	0.222	0.008(110)	0.364(45)
66	广元市(四川)	0.220	0.155(27)	0.263(77)
67	咸宁市(湖北)	0.219	0.037(84)	0.340(53)
68	随州市(湖北)	0.216	0.018(101)	0.349(48)
69	铜仁市(贵州)	0.216	0.168(22)	0.247(82)
70	资阳市(四川)	0.215	0.067(60)	0.314(61)
71	攀枝花市(四川)	0.214	0.093(41)	0.294(68)
72	荆门市(湖北)	0.211	0.030(92)	0.332(56)
73	赣州市(江西)	0.209	0.076(53)	0.298(66)
74	吉安市(江西)	0.205	0.051(70)	0.308(63)
75	景德镇市(江西)	0.204	0.040(81)	0.314(60)
76	黄山市(安徽)	0.203	0.084(49)	0.283(72)
77	九江市(江西)	0.202	0.022(95)	0.323(58)
78	雅安市(四川)	0.202	0.075(54)	0.286(71)
79	新余市(江西)	0.201	0.020(99)	0.321(59)
80	宜昌市(湖北)	0.197	0.040(80)	0.302(64)

续表

一级指标排序	城市	一级指标得分	二级指标	
			投入产出绩效	驱动转型绩效
81	淮南市(安徽)	0. 190	0. 158(24)	0. 211(93)
82	绍兴市(浙江)	0. 181	0. 093(40)	0. 240(84)
83	丽水市(浙江)	0. 175	0. 080(51)	0. 239(85)
84	孝感市(湖北)	0. 174	0. 036(85)	0. 267(75)
85	遂宁市(四川)	0. 173	0. 080(50)	0. 235(86)
86	上饶市(江西)	0. 172	0. 017(106)	0. 276(73)
87	内江市(四川)	0. 171	0. 057(65)	0. 247(83)
88	毕节市(贵州)	0. 169	0. 028(93)	0. 263(78)
89	宜春市(江西)	0. 165	0. 017(104)	0. 264(76)
90	宜宾市(四川)	0. 159	0. 020(100)	0. 252(81)
91	泸州市(四川)	0. 155	0. 156(26)	0. 154(103)
92	丽江市(云南)	0. 154	0. 039(82)	0. 231(87)
93	安庆市(安徽)	0. 154	0. 085(46)	0. 199(96)
94	荆州市(湖北)	0. 153	0. 053(68)	0. 220(90)
95	普洱市(云南)	0. 150	0. 120(35)	0. 170(100)
96	广安市(四川)	0. 147	0. 043(76)	0. 216(91)
97	张家界市(湖南)	0. 145	0. 046(75)	0. 211(94)
98	安顺市(贵州)	0. 144	0. 040(79)	0. 214(92)
99	抚州市(江西)	0. 141	0. 052(69)	0. 201(95)
100	达州市(四川)	0. 141	0. 021(98)	0. 221(89)
101	鄂州市(湖北)	0. 132	0. 050(71)	0. 186(98)
102	保山市(云南)	0. 128	0. 162(23)	0. 106(109)
103	六盘水市(贵州)	0. 123	0. 011(108)	0. 197(97)
104	十堰市(湖北)	0. 118	0. 063(62)	0. 154(104)
105	昭通市(云南)	0. 107	0. 018(102)	0. 167(102)
106	临沧市(云南)	0. 104	0. 134(32)	0. 084(110)
107	黄冈市(湖北)	0. 090	0. 010(109)	0. 143(105)
108	曲靖市(云南)	0. 087	0. 048(73)	0. 114(108)
109	宿迁市(江苏)	0. 087	0. 018(103)	0. 134(106)
110	巴中市(四川)	0. 085	0. 040(78)	0. 114(107)

注：括号中是二级指标排名。

资料来源：笔者根据指标体系计算所得。

附表 6　2020 年长江经济带重点 20 城市的协同创新耦合度

城市	上海	南京	武汉	杭州	苏州	长沙	合肥	成都	宁波	无锡	重庆	芜湖	南通	常州	嘉兴	镇江	扬州	南昌	贵阳	昆明
上　海		7.48	8.48	5.19	4.89	4.33	4.22	4.26	3.07	3.08	3.15	2.96	2.77	2.64	2.55	2.50	2.48	2.56	2.33	2.40
南　京	7.48		9.00	5.73	4.98	4.97	4.38	4.48	2.97	2.95	3.03	3.00	2.59	2.49	2.48	2.48	2.54	2.48	2.29	2.26
武　汉	8.48	9.00		5.83	5.52	5.19	4.44	4.27	2.98	2.96	3.04	3.00	2.59	2.49	2.48	2.46	2.53	2.46	2.27	2.23
杭　州	5.19	5.73	5.83		7.13	4.72	5.09	7.86	2.75	2.73	2.84	2.85	2.34	2.25	2.27	2.27	2.38	2.25	2.08	2.04
苏　州	4.89	4.98	5.52	7.13		4.39	4.95	5.05	3.67	2.94	3.26	2.63	2.32	2.23	2.69	2.33	2.14	3.07	2.30	2.06
长　沙	4.33	4.97	5.19	4.72	4.39		3.92	4.21	2.74	2.70	3.12	2.75	2.27	2.18	2.17	2.16	2.20	2.15	1.97	1.99
合　肥	4.22	4.38	4.44	5.09	4.95	3.92		3.89	2.73	2.69	2.79	2.90	2.22	2.13	2.15	2.17	2.35	2.13	1.97	1.92
成　都	4.26	4.48	4.27	7.86	5.05	4.21	3.89		2.79	2.97	2.82	3.23	2.20	2.14	2.14	2.23	2.55	2.15	1.97	1.89
宁　波	3.07	2.97	2.98	2.75	3.67	2.74	2.73	2.79		3.43	3.02	3.21	2.02	2.01	2.37	2.05	1.83	3.49	2.04	1.62
无　锡	3.08	2.95	2.96	2.73	2.94	2.70	2.69	2.97	3.43		2.44	4.30	2.11	2.03	2.31	1.92	1.76	2.13	1.79	1.72
重　庆	3.15	3.03	3.04	2.84	3.26	3.12	2.79	2.82	3.02	2.44		2.32	1.89	1.81	2.12	2.17	2.03	2.53	2.22	1.80
芜　湖	2.96	3.00	3.00	2.85	2.63	2.75	2.90	3.23	3.21	4.30	2.32		1.83	1.92	1.98	2.00	2.69	1.75	1.70	1.42
南　通	2.77	2.59	2.59	2.34	2.32	2.27	2.22	2.20	2.02	2.11	1.89	1.83		6.49	2.18	1.66	1.64	2.25	1.52	1.75
常　州	2.64	2.49	2.49	2.25	2.23	2.18	2.13	2.14	2.01	2.03	1.81	1.92	6.49		2.07	3.66	1.64	1.62	1.44	1.49
嘉　兴	2.55	2.48	2.48	2.27	2.69	2.17	2.15	2.14	2.37	2.31	2.12	1.98	2.18	2.07		1.80	1.82	2.06	1.80	1.58
镇　江	2.50	2.48	2.46	2.27	2.33	2.16	2.17	2.23	2.05	1.92	2.17	2.00	1.66	3.66	1.80		2.03	1.97	1.96	1.40
扬　州	2.48	2.54	2.53	2.38	2.14	2.20	2.35	2.55	1.83	1.76	2.03	2.69	1.64	1.64	1.82	2.03		1.68	1.86	2.40
南　昌	2.56	2.48	2.46	2.25	3.07	2.15	2.13	2.15	3.49	2.13	2.53	1.75	2.25	1.62	2.06	1.97	1.68		1.99	1.65
贵　阳	2.33	2.29	2.27	2.08	2.30	1.97	1.97	1.97	2.04	1.79	2.22	1.70	1.52	1.44	1.80	1.96	1.86	1.99		1.56
昆　明	2.40	2.26	2.23	2.04	2.06	1.99	1.92	1.89	1.62	1.72	1.80	1.42	1.75	1.49	1.58	1.40	2.40	1.65	1.56	
湘　潭	2.36	2.40	2.39	2.22	2.13	2.09	2.13	2.20	1.84	1.75	2.03	2.10	1.68	1.54	2.93	2.01	2.44	1.77	1.66	1.37
徐　州	2.39	2.30	2.29	2.08	2.20	1.98	1.94	1.93	1.87	2.11	1.93	1.65	1.65	1.64	1.89	1.85	1.98	1.74	1.90	1.65

续表

城市	上海	南京	武汉	杭州	苏州	长沙	合肥	成都	宁波	无锡	重庆	芜湖	南通	常州	嘉兴	镇江	扬州	南昌	贵阳	昆明
温　州	2. 26	2. 30	2. 29	2. 12	2. 01	1. 98	2. 04	2. 10	1. 69	1. 61	1. 76	2. 04	1. 38	1. 38	1. 65	1. 84	1. 92	1. 86	1. 59	1. 22
绍　兴	2. 33	2. 09	2. 08	1. 86	1. 77	1. 78	1. 71	1. 70	1. 46	1. 46	1. 50	1. 42	1. 71	1. 66	1. 52	1. 62	1. 51	1. 62	1. 24	1. 17
湖　州	2. 25	2. 13	2. 13	1. 92	1. 90	1. 83	1. 78	1. 76	1. 58	1. 62	1. 61	1. 68	1. 77	1. 76	1. 56	1. 52	1. 52	1. 56	1. 45	1. 54
株　洲	2. 14	2. 12	2. 11	1. 92	2. 27	1. 84	1. 80	1. 80	1. 93	2. 01	1. 87	1. 59	1. 43	1. 39	2. 36	1. 66	1. 57	1. 89	1. 63	1. 34
泰　州	2. 26	2. 12	2. 11	1. 90	1. 87	1. 81	1. 76	1. 73	1. 58	1. 59	1. 56	1. 41	2. 03	2. 07	1. 39	1. 38	1. 38	1. 48	1. 52	1. 43
马鞍山	2. 18	2. 15	2. 14	1. 95	3. 16	1. 85	1. 83	1. 82	2. 38	1. 81	2. 07	1. 62	1. 39	1. 35	1. 96	1. 67	1. 52	2. 36	1. 67	1. 25
舟　山	2. 15	2. 09	2. 09	1. 88	1. 95	1. 80	1. 75	1. 74	1. 63	1. 74	1. 69	1. 51	1. 48	1. 45	1. 56	1. 59	1. 50	1. 47	1. 32	1. 47
绵　阳	2. 14	2. 19	2. 16	2. 02	1. 93	1. 89	1. 94	1. 99	1. 63	1. 54	1. 69	1. 91	1. 34	1. 29	1. 52	1. 74	1. 85	1. 55	1. 69	1. 31
台　州	2. 08	2. 08	2. 07	1. 89	2. 54	1. 80	1. 77	1. 77	2. 51	1. 71	2. 27	1. 57	1. 33	1. 30	1. 76	1. 65	1. 48	2. 80	1. 73	1. 20
襄　阳	2. 09	2. 06	2. 07	1. 87	2. 17	1. 79	1. 75	1. 74	1. 83	2. 03	1. 80	1. 52	1. 35	1. 32	2. 02	1. 63	1. 44	1. 72	1. 44	1. 21
金　华	2. 09	1. 97	1. 96	1. 76	1. 72	1. 68	1. 62	1. 59	1. 41	1. 43	1. 42	1. 43	1. 76	1. 68	1. 32	1. 27	1. 26	1. 30	1. 35	1. 25
蚌　埠	2. 05	1. 97	1. 97	1. 77	1. 81	1. 69	1. 65	1. 62	1. 49	1. 57	1. 50	1. 41	1. 40	1. 38	1. 41	1. 31	1. 28	1. 38	1. 34	1. 79
宜　昌	2. 12	1. 91	1. 90	1. 69	1. 61	1. 61	1. 56	1. 52	1. 30	1. 30	1. 32	1. 25	1. 25	1. 32	1. 19	1. 48	1. 36	1. 19	1. 20	1. 11
盐　城	2. 08	1. 92	1. 89	1. 70	1. 63	1. 62	1. 57	1. 53	1. 34	1. 34	1. 35	1. 24	1. 33	1. 28	1. 18	1. 20	1. 23	1. 22	1. 30	1. 24
滁　州	1. 98	1. 91	1. 91	1. 71	1. 73	1. 64	1. 59	1. 56	1. 43	1. 48	1. 43	1. 34	1. 40	1. 37	1. 32	1. 25	1. 22	1. 31	1. 25	1. 79
铜　陵	1. 98	1. 87	1. 87	1. 67	1. 62	1. 60	1. 54	1. 51	1. 32	1. 33	1. 33	1. 28	1. 40	1. 36	1. 20	1. 18	1. 17	1. 22	1. 37	1. 11
连云港	1. 97	1. 89	1. 87	1. 69	1. 71	1. 61	1. 58	1. 54	1. 41	1. 47	1. 43	1. 41	1. 37	1. 36	1. 36	1. 25	1. 22	1. 29	1. 22	2. 24
常　德	1. 83	2. 26	2. 21	3. 29	1. 54	1. 94	1. 97	1. 76	1. 28	1. 24	1. 30	1. 46	1. 06	1. 03	1. 14	1. 21	1. 37	1. 16	1. 13	1. 13
淮　安	1. 98	1. 84	1. 83	1. 64	1. 58	1. 56	1. 51	1. 47	1. 27	1. 28	1. 29	1. 39	1. 27	1. 25	1. 19	1. 14	1. 13	1. 15	1. 09	1. 08
宣　城	1. 95	1. 83	1. 82	1. 63	1. 58	1. 56	1. 50	1. 47	1. 28	1. 29	1. 29	1. 25	1. 33	1. 29	1. 16	1. 13	1. 13	1. 16	1. 10	1. 12
衡　阳	1. 84	1. 89	1. 88	1. 73	1. 84	1. 64	1. 64	1. 64	1. 59	1. 42	1. 69	1. 48	1. 13	1. 10	1. 37	1. 90	1. 36	1. 47	1. 70	1. 12
岳　阳	1. 82	1. 82	1. 82	1. 65	1. 90	1. 58	1. 54	1. 53	1. 60	2. 08	1. 55	1. 34	1. 17	1. 15	1. 68	1. 30	1. 22	1. 47	1. 31	1. 15

续表

城市	上海	南京	武汉	杭州	苏州	长沙	合肥	成都	宁波	无锡	重庆	芜湖	南通	常州	嘉兴	镇江	扬州	南昌	贵阳	昆明
鹰　潭	1.87	1.75	1.73	1.55	1.48	1.48	1.42	1.39	1.19	1.20	1.21	1.17	1.17	1.14	1.08	1.06	1.06	1.07	1.01	1.06
萍　乡	1.85	1.75	1.74	1.56	1.51	1.50	1.44	1.40	1.23	1.24	1.24	1.19	1.32	1.28	1.11	1.08	1.07	1.10	1.04	1.14
衢　州	1.83	1.75	1.74	1.56	1.53	1.50	1.44	1.41	1.24	1.26	1.26	1.19	1.52	1.46	1.13	1.09	1.08	1.12	1.05	1.21
自　贡	1.78	1.84	1.83	1.69	1.76	1.60	1.61	1.62	1.50	1.36	1.59	1.47	1.09	1.06	1.30	2.74	1.34	1.39	1.53	1.26
赣　州	1.89	1.73	1.71	1.53	1.45	1.45	1.41	1.36	1.16	1.16	1.19	1.13	1.11	1.16	1.07	1.09	1.08	1.05	1.00	1.01
黄　石	1.86	1.73	1.73	1.53	1.47	1.47	1.41	1.38	1.18	1.18	1.20	1.18	1.16	1.12	1.07	1.04	1.04	1.05	0.99	1.01
益　阳	1.71	1.70	1.70	1.54	1.67	1.48	1.44	1.42	1.40	1.65	1.39	1.23	1.13	1.10	1.36	1.18	1.12	1.28	1.17	1.21
吉　安	1.80	1.66	1.64	1.46	1.39	1.40	1.34	1.30	1.11	1.11	1.13	1.09	1.05	1.02	0.99	0.98	0.98	0.99	0.93	0.96
郴　州	1.70	1.69	1.69	1.52	1.60	1.47	1.42	1.40	1.33	1.45	1.33	1.21	1.16	1.14	1.26	1.14	1.10	1.21	1.12	1.37
新　余	1.80	1.65	1.64	1.46	1.38	1.40	1.34	1.30	1.10	1.10	1.12	1.08	1.04	1.00	0.98	0.96	0.97	0.98	0.91	0.94
九　江	1.79	1.64	1.63	1.45	1.38	1.39	1.33	1.29	1.10	1.10	1.12	1.08	1.04	1.01	0.98	0.97	0.97	0.98	0.92	0.95
遵　义	1.68	1.70	1.69	1.54	1.93	1.48	1.45	1.43	1.63	1.64	1.55	1.26	1.08	1.05	2.29	1.26	1.15	1.51	1.28	1.10
德　阳	1.72	1.65	1.64	1.48	1.45	1.42	1.36	1.33	1.18	1.21	1.20	1.13	1.61	1.51	1.07	1.04	1.03	1.07	1.00	1.13
池　州	1.73	1.66	1.66	1.49	1.47	1.43	1.38	1.35	1.19	1.22	1.21	1.14	2.16	2.45	1.09	1.05	1.03	1.08	1.00	1.20
景德镇	1.72	1.58	1.56	1.40	1.32	1.34	1.29	1.24	1.06	1.06	1.08	1.04	1.01	0.97	0.94	0.94	0.94	0.95	0.89	0.91
咸　宁	1.70	1.60	1.59	1.42	1.35	1.36	1.30	1.26	1.08	1.09	1.10	1.06	1.06	1.02	0.97	0.95	0.95	0.97	0.91	0.94
荆　门	1.68	1.57	1.56	1.39	1.32	1.35	1.27	1.24	1.06	1.07	1.07	1.05	1.02	0.99	0.95	0.93	0.94	0.94	0.88	0.94
亳　州	1.59	1.62	1.61	1.47	1.71	1.42	1.38	1.36	1.45	2.07	1.41	1.20	1.05	1.02	1.53	1.18	1.10	1.34	1.19	1.08
宜　春	1.75	1.56	1.54	1.37	1.28	1.30	1.25	1.20	1.01	1.01	1.03	1.00	0.93	0.90	0.89	0.88	0.89	0.89	0.83	0.84
丽　水	1.72	1.55	1.53	1.37	1.28	1.31	1.25	1.21	1.01	1.01	1.04	1.00	0.94	0.91	0.89	0.89	0.90	0.90	0.84	0.85
六　安	1.64	1.57	1.56	1.40	1.35	1.35	1.29	1.25	1.10	1.11	1.12	1.07	1.17	1.13	0.99	0.97	0.97	0.99	0.93	0.99
攀枝花	1.66	1.55	1.56	1.38	1.31	1.34	1.26	1.24	1.05	1.06	1.06	1.03	1.02	0.98	0.94	0.92	0.92	0.93	0.87	0.91

续表

城市	上海	南京	武汉	杭州	苏州	长沙	合肥	成都	宁波	无锡	重庆	芜湖	南通	常州	嘉兴	镇江	扬州	南昌	贵阳	昆明
永　州	1.59	1.54	1.53	1.37	1.34	1.33	1.27	1.24	1.10	1.11	1.11	1.05	1.27	1.22	0.99	0.97	0.96	0.99	0.92	1.01
玉　溪	1.56	1.47	1.44	1.30	1.25	1.26	1.21	1.15	1.02	1.02	1.06	0.99	1.02	0.99	0.91	0.91	0.91	0.94	0.88	0.93
怀　化	1.56	1.51	1.49	1.35	1.31	1.31	1.25	1.21	1.08	1.10	1.09	1.04	1.22	1.19	0.98	0.96	0.95	0.98	0.92	0.99
娄　底	1.59	1.52	1.52	1.36	1.31	1.32	1.25	1.22	1.07	1.08	1.08	1.04	1.10	1.07	0.96	0.94	0.94	0.95	0.89	0.94
淮　北	1.57	1.51	1.51	1.35	1.30	1.32	1.24	1.22	1.06	1.07	1.07	1.04	1.10	1.07	0.96	0.94	0.93	0.95	0.89	0.94
雅　安	1.55	1.45	1.42	1.28	1.21	1.25	1.17	1.13	0.99	0.99	1.00	0.98	0.93	0.91	0.88	0.88	0.88	0.88	0.84	0.84
阜　阳	1.60	1.53	1.53	1.37	1.32	1.33	1.26	1.23	1.07	1.09	1.09	1.04	1.12	1.09	0.97	0.94	0.94	0.96	0.90	0.96
抚　州	1.74	1.51	1.49	1.32	1.24	1.25	1.21	1.16	0.96	0.96	1.00	1.15	0.88	0.86	0.88	0.85	0.86	0.86	0.80	0.80
安　庆	1.71	1.51	1.49	1.32	1.24	1.26	1.21	1.17	0.97	0.97	0.99	0.96	0.89	0.85	0.85	0.84	0.85	0.85	0.79	0.80
黄　山	1.63	1.51	1.50	1.33	1.26	1.29	1.23	1.19	1.01	1.01	1.03	0.99	0.96	0.92	0.89	0.88	0.89	0.90	0.84	0.85
孝　感	1.68	1.51	1.50	1.32	1.24	1.27	1.21	1.17	0.98	0.98	1.00	0.96	0.91	0.87	0.86	0.85	0.86	0.87	0.80	0.81
宿　迁	1.74	1.45	1.41	1.26	1.18	1.17	1.15	1.09	0.91	0.91	0.95	0.87	0.83	1.06	0.79	0.93	0.90	0.81	0.78	0.76
上　饶	1.63	1.46	1.45	1.29	1.20	1.24	1.18	1.13	0.95	0.95	0.97	0.94	0.88	0.84	0.83	0.83	0.84	0.84	0.78	0.79
邵　阳	1.50	1.45	1.45	1.30	1.25	1.27	1.19	1.17	1.03	1.04	1.03	1.00	1.08	1.05	0.93	0.91	0.90	0.92	0.86	0.91
宿　州	1.50	1.48	1.48	1.33	1.32	1.29	1.23	1.21	1.09	1.12	1.10	1.04	1.39	1.41	1.00	0.96	0.94	0.99	0.93	1.09
南　充	1.47	1.46	1.45	1.31	1.31	1.28	1.22	1.19	1.09	1.13	1.10	1.03	1.27	1.27	1.01	0.96	0.94	0.99	0.93	1.14
随　州	1.56	1.47	1.47	1.30	1.24	1.27	1.20	1.17	1.00	1.00	1.02	0.97	0.97	0.94	0.89	0.88	0.88	0.89	0.84	0.86
淮　南	1.58	1.45	1.44	1.28	1.20	1.23	1.17	1.13	0.95	0.95	0.98	0.94	0.89	0.86	0.84	0.84	0.84	0.85	0.79	0.80
眉　山	1.36	1.40	1.40	1.27	1.34	1.25	1.19	1.18	1.15	1.25	1.13	1.05	1.01	1.00	1.10	1.00	0.96	1.05	0.97	1.22
荆　州	1.60	1.42	1.40	1.24	1.16	1.19	1.14	1.09	0.91	0.91	0.94	0.90	0.83	0.80	0.79	0.80	0.80	0.81	0.75	0.75
十　堰	1.64	1.41	1.39	1.23	1.14	1.16	1.12	1.07	0.88	0.88	0.91	0.87	0.80	0.77	0.76	0.77	0.77	0.78	0.72	0.72
铜　仁	1.44	1.37	1.36	1.22	1.15	1.19	1.12	1.09	0.95	0.95	0.96	0.93	0.92	0.89	0.85	0.84	0.84	0.85	0.80	0.81

续表

城市	上海	南京	武汉	杭州	苏州	长沙	合肥	成都	宁波	无锡	重庆	芜湖	南通	常州	嘉兴	镇江	扬州	南昌	贵阳	昆明
鄂　州	1.60	1.39	1.38	1.22	1.14	1.17	1.11	1.07	0.89	0.88	0.90	0.88	0.80	0.77	0.77	0.77	0.77	0.77	0.72	0.71
宜　宾	1.57	1.40	1.38	1.23	1.14	1.18	1.12	1.08	0.90	0.89	0.92	0.88	0.82	0.79	0.78	0.78	0.79	0.80	0.74	0.74
乐　山	1.43	1.37	1.36	1.22	1.16	1.19	1.12	1.09	0.95	0.95	0.97	0.92	0.95	0.91	0.85	0.84	0.84	0.86	0.80	0.83
安　顺	1.56	1.38	1.37	1.21	1.13	1.16	1.10	1.07	0.88	0.88	0.90	0.87	0.80	0.77	0.76	0.76	0.77	0.77	0.71	0.71
内　江	1.51	1.35	1.34	1.19	1.11	1.14	1.10	1.05	0.87	0.87	0.91	0.86	0.81	0.77	0.77	0.77	0.78	0.79	0.73	0.74
遂　宁	1.49	1.35	1.35	1.19	1.11	1.15	1.09	1.06	0.87	0.87	0.90	0.86	0.81	0.78	0.77	0.77	0.77	0.78	0.72	0.72
广　元	1.32	1.28	1.27	1.14	1.08	1.13	1.05	1.02	0.90	0.90	0.90	0.89	0.88	0.86	0.81	0.80	0.80	0.81	0.76	0.78
泸　州	1.48	1.32	1.30	1.16	1.08	1.12	1.06	1.02	0.85	0.84	0.87	0.83	0.77	0.74	0.74	0.74	0.75	0.75	0.70	0.70
资　阳	1.16	1.16	1.16	1.04	0.98	1.05	0.95	0.94	0.84	0.83	0.82	0.84	0.81	0.80	0.76	0.75	0.75	0.74	0.71	0.69
六盘水	1.43	1.24	1.23	1.09	1.01	1.05	0.99	0.95	0.79	0.79	0.81	0.79	0.71	0.69	0.69	0.69	0.69	0.69	0.64	0.63
毕　节	1.33	1.21	1.19	1.07	0.99	1.04	0.98	0.94	0.80	0.79	0.82	0.79	0.73	0.71	0.70	0.71	0.71	0.71	0.67	0.66
黄　冈	1.51	1.26	1.24	1.10	1.02	1.04	1.00	0.95	0.78	0.78	0.81	0.77	0.71	0.67	0.67	0.68	0.68	0.69	0.63	0.63
曲　靖	1.46	1.20	1.17	1.04	0.97	0.98	0.96	0.90	0.74	0.74	0.80	0.75	0.67	0.64	0.65	0.66	0.66	0.67	0.62	0.64
广　安	1.41	1.25	1.25	1.10	1.02	1.07	1.00	0.97	0.80	0.80	0.82	0.79	0.73	0.70	0.70	0.70	0.71	0.71	0.65	0.65
张家界	1.34	1.19	1.17	1.04	0.96	1.01	0.95	0.91	0.76	0.75	0.79	0.75	0.69	0.66	0.66	0.67	0.68	0.68	0.63	0.63
丽　江	1.27	1.13	1.11	0.99	0.91	0.97	0.92	0.86	0.73	0.73	0.77	0.72	0.67	0.64	0.64	0.66	0.66	0.67	0.62	0.63
普　洱	1.27	1.13	1.12	0.99	0.91	0.97	0.91	0.87	0.73	0.73	0.76	0.72	0.67	0.64	0.64	0.65	0.66	0.66	0.62	0.62
达　州	1.21	1.08	1.07	0.95	0.87	0.94	0.87	0.84	0.71	0.70	0.72	0.71	0.64	0.62	0.62	0.63	0.63	0.62	0.59	0.57
保　山	1.23	1.08	1.05	0.94	0.86	0.92	0.86	0.82	0.69	0.68	0.72	0.68	0.62	0.60	0.60	0.61	0.62	0.62	0.58	0.58
昭　通	1.16	0.99	0.95	0.86	0.78	0.83	0.79	0.73	0.62	0.61	0.66	0.61	0.56	0.53	0.53	0.56	0.56	0.57	0.53	0.54
临　沧	1.19	1.02	0.99	0.89	0.81	0.86	0.81	0.77	0.64	0.64	0.67	0.64	0.58	0.55	0.55	0.57	0.57	0.57	0.53	0.53
巴　中	0.98	0.84	0.83	0.74	0.67	0.75	0.66	0.65	0.56	0.55	0.54	0.58	0.48	0.49	0.49	0.49	0.50	0.47	0.45	0.42

参考文献

王振、杨昕主编《长江经济带发展报告（2020～2021）》，社会科学文献出版社，2020。

王振、卢晓菲：《长三角城市群科技创新驱动力的空间分布与分层特征》，《上海经济研究》2018年第10期。

黄亮、王振、范斐：《基于突变级数模型的长江经济带50座城市科技创新能力测度与分析》，《统计与信息论坛》2017年第4期。

范斐、连欢、王雪利、王嵩：《区域协同创新对创新绩效的影响机制研究》，《地理科学》2020年第2期。

王圣云、王振翰、姚行仁：《中国区域创新能力测度与协同创新网络结构分析》，《长江流域资源与环境》2021年第10期。

B.6 长江经济带产业转型升级指数报告（2021~2022）

马　双*

摘　要： 本报告从结构优化、质量提升、产业创新、环境友好四个维度，系统评价了长江经济带126个城市的产业转型升级水平。依据综合指数及四个专项指数，对126个城市进行了排名，并着重对长江经济带产业转型升级排名前20的重点城市进行了分析。

关键词： 长江经济带　产业转型升级　产业创新

长江经济带产业基础雄厚、科技创新能力强，以产业转型升级推动长江经济带经济提质增效和绿色发展是一项重要任务，对长江经济带各个城市的产业转型升级情况进行年度评价也显得尤为必要。本报告沿用之前的包含4个领域（一级指标）、9个主题（二级指标）、23项具体指标的产业转型升级指数指标体系（详见附录），对2020年长江经济带范围内126个城市的产业转型升级情况进行全面评价，以期为相关研究和政府决策提供参考。

一　长江经济带126个城市产业转型升级综合指数

2020年长江经济带城市产业转型升级综合指数测算结果及排名如表1

* 马双，博士，上海社会科学院信息研究所副研究员，主要研究方向为区域经济与创新发展。

所示。在126个城市中，排名前20位的城市分别为上海、武汉、南京、长沙、杭州、苏州、无锡、成都、宁波、舟山、合肥、常州、金华、嘉兴、丽水、重庆、镇江、温州、台州、南昌。其中，长三角地区有15个城市入围，包括上海1席、江苏5席、浙江8席、安徽1席；长江中游地区有3个城市入围，湖南、湖北、江西各1席；长江上游城市群有2个城市入围，重庆、四川各1席；云南、贵州两省没有城市入围。

上海在长江经济带126个城市中处于龙头地位，产业转型升级综合得分高达0.643，远远高于排名第二的武汉（0.546），领先优势十分明显，是当之无愧的产业转型升级的“领头羊”。武汉、南京、长沙、杭州、苏州、无锡、成都紧随其后，综合得分均在0.49以上，分别位居第二名至第八名。这些城市具备雄厚的产业基础和强劲的创新发展动能，是长江经济带区域内重要的节点城市。宁波、舟山、合肥、常州、金华、嘉兴、丽水、重庆、镇江、温州、台州、南昌等12个城市的得分均在0.41以上，具备较强的产业转型升级基础，在长江经济带产业转型升级发展中起到了重要作用，其中，苏州、宁波等非省会城市的产业转型升级表现显著优于其他非省会城市，对标上海等领军城市，存在巨大的产业转型升级空间。

从产业转型升级综合指数进入前50名的分省情况看，江苏省13个城市中除盐城排名第51位、宿迁排名第73位外，其他11个城市都进入前50；浙江省11个城市全部进入前50；安徽省16个城市中有8个城市进入前50，分别是合肥、芜湖、铜陵、马鞍山、黄山、滁州、池州和淮北；江西省11个城市中有3个城市进入前50，分别是南昌、九江、鹰潭；湖北省13个城市中只有3个城市进入前50，分别是武汉、宜昌和咸宁；湖南省14个城市中有9个城市进入前50，分别是长沙、岳阳、邵阳、张家界、怀化、湘潭、株洲、永州、常德；四川省21个城市中有3个城市进入前50，分别是成都、泸州、绵阳。

从空间分布来看，长江经济带126个城市的产业转型升级分布呈现出东高西低、组团集聚的空间特征。一方面，沿长江上游至下游，城市的产业转型升级水平呈现递增趋势，云南、贵州和四川各地级市的产业转型升级指数总体较低，中游的湖南、湖北、江西等地次之，长江下游城市的产业转型升级指数总体较高，尤其是以上海等为龙头的长三角地区。另一方面，各地区形成以各直辖市和省会城市为核心的组团集聚区域，这些集聚区域的产业转型升级指数得分很高，它们散落分布于长江经济带各个区域，并向周围城市辐射递减。相比 2019 年的产业转型升级分布情况，2020 年各城市的产业转型升级指数极化现象依旧，但地区间差异明显缩小，发展更加均衡。

表 1　2020 年长江经济带城市产业转型升级综合指数及排名

排序	城市	得分	排序	城市	得分	排序	城市	得分
1	上海	0.643	23	南通(江苏)	0.406	45	绵阳(四川)	0.381
2	武汉(湖北)	0.546	24	岳阳(湖南)	0.405	46	池州(安徽)	0.380
3	南京(江苏)	0.538	25	九江(江西)	0.402	47	连云港(江苏)	0.380
4	长沙(湖南)	0.520	26	扬州(江苏)	0.402	48	永州(湖南)	0.378
5	杭州(浙江)	0.519	27	绍兴(浙江)	0.401	49	常德(湖南)	0.377
6	苏州(江苏)	0.498	28	徐州(江苏)	0.400	50	淮北(安徽)	0.377
7	无锡(江苏)	0.494	29	邵阳(湖南)	0.400	51	盐城(江苏)	0.375
8	成都(四川)	0.490	30	宜昌(湖北)	0.396	52	昆明(云南)	0.375
9	宁波(浙江)	0.474	31	铜陵(安徽)	0.396	53	萍乡(江西)	0.373
10	舟山(浙江)	0.464	32	张家界(湖南)	0.394	54	蚌埠(安徽)	0.373
11	合肥(安徽)	0.463	33	咸宁(湖北)	0.391	55	襄阳(湖北)	0.373
12	常州(江苏)	0.453	34	泰州(江苏)	0.388	56	贵阳(贵州)	0.373
13	金华(浙江)	0.442	35	泸州(四川)	0.387	57	宣城(安徽)	0.372
14	嘉兴(浙江)	0.440	36	淮安(江苏)	0.387	58	宜宾(四川)	0.368
15	丽水(浙江)	0.439	37	鹰潭(江西)	0.386	59	益阳(湖南)	0.367
16	重庆	0.430	38	怀化(湖南)	0.386	60	吉安(江西)	0.363
17	镇江(江苏)	0.427	39	马鞍山(安徽)	0.386	61	广元(四川)	0.363
18	温州(浙江)	0.414	40	湘潭(湖南)	0.385	62	安庆(安徽)	0.362
19	台州(浙江)	0.413	41	株洲(湖南)	0.385	63	宿州(安徽)	0.359
20	南昌(江西)	0.412	42	衢州(浙江)	0.384	64	新余(江西)	0.358
21	芜湖(安徽)	0.407	43	黄山(安徽)	0.382	65	广安(四川)	0.357
22	湖州(浙江)	0.407	44	滁州(安徽)	0.381	66	自贡(四川)	0.356

续表

排序	城市	得分	排序	城市	得分	排序	城市	得分
67	郴州(湖南)	0.356	87	资阳(四川)	0.332	107	临沧(云南)	0.268
68	景德镇(江西)	0.356	88	黄石(湖北)	0.330	108	六盘水(贵州)	0.263
69	衡阳(湖南)	0.355	89	孝感(湖北)	0.328	109	荆州(湖北)	0.261
70	鄂州(湖北)	0.355	90	六安(安徽)	0.326	110	阿坝(四川)	0.261
71	巴中(四川)	0.354	91	攀枝花(四川)	0.326	111	凉山(四川)	0.261
72	赣州(江西)	0.353	92	上饶(江西)	0.324	112	铜仁(贵州)	0.260
73	宿迁(江苏)	0.353	93	达州(四川)	0.321	113	普洱(云南)	0.256
74	抚州(江西)	0.351	94	荆门(湖北)	0.320	114	湘西(湖南)	0.255
75	宜春(江西)	0.351	95	丽江(云南)	0.314	115	黔西南(贵州)	0.254
76	娄底(湖南)	0.350	96	淮南(安徽)	0.314	116	黔南(贵州)	0.252
77	随州(湖北)	0.349	97	安顺(贵州)	0.309	117	甘孜(四川)	0.249
78	玉溪(云南)	0.347	98	黄冈(湖北)	0.308	118	恩施(湖北)	0.224
79	德阳(四川)	0.344	99	黔东南(贵州)	0.303	119	德宏(云南)	0.219
80	遂宁(四川)	0.343	100	保山(云南)	0.303	120	西双版纳(云南)	0.203
81	阜阳(安徽)	0.341	101	雅安(四川)	0.302	121	红河(云南)	0.202
82	眉山(四川)	0.340	102	乐山(四川)	0.300	122	迪庆(云南)	0.196
83	亳州(安徽)	0.340	103	内江(四川)	0.297	123	文山(云南)	0.194
84	南充(四川)	0.334	104	毕节(贵州)	0.295	124	怒江(云南)	0.176
85	十堰(湖北)	0.333	105	曲靖(云南)	0.291	125	楚雄(云南)	0.176
86	遵义(贵州)	0.333	106	昭通(云南)	0.290	126	大理(云南)	0.173

资料来源：《中国城市统计年鉴 2021》、各省市 2021 年统计年鉴、2020 年度国家和地方统计公报。

从省级尺度来看，平均得分从高到低依次为上海、浙江、重庆、江苏、湖南、安徽、江西、湖北、四川、贵州、云南（见表2）。首先，上海优势明显，得分超过其他省市。浙江、重庆、江苏三省市也有较大优势，省内平均得分分别达到 0.436、0.430 和 0.423，是第二梯队。其次，湖南、安徽、江西、湖北、四川得分处于中游水平，地理位置多是位于长江经济带中部，这些省份平均得分均在 0.33 以上，是第三梯队。最后，贵州、云南两省平均得分相对较低，产业基础相对薄弱，产业转型升级压力很大。

表 2　2020 年长江经济带省级产业转型升级综合指数及排名

项目	上海	浙江	重庆	江苏	湖南	安徽	江西	湖北	四川	贵州	云南
排名	1	2	3	4	5	6	7	8	9	10	11
得分	0.643	0.436	0.430	0.423	0.379	0.373	0.366	0.347	0.337	0.294	0.249

资料来源：《中国城市统计年鉴 2021》、各省市 2021 年统计年鉴、2020 年度国家和地方统计公报。

二　长江经济带126个城市产业转型升级分项指数

产业转型升级综合指数包含结构优化、质量提升、产业创新、环境友好四个领域，各领域分项得分情况存在差异。

（一）结构优化指数及城市排名

结构优化领域包含产业结构和就业结构两个子领域，2020 年长江经济带城市结构优化指数测算结果及排名如表 3 所示。在 126 个城市中，排名前 20 位的城市分别为上海、南京、金华、苏州、舟山、杭州、宁波、成都、无锡、长沙、武汉、嘉兴、衢州、合肥、丽水、常州、昆明、台州、温州、南昌。其中，长江下游长三角区域 15 个城市入围，包括上海 1 席、江苏 4 席、浙江 9 席、安徽 1 席；长江中游城市群 3 个城市入围，江西、湖北、湖南各 1 席；长江上游城市群有 2 个城市入围，四川、云南各 1 席。重庆、贵州两省市没有城市进入前 20。

表 3　2020 年长江经济带城市结构优化指数及排名

城市	结构优化指数		产业结构		就业结构	
	排序	得分	排序	得分	排序	得分
上海	1	0.874	1	0.802	1	0.982
南京（江苏）	2	0.733	9	0.606	2	0.924
金华（浙江）	3	0.723	3	0.760	35	0.668
苏州（江苏）	4	0.719	2	0.792	64	0.609

续表

城市	结构优化指数		产业结构		就业结构	
	排序	得分	排序	得分	排序	得分
舟山(浙江)	5	0. 703	5	0. 676	9	0. 742
杭州(浙江)	6	0. 702	7	0. 622	3	0. 821
宁波(浙江)	7	0. 687	4	0. 682	17	0. 695
成都(四川)	8	0. 660	10	0. 605	8	0. 743
无锡(江苏)	9	0. 642	6	0. 624	34	0. 669
长沙(湖南)	10	0. 638	20	0. 528	6	0. 802
武汉(湖北)	11	0. 634	17	0. 545	7	0. 768
嘉兴(浙江)	12	0. 632	8	0. 609	36	0. 668
衢州(浙江)	13	0. 625	25	0. 500	4	0. 812
合肥(安徽)	14	0. 619	16	0. 557	13	0. 711
丽水(浙江)	15	0. 618	27	0. 494	5	0. 804
常州(江苏)	16	0. 611	15	0. 560	21	0. 689
昆明(云南)	17	0. 609	21	0. 524	12	0. 737
台州(浙江)	18	0. 592	19	0. 529	22	0. 686
温州(浙江)	19	0. 587	11	0. 573	67	0. 608
南昌(江西)	20	0. 578	24	0. 500	18	0. 694
铜陵(安徽)	21	0. 573	14	0. 569	83	0. 580
重庆	22	0. 572	28	0. 488	14	0. 699
马鞍山(安徽)	23	0. 570	29	0. 486	15	0. 698
贵阳(贵州)	24	0. 569	23	0. 500	32	0. 672
湖州(浙江)	25	0. 568	18	0. 529	55	0. 625
镇江(江苏)	26	0. 559	26	0. 498	43	0. 651
绍兴(浙江)	27	0. 556	12	0. 573	108	0. 531
芜湖(安徽)	28	0. 538	30	0. 482	57	0. 622
池州(安徽)	29	0. 528	60	0. 385	10	0. 742
黄山(安徽)	30	0. 526	38	0. 448	45	0. 643
淮北(安徽)	31	0. 519	42	0. 430	42	0. 652
扬州(江苏)	32	0. 518	34	0. 467	77	0. 596
湘潭(湖南)	33	0. 518	45	0. 420	38	0. 665
南通(江苏)	34	0. 517	22	0. 507	107	0. 532
连云港(江苏)	35	0. 516	52	0. 398	19	0. 693
新余(江西)	36	0. 516	37	0. 450	62	0. 614
鹰潭(江西)	37	0. 515	32	0. 473	84	0. 578

续表

城市	结构优化指数		产业结构		就业结构	
	排序	得分	排序	得分	排序	得分
郴州(湖南)	38	0.513	54	0.396	20	0.689
泰州(江苏)	39	0.510	33	0.469	87	0.572
常德(湖南)	40	0.506	79	0.348	11	0.742
玉溪(云南)	41	0.504	49	0.403	40	0.656
淮安(江苏)	42	0.504	55	0.395	37	0.667
徐州(江苏)	43	0.503	47	0.418	50	0.630
九江(江西)	44	0.502	40	0.437	74	0.601
岳阳(湖南)	45	0.499	62	0.380	30	0.677
宿迁(江苏)	46	0.497	56	0.392	41	0.655
娄底(湖南)	47	0.496	69	0.374	28	0.680
株洲(湖南)	48	0.495	50	0.402	47	0.635
萍乡(江西)	49	0.493	39	0.439	86	0.576
攀枝花(四川)	50	0.492	74	0.357	16	0.696
景德镇(江西)	51	0.492	43	0.429	79	0.587
盐城(江苏)	52	0.489	53	0.397	53	0.626
赣州(江西)	53	0.485	51	0.398	61	0.615
上饶(江西)	54	0.480	58	0.388	60	0.617
淮南(安徽)	55	0.479	65	0.379	52	0.628
黄石(湖北)	56	0.478	41	0.435	102	0.543
滁州(安徽)	57	0.473	57	0.391	76	0.597
宣城(安徽)	58	0.470	66	0.378	66	0.608
蚌埠(安徽)	59	0.469	73	0.359	48	0.635
遵义(贵州)	60	0.466	92	0.322	27	0.680
吉安(江西)	61	0.465	46	0.418	106	0.537
张家界(湖南)	62	0.465	68	0.377	75	0.597
宜昌(湖北)	63	0.463	71	0.369	69	0.605
咸宁(湖北)	64	0.463	93	0.322	31	0.675
衡阳(湖南)	65	0.463	64	0.380	78	0.587
阜阳(安徽)	66	0.459	85	0.336	44	0.643
安庆(安徽)	67	0.458	59	0.385	91	0.567
眉山(四川)	68	0.456	101	0.307	29	0.679
亳州(安徽)	69	0.453	82	0.339	54	0.626
十堰(湖北)	70	0.453	61	0.381	94	0.562

续表

城市	结构优化指数		产业结构		就业结构	
	排序	得分	排序	得分	排序	得分
自贡（四川）	71	0.452	104	0.298	23	0.684
德阳（四川）	72	0.451	78	0.350	70	0.603
丽江（云南）	73	0.450	94	0.322	46	0.643
抚州（江西）	74	0.449	63	0.380	97	0.553
宜春（江西）	75	0.448	70	0.374	95	0.560
宿州（安徽）	76	0.446	90	0.325	51	0.628
益阳（湖南）	77	0.445	106	0.287	26	0.682
怀化（湖南）	78	0.444	89	0.327	59	0.620
邵阳（湖南）	79	0.443	96	0.317	49	0.632
宜宾（四川）	80	0.443	84	0.337	71	0.602
鄂州（湖北）	81	0.442	67	0.377	103	0.539
襄阳（湖北）	82	0.440	75	0.356	92	0.566
绵阳（四川）	83	0.439	72	0.363	98	0.552
六盘水（贵州）	84	0.438	91	0.324	65	0.609
泸州（四川）	85	0.434	83	0.337	82	0.580
乐山（四川）	86	0.432	98	0.313	63	0.611
雅安（四川）	87	0.426	116	0.255	25	0.683
荆门（湖北）	88	0.425	88	0.329	88	0.570
资阳（四川）	89	0.420	118	0.252	33	0.671
孝感（湖北）	90	0.412	100	0.308	89	0.569
永州（湖南）	91	0.412	105	0.296	80	0.585
毕节（贵州）	92	0.410	122	0.243	39	0.661
安顺（贵州）	93	0.410	108	0.282	73	0.601
六安（安徽）	94	0.408	87	0.334	110	0.521
湘西（湖南）	95	0.406	44	0.426	111	0.375
普洱（云南）	96	0.404	123	0.218	24	0.683
广元（四川）	97	0.401	117	0.252	56	0.625
随州（湖北）	98	0.400	103	0.300	100	0.550
广安（四川）	99	0.399	109	0.281	85	0.577
达州（四川）	100	0.394	114	0.268	81	0.583
内江（四川）	101	0.393	111	0.275	90	0.569
南充（四川）	102	0.390	119	0.249	72	0.601

续表

城市	结构优化指数		产业结构		就业结构	
	排序	得分	排序	得分	排序	得分
巴中(四川)	103	0.389	121	0.244	68	0.607
昭通(云南)	104	0.385	112	0.271	96	0.557
遂宁(四川)	105	0.381	107	0.286	109	0.524
曲靖(云南)	106	0.379	115	0.264	99	0.551
荆州(湖北)	107	0.377	113	0.270	105	0.538
保山(云南)	108	0.368	125	0.199	58	0.622
黄冈(湖北)	109	0.364	120	0.247	104	0.538
德宏(云南)	110	0.359	13	0.570	119	0.042
铜仁(贵州)	111	0.348	124	0.205	93	0.563
阿坝(四川)	112	0.327	95	0.318	112	0.342
凉山(四川)	113	0.318	102	0.301	114	0.342
临沧(云南)	114	0.307	126	0.147	101	0.547
西双版纳(云南)	115	0.304	31	0.478	126	0.042
甘孜(四川)	116	0.303	110	0.277	113	0.342
红河(云南)	117	0.292	35	0.459	124	0.042
文山(云南)	118	0.287	36	0.451	125	0.042
恩施(湖北)	119	0.279	76	0.354	115	0.167
黔东南(贵州)	120	0.274	80	0.345	116	0.167
黔南(贵州)	121	0.270	81	0.340	117	0.167
黔西南(贵州)	122	0.267	86	0.334	118	0.167
迪庆(云南)	123	0.264	48	0.412	121	0.042
怒江(云南)	124	0.229	77	0.353	120	0.042
楚雄(云南)	125	0.206	97	0.316	123	0.042
大理(云南)	126	0.202	99	0.308	122	0.042

资料来源：《中国城市统计年鉴 2021》、各省市 2021 年统计年鉴。

从省级尺度来看，平均得分从高到低依次为上海、浙江、重庆、江苏、安徽、江西、湖南、湖北、四川、贵州、云南（见表 4）。从区域尺度来看，东部区域 41 个城市的平均得分为 0.565，中部区域 38 个城市的平均得分为 0.468，西部区域 47 个城市的平均得分为 0.391。

表 4　2020 年长江经济带省级结构优化指数及排名

项目	上海	浙江	重庆	江苏	安徽	江西	湖南	湖北	四川	贵州	云南
排名	1	2	3	4	5	6	7	8	9	10	11
得分	0.874	0.636	0.572	0.563	0.499	0.493	0.482	0.433	0.419	0.383	0.347

资料来源：《中国城市统计年鉴 2021》、各省市 2021 年统计年鉴。

（二）质量提升指数及城市排名

质量提升领域包含生产效率和投资效益两个子领域，2020 年长江经济带城市质量提升指数测算结果如表 5 所示。在 126 个城市中，排名前 20 的城市分别为邵阳、长沙、张家界、宜昌、岳阳、泸州、九江、广安、鄂州、无锡、广元、怀化、舟山、常州、永州、丽水、南京、巴中、南充、咸宁。其中，长江下游长三角区域 5 个城市入围，包括江苏 3 席、浙江 2 席；长江中游城市群 10 个城市入围，江西 1 席、湖北 3 席、湖南 6 席；长江上游城市群有 5 个城市入围，均为四川城市。上海及重庆、安徽、贵州、云南没有城市进入前 20。

表 5　2020 年长江经济带城市质量提升指数及排名

城市	质量提升指数		生产效率		投资效益	
	排序	得分	排序	得分	排序	得分
邵阳（湖南）	1	0.432	109	0.141	1	0.723
长沙（湖南）	2	0.431	11	0.455	9	0.408
张家界（湖南）	3	0.416	85	0.195	2	0.637
宜昌（湖北）	4	0.406	15	0.417	10	0.396
岳阳（湖南）	5	0.391	46	0.301	5	0.482
泸州（四川）	6	0.362	12	0.450	24	0.273
九江（江西）	7	0.357	50	0.295	8	0.419
广安（四川）	8	0.354	36	0.338	14	0.370
鄂州（湖北）	9	0.352	16	0.416	23	0.287
无锡（江苏）	10	0.344	1	0.605	101	0.083
广元（四川）	11	0.339	62	0.257	7	0.421

续表

城市	质量提升指数		生产效率		投资效益	
	排序	得分	排序	得分	排序	得分
怀化(湖南)	12	0.330	105	0.156	3	0.504
舟山(浙江)	13	0.325	6	0.500	61	0.150
常州(江苏)	14	0.322	2	0.567	104	0.076
永州(湖南)	15	0.320	104	0.158	6	0.481
丽水(浙江)	16	0.317	5	0.515	74	0.120
南京(江苏)	17	0.316	3	0.541	97	0.091
巴中(四川)	18	0.315	110	0.138	4	0.491
南充(四川)	19	0.303	78	0.211	11	0.394
咸宁(湖北)	20	0.302	55	0.279	19	0.325
攀枝花(四川)	21	0.302	10	0.457	63	0.147
镇江(江苏)	22	0.301	4	0.531	106	0.072
郴州(湖南)	23	0.298	75	0.217	13	0.378
上海	24	0.287	9	0.483	98	0.090
宜宾(四川)	25	0.286	38	0.329	31	0.244
武汉(湖北)	26	0.285	8	0.490	102	0.081
宿州(安徽)	27	0.283	89	0.182	12	0.385
苏州(江苏)	28	0.280	7	0.495	108	0.065
襄阳(湖北)	29	0.277	27	0.364	43	0.190
扬州(江苏)	30	0.271	13	0.439	84	0.104
淮安(江苏)	31	0.266	23	0.375	59	0.156
宁波(浙江)	32	0.266	14	0.431	87	0.100
遵义(贵州)	33	0.265	58	0.272	27	0.258
毕节(贵州)	34	0.262	103	0.160	16	0.364
遂宁(四川)	35	0.261	60	0.270	29	0.252
娄底(湖南)	36	0.260	100	0.168	17	0.352
宣城(安徽)	37	0.260	19	0.390	69	0.130
南通(江苏)	38	0.260	18	0.410	80	0.109
滁州(安徽)	39	0.260	32	0.345	50	0.174
池州(安徽)	40	0.258	44	0.307	38	0.209
杭州(浙江)	41	0.255	17	0.415	95	0.094
黄山(安徽)	42	0.254	37	0.332	48	0.176
荆门(湖北)	43	0.251	54	0.285	34	0.217
随州(湖北)	44	0.250	61	0.263	32	0.237

续表

城市	质量提升指数		生产效率		投资效益	
	排序	得分	排序	得分	排序	得分
萍乡(江西)	45	0. 248	82	0. 205	22	0. 292
昭通(云南)	46	0. 248	111	0. 131	15	0. 364
徐州(江苏)	47	0. 246	24	0. 373	73	0. 120
普洱(云南)	48	0. 245	99	0. 168	20	0. 323
马鞍山(安徽)	49	0. 245	20	0. 384	82	0. 106
常德(湖南)	50	0. 245	52	0. 291	40	0. 199
吉安(江西)	51	0. 245	94	0. 175	21	0. 314
益阳(湖南)	52	0. 244	73	0. 224	26	0. 265
铜陵(安徽)	53	0. 241	21	0. 378	83	0. 104
连云港(江苏)	54	0. 240	41	0. 314	54	0. 167
衡阳(湖南)	55	0. 240	74	0. 223	28	0. 256
乐山(四川)	56	0. 239	51	0. 292	45	0. 185
泰州(江苏)	57	0. 238	22	0. 378	90	0. 099
鹰潭(江西)	58	0. 237	35	0. 339	67	0. 135
芜湖(安徽)	59	0. 237	25	0. 370	85	0. 103
玉溪(云南)	60	0. 235	33	0. 342	70	0. 127
湘潭(湖南)	61	0. 235	39	0. 322	62	0. 147
重庆	62	0. 232	40	0. 314	60	0. 150
安庆(安徽)	63	0. 230	67	0. 244	35	0. 217
新余(江西)	64	0. 228	29	0. 361	93	0. 095
湖州(浙江)	65	0. 227	28	0. 364	96	0. 091
达州(四川)	66	0. 224	115	0. 114	18	0. 333
盐城(江苏)	67	0. 223	26	0. 369	103	0. 077
宜春(江西)	68	0. 223	84	0. 202	30	0. 244
宿迁(江苏)	69	0. 222	59	0. 271	52	0. 172
淮北(安徽)	70	0. 221	65	0. 247	41	0. 195
绍兴(浙江)	71	0. 220	34	0. 341	89	0. 099
抚州(江西)	72	0. 219	96	0. 173	25	0. 266
昆明(云南)	73	0. 215	45	0. 306	71	0. 124
孝感(湖北)	74	0. 212	79	0. 210	37	0. 214
南昌(江西)	75	0. 210	43	0. 312	81	0. 109
蚌埠(安徽)	76	0. 209	47	0. 300	76	0. 117

续表

城市	质量提升指数		生产效率		投资效益	
	排序	得分	排序	得分	排序	得分
成都(四川)	77	0.209	48	0.299	75	0.119
合肥(安徽)	78	0.209	30	0.358	109	0.059
嘉兴(浙江)	79	0.206	31	0.347	107	0.066
景德镇(江西)	80	0.205	53	0.289	72	0.122
株洲(湖南)	81	0.200	42	0.313	100	0.087
淮南(安徽)	82	0.199	81	0.205	42	0.192
保山(云南)	83	0.198	80	0.207	44	0.190
自贡(四川)	84	0.198	64	0.252	65	0.144
眉山(四川)	85	0.198	76	0.215	46	0.180
衢州(浙江)	86	0.197	49	0.295	88	0.099
安顺(贵州)	87	0.196	56	0.279	78	0.114
阜阳(安徽)	88	0.196	101	0.167	33	0.225
贵阳(贵州)	89	0.194	57	0.274	77	0.115
临沧(云南)	90	0.192	102	0.166	36	0.217
赣州(江西)	91	0.183	87	0.191	49	0.175
雅安(四川)	92	0.182	83	0.202	58	0.162
温州(浙江)	93	0.179	66	0.244	79	0.114
曲靖(云南)	94	0.178	88	0.189	55	0.166
上饶(江西)	95	0.176	97	0.173	47	0.178
资阳(四川)	96	0.175	92	0.176	51	0.174
黄石(湖北)	97	0.171	63	0.254	99	0.089
内江(四川)	98	0.171	93	0.176	56	0.166
绵阳(四川)	99	0.170	69	0.239	86	0.101
亳州(安徽)	100	0.170	98	0.170	53	0.169
台州(浙江)	101	0.168	68	0.241	94	0.094
黄冈(湖北)	102	0.164	113	0.128	39	0.201
德阳(四川)	103	0.162	70	0.229	92	0.095
丽江(云南)	104	0.160	106	0.155	57	0.165
荆州(湖北)	105	0.159	91	0.179	66	0.139
六安(安徽)	106	0.157	90	0.179	68	0.135
金华(浙江)	107	0.151	71	0.229	105	0.072
十堰(湖北)	108	0.143	72	0.228	110	0.059

续表

城市	质量提升指数		生产效率		投资效益	
	排序	得分	排序	得分	排序	得分
铜仁(贵州)	109	0.143	108	0.142	64	0.144
六盘水(贵州)	110	0.137	95	0.175	91	0.099
黔西南(贵州)	111	0.112	77	0.214	118	0.009
黔南(贵州)	112	0.102	86	0.194	117	0.009
黔东南(贵州)	113	0.080	107	0.150	116	0.009
凉山(四川)	114	0.069	112	0.128	115	0.009
湘西(湖南)	115	0.065	114	0.122	112	0.009
阿坝(四川)	116	0.060	116	0.110	113	0.009
迪庆(云南)	117	0.054	117	0.098	121	0.009
甘孜(四川)	118	0.046	118	0.083	114	0.009
红河(云南)	119	0.045	119	0.081	124	0.009
楚雄(云南)	120	0.044	120	0.078	123	0.009
大理(云南)	121	0.037	121	0.065	122	0.009
西双版纳(云南)	122	0.036	122	0.062	126	0.009
德宏(云南)	123	0.032	123	0.054	119	0.009
恩施(湖北)	124	0.024	124	0.039	111	0.009
怒江(云南)	125	0.022	125	0.035	120	0.009
文山(云南)	126	0.021	126	0.033	125	0.009

资料来源：《中国城市统计年鉴2021》、各省市2021年统计年鉴。

从省级尺度来看，平均得分从高到低依次为湖南、上海、江苏、重庆、湖北、江西、浙江、安徽、四川、贵州、云南（见表6）。从区域尺度来看，东部区域41个城市的平均得分为0.243，中部区域38个城市的平均得分为0.254，西部区域47个城市的平均得分为0.177。

表6　2020年长江经济带省级质量提升指数及排名

项目	湖南	上海	江苏	重庆	湖北	江西	浙江	安徽	四川	贵州	云南
排名	1	2	3	4	5	6	7	8	9	10	11
得分	0.293	0.287	0.271	0.232	0.231	0.230	0.228	0.227	0.220	0.166	0.123

资料来源：《中国城市统计年鉴2021》、各省市2021年统计年鉴。

（三）产业创新指数及城市排名

产业创新领域包含创新投入、创新产出、成果转化三个子领域，2020年度长江经济带城市产业创新指数测算结果及排名如表7所示。在126个城市中，排名前20位的城市分别为：上海、武汉、杭州、南京、成都、合肥、重庆、苏州、无锡、长沙、绵阳、嘉兴、宁波、芜湖、金华、台州、绍兴、贵阳、温州、昆明。其中，长江下游长三角区域13个城市入围，包括上海1席、江苏3席、浙江7席、安徽2席；长江中游城市群2个城市入围，湖北、湖南各1席；长江上游城市群有5个城市入围，重庆1席、四川2席、贵州1席、云南1席。江西省没有城市进入前20。

表7　2020年长江经济带城市产业创新指数及排名

城市	产业创新指数		创新投入		创新产出		成果转化	
	排序	得分	排序	得分	排序	得分	排序	得分
上海	1	0. 758	21	0. 366	2	0. 828	1	1. 000
武汉（湖北）	2	0. 606	9	0. 394	1	0. 866	2	0. 571
杭州（浙江）	3	0. 450	6	0. 515	5	0. 458	4	0. 396
南京（江苏）	4	0. 426	19	0. 350	3	0. 715	6	0. 266
成都（四川）	5	0. 419	32	0. 323	4	0. 438	3	0. 477
合肥（安徽）	6	0. 384	5	0. 574	8	0. 249	5	0. 343
重庆	7	0. 311	29	0. 333	6	0. 368	8	0. 251
苏州（江苏）	8	0. 297	11	0. 439	9	0. 198	7	0. 264
无锡（江苏）	9	0. 284	3	0. 591	12	0. 129	11	0. 171
长沙（湖南）	10	0. 280	1	0. 787	24	0. 056	28	0. 056
绵阳（四川）	11	0. 275	24	0. 360	7	0. 310	9	0. 197
嘉兴（浙江）	12	0. 256	2	0. 707	26	0. 078	34	0. 051
宁波（浙江）	13	0. 228	16	0. 390	13	0. 113	10	0. 192
芜湖（安徽）	14	0. 225	8	0. 453	20	0. 064	16	0. 110
金华（浙江）	15	0. 212	7	0. 546	23	0. 060	17	0. 108
台州（浙江）	16	0. 207	4	0. 570	27	0. 067	30	0. 053
绍兴（浙江）	17	0. 199	15	0. 395	25	0. 070	12	0. 169
贵阳（贵州）	18	0. 195	18	0. 386	14	0. 108	15	0. 118
温州（浙江）	19	0. 181	45	0. 245	11	0. 150	13	0. 149

续表

城市	产业创新指数		创新投入		创新产出		成果转化	
	排序	得分	排序	得分	排序	得分	排序	得分
昆明（云南）	20	0.178	22	0.396	17	0.122	25	0.064
株洲（湖南）	21	0.162	35	0.299	18	0.069	20	0.103
常州（江苏）	22	0.152	37	0.374	19	0.025	18	0.107
湖州（浙江）	23	0.150	27	0.304	15	0.099	29	0.055
徐州（江苏）	24	0.143	23	0.364	33	0.027	21	0.082
南昌（江西）	25	0.143	31	0.322	21	0.062	23	0.067
南通（江苏）	26	0.142	10	0.361	109	0.001	53	0.017
湘潭（湖南）	27	0.140	13	0.415	39	0.018	45	0.020
蚌埠（安徽）	28	0.138	72	0.210	10	0.162	22	0.078
滁州（安徽）	29	0.137	33	0.283	16	0.085	38	0.038
咸宁（湖北）	30	0.129	14	0.408	38	0.024	50	0.018
马鞍山（安徽）	31	0.129	12	0.411	92	0.002	60	0.013
襄阳（湖北）	32	0.127	28	0.360	32	0.029	27	0.059
衢州（浙江）	33	0.126	25	0.332	35	0.031	35	0.051
镇江（江苏）	34	0.126	20	0.334	69	0.006	39	0.031
德阳（四川）	35	0.120	17	0.380	46	0.014	47	0.019
宜昌（湖北）	36	0.119	61	0.237	48	0.013	14	0.130
鹰潭（江西）	37	0.116	26	0.333	61	0.007	36	0.045
铜陵（安徽）	38	0.115	63	0.225	29	0.031	19	0.105
扬州（江苏）	39	0.109	41	0.250	22	0.058	37	0.040
赣州（江西）	40	0.099	46	0.216	28	0.033	26	0.059
衡阳（湖南）	41	0.099	48	0.218	37	0.020	24	0.065
盐城（江苏）	42	0.098	30	0.289	89	0.002	92	0.002
连云港（江苏）	43	0.097	34	0.293	60	0.012	81	0.008
景德镇（江西）	44	0.097	64	0.201	34	0.030	31	0.053
丽水（浙江）	45	0.095	40	0.236	42	0.017	61	0.011
安庆（安徽）	46	0.095	52	0.218	36	0.024	42	0.029
泰州（江苏）	47	0.090	36	0.258	85	0.003	110	0.001
怀化（湖南）	48	0.090	38	0.301	59	0.008	63	0.010
黄石（湖北）	49	0.089	50	0.270	31	0.036	51	0.017
抚州（江西）	50	0.088	62	0.188	51	0.004	32	0.052
六盘水（贵州）	51	0.088	43	0.237	52	0.012	56	0.015
娄底（湖南）	52	0.087	39	0.304	50	0.011	94	0.002

续表

城市	产业创新指数		创新投入		创新产出		成果转化	
	排序	得分	排序	得分	排序	得分	排序	得分
淮北(安徽)	53	0.085	67	0.219	65	0.007	33	0.052
遵义(贵州)	54	0.084	42	0.292	83	0.004	93	0.002
萍乡(江西)	55	0.082	60	0.255	40	0.040	43	0.025
益阳(湖南)	56	0.081	44	0.248	70	0.006	90	0.003
宣城(安徽)	57	0.081	51	0.266	96	0.002	55	0.015
淮南(安徽)	58	0.080	49	0.277	91	0.005	66	0.010
铜仁(贵州)	59	0.079	58	0.192	54	0.007	44	0.023
宜宾(四川)	60	0.079	47	0.265	84	0.004	91	0.003
宜春(江西)	61	0.077	54	0.254	77	0.005	69	0.009
永州(湖南)	62	0.075	53	0.228	53	0.014	114	0.001
曲靖(云南)	63	0.075	69	0.187	30	0.030	71	0.009
安顺(贵州)	64	0.074	68	0.198	63	0.007	49	0.018
亳州(安徽)	65	0.073	55	0.243	75	0.004	102	0.001
玉溪(云南)	66	0.072	59	0.267	72	0.007	82	0.008
郴州(湖南)	67	0.069	65	0.157	49	0.010	73	0.009
自贡(四川)	68	0.069	56	0.245	90	0.003	112	0.001
十堰(湖北)	69	0.069	76	0.203	87	0.003	40	0.030
雅安(四川)	70	0.069	70	0.192	58	0.008	67	0.010
荆门(湖北)	71	0.064	57	0.208	88	0.003	111	0.001
孝感(湖北)	72	0.064	71	0.202	82	0.003	48	0.019
吉安(江西)	73	0.064	66	0.199	68	0.006	122	0.000
毕节(贵州)	74	0.063	75	0.217	86	0.003	54	0.016
岳阳(湖南)	75	0.063	79	0.184	66	0.006	46	0.019
宿迁(江苏)	76	0.062	74	0.195	81	0.005	65	0.010
鄂州(湖北)	77	0.061	78	0.178	57	0.009	62	0.010
新余(江西)	78	0.061	77	0.176	62	0.014	84	0.007
六安(安徽)	79	0.060	73	0.201	71	0.006	95	0.002
九江(江西)	80	0.060	81	0.160	41	0.019	101	0.001
阜阳(安徽)	81	0.058	84	0.165	45	0.014	72	0.009
泸州(四川)	82	0.057	86	0.179	99	0.001	52	0.017
邵阳(湖南)	83	0.056	87	0.155	73	0.004	57	0.015
上饶(江西)	84	0.055	82	0.166	101	0.001	77	0.009
淮安(江苏)	85	0.054	85	0.166	79	0.004	76	0.009

续表

城市	产业创新指数		创新投入		创新产出		成果转化	
	排序	得分	排序	得分	排序	得分	排序	得分
达州(四川)	86	0.054	83	0.168	47	0.024	108	0.001
黄冈(湖北)	87	0.054	80	0.172	108	0.001	99	0.002
眉山(四川)	88	0.054	88	0.194	95	0.003	87	0.005
攀枝花(四川)	89	0.054	89	0.140	123	0.001	80	0.008
广安(四川)	90	0.052	91	0.165	80	0.005	64	0.010
宿州(安徽)	91	0.052	94	0.133	43	0.019	59	0.013
舟山(浙江)	92	0.051	90	0.157	64	0.016	120	0.000
遂宁(四川)	93	0.046	92	0.181	94	0.003	96	0.002
池州(安徽)	94	0.046	109	0.080	44	0.015	41	0.029
临沧(云南)	95	0.046	93	0.141	98	0.002	83	0.008
昭通(云南)	96	0.046	95	0.139	104	0.003	78	0.009
内江(四川)	97	0.043	98	0.121	55	0.009	74	0.009
荆州(湖北)	98	0.040	97	0.118	112	0.001	88	0.004
乐山(四川)	99	0.040	96	0.130	105	0.001	104	0.001
保山(云南)	100	0.040	99	0.117	93	0.004	85	0.007
黄山(安徽)	101	0.039	100	0.118	76	0.004	75	0.009
随州(湖北)	102	0.037	107	0.102	100	0.001	68	0.010
德宏(云南)	103	0.035	111	0.101	56	0.008	97	0.002
南充(四川)	104	0.033	110	0.093	74	0.004	98	0.002
丽江(云南)	105	0.033	115	0.087	78	0.003	58	0.013
黔东南(贵州)	106	0.033	103	0.102	114	0.001	109	0.001
西双版纳(云南)	107	0.031	108	0.102	110	0.001	113	0.001
文山(云南)	108	0.031	101	0.102	107	0.001	116	0.000
迪庆(云南)	109	0.031	104	0.102	115	0.001	117	0.000
红河(云南)	110	0.031	102	0.102	117	0.000	118	0.000
楚雄(云南)	111	0.031	105	0.102	118	0.000	119	0.000
大理(云南)	112	0.031	106	0.102	116	0.000	121	0.000
怒江(云南)	113	0.031	113	0.087	97	0.002	70	0.009
黔西南(贵州)	114	0.030	116	0.092	120	0.000	89	0.003
广元(四川)	115	0.030	112	0.108	126	0.000	106	0.001
湘西(湖南)	116	0.030	117	0.096	106	0.001	107	0.001
恩施(湖北)	117	0.029	114	0.087	103	0.001	123	0.000
资阳(四川)	118	0.028	121	0.079	113	0.001	79	0.009

续表

城市	产业创新指数		创新投入		创新产出		成果转化	
	排序	得分	排序	得分	排序	得分	排序	得分
巴中(四川)	119	0.027	118	0.151	125	0.000	105	0.001
黔南(贵州)	120	0.026	120	0.087	111	0.001	100	0.002
张家界(湖南)	121	0.026	119	0.087	124	0.001	115	0.000
阿坝(四川)	122	0.021	122	0.071	119	0.000	124	0.000
甘孜(四川)	123	0.021	123	0.071	121	0.000	126	0.000
凉山(四川)	124	0.021	124	0.071	122	0.000	125	0.000
普洱(云南)	125	0.017	125	0.054	102	0.002	103	0.001
常德(湖南)	126	0.016	126	0.037	67	0.010	86	0.005

数据来源：《中国城市统计年鉴2021》、各省市2021年统计年鉴。

从省级尺度来看，平均得分从高到低依次为上海、重庆、浙江、江苏、湖北、安徽、湖南、江西、四川、贵州、云南（见表8）。从区域尺度来看，东部区域41个城市的平均得分为0.166，中部区域38个城市的平均得分为0.097，西部区域47个城市的平均得分为0.071。

表8　2020年长江经济带省级产业创新指数及排名

项目	上海	重庆	浙江	江苏	湖北	安徽	湖南	江西	四川	贵州	云南
排名	1	2	3	4	5	6	7	8	9	10	11
得分	0.758	0.311	0.196	0.160	0.114	0.112	0.091	0.086	0.077	0.075	0.047

资料来源：《中国城市统计年鉴2021》、各省市2021年统计年鉴。

（四）环境友好指数及城市排名

环境友好领域包含资源利用和环境保护两个子领域，2020年度长江经济带城市环境友好指数测算结果及排名如表9所示。在126个城市中，排名前20位的城市分别为黔东南、常德、武汉、温州、资阳、自贡、徐州、南昌、随州、成都、泰州、淮安、舟山、南通、六安、镇江、台州、益阳、株洲、永州。其中，长江下游长三角区域9个城市入围，包括江苏5席、浙江

3 席、安徽 1 席；长江中游城市群 7 个城市入围，包括江西 1 席、湖北 2 席、湖南 4 席；长江上游城市群有 4 个城市入围，包括四川 3 席、贵州 1 席。上海、重庆、云南三个省市没有城市进入前二十。

表 9　2020 年长江经济带城市环境友好指数及排名

城市	环境友好指数		资源利用		环境保护	
	排序	得分	排序	得分	排序	得分
黔东南(贵州)	1	0.953	1	0.939	1	0.968
常德(湖南)	2	0.746	2	0.557	31	0.934
武汉(湖北)	3	0.744	6	0.538	17	0.951
温州(浙江)	4	0.741	13	0.517	11	0.964
资阳(四川)	5	0.741	3	0.545	26	0.937
自贡(四川)	6	0.737	5	0.541	30	0.934
徐州(江苏)	7	0.736	18	0.514	14	0.957
南昌(江西)	8	0.733	30	0.508	13	0.959
随州(湖北)	9	0.730	53	0.485	2	0.976
成都(四川)	10	0.729	48	0.490	7	0.969
泰州(江苏)	11	0.729	41	0.499	12	0.960
淮安(江苏)	12	0.727	12	0.519	29	0.935
舟山(浙江)	13	0.725	7	0.534	40	0.917
南通(江苏)	14	0.723	25	0.510	27	0.936
六安(安徽)	15	0.721	27	0.510	33	0.933
镇江(江苏)	16	0.721	40	0.500	21	0.942
台州(浙江)	17	0.720	26	0.510	34	0.931
益阳(湖南)	18	0.719	23	0.510	36	0.928
株洲(湖南)	19	0.719	45	0.495	22	0.942
永州(湖南)	20	0.716	39	0.500	32	0.933
绵阳(四川)	21	0.716	46	0.494	25	0.939
长沙(湖南)	22	0.716	65	0.452	1	0.979
扬州(江苏)	23	0.715	38	0.500	35	0.929
上海	24	0.714	52	0.487	24	0.941
宁波(浙江)	25	0.712	50	0.489	28	0.936
杭州(浙江)	26	0.712	20	0.513	44	0.910
常州(江苏)	27	0.711	9	0.520	49	0.903
蚌埠(安徽)	28	0.711	15	0.516	47	0.907

续表

城市	环境友好指数		资源利用		环境保护	
	排序	得分	排序	得分	排序	得分
盐城(江苏)	29	0.709	22	0.512	45	0.907
无锡(江苏)	30	0.707	42	0.498	42	0.915
遂宁(四川)	31	0.703	61	0.465	23	0.941
黄山(安徽)	32	0.702	35	0.503	51	0.902
阿坝(四川)	33	0.702	77	0.429	3	0.975
甘孜(四川)	34	0.702	79	0.429	4	0.975
凉山(四川)	35	0.702	78	0.429	5	0.975
十堰(湖北)	36	0.700	76	0.430	6	0.970
苏州(江苏)	37	0.696	57	0.479	43	0.912
丽水(浙江)	38	0.694	19	0.514	63	0.874
亳州(安徽)	39	0.693	4	0.544	79	0.842
黄冈(湖北)	40	0.693	54	0.482	48	0.903
南京(江苏)	41	0.692	62	0.465	38	0.920
湖州(浙江)	42	0.691	17	0.515	65	0.867
淮北(安徽)	43	0.690	47	0.491	56	0.888
合肥(安徽)	44	0.690	75	0.431	19	0.948
巴中(四川)	45	0.689	74	0.433	20	0.944
吉安(江西)	46	0.687	8	0.522	72	0.851
金华(浙江)	47	0.686	43	0.497	61	0.876
鹰潭(江西)	48	0.686	66	0.449	37	0.922
宣城(安徽)	49	0.685	56	0.480	55	0.891
安庆(安徽)	50	0.685	37	0.501	64	0.868
泸州(四川)	51	0.685	21	0.512	70	0.857
嘉兴(浙江)	52	0.684	31	0.507	69	0.861
德阳(四川)	53	0.681	84	0.411	16	0.952
怀化(湖南)	54	0.678	51	0.488	66	0.867
咸宁(湖北)	55	0.677	69	0.438	41	0.916
池州(安徽)	56	0.677	58	0.479	62	0.874
广元(四川)	57	0.675	68	0.447	50	0.903
黔南(贵州)	58	0.674	101	0.380	9	0.968
黔西南(贵州)	59	0.674	100	0.380	10	0.968
萍乡(江西)	60	0.673	10	0.520	85	0.826
宜宾(四川)	61	0.670	16	0.515	86	0.825

续表

城市	环境友好指数		资源利用		环境保护	
	排序	得分	排序	得分	排序	得分
连云港(江苏)	62	0. 670	36	0. 502	81	0. 838
滁州(安徽)	63	0. 669	60	0. 474	67	0. 865
宜春(江西)	64	0. 669	29	0. 509	84	0. 830
眉山(四川)	65	0. 666	55	0. 480	71	0. 852
抚州(江西)	66	0. 666	49	0. 489	78	0. 843
赣州(江西)	67	0. 665	14	0. 516	89	0. 813
阜阳(安徽)	68	0. 663	34	0. 504	87	0. 821
襄阳(湖北)	69	0. 662	105	0. 370	15	0. 955
九江(江西)	70	0. 660	11	0. 519	94	0. 801
湘潭(湖南)	71	0. 657	86	0. 407	46	0. 907
宿州(安徽)	72	0. 650	28	0. 509	95	0. 791
芜湖(安徽)	73	0. 649	89	0. 402	54	0. 895
铜陵(安徽)	74	0. 642	83	0. 419	68	0. 865
绍兴(浙江)	75	0. 640	59	0. 478	93	0. 802
孝感(湖北)	76	0. 637	102	0. 375	52	0. 900
景德镇(江西)	77	0. 635	72	0. 436	83	0. 834
恩施(湖北)	78	0. 635	82	0. 421	74	0. 849
重庆	79	0. 634	104	0. 372	53	0. 896
邵阳(湖南)	80	0. 633	91	0. 382	57	0. 884
岳阳(湖南)	81	0. 628	103	0. 374	60	0. 881
保山(云南)	82	0. 626	67	0. 449	92	0. 803
宿迁(江苏)	83	0. 625	88	0. 403	75	0. 848
丽江(云南)	84	0. 623	85	0. 407	80	0. 840
衡阳(湖南)	85	0. 623	106	0. 365	59	0. 881
达州(四川)	86	0. 623	71	0. 437	90	0. 809
张家界(湖南)	87	0. 622	32	0. 506	100	0. 737
新余(江西)	88	0. 615	63	0. 461	97	0. 769
广安(四川)	89	0. 604	90	0. 389	88	0. 819
南充(四川)	90	0. 597	118	0. 243	18	0. 950
内江(四川)	91	0. 595	44	0. 497	104	0. 694
黄石(湖北)	92	0. 589	112	0. 332	76	0. 845
上饶(江西)	93	0. 579	24	0. 510	108	0. 649
马鞍山(安徽)	94	0. 575	80	0. 429	102	0. 722

续表

城市	环境友好指数		资源利用		环境保护	
	排序	得分	排序	得分	排序	得分
衢州(浙江)	95	0.562	33	0.505	111	0.619
安顺(贵州)	96	0.560	110	0.341	96	0.778
宜昌(湖北)	97	0.559	119	0.237	58	0.881
玉溪(云南)	98	0.556	108	0.355	99	0.757
临沧(云南)	99	0.548	107	0.361	101	0.736
曲靖(云南)	100	0.548	87	0.405	105	0.690
湘西(湖南)	101	0.536	73	0.436	109	0.636
娄底(湖南)	102	0.531	64	0.457	113	0.605
雅安(四川)	103	0.530	116	0.256	91	0.804
荆门(湖北)	104	0.523	123	0.128	39	0.918
鄂州(湖北)	105	0.523	70	0.437	112	0.609
贵阳(贵州)	106	0.523	122	0.195	73	0.851
郴州(湖南)	107	0.493	115	0.264	103	0.721
铜仁(贵州)	108	0.487	113	0.315	107	0.659
遵义(贵州)	109	0.483	109	0.345	110	0.621
德宏(云南)	110	0.474	92	0.381	116	0.567
怒江(云南)	111	0.474	99	0.381	117	0.567
迪庆(云南)	112	0.474	95	0.381	118	0.567
大理(云南)	113	0.474	98	0.381	119	0.567
楚雄(云南)	114	0.474	97	0.381	120	0.567
红河(云南)	115	0.474	96	0.381	121	0.567
文山(云南)	116	0.474	94	0.381	122	0.567
西双版纳(云南)	117	0.474	93	0.381	123	0.567
淮南(安徽)	118	0.474	81	0.425	124	0.523
荆州(湖北)	119	0.462	124	0.089	82	0.834
昆明(云南)	120	0.461	125	0.077	77	0.844
乐山(四川)	121	0.455	111	0.338	115	0.572
昭通(云南)	122	0.452	121	0.227	106	0.678
毕节(贵州)	123	0.405	120	0.232	114	0.578
攀枝花(四川)	124	0.383	126	0.006	98	0.760
六盘水(贵州)	125	0.367	114	0.292	125	0.442
普洱(云南)	126	0.290	117	0.248	126	0.332

资料来源：《中国城市统计年鉴 2021》、各省市 2021 年统计年鉴。

从省级尺度来看，平均得分从高到低依次为上海、江苏、浙江、安徽、江西、四川、湖南、重庆、湖北、贵州、云南（见表10）。从区域尺度来看，东部区域41个城市的平均得分为0.683，中部区域38个城市的平均得分为0.643，西部区域47个城市的平均得分为0.580。

表10　2020年长江经济带省级环境友好指数及排名

项目	上海	江苏	浙江	安徽	江西	四川	湖南	重庆	湖北	贵州	云南
排名	1	2	3	4	5	6	7	8	9	10	11
得分	0.714	0.705	0.688	0.661	0.661	0.647	0.644	0.634	0.626	0.570	0.494

资料来源：《中国城市统计年鉴2021》、各省市2021年统计年鉴。

三　长江经济带产业转型升级20强城市

根据前述综合指数得分，选择各个省会城市和相对较为发达的城市构成的20个重要城市进行分析，这20强城市可以进一步分为四个梯队（见表11）。其中，上海进入20个重要城市的第一梯队，武汉、南京、长沙、杭州进入第二梯队，苏州、无锡、成都、宁波、合肥、舟山进入第三梯队，常州、金华、嘉兴、丽水、重庆、镇江、温州、台州、南昌位列20个重要城市第四梯队。

表11　2020年长江经济带产业转型升级指数20强城市分类

类别	城市	综合得分
第一梯队	上海	0.643
第二梯队	武汉、南京、长沙、杭州	0.531
第三梯队	苏州、无锡、成都、宁波、舟山、合肥	0.480
第四梯队	常州、金华、嘉兴、丽水、重庆、镇江、温州、台州、南昌	0.430

资料来源：笔者根据计算结果整理。

上海在长江经济带126个城市产业转型升级排名中居榜首，为第一梯队，是长江经济带产业转型升级的重要引擎。从构成产业转型升级综合指数的四个一级指标来看，上海结构优化一级指标排名第 1，得分为 0.874，远高于武汉，这主要得益于上海产业结构和就业结构表现突出。2020 年，上海第三产业增加值占比高达 73.2%，比第 2 名的杭州高出 5 个百分点。产业集聚度达到 1.12，在 126 个城市中排首位。先进生产性服务业从业人员占比达到 30.4%，是 126 个城市中唯一超过 30%的城市。质量提升一级指标居第 24 位，2020 年上海人均 GDP 达 15.6 万元，排第 4 位，低于无锡（16.5 万元）、南京（15.9 万元）和苏州（15.8 万元），全员劳动生产率 21.3 万元/人，名列前茅，但建设用地土地生产率、投资效益系数、工业企业固定资产利润率等指标相较而言表现一般。产业创新一级指标居第 1 位，得分为 0.758，与其后的武汉（0.606）、杭州（0.450）、南京（0.426）等城市相比保持了显著的领先优势，这主要得益于上海大量的研发经费投入、活跃的专利科技活动和较高的成果转化能力，其中 R&D 经费投入强度达 4.1%、授权发明专利数量达 2.4 万件、技术合同交易额 1815 亿元，各项指标均列首位。但在 R&D 人员投入强度和科技支出占财政预算支出比重上，上海排名位于杭州、南京等城市之后。环境友好排名较上年有所下降，从第 19 位下降至第 24 位，得分为 0.714，与上年的分值相差不大。上海在这一指标排名下降的主要原因是资源利用和环境保护成效略有下降（见表 12）。

表 12　2020 年上海产业转型升级一级指标

指标	上海		对比城市:武汉	
	得分	排名	得分	排名
结构优化	0.874	1	0.634	11
质量提升	0.287	24	0.285	26
产业创新	0.758	1	0.606	2
环境友好	0.714	24	0.744	3

资料来源：笔者根据计算结果制作。

武汉、南京、长沙、杭州这 4 个城市进入长江经济带 20 个重要城市的第二梯队，位列长江经济带产业转型升级综合排名的第 2 至第 5 名，4 个城市均为省会城市。

武汉作为湖北省省会，排名稳居第 2，综合得分为 0. 546，这得益于产业创新一级指标在 126 个城市中排第 2 名，仅低于上海，尤其是武汉的创新产出得分达到 0. 866，超过上海（0. 828）位居第一。2020 年武汉授权发明专利数量 34635 件，排名第一。此外，结构优化一级指标排名第 11。2020 年武汉第三产业增加值占 GDP 比重达 61. 8%，位居第 5，产业集聚度和外贸依存度分别为 1. 10 和 17. 32，先进生产性服务业从业人员比重超过 20%，均列前五位。武汉质量提升一级指标排名第 26，得分为 0. 285，主要得益于高效的生产效率，该指标排名第 8。其中，2020 年武汉人均 GDP 达到 13. 1 万元，位居前列；全员劳动生产率 31. 7 万元/人，排名前五。但武汉的投资效益系数和工业企业固定资产利润率略逊色，排名均在第 50 位之后。武汉环境友好一级指标排名第 3，得分为 0. 744。其中表现较好的是单位工业增加值废水排放量、单位工业增加值废气排放量、单位工业增加值颗粒物排放量。

南京在长江经济带 126 个城市中产业转型升级排名第 3。从 4 个一级指标来看，南京在结构优化和产业创新上表现优异。具体而言，结构优化一级指标得分 0. 733，仅次于上海。2020 年南京第三产业增加值占 GDP 比重高达 62. 8%，仅次于上海和杭州。就业结构中先进生产性服务业从业人员比重达到 24. 2%，处于前五位。质量提升一级指标中，人均 GDP 达 15. 9 万元，在 126 个城市中排第 2 位，仅次于无锡。此外，南京的投资效益系数表现也较好。产业创新一级指标得分 0. 426，排名第 4，下属 3 个二级指标创新投入、创新产出、成果转化分别排名第 19、第 3 和第 6。其中，授权发明专利数量 14897 件，排名第 4。科教支出占财政预算支出比重为 23. 2%，技术合同交易额近 591 亿元，均名列前茅。环境友好一级指标南京表现较好，得分为 0. 692，排名第 14 位。

长沙是中部省会城市，产业转型升级排名第 4。长沙的质量提升一级指标表现极好，得分达 0. 431，位居第 2。其中生产效率二级指标排名第 11，投资效益二级指标排名第 9 位。2020 年，长沙投资效益系数和工业企业固定资产利润率均居前十位；人均 GDP 和全员劳动生产率分别达到 12.3 万元和 30.4 万元/人，在长江经济带 126 个城市中分列第 13 和第 25 位。长沙结构优化一级指标排名第 10 位，其中二级指标就业结构排名第 6，产业结构排名第 20。2020 年，长沙先进生产性服务业从业人员比重达到 18.5%，在长江经济带 126 个城市中排前二十位。长沙产业创新列第 11 位，得分为 0.280。二级指标创新投入、创新产出和成果转化分别列第 24 位、第 7 位和第 9 位，其中授权发明专利数量 7120 件，科教支出占财政预算支出比重 19.1%，技术合同交易额达 338.6 亿元。环境友好一级指标排名第 22，主要得益于二级指标环境保护表现良好。2020 年，长沙环境保护得分 0.979，排首位。单位工业增加值废气排放量和颗粒物排放量分别为 0.433 吨和 0.943 吨，均位列前十。

杭州是东部发达省份浙江的省会城市，产业转型升级排名第五。从 4 个一级指标来看，结构优化排名第 6，质量提升排名第 41，产业创新排名第 3，环境友好排名第 26。结构优化一级指标中，第三产业增加值占 GDP 比重达 68.0%，仅次于上海；先进生产性服务业从业人员比重为 28.3%，排名第二，仅次于上海。质量提升一级指标中，杭州的人均 GDP、全员劳动生产率、投资效益系数分别达到 13.7 万元、20.0 万元/人和 130.1，均位列前茅。产业创新一级指标排名第 3，二级指标创新投入、创新产出和成果转化三项分别排名第 6、第 5 和第 4。具体而言，R&D 经费投入强度、科教支出占财政预算支出比重、授权发明专利数量、技术合同交易额表现出色，其中 2020 年杭州 R&D 经费投入强度为 3.59%，仅次于上海和苏州，科教支出占财政预算支出比重达 26.5%，位居第 4，授权发明专利数量达 17327 件，位居第 3，仅次于上海和武汉，技术合同交易额 501 亿元，表现亮眼。此外，杭州环境友好一级指标得分 0.712，排名第 26 位，在单位工业增加值废气、废水、颗粒物排放量方面应进一步优化。

苏州等 6 个城市进入长江经济带 20 个重要城市产业转型升级的第三梯队。这 6 个城市可以分为两类。一类是沿江各省市的省会，包括成都、合肥，这些省会城市和其他城市相比在一级指标产业创新上存在突出优势。一

表 13　2020 年武汉、南京、长沙、杭州产业转型升级一级指标

指标	武汉		南京		长沙		杭州	
	得分	排名	得分	排名	得分	排名	得分	排名
结构优化	0.634	11	0.733	2	0.638	10	0.702	6
质量提升	0.285	26	0.316	17	0.431	2	0.255	41
产业创新	0.606	2	0.426	4	0.280	11	0.450	3
环境友好	0.744	3	0.692	14	0.716	22	0.712	26

资料来源：笔者根据计算结果制作。

方面，创新产出成果丰富。得益于丰富的大学和科研院所等科技创新载体资源和较为雄厚的产业基础，成都、合肥的授权发明专利数量分别为 10881 件和 7593 件，仅次于第一梯队和第二梯队的各个城市。另一方面，成果转化成效显著。如成都、合肥的技术合同交易额分别达到 1136 亿元和 572 亿元，两项指标在长江经济带 126 个城市中均位居前列。此外，成都在结构优化和环境友好两个一级指标方面表现较好，排名分别为第 8 和第 10，2020 年成都第三产业增加值占 GDP 比重、一般工业固体废弃物综合利用率、单位工业增加值废水和颗粒物排放量均位列前茅。合肥结构优化排名第 14，其中 2020 年合肥产业集聚度达到 1.09，在长江经济带 126 个城市中排名靠前，但质量提升和环境友好得分分别为 0.209 和 0.690，仅分别排第 78 和 44 位。

6 个城市中除了省会城市外，另一类是 4 个江浙经济发达的地级市，即苏州、无锡、宁波和舟山。这些地级市凭借雄厚的经济基础和产业基础，在产业转型升级方面具备一定优势。第一，生产效率极高，人均、地均产值达到高水平。2020 年，苏州、无锡、宁波和舟山四个城市的人均 GDP 分别达到 15.8 万元、16.6 万元、13.3 万元和 13.0 万元，分别列第 2、第 1、第 8 和第 11；苏州的 R&D 经费投入强度和外贸依存度分别达到 3.78%和 110.7，分别列第 2 和第 1 位。4 个城市产业集聚度均在 1.0 以上，均位列前茅。此外，4 个城市的就业结构进一步优化，先进生产性服务业从业人员比重排名也相较提升，苏州、无锡和宁波的技术合同交易额分别超过 493.2 亿元、294.0 亿元和 257.5 亿元，均位列前茅。

表 14　2020 年长江经济带 20 个主要城市产业转型升级第三梯队一级指标

区域	结构优化		质量提升		产业创新		环境友好	
	得分	排名	得分	排名	得分	排名	得分	排名
苏州	0.719	4	0.280	28	0.297	8	0.696	37
无锡	0.642	9	0.344	10	0.284	9	0.707	30
成都	0.660	8	0.209	77	0.419	5	0.729	10
宁波	0.687	7	0.266	32	0.228	13	0.712	25
合肥	0.619	14	0.209	78	0.384	6	0.690	44
舟山	0.703	5	0.325	6	0.051	91	0.725	13

资料来源：笔者根据计算结果制作。

江浙部分城市、重庆及南昌进入长江经济带 20 个重要城市的第四梯队。其中常州、金华、嘉兴、镇江、温州、台州等是东部沿海较为发达的地级市，GDP 排名基本位于省内的中上游水平，而重庆、南昌作为内陆省市，凭借着发达的经济和优质的产业结构与就业结构，产业转型升级指数排名靠前，丽水则是环境友好型东部城市。常州在结构优化指标上表现相对较好。2020 年嘉兴产业集聚度达到 1.1，位列长江经济带前茅。常州的人均 GDP 和全员劳动生产率分别达到 14.8 万元和 42.0 万元/人，表现极为良好。在产业创新方面，嘉兴 2020 年技术合同交易额达到 225.6 亿元，同比增长 178.2%。2020 年重庆 R&D 人员投入强度达 2.1%，授权发明专利数量达7637 件，技术合同交易额达 154.2 亿元。此外，丽水、镇江、温州的环境友好一级指标得分分别达到 0.741、0.733 和 0.746，分列第 4、第 8 和第 2。

表 15　2020 年长江经济带 20 个主要城市产业转型升级第四梯队一级指标

区域	结构优化		质量提升		产业创新		环境友好	
	得分	排名	得分	排名	得分	排名	得分	排名
常州	0.723	3	0.151	107	0.212	15	0.686	47
金华	0.632	12	0.206	79	0.256	12	0.684	52
嘉兴	0.572	22	0.232	62	0.311	7	0.634	79
丽水	0.587	19	0.179	93	0.181	19	0.741	4

续表

区域	结构优化		质量提升		产业创新		环境友好	
	得分	排名	得分	排名	得分	排名	得分	排名
重庆	0. 592	18	0. 168	101	0. 207	16	0. 720	17
镇江	0. 578	20	0. 210	75	0. 143	25	0. 733	8
温州	0. 506	40	0. 245	50	0. 016	126	0. 746	2
台州	0. 609	17	0. 215	73	0. 178	20	0. 461	120
南昌	0. 569	24	0. 194	89	0. 195	18	0. 523	106

资料来源：笔者根据计算结果制作。

附录：产业转型升级评价方法

本报告使用权重优化模型，运用层次分析法和熵值法对各子系统进行了综合权重分析，指标体系如附表1。首先需要确定各级指标的具体权重，通过运用层次分析法（AHP）和熵值法（EVM）对各子系统进行了综合权重分析。该研究方法主要是为了尽可能避免出现指标权重的不确定性，以达到各指标赋权的主客观一致性，同时也确保各子系统内部权重之和为1。

附表1　产业转型升级指数指标体系

一级指标		二级指标		三级指标		
名称	权重	名称	权重	序号	名称	权重
结构优化	0.3	产业结构	0.6	1	第二产业增加值占GDP比重	0.2
				2	第三产业增加值占GDP比重	0.3
				3	产业集聚度	0.2
				4	外贸依存度	0.3
		就业结构	0.4	5	非农产业从业人员比重	0.5
				6	先进生产性服务业从业人员比重	0.5
质量提升	0.3	生产效率	0.5	7	人均GDP	0.4
				8	全员劳动生产率	0.3
				9	建设用地土地生产率	0.3
		投资效益	0.5	10	投资效益系数	0.5
				11	工业企业固定资产利润率	0.5
产业创新	0.2	创新投入	0.3	12	R&D经费投入强度	0.35
				13	R&D人员投入强度	0.35
				14	科教支出占财政预算支出比重	0.3
		创新产出	0.3	15	授权发明专利数量	0.5
				16	高水平期刊科技类论文发表数量	0.5
		成果转化	0.4	17	技术合同交易额	0.5
				18	国家企业技术中心数量	0.5
环境友好	0.2	资源利用	0.5	19	单位工业增加值用电量	0.5
				20	一般工业固体废弃物综合利用率	0.5
		环境保护	0.5	21	单位工业增加值废水排放量	0.4
				22	单位工业增加值废气排放量	0.3
				23	单位工业增加值颗粒物排放量	0.3

B.7
长江经济带社会发展指数报告（2021～2022）

杨　昕*

摘　要： 本报告将长江经济带全域内126个地级市以上行政单元作为样本，通过构建包括社会事业、社会保障、社会均衡、社会活力在内的长江经济带社会发展指数，全面分析长江流域社会发展动态。与上年相比，长江经济带社会发展指数持续增长，但由于疫情带来的影响仍然明显，进步速度较以往有所减慢。从区域间差距来看，上中下游间差距拉大，特别是上游和下游间。从分项指标看，长江经济带全域的社会事业发展相对稳定，城乡发展相对均衡，社会保障事业整体向好但进步空间仍较大。总体而言，长江下游的三省一市继续大幅领先于全域，与中游和上游地区形成阶梯式断层，上游和中游城市在社会保障领域仍明显滞后，需进一步采取针对性举措促进社会全面发展。

关键词： 长江经济带　社会发展　社会指数

2022年10月16日，党的二十大胜利召开，从战略全局深刻阐述了新时代坚持和发展中国特色社会主义的一系列重大理论和实践问题，科学谋划了未来一个时期党和国家事业发展的目标任务和大政方针，在党和国家历史上具有重大而深远的意义。此次会议的召开，是我国开启全面建设社会主义现代

---

* 杨昕，经济学博士，上海社会科学院信息研究所研究员，研究方向为人口发展与社会政策。

化国家新征程的重要时间节点，长江经济带社会经济的发展也将迈入新的阶段。

作为跟踪观察长江经济带全域社会发展的重要依据，本报告沿用 2018 年提出的长江经济带社会发展指标体系构建方法和分析工具，以全域范围内的 126 个城市为样本，构建长江经济带社会发展综合指数和单一维度指数，使得长江经济带全域社会发展状况得以全面、系统的呈现。为了保持可比性，本报告仍从社会事业、社会保障、社会均衡和社会活力四个维度进行考察，但在具体的指标选取上，综合考虑统计口径、发布时间、数据可获得性等方面的影响，进行了细微调整。调整后的指数，能更加准确地呈现长江经济带全域内各城市的社会发展水平、各城市间的差异，为寻找长江经济带社会发展短板、推动长江经济带社会发展提供数据支持和决策参考。

一　指标体系构建

（一）指标选取

本报告旨在全面反映长江经济带各城市的社会发展现状，并对不同城市间的发展水平进行排序，分析将从社会事业、社会保障、社会均衡和社会活力四个维度着手进行。其中，社会事业领域涉及教育事业、卫生事业和文化事业的发展水平，从财政在教育事业和文化事业发展的人均投入、师资配置、万人在校大学生数、万人卫生机构床位数、万人卫生技术人员数、万人文化事业单位从业人员数等方面来反映；社会保障领域涉及社会保险和最低生活保障，从城镇职工基本养老保险、城镇职工基本医疗保险、失业保险的参保率和城乡最低生活保障等方面来反映；社会均衡领域关注生产效率与公平的良性互动，从城镇常住居民和乡村常住居民人均可支配收入比、城镇常住居民和乡村常住居民人均生活消费比、城镇非私营单位在岗职工平均工资增长率等方面反映；社会活力领域涉及城市未来发展潜力，包括人口活力、劳动力资源、经济规模和经济增长速度等。根据以上内容，长江经济带社会发展指数可用包括 4 项一级指标、10 项二级指标和 29 项三级指标在内的指标体系予以概况（见表 1）。

表 1　长江经济带社会发展指数指标体系

一级指标	二级指标	三级指标	权重
社会事业	教育事业	人均教育投入[①](元)	3
		万人专任教师数(人)	2.5
		义务教育生师比[②]	2.5
		高中生师比[③]	2.5
		万人在校大学生数(人)	2.5
	卫生事业	人均医疗卫生投入(元)	3
		万人卫生机构床位数(张)	2.5
		万人卫生技术人员数(人)	2.5
	文化事业	人均文化体育与传媒投入(元)	3
		万人文化事业单位从业人员数(人)	2
社会保障	保障水平	人均社会保障和就业投入(元)	5
		城乡最低生活保障[④](元/月)	5
	保障覆盖	城镇职工基本养老保险参保率[⑤](%)	5
		城镇职工基本医疗保险参保率(%)	5
		城镇职工失业保险参保率(%)	5
社会均衡	收入水平	城乡居民人均可支配收入(元)	2.5
		城镇非私营单位在岗职工平均工资(元)	2.5
		城乡居民人均可支配收入增长率(%)	1.5
		城镇非私营单位在岗职工平均工资增长率(%)	1.5
	消费水平	城乡居民人均生活消费支出(元)	6
	城乡差距	城乡居民人均可支配收入比	5
		城乡居民人均生活消费支出比	5
社会活力	人力资源	大专及以上教育人口比重[⑥](%)	3.5
		常住人口密度(人/公里^2)	3.5
		外来人口比重[⑦](%)	2.5
		劳动参与率[⑧](%)	3.5

续表

一级指标	二级指标	三级指标	权重
社会活力	经济基础	GDP 增长率(%)	4
		人均 GDP(元)	4
		地均 GDP(万元/公里^2)	4

注：①人均教育投入=一般预算财政支出中教育经费支出额/常住人口。人均医疗卫生投入、人均文化体育与传媒投入、人均社会保障和就业投入，类同。②义务教育生师比=（初中在校学生数+小学在校学生数）/（初中专任教师数+小学专任教师数）。③高中生师比=高中在校学生数/高中专任教师数。④为当地城镇和乡村最低生活保障标准的平均数。⑤城镇职工基本养老保险参保率=（城镇职工基本养老保险参保职工人数/各行业从业人口）×100%。城镇职工基本医疗保险参保率、城镇职工失业保险参保率，类同。⑥该数据不是每年报告的数据，使用 2020 年第七次人口普查数据。⑦外来人口比重=（常住人口-户籍人口）/常住人口×100%。⑧劳动参与率计算方法：（从业人口/常住人口）×100%。

资料来源：各城市 2021 年国民经济和社会发展统计公报、各城市 2022 年/2021 年统计年鉴、各城市 2021 年一般公共预算支出决算表，各城市劳动和社会保障职能部门公开发布的数据。

（二）指数计算

本报告沿用极值化方法对各三级指标数据进行标准化处理，正向指标的标准化公式为：

$$x'_{ij} = \frac{x_{ij} - \min\{x_{ij}\}}{\max\{x_{ij}\} - \min\{x_{ij}\}}$$

其中，x_{ij} 代表二级指标 x 第 i 项三级指标中第 j 个城市的统计性原始数据；min $\{x_{ij}\}$ 为三级指标 x_i 的最小值，max $\{x_{ij}\}$ 为三级指标 x_i 的最大值；x'_{ij} 为标准化后的数据，x'_{ij}~ [0，1]。

负向指标①的标准化公式为：

$$x'_{ij} = \frac{\max\{x_{ij}\} - x_{ij}}{\max\{x_{ij}\} - \min\{x_{ij}\}}$$

① 负向指标为：义务教育生师比、高中生师比、城乡居民人均可支配收入比和城乡居民人均生活消费支出比。

本文中除义务教育生师比、高中生师比、城乡居民人均可支配收入比和城乡居民人均生活消费支出比使用负向指标标准化公式外，其余指标均使用正向指标标准化公式计算。

各二级指标、一级指标和社会发展指数得分为下一级指标得分的加权平均值。

二 长江经济带126个城市社会发展领域整体评价

（一）社会发展指数整体排名

根据指数计算结果，表2列示了长江经济带126个城市社会发展综合指数得分及排名情况。

表2 长江经济带126个城市社会发展指数排名

排名	城 市	指数	排名	城 市	指数
1	上 海	80.75	20	衢 州	45.84
2	南 京	65.56	21	泰 州	45.70
3	杭 州	64.32	22	扬 州	45.67
4	苏 州	63.49	23	芜 湖	44.39
5	无 锡	61.06	24	金 华	44.02
6	宁 波	59.76	25	台 州	44.00
7	舟 山	58.49	26	温 州	43.81
8	武 汉	57.55	27	南 昌	43.26
9	嘉 兴	55.40	28	阿坝藏族羌族自治州	43.11
10	常 州	55.11	29	攀枝花	42.71
11	绍 兴	54.92	30	马鞍山	41.45
12	湖 州	53.73	31	贵 阳	40.63
13	成 都	52.45	32	盐 城	40.41
14	长 沙	52.09	33	湘 潭	39.50
15	镇 江	49.09	34	黄 山	39.43
16	合 肥	47.67	35	萍 乡	39.28
17	丽 水	46.64	36	重 庆	39.10
18	南 通	45.98	37	株 洲	38.39
19	宜 昌	45.89	38	黄 石	38.03

续表

排名	城　市	指数	排名	城　市	指数
39	昆　明	37.74	73	遂　宁	32.02
40	雅　安	37.70	74	西双版纳	31.95
41	铜　陵	37.33	75	抚　州	31.60
42	淮　安	36.90	76	郴　州	31.54
43	新　余	36.73	77	宜　春	31.50
44	宣　城	36.60	78	遵　义	31.41
45	徐　州	36.49	79	岳　阳	31.37
46	乐　山	36.36	80	泸　州	31.21
47	德　阳	36.34	81	淮　南	30.74
48	荆　门	36.25	82	吉　安	30.31
49	迪庆藏族自治州	36.25	83	楚　雄	30.29
50	景德镇	35.93	84	咸　宁	30.21
51	鄂　州	35.85	85	张家界	29.86
52	鹰　潭	35.55	86	南　充	29.80
53	绵　阳	35.41	87	怒江傈僳族自治州	29.62
54	襄　阳	35.34	88	恩施土家族苗族自治州	29.53
55	常　德	35.31	89	赣　州	29.53
56	十　堰	34.89	90	益　阳	29.42
57	荆　州	34.73	91	巴　中	29.09
58	广　元	34.50	92	随　州	28.63
59	连云港	34.47	93	甘孜藏族自治州	28.41
60	玉　溪	34.43	94	蚌　埠	28.39
61	自　贡	34.18	95	红　河	28.35
62	宿　迁	34.16	96	大　理	28.00
63	池　州	34.11	97	六　安	27.95
64	宜　宾	33.72	98	上　饶	27.94
65	眉　山	33.41	99	怀　化	27.57
66	安　庆	32.93	100	黔南布依族自治州	27.56
67	孝　感	32.68	101	娄　底	27.31
68	九　江	32.62	102	普　洱	27.30
69	滁　州	32.49	103	凉山彝族自治州	27.00
70	衡　阳	32.47	104	曲　靖	26.98
71	淮　北	32.35	105	永　州	26.61
72	内　江	32.08	106	铜　仁	26.54

续表

排名	城　市	指数	排名	城　市	指数
107	资　阳	26.48	117	临　沧	24.54
108	黄　冈	26.23	118	德　宏	24.52
109	六盘水	26.22	119	邵　阳	24.09
110	宿　州	25.49	120	文　山	24.06
111	达　州	25.46	121	阜　阳	23.76
112	丽　江	25.34	122	保　山	23.75
113	黔西南布依族苗族自治州	25.34	123	亳　州	23.11
114	广　安	25.16	124	黔东南苗族侗族自治州	22.58
115	湘西土家族苗族自治州	24.87	125	毕　节	21.34
116	安　顺	24.63	126	昭　通	20.73

（二）社会发展水平综合评价

根据社会发展指数的测算结果，可以看到长江经济带的社会发展指数均值较2020年略有提高，指数得分均值为36.03，高于2020年的35.81。在126个城市中，上海继续保持领先地位，是全流域社会发展水平最高的城市，综合指数得分达到80.75，也是126个城市中唯一得分超过80的地区。除上海以外，各省会及苏州、无锡、宁波等重要节点城市的排名均靠前。

2021年排名前十位的城市与2020年相比没有变化，但位次略有调整，其中南京、宁波的排名各前进一位，分别从第3位和第7位前进到第2位和第6位，与此同时杭州和舟山各后退一位，分别从第2位和第6位下降到第3位和第7位。

表3　长江经济带126个城市社会发展指数得分统计信息

指数		均值	最大值	最小值	标准差	中位数
社会发展指数		36.03	80.75	20.73	10.76	33.89
一级指数	社会事业	34.90	64.03	17.21	8.24	33.36
	社会保障	27.61	97.93	6.34	18.70	21.73
	社会均衡	50.18	78.70	25.58	11.38	49.09
	社会活力	31.48	82.35	11.82	10.90	29.09

总体而言，长江经济带各城市的社会发展水平差距没有缩小，排名第一和倒数第一的城市分值相差60.02，最大值是最小值的3.9倍，标准差10.76，极差与标准差均较2020年有所增加。在4项一级指数中，社会均衡和社会事业指数表现相对较好，均值分别为50.18和34.90，社会保障领域发展相对不足，均值为27.61。从中位数来看，情况也是如此。比较2020年和2021年的综合指数和一级指数，可以看到综合指数和一级指数间的变化方向并不一致，综合指数和社会保障、社会均衡一级指数的均值、中位数都有不同程度的上升，但社会事业、社会活力这两个一级指数的均值和中位数均有所下降。这可能说明疫情对提升社会事业和保持社会活力方面的负面影响较为明显，而在社会保障方面，由于各地政府加大投入，各地社会保障水平反而有一定程度的提升，保障面也进一步扩大。

将社会发展指数以5分为区间进行分组，得到社会发展指数的各区间频次（见图1）。图1直观地表明2021年长江经济带126个城市的社会发展指数仍具有明显的偏态分布特征，与2020年相比，在55~59、60~64、45~49、35~39、20~24分段的城市数量增加，在50~54、40~44、25~34分段的城市数量减少。总体而言，较低综合指数分值的城市数量减少了，而较高分值的城市数量增加了。但需要指出的是，与2019~2020年相比，2020~2021年各城市的分值变化不大。这表明，疫情对我国经济和社会发展均带来了明显的影响，各地方的发展速度明显放缓。

为了便于比较，本文按照往年的分值划分标准，将长江经济带126个城市分为4个类别（见表4）。其中一级城市分值为等于或高于50，共计14个，分别为上海、南京、杭州、苏州、无锡、宁波、舟山、武汉、嘉兴、常州、绍兴、湖州、成都和长沙；二级城市社会发展指数分值区间为［40，50），共计18个，分别为镇江、合肥、丽水、南通、泰州、宜昌、衢州、扬州、台州、金华、芜湖、温州、阿坝藏羌自治州、南昌、攀枝花、马鞍山、贵阳、盐城；三级城市社会发展指数分值区间为［30，40），共计52个；四级城市社会发展指数分值为低于30，共计42个。

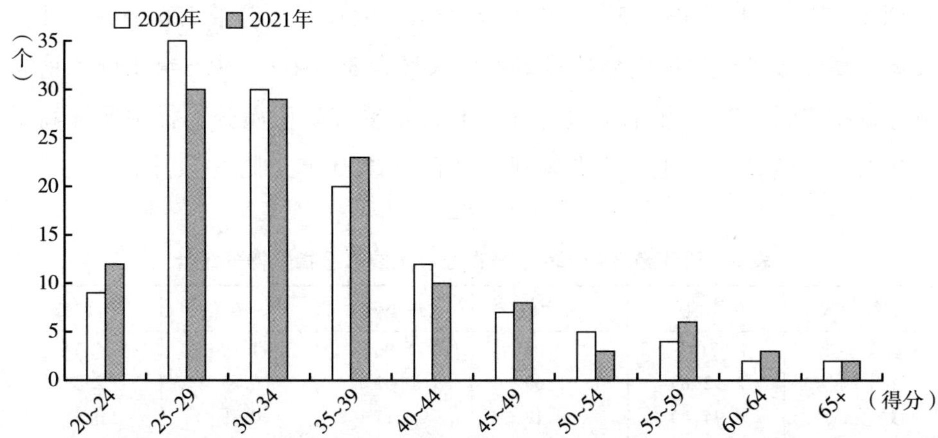

图 1　2020 年、2021 年长江经济带 126 个城市社会发展指数区间的频次分布

表 4　长江经济带 126 个城市社会发展领域类别划分

城市组别	分值区间	指数得分均值		包含城市数量(个)	
		2021 年	2020 年	2021 年	2020 年
社会发展一级城市	≥50	59. 71	58. 74	14	13
社会发展二级城市	[40,50)	44. 44	43. 97	18	20
社会发展三级城市	[30,40)	34. 53	34. 19	52	49
社会发展四级城市	<30	26. 43	27. 12	42	44

比较 2020 年和 2021 年，可以看到 2021 年社会发展一级至三级城市数量有所增加，且一级、二级、三级城市的指数得分均值均较 2020 年有不同程度的上升，仅社会发展四级城市的得分均值有所下降。

（三）社会发展细分领域评价

从二级分项指标看，2021 年长江经济带全域在城乡差距、收入水平、教育事业和卫生事业方面的表现相对较好，这四个二级指数的均值满分达标率①分别

① 均值满分达标率=均值/权重。如城乡差距指数均值为 6. 771，权重为 10，均值满分达标率为 67. 71%。

达到67.71%、45.10%、37.48%和36.46%。而长江经济带126个城市社会发展领域二级指数均值满分达标率平均水平为36.04%。从二级指标均值满分达标率来看，2021年的城乡差距、收入水平等均值满分达标率明显高于2020年，教育事业和卫生事业等则明显低于2020年（见表5、图2）。

表5　长江经济带126个城市社会发展二级指数得分统计

二级指数	均值	最大值	最小值	标准差	中位数
教育事业	4.87(13)	9.09	1.96	1.27	4.64
卫生事业	2.92(8)	5.59	0.32	0.87	2.82
文化事业	0.94(4)	4.18	0.11	0.79	0.85
保障水平	2.41(10)	10.00	0.42	1.41	2.06
保障覆盖	4.49(15)	14.95	0.27	3.60	3.26
收入水平	4.06(9)	6.57	1.09	0.75	3.87
消费水平	1.71(6)	6.00	0.00	1.20	1.34
城乡差距	6.77(10)	9.24	2.27	1.45	7.12
人力资源	3.91(13)	10.52	0.89	1.48	3.57
经济基础	3.96(12)	10.07	0.40	1.44	3.63

注：括号内为每个二级指数的权重。

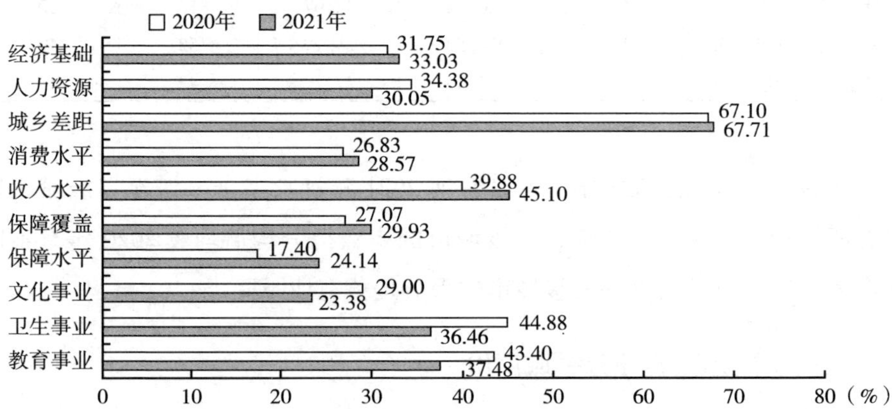

图2　2020~2021年长江经济带126个城市社会发展二级指数均值满分达标率变动

（四）社会发展50强城市分布

长江经济带全域社会发展前50强城市中，有29个城市来自下游，占下游城市总数的70.73%；有11个城市来自中游，占中游城市总数的28.95%；有10个城市来自上游，占上游城市总数的21.28%。与2020年相比，长江经济带社会发展50强城市中下游城市的占比不变，中游城市减少1个，上游城市增加1个。这表明，2020~2021年，长江下游地区的社会发展继续保持了压倒性优势，而中游地区略弱于上游地区（见图3、图4）。

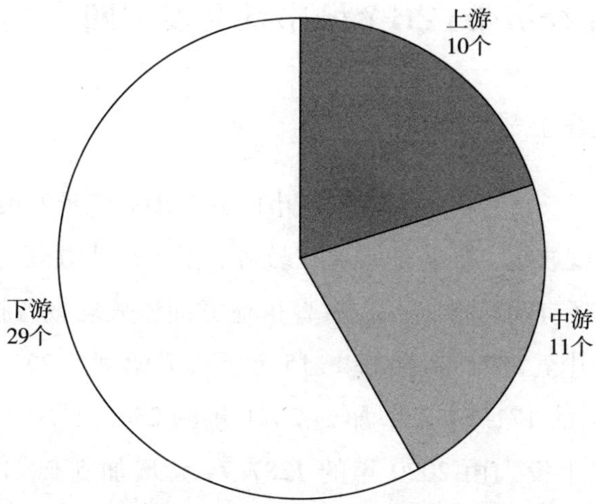

图3　长江经济带社会发展50强城市流域分布

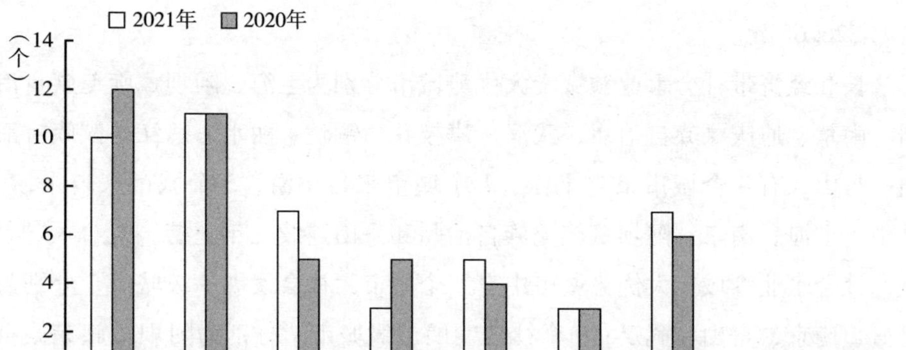

图4　2020~2021年长江经济带社会发展50强城市省域分布变化

如果分省域来看，除上海和重庆这两个直辖市以外，长江经济带社会发展50强城市主要分布在下游的江苏、浙江及上游的四川。与2020年相比，江苏、江西两省进入前50强的城市数量减少，而安徽、湖北、四川进入前50强的城市数量均增加。

三　长江经济带126个城市社会发展四大领域分析

（一）社会事业领域

2020~2021年长江经济带126个城市的社会事业稳步发展。虽然疫情影响下经济恢复速度放缓，但各地政府在教育、卫生事业方面的投入却并没有减少，多数地区还有明显增加。在教育事业方面，人均教育投入由2020年的2125.56元提升至2021年的2248.15元，提升幅度5.77%；万人在校大学生数由2020年的171.59人增加到2021年的254.14人。在卫生事业方面，人均医疗卫生投入由2020年的1287.74元增加到2021年的1330.65人，万人卫生机构床位数从2020年的65.86张增加到2021年的69.78张，万人卫生技术人员数从2020年的70.73人增加到2021年的77.05人。在文化事业方面，人均文化体育与传媒投入从2020年的190.702元增加到2021年的226.65元。

长江经济带社会事业领域十大优势城市分别为上海、阿坝藏族羌族自治州、南京、迪庆藏族自治州、武汉、攀枝花、铜陵、丽水、怒江傈僳族自治州、舟山，有4个城市来自上游，1个城市来自中游，5个城市来自下游。其中，上海、南京、阿坝藏族羌族自治州和舟山连续三年上榜。

社会事业领域十大优势城市中有4个城市为社会发展一级城市，分别为上海、南京、舟山和武汉；3个社会发展二级城市，分别为阿坝藏族羌族自治州、攀枝花和丽水；2个社会发展三级城市迪庆藏族自治州、铜陵，1个社会发展四级城市怒江傈僳族自治州。这与2020年社会事业领域十大优势城市中除一个少数民族自治州外其余均来自长江下游三省一市有很大差别。

从各项细目得分来看，一级城市在教育、卫生、文化事业的发展过程中始终保持了较为良好的进展，二级城市阿坝藏族羌族自治州主要在人均教育投入、人均医疗卫生投入、义务教育生师比等方面表现出色，攀枝花主要在义务教育生师比、高中生师比、万人卫生机构床位数和万人卫生技术人员数等方面排名居前，丽水在人均教育投入、高中生师比、人均医疗卫生投入、万人卫生技术人员数和人均文化体育与传媒投入等方面表现较好。社会发展三级和四级城市能够进入前十位主要也是得益于在教育和卫生事业发展中的大量财政投入。

表 6　长江经济带社会事业领域优势城市

城　市	社会事业指数得分	综合排名	城市类别	二级指数排名			
				社会事业	社会保障	社会均衡	社会活力
上　海	64.03	1	一级	1	1	1	1
阿坝藏族羌族自治州	61.53	27	二级	2	30	57	83
南　京	55.53	2	一级	3	4	12	4
迪庆藏族自治州	53.90	53	三级	4	42	123	47
武　汉	51.73	8	一级	5	12	18	5
攀枝花	49.84	29	二级	6	28	49	51
铜　陵	49.00	41	三级	7	32	105	91
丽　水	48.47	17	二级	8	15	21	76
怒江傈僳族自治州	47.84	88	四级	9	72	124	103
舟　山	47.78	7	一级	10	9	8	10

（二）社会保障领域

2020~2021 年长江经济带全域各城市的社会保障事业进一步发展。人均社会保障和就业投入从 2020 年的 1642.69 元提升至 2021 年的 1760.99 元，提升幅度 2%；城乡最低生活保障达到 635 元，较上年提升了 7.20%；城镇职工基本养老保险、基本医疗保险和失业保险的参保率分别达到 42.74%、36.67%和 26.09%，较 2020 年分别上升了 7.37 个、7.63 个和 8.69 个百分点。

长江经济带126个城市中的社会保障领域十大优势城市分别为上海、苏州、杭州、南京、宁波、无锡、湖州、常州、舟山、嘉兴，均来自下游的沪、浙、苏三地。其中上海、杭州、苏州、南京、宁波连续三年上榜。

社会保障领域十大优势城市都是社会发展一级城市，在社会事业领域外，这十个城市在社会保障、社会均衡和社会活力三个维度的排名几乎都在前二十位。

进入社会保障领域十大优势城市之列的各城市社会发展综合排名都居前15名，但苏州、宁波、无锡、湖州、常州和嘉兴的社会事业排名相对靠后。从具体指标来看，万人在校大学生数、万人卫生机构床位数和万人卫生技术人员数排名相对靠后，是造成其社会事业排名整体靠后的主要原因。

表7 长江经济带社会保障领域优势城市

城市	社会保障指数得分	综合排名	城市类别	二级指数排名			
				社会事业	社会保障	社会均衡	社会活力
上海	97.93	1	一级	1	1	1	1
苏州	81.82	4	一级	30	2	9	3
杭州	79.79	3	一级	19	3	2	6
南京	78.33	2	一级	3	4	12	4
宁波	75.02	6	一级	42	5	3	8
无锡	71.69	5	一级	29	6	6	2
湖州	65.06	12	一级	25	7	10	22
常州	65.01	10	一级	61	8	11	7
舟山	63.31	7	一级	10	9	8	10
嘉兴	62.74	9	一级	32	10	7	13

（三）社会均衡领域

2020~2021年长江经济带126个城市的社会均衡发展状况有所改善，平均分值为50.18，略高于上一年的47.95。从收入水平来看，2020~2021年，长江经济带126个城市的城乡居民人均可支配收入为33573.74元，平均年增长率为9.68%，城镇非私营单位在岗职工平均工资达到89643.75元，平均年增长率为9.00%。从消费水平来看，城乡居民人均生活消费支出为22472.03元，较上一年的20583.09元高出1888.94元。从城乡居民的人均可支配收入及生活消费支出的差距来看，2021年城乡居民人均可支配收入比为2.19，较2020年的2.24减少了0.05个点，而城乡居民人均生活消费支出比为1.70，较2020年减少了0.08个点。总体而言，2020~2021年长江经济带126个城市的城乡居民人均可支配收入和人均生活消费支出都明显上升，这与2019~2020年收入上涨而消费大幅下降的情况有所不同。

长江经济带126个城市的社会均衡领域十大优势城市分别为上海、杭州、宁波、长沙、绍兴、无锡、嘉兴、舟山、苏州和湖州。这十大优势城市均是2020年的入选城市，仅位次有所变化，除长沙外，均来自下游的沪、浙、苏三地。

表8为社会均衡领域十大优势城市综合指数和二级指数的排名情况。数据显示社会均衡领域十大优势城市全部都是社会发展一级城市，除在社会事业维度上排名略有靠后外，在其他三个维度上排名基本居前20名。

表8　长江经济带社会均衡领域优势城市

城市	社会均衡指数得分	综合排名	城市类别	二级指数排名			
				社会事业	社会保障	社会均衡	社会活力
上海	78.70	1	一级	1	1	1	1
杭州	78.36	3	一级	19	3	2	6
宁波	75.01	6	一级	42	5	3	8
长沙	74.96	14	一级	37	17	4	12
绍兴	74.02	11	一级	27	11	5	16
无锡	73.58	5	一级	29	6	6	2
嘉兴	72.87	9	一级	32	10	7	13
舟山	72.72	7	一级	10	9	8	10
苏州	72.55	4	一级	30	2	9	3
湖州	69.49	12	一级	25	7	10	22

（四）社会活力领域

2020~2021年长江经济带126个城市的社会活力指数的平均分值为31.48，略低于上年的33.11。2020~2021年，长江经济带126个城市的常住人口规模为6.08亿人，户籍人口规模为6.15亿人，总体而言，长江经济带属于人口净流出区。常住人口密度为298.34人/公里^2，较上年每平方公里增加了2个人，即常住人口规模持续增加。

如果分上、中、下游来看，不同区域城市间的人口变化有很大差异。长江上游三省一市经济发展水平相对落后，且适宜居住的面积相对较小，这会影响到人口的定居意愿。2021年长江上游常住人口2.03亿人，户籍人口2.18亿人，净流出人口1504.41万人，净流出人口占户籍人口的6.89%；长江中游的大部分地区虽然地理位置较上游具有明显优势，但由于经济发展水平仍有待提高，且与经济发达的长三角、珠三角均接壤，户籍人口外流情况也较为严重，2021年常住人口1.67亿人，户籍人口1.81亿人，净流出人口1383.36万人，净流出人口占户籍人口的7.64%；长江下游地区地理位置优越，大部分地区经济发展水平较高，是长江全域里人口净流入区，2021年常住人口2.36亿人，户籍人口2.16亿人，净流入人口占户籍人口的比例为9.26%。但需要指出的是，长江下游的安徽省是长三角经济发展相对较弱的省份，加之又与江苏和浙江接壤，与上海也相距不远，也是一个人口净流出地区。2021年安徽省净流出约1000万人，占其户籍人口的14.13%。

从劳动参与率来看，长江经济带126个城市的劳动参与率为57.78%，低于2020年的60.43%，其中劳动参与率超过60%的仅有50个城市，低于50%的有8个城市。从劳动力素质来看，长江经济带126个城市的常住人口中有12.53%的接受过大专及以上程度的教育。从经济产出水平来看，2020~2021年长江经济带126个城市的GDP增长率为8.58%，人均GDP为7.53万元，而地均GDP为0.46万元/公里^2。

2020~2021年，长江经济带社会活力领域十大优势城市是上海、无锡、苏州、南京、武汉、杭州、常州、宁波、镇江和舟山，十大优势城市中除镇江外均连续两年上榜。这十个城市中有9个城市位于下游的沪、苏、浙三省，1个城市位于中游的湖北省，除镇江外，均为一级社会发展城市。社会活力领域十大优势城市的社会发展综合指数排名均列前十五位。

表9　长江经济带社会活力领域优势城市

城　市	社会活力指数得分	综合排名	城市类别	二级指数排名			
				社会事业	社会保障	社会均衡	社会活力
上　海	82.35	1	一级	1	1	1	1
无　锡	60.50	5	一级	29	6	6	2
苏　州	60.46	4	一级	30	2	9	3
南　京	59.46	2	一级	3	4	12	4
武　汉	55.64	8	一级	5	12	18	5
杭　州	55.40	3	一级	19	3	2	6
常　州	53.79	10	一级	61	8	11	7
宁　波	52.70	6	一级	42	5	3	8
镇　江	49.97	15	二级	38	22	15	9
舟　山	48.62	7	一级	10	9	8	10

四　长江经济带14个重要节点城市的社会发展情况

在城市体系中，节点城市大多具有地理位置优越、经济体量相对较大、交通便利、对周边地区具有较大辐射力的特征。长江经济带有14个重要节点城市，除上海和重庆这两个直辖市，以及南京、杭州、合肥、南昌、武汉、长沙、成都、贵阳和昆明这九个省会城市外，还包括长江三角洲的区域中心城市苏州、无锡和宁波。这14个重要节点城市中，重庆、成都、贵阳和昆明4个城市位于上游，武汉、长沙和南昌3个城市位于中游，上海、杭州、南京、苏州、无锡、宁波及合肥7个城市位于下游。

（一）综合指数及一级指数排名

在 14 个重要节点城市中，上海的社会发展指数得分最高为 80.75，高出排名第 2 位的南京 15.19，高出昆明 43.01。与上年相比，上海与前 6 位城市的差距有不同程度的拉大，但与后 7 位的差距有一定程度的缩小。总体而言，上海在社会发展方面仍具有压倒性优势，但除此之外其他城市社会发展水平的分层有所模糊，下游 6 个重要节点城市全部居前列，而上游城市中最高排位城市为成都，列第 8 位。

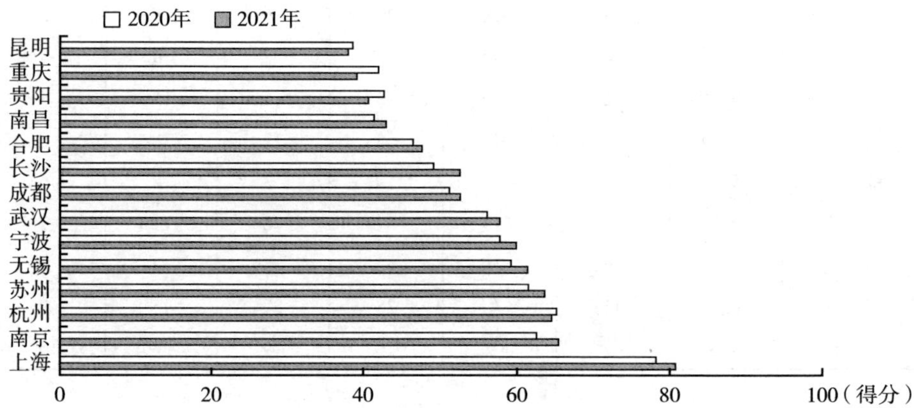

图 5　长江经济带 14 个重要节点城市社会发展指数得分

从综合排名情况看，与上年相比，上海、苏州、无锡、武汉、成都、长沙排名未变，分别列第 1、第 4、第 5、第 8、第 13、第 14 位，仅分值有所上升；杭州从第 2 位下降到第 3 位，宁波从第 7 位上升到第 6 位，合肥从第 17 位上升到第 16 位，南昌、贵阳、重庆和昆明，分别从第 26 位、第 27 位、第 30 位和第 36 位下降到第 28 位、第 31 位、第 34 位和第 39 位。

从四个一级指标得分排名看，上海、杭州、南京和苏州是长江经济带社会发展最为均衡的城市，成都、长沙、贵阳和昆明社会事业领域的发展相对欠缺，南昌和昆明需要加强社会保障，贵阳、南昌、昆明和重庆仍需进一步促进社会均衡，重庆还需要采取有效举措激发社会活力。

表10　长江经济带14个重要节点城市社会领域发展排名

城市	综合排名	一级指数排名				城市类别
		社会事业	社会保障	社会均衡	社会活力	
上海	1	1	1	1	1	一级
南京	2	3	4	12	4	一级
杭州	3	19	3	2	6	一级
苏州	4	30	2	9	3	一级
无锡	5	29	6	6	2	一级
宁波	6	42	5	3	8	一级
武汉	8	5	12	18	5	一级
成都	13	31	14	17	14	一级
长沙	14	37	18	4	12	一级
合肥	16	14	30	24	11	二级
南昌	28	11	35	67	20	二级
贵阳	31	55	26	62	30	二级
重庆	34	53	21	73	68	三级
昆明	39	21	41	107	24	三级

（二）对比分析

重要节点城市在经济产出、公共服务提供、社会保障体系构建及社会活力保持方面往往具有亮眼表现，是所在地区的先进代表。通过比较长江经济带14个重要节点城市的相关指标，可以看到在四个维度方面这14个城市间具有较为明显的不同。

社会事业方面，本报告中教育事业发展水平用人均教育投入、万人专任教师数、义务教育生师比、万人在校大学生数等指标衡量。从人均教育投入情况看，上海最高为4175.49元，其次为南京和杭州，人均教育投入分别为3424.45元和3312.60元。成都人均教育投入较低，为1546.48元，较上年有所增加，但仍仅是上海的37.03%。从万人专任教师数来看，合肥最高为246.17人，其次为南京和南昌，分别为163.64人和163.10人，最低的是宁波，仅为82.77人。从义务教育生师比来看，前三位是南京、上海和重庆，分别为 12.66∶1、13.09∶1 和 14.44∶1，最后一名是贵阳，为 18.47∶1。从万人在校大学生数来看，前三位是南昌、昆明和南京，分别为 1099.81 人、882.03 人和 803.64 人。

在 14 个重要节点城市中，教育事业发展综合水平最高的是南京，最低的是贵阳。南京在财政经费投入、教师队伍、高等教育发展等方面较为均衡，没有明显短板，因而在 14 个重要节点城市中脱颖而出；而贵阳的短板主要体现在义务教育阶段的师资不足、高等教育发展水平尚需进一步提升以及财政教育经费投入不足。上海在教育事业发展方面处于第二位，最大的优势是人均教育投入较大，但在教育领域人力资源、高等教育发展等方面仍有提升空间。

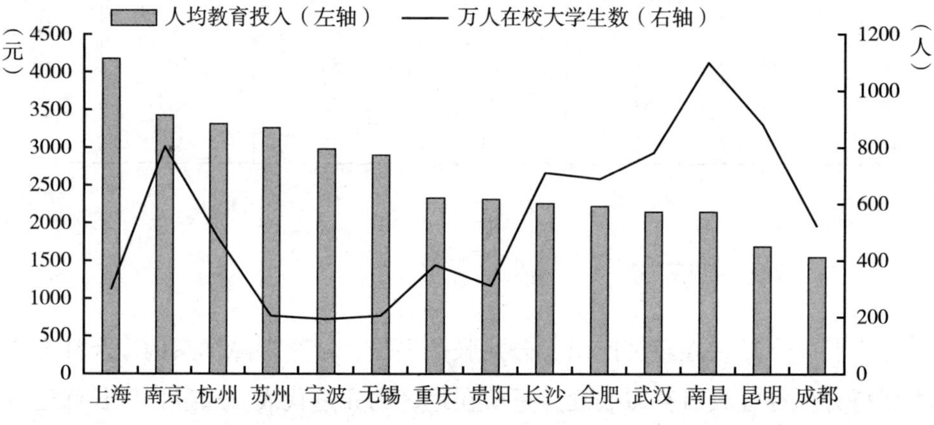

图 6　重要节点城市人均教育投入和万人在校大学生数

本报告用人均医疗卫生投入、万人卫生机构床位数和万人卫生技术人员数等指标衡量各城市卫生事业发展水平。从人均医疗卫生投入情况看，武汉最高，为 2791.73 元，其次为上海和南京，人均医疗卫生投入分别为 2543.27 元和 1594.97 元。与 2020 年相比整体投入水平明显提升。在人均医疗卫生投入方面，长沙最低，为 762.75 元，仅为最高的武汉的 27.32%。从万人卫生机构床位数来看，长沙最高，为 85.16 张，其次是武汉和昆明，分别为 81.10 张和 76.57 张，前三位城市与 2020 年相同；万人卫生机构床位数最低的是宁波，仅为 47. 15 张。从万人卫生技术人员数来看，前三位是昆明、贵阳和成都，分别为 112. 91 人、103. 73 人和 100. 51 人，最后一名是南京，为 69. 51 人。从全部数据来看，2021 年重要节点城市的万人卫生机构床位数和万人卫生技术人员数都明显增长，说明 2021 年医疗卫生资源扩充较明显。

在 14 个重要节点城市中，卫生事业发展综合水平最高的是武汉，最低的是宁波。武汉的优势体现在经费投入、万人卫生机构床位数和万人卫生技术人员数等方面较为均衡，除万人卫生机构床位数的分值略低外，其余两项指标均表现良好；而宁波在财政投入和硬件设施方面存在明显的短板。

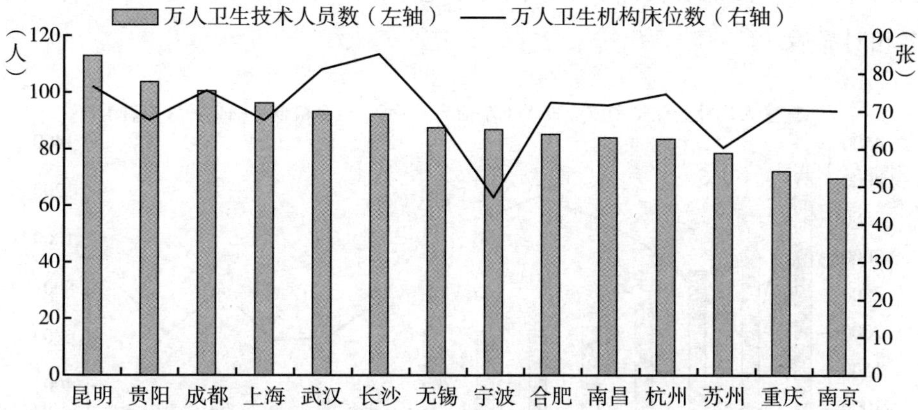

图 7　长江经济带 14 个重要节点城市医疗卫生相关指标

社会保障方面，本报告用人均社会保障和就业投入、城镇职工基本养老保险参保率、城镇职工基本医疗保险参保率、城镇职工失业保险参保率、城乡最低生活保障等指标对 126 个城市的社会保障事业发展水平进行衡量。从人均社会保障和就业投入情况看，上海、重庆和武汉居前三位，排名与 2020 年相同。上海人均社会保障和就业投入为 4113. 27 元，重庆为 2985. 86 元，武汉为 2818. 10 元。列前三位的城市投入均高于上年。人均社会保障和就业投入最低的是成都市，为 1009. 25 元，与 2020 年持平。城镇职工基本养老保险和医疗保险[①]的参保率，苏州、成都和上海列前三位，基本养老保险参保率分别为 79.22%、77.61%和 77.00%，基本医疗保险参保率分别为 84.37%、80.78%和 79.45%。城镇职工失业保险参保率列前三位的是上海、苏州和杭州，分别为 74.33%、74.26%和 74.14%。在这三项社会保险上居后三位的城市是贵阳、昆明和南昌。从城乡最低生活保障来看，上海、宁波和杭州列前三位，其中上海达到 1330 元，杭州和苏州均超过 1100 元，最低的是重庆。

在 14 个重要节点城市中，社会保障综合水平最高的是上海，最低的是合肥。上海的优势体现在人均社会保障和就业投入水平较高，且各项基本社会保险的参保率都列前三位；而合肥在人均社会保障和就业投入、城乡最低生活保障等方面处于较低水平，而三项基本保险的覆盖率不高，因而整体排名相对靠后。

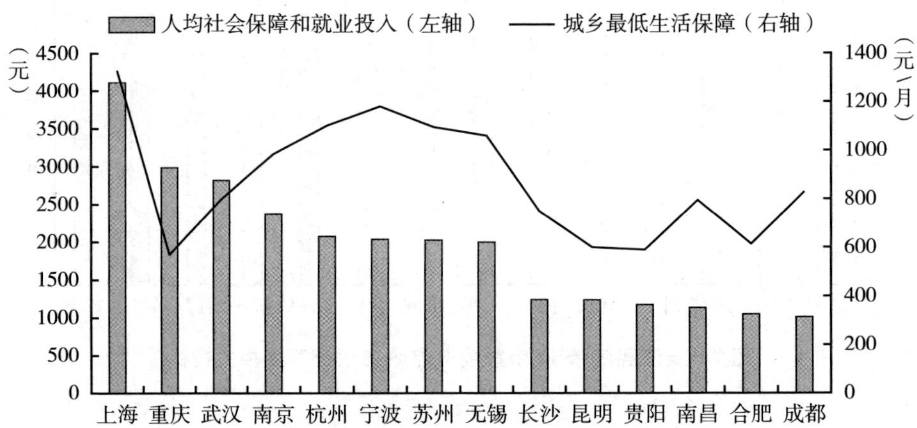

图 8　长江经济带 14 个重要节点城市社会保障相关指标

社会均衡方面，长江经济带 126 个城市的社会均衡水平在 2020～2021 年继续提升，本报告用城乡居民人均可支配收入、城乡居民人均生活消费支出、城乡居民人均可支配收入比、城乡居民人均生活消费支出比等指标

① 这里的城镇职工基本养老保险和医疗保险的参保人数均不包括离退休人员数。

进行衡量。从城乡居民人均可支配收入角度看，上海最高为 78027 元，其次是苏州和杭州，分别为 38191 元和 37709 元；从城乡居民人均生活消费支出来看，列前三位的同样是这 3 个城市，但杭州和苏州的位次互换，2021 年这 3 个城市城乡居民人均生活消费支出分别达到 48879 元、44609 元和 41818 元；与 2020 年相比，无论是城乡居民人均可支配收入还是城乡居民人均生活消费支出都大幅提升，特别是城乡居民人均生活消费支出的上升速度明显较快。从城乡居民人均可支配收入比来看，14 个重要节点城市中有一半城市比值在 2 以下，其中长沙、宁波和杭州是比值最低的三个城市，分别为 1.63、1.72 和 1.75，而南京、重庆和昆明是比值最高的三个城市，分别为 2.25、2.40 和 2.69，重庆是比值最高的城市。从城乡居民人均生活消费支出比来看，14 个重要节点城市中，除昆明外，其余城市的比值均低于 2，其中长沙、成都和杭州是比值最低的三个城市，分别为 1.49、1.54 和 1.61，而上海、合肥和昆明是比值最高的城市，分别为 1.89、1.92 和 2.68。

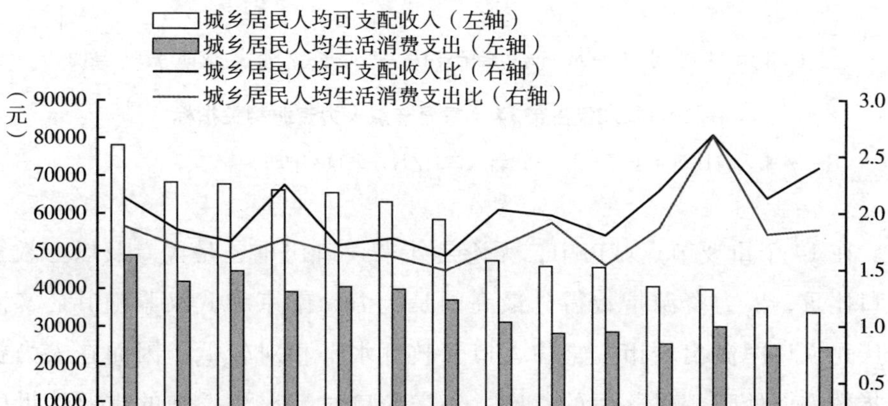

图 9　长江经济带 14 个重要节点城市社会均衡相关指标

社会活力方面，本报告中将社会活力一级指标分为人力资源和经济基础两个二级指标，在人力资源方面主要考察外来人口比重、大专及以上教育人口比重，前者可间接反映常住人口的年龄结构和劳动力资源的丰裕程度，后者反映了劳动力素质。在外来人口比重这一指标上，上海、苏州、宁波三市居前三位，分别达到41.45%、40.68%和35.74%，远高于其他城市，而重庆户籍人口规模大于常住人口规模，成为14个重要节点城市中唯一的人口净流出城市。在大专及以上教育人口比重这个指标上，南京、上海、武汉列前三位，排名与2020年相同，这三个城市大专及以上教育人口比重均超过30%，而重庆最低。

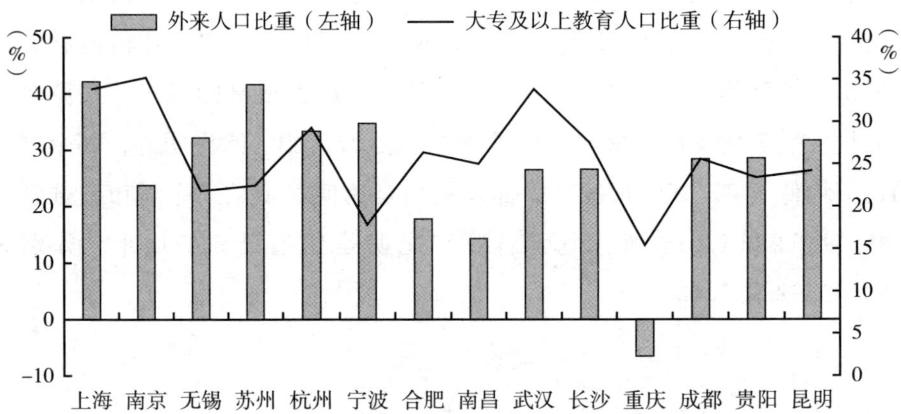

图10　长江经济带14个重要节点人力资源相关指标

注：外来人口比重=（常住人口-户籍人口）/常住人口×100%。

在14个重要节点城市中，无论是外来人口比重还是大专及以上教育人口比重，人力资源指数得分最高的是上海，南京和武汉紧随其后，而重庆是人口净流出城市，常住人口受教育水平相对较低，因而在人力资源指数方面处于相对落后的状态。外来人口对于上海发展的重要性毋庸置疑。由于外来人口中劳动年龄人口占绝大多数，外来人口占比较高将有助于缓解上海户籍人口老龄化程度较高问题，为上海的经济建设提供较为充足的劳动力的同时，也在社会保险基金的可持续运行方面做出贡献。南京和武汉的外来人口比重并不高，但其常住人口的受教育程度大大高于其他城市。

五　小结

本报告通过建立长江经济带社会发展指数综合评价了126个城市在社会事业、社会保障、社会均衡和社会活力方面的发展状况。整体来看，长江经济带各城市的公共服务、社会保障、人口变动及收入和消费等方面都保持了稳步发展态势。相对而言，长江经济带126个城市在社会均衡领域表现较好，社会保障的质量和水平虽有所提高但进步空间仍较大。与2020年相比，各地的教育和卫生事业均有所进步，但受到经济发展速度放慢的影响，进步速度有限。从测算数据来看，长江经济带社会发展的空间特异性仍很明显，下游地区的优势地位在短期内很难被超越。从14个重要节点城市看，上海、杭州、苏州、南京仍是社会发展各领域最为均衡的城市，昆明、重庆、贵阳、南昌仍需要付出更多的努力。

参考文献

王振、杨昕主编《长江经济带发展报告（2020~2021）》，社会科学文献出版社，2022。

熊兴、余兴厚、蒲坤明：《长江经济带基本公共服务综合评价及其空间分析》，《华东经济管理》2019年第1期。

李旭辉、朱启贵、胡加媛：《基于“五位一体”总布局的长江经济带城市经济社会发展动态评价研究》，《统计与信息论坛》2018年第7期。

B.8
长江经济带共同富裕水平指数报告（2021～2022）

乐　菡*

摘　要： 长江经济带的健康发展是新时代国家经济高质量发展的推动力和国家战略的标杆。实现共同富裕是社会主义制度的本质要求，是我党几代人的远大理想，更是当前党和国家的重大战略部署，本报告围绕长江经济带共同富裕的本质、内涵、目标构建了长江经济带共同富裕水平测度指标体系，从政治、经济、社会三大宏观维度来探究长江经济带实现共同富裕之路，提出要深刻理解共同富裕的理论内涵，探索平衡、协调、包容的发展路径；增强共同富裕的经济制度保障，深入实施区域协调发展战略；精神富裕和物质富裕同步推进，建设物质文明和精神文明高度共存的社会；全面推进实施乡村振兴战略，缩小城乡生活差距。

关键词： 长江经济带　共同富裕　社会主义制度

一　引言

自2017年起，上海社会科学院信息研究所长江经济带研究室以长江经济带城市为样本构建了长江经济带收入分配指数指标体系，重点从公平和

* 乐菡，上海社会科学院信息研究所助理研究员，研究方向为人口经济学。

效率两大原则出发来衡量长江经济带各城市的收入分配状态，然而在共同富裕的战略部署下，衡量长江经济带的关键词应从“公平”和“效率”向“富裕”和“共享”两大关键词转变，过去的收入分配指数指标体系已难以衡量共同富裕战略背景下长江经济带各城市收入分配水平，因此，本报告在过去研究的基础上，围绕长江经济带共同富裕的本质、内涵、目标、测度指标体系，从政治、经济、社会三大宏观维度来探寻长江经济带共同富裕之路。

二　共同富裕的本质和内涵

共同富裕是社会主义优越性的集中体现，马克思、恩格斯最早将“共同富裕”作为社会主义与资本主义本质区别的标志之一。马克思在《政治经济学批判（1875~1858 年手稿）》中指出社会生产力的发展将如此迅速，未来生产将以所有的人富裕为目的；恩格斯则在《共产党宣言》指出，无产阶级政党的一个重要使命，就是建立这样一种社会制度，使社会的每一成员不仅有可能参加社会财富的生产，而且有可能参加社会财富的分配和管理，并通过有计划地经营全部生产，使社会生产力及其成果不断增长，足以保证每个人的一切合理的需要在越来越大的程度上得到满足。

中国共产党作为马克思主义的忠诚信奉者与坚定实践者，一直致力于探寻马克思主义的初心力量。在新中国成立之初，毛泽东同志提出了国家发展富强的目标，并指出“富是共同的富，强是共同的强”。改革开放以来，邓小平同志针对中国发展的实际情况，提出了“两步走”的发展战略以实现共同富裕的目标。他主张鼓励一部分人先富起来，先富带动后富，最终实现共同富裕。经过长期努力，中国特色社会主义进入新时代，实现共同富裕成为中国共产党的重要使命。在党的十九届五中全会上，习近平同志明确提出要扎实推动共同富裕，到 2035 年全体人民共同富裕取得更为明显的实质性进展，这也意味着中国已经走向“共同富裕”的新征程。

从政治哲学视角来看，共同富裕具有严密的马克思主义历史逻辑和丰富的新时代中国特色社会主义内涵。全面实现共同富裕是我党第二个百年计划，是关系党的执政基础的重大政治问题，更是中国特色社会主义的重要特征、社会主义上层建筑的内在规律。全面实现共同富裕的本质是坚持中国特色社会主义道路，坚持以人民为中心的发展思想，推动国家富强、民族复兴，最终实现国强民更富，在历史发展的进程中充分展示中国特色社会主义的优越性。[①] 从国家富强、民族复兴、人民幸福的逻辑关系来看，三者是辩证统一、不可分割的整体，国家富强、民族复兴是人民幸福的基础和保障，因此，实现共同富裕的前提是坚持中国特色社会主义道路、坚持中国特色社会主义理论体系，实现国家富强、民族昌盛。

从经济内涵来看，我国发展已经进入第二阶段，即先富带动后富最终实现共同富裕的阶段。“富裕”是共同富裕的关键词之一，共同富裕体现了人民对美好生活的向往，这种美好生活是物质富裕和精神富裕的统一。同时在发展的第二阶段，社会发展的主要矛盾已经转化为人民日益增长的美好生活需要和不平衡不充分的发展之间的矛盾，共同富裕体现了一部分先富人群和区域帮助后富人群和区域的奋斗过程，是从“逐步富裕”到“全民富裕”的动态阶段。[②] 习近平总书记在中央财经委员会第十次会议上对共同富裕的内涵进行过阐述：共同富裕是全体人民共同富裕，是人民群众物质生活和精神生活都富裕，不是少数人的富裕，也不是整齐划一的平均主义。因此，共同富裕的经济内涵应包含“物质富裕”“精神富裕”“逐步富裕”三个维度。

从社会内涵来看，共同富裕强调的是共建共享，需要形成人人受益、人人享有的社会分配格局。对一个社会而言，相较于“金字塔型”“哑铃型”“丁字型”的收入分配结构，“中间大、两头小”的橄榄型分配结构意味着大部分人群都有着稳定、体面的就业机会，贫富之间的差距较小，群体间的

① 刘培林、钱滔、黄先海、董雪兵：《共同富裕的内涵、实现路径与测度方法》，《管理世界》2021 年第 8 期。

② 林贤明、李建平：《新时代扎实推进共同富裕需要处理好的关系》，《毛泽东邓小平理论研究》2022 年第 6 期。

利益趋同，社会矛盾更少。这种社会分配结构能够让每一个社会成员都看到拾级而上的希望，更能够保持社会的稳定性、活力度。[①] 因此，共同富裕的社会内涵应更加强调共享，让社会成员平等地获得公共服务，实现合理的共享共建有保障的社会。

长江经济带覆盖11省市，横跨东中西三个区域，是我国区域发展“不平衡、不充分”的缩影，既包含了体现社会主义优越性的东部地区，如浙江共同富裕现行示范区、上海浦东社会主义现代化建设引领区，又包含了通过高质量发展而逐步富裕起来的中部地区，如综合性国家科学中心合肥、未来科技城武汉，还包含了从脱贫攻坚到全面小康的西部大开发地区，如西部大开发综合改革示范区贵州、内陆改革开放示范区成都。因此，本报告从政治、经济、社会三大维度理解共同富裕的本质内涵，选取长江经济带11省市作为共同富裕的研究对象具有较强的研究意义，在新一轮的国家发展战略指引下，衡量长江经济带地区共同富裕水平，深入探讨不同区域在实现共同富裕进程中遇到的瓶颈和挑战，梳理实现共同富裕的不同路径，能够为全面实现共同富裕提供参考意见。

三　长江经济带共同富裕指标体系构建

（一）指数设计思路

长江经济带共同富裕指标体系编制主要包括指标选取、指标权重赋值、形成指数三个重要环节。第一步也是最重要的一步是选取长江经济带共同富裕相关指标，深刻理解共同富裕的内涵是构建共同富裕指标体系的前提，前文对共同富裕的政治内涵、经济内涵、社会内涵三个维度进行了深入剖析，本部分基于政治、经济、社会三大维度选取相应的7个二级指标全面衡量共

① 刘培林、钱滔、黄先海、董雪兵：《共同富裕的内涵、实现路径与测度方法》，《管理世界》2021年第8期。

同富裕，并借鉴李实[①]、刘培林等[②]、谭燕芝等[③]研究成果选取了21个具有代表性的指标构建了共同富裕水平评价体系。第二步是对选取的指标进行赋权，根据理论文献和德尔菲法对指标进行赋权，权重直接体现了指标在长江经济带共同富裕水平指标体系中的影响。第三步是计算长江经济带共同富裕水平，基于筛选的指标和设置的权重，对11省市的共同富裕水平指数进行测算。

（二）构建原则

当前中国特色社会主义进入新时代，如期完成了第一个百年奋斗目标，脱贫攻坚战取得全面胜利，促进全体人民共同富裕成为中国共产党当下更为重要的目标选择。在这一时期，构建和细化长江经济带共同富裕水平指标体系具有重要意义，一方面有利于真实、客观地反映当前中国将近50%的人口共享发展成果的结果，另一方面有利于为不同资源禀赋的城市提供不同的实现共同富裕的路径选择。长江经济带共同富裕水平指标体系构建主要考虑了科学性原则、可衡量性原则、有效性原则。

1. 科学性原则

贯彻落实党的十九大报告提出的全面建成小康社会的基础上基本实现社会主义现代化的要求，以2035年人民生活更为富裕、城乡区域发展差距和居民生活水平差距显著缩小，全体人民共同富裕为目标方向。对标党的十九大报告精神，系统、科学地选取共同富裕相关指标，建设体现效率、促进公平的指标体系。

2. 可衡量性原则

共同富裕水平指标体系强调理论与实践相结合的原则，在经济发展和收

---

① 李实：《共同富裕的目标和实现路径选择》，《经济研究》2021年第11期。

② 刘培林、钱滔、黄先海、董雪兵：《共同富裕的内涵、实现路径与测度方法》，《管理世界》2021年第8期。

③ 谭燕芝、王超、陈铭仕、海霞、姚海琼：《中国农民共同富裕水平测度及时空分异演变》，《经济地理》2022年第8期。

入分配的经济理论基础上，按照可衡量性原则要求，对各类指标的数据进行筛选整理，选取统计数据支撑指标，对于一些主观指标或不可获得，或数据缺失较多的指标予以剔除，充分利用统计年鉴、统计公报等数据客观度量长江经济带各城市实现共同富裕的真实轨迹。

3. 有效性原则

有效性原则是指在评价体系中所选取的指标都具有明确的内涵意义，能够客观反映评价对象的基本特征。

（三）指标选取及权重设定

共同富裕水平指标体系既要体现国富民强的政治内涵，又要凸显从逐步富裕到全面富裕的奋斗过程，更要强调共建共享的分配格局，基于此，本报告根据共同富裕的政治内涵、经济内涵、社会内涵三大维度和七大表征指标（二级指标），进一步考虑110个城市数据的可获取性，共选取了21个测度指标，构建了长江经济带共同富裕水平指标体系。本研究政治内涵所包括的二级指标为国家强盛和民族复兴两大类指标，其中国家强盛类指标主要包括人均GDP、产业结构、R&D占财政支出比重等宏观类指标；民族复兴类指标主要包括GDP增速、城镇化率及恩格尔系数等动态指标。本研究经济内涵所包含的二级指标为物质富裕、精神富裕、逐步富裕三大类指标，其中物质富裕指标主要包括居民人均可支配收入、工资性收入占比、财产性收入占比等能够反映居民收入水平的指标；精神富裕指标主要包括人均拥有公共图书馆藏量、教育经费占GDP比重、文教娱乐消费支出占可支配收入比重等能够反映文教娱乐等情况的指标；逐步富裕指标从横向和纵向两方面选取指标，横向指标包括城乡收入比、城乡消费比，纵向指标包括人均可支配收入增速。本研究社会内涵所包含的二级指标为社会分配结构和社会保障水平两大类指标，其中社会分配结构指标主要包括最高收入组与最低收入组收入比、登记失业率、农村居民经营性收入占比等；社会保障水平指标主要包括人均城乡居民医疗保险基金支出等、人均基本养老保险基金支出、人均城乡居民社会养老保险基金支出等，具体的指标如表1所示。

指标性质分为正向指标和负向指标。其中正向指标是指该指标数值的变动方向与共同富裕水平评价体系是一致的，该指标数值的增加与共同富裕水平的提高方向一致，反之则为负向指标。具体的指标性质如表1所示。

表1　长江经济带共同富裕水平评价体系

一级指标	二级指标	三级指标	指标性质
政治	国家强盛	人均 GDP	+
		产业结构	+
		R&D 占财政支出比重	+
	民族复兴	GDP 增速	+
		城镇化率	+
		恩格尔系数	-
经济	物质富裕	居民人均可支配收入	+
		工资性收入占比	+
		财产性收入占比	+
	精神富裕	人均拥有公共图书馆藏量	+
		教育经费占 GDP 比重	+
		文教娱乐消费支出占可支配收入比重	+
	逐步富裕	人均可支配收入增速	+
		城乡收入比	-
		城乡消费比	-
社会	社会分配结构	最高收入组与最低收入组收入比	-
		登记失业率	-
		农村居民经营性收入占比	+
	社会保障水平	人均城乡居民医疗保险基金支出	+
		人均基本养老保险基金支出	+
		人均城乡居民社会养老保险基金支出	+

指标赋权体现了各子系统及其内部指标在评价体系中的重要性，目前较多使用的赋权方法包括平均法、专家评分法、熵值法、主成分分析法等。考虑到共同富裕指标体系的复杂性，以及时间维度上的纵向可比性，本研究拟在等值赋权法（平均赋权法）的基础上，采用德尔菲法（专家咨询法）进

行指标的进一步甄选和赋权，并收集基础数据，运用综合法、平均法等指数测算方法展开指标测度和分析评价，得出评估结果，具体指标权重如表 2 所示。

表 2　长江经济带共同富裕水平评价体系权重分配

一级指标	权重	二级指标	权重	三级指标	权重
政治	0.3	国家强盛	0.5	人均 GDP	1/3
				产业结构	1/3
				R&D 占财政支出比重	1/3
		民族复兴	0.5	GDP 增速	1/3
				城镇化率	1/3
				恩格尔系数	1/3
经济	0.4	物质富裕	0.4	居民人均可支配收入	1/3
				工资性收入占比	1/3
				财产性收入占比	1/3
		精神富裕	0.3	人均拥有公共图书馆藏量	1/3
				教育经费占 GDP 比重	1/3
				文教娱乐消费支出占可支配收入比重	1/3
		逐步富裕	0.3	人均可支配收入增速	1/3
				城乡收入比	1/3
				城乡消费比	1/3
社会	0.3	社会分配结构	0.6	最高收入组与最低收入组收入比	1/3
				登记失业率	1/3
				农村居民经营性收入占比	1/3
		社会保障水平	0.4	人均城乡居民医疗保险基金支出	1/3
				人均基本养老保险基金支出	1/3
				人均城乡居民社会养老保险基金支出	1/3

（四）数据来源

本研究数据主要来源于中国城市统计年鉴、长江经济带 11 省市的统计年鉴、各城市的统计年鉴及统计公报；最高收入组与最低收入组数据主要来源于各省市统计年鉴，部分缺失数据来源于中国家庭追踪调查结果。

（五）标准化处理及测算公式

为了消除不同指标量纲对研究结果的影响，本研究采用 min-max 标准化方法来消除数据量纲的影响，对于正向指标的处理公式为：

$$y_i = \frac{x_i - \min\{x_j\}}{\max\{x_j\} - \min\{x_j\}}$$

对于负向指标的处理公式为：

$$y_i = \frac{\max\{x_j\} - x_i}{\max\{x_j\} - \min\{x_j\}}$$

其中，max $\{x_j\}$ 为样本数据的最大值，min $\{x_j\}$ 为样本数据的最小值。

四　长江经济带共同富裕水平总体特征及区域差异分析

从长江经济带共同富裕水平来看，共同富裕水平较高的城市主要分布在长江经济带下游，共同富裕水平排名靠后的主要为长江经济带上游城市。具体来看，110 个城市的共同富裕水平为 0.299~0.651，其中综合排名前 10 位的城市分别是浙江省杭州市、上海市、浙江省舟山市、浙江省宁波市、江苏省苏州市、浙江省嘉兴市、浙江省绍兴市、江苏省南京市、浙江省湖州市、浙江省衢州市，排名前 10 名的城市均位于经济发达的东部地区，其中浙江省有 7 个城市，由此可以看出浙江省在建设共同富裕示范区方面已经取得了显著成效。排名后 10 位的城市分别是湖北省荆州市、湖北省咸宁市、贵州省毕节市、云南省临沧市、湖北省黄石市、湖南省张家界市、湖北省随州市、云南省普洱市、贵州省六盘水市、贵州省安顺市，受新冠肺炎疫情的冲击，部分省份 2020 年经济增速停滞甚至为负，尤其是湖北省，共同富裕水平后 10 位的城市中湖北省有 4 个城市，其他城市共同富裕水平情况如表 3 所示。

表 3　2020 年长江经济带 110 个城市共同富裕水平

排名	省份	城市	共同富裕水平	排名	省份	城市	共同富裕水平
1	浙江省	杭州市	0. 651	32	湖南省	湘潭市	0. 430
2	上海市	上海市	0. 634	33	江苏省	宿迁市	0. 423
3	浙江省	舟山市	0. 574	34	江苏省	连云港市	0. 421
4	浙江省	宁波市	0. 571	35	江西省	赣州市	0. 416
5	江苏省	苏州市	0. 564	36	湖南省	岳阳市	0. 416
6	浙江省	嘉兴市	0. 562	37	江西省	景德镇市	0. 414
7	浙江省	绍兴市	0. 553	38	安徽省	黄山市	0. 414
8	江苏省	南京市	0. 548	39	江苏省	淮安市	0. 413
9	浙江省	湖州市	0. 525	40	安徽省	马鞍山市	0. 409
10	浙江省	衢州市	0. 525	41	江西省	新余市	0. 406
11	江苏省	无锡市	0. 524	42	江西省	萍乡市	0. 404
12	湖南省	长沙市	0. 519	43	四川省	广安市	0. 397
13	浙江省	金华市	0. 518	44	四川省	绵阳市	0. 396
14	浙江省	温州市	0. 513	45	江西省	鹰潭市	0. 396
15	浙江省	丽水市	0. 508	46	江西省	宜春市	0. 394
16	安徽省	合肥市	0. 502	47	湖南省	衡阳市	0. 390
17	浙江省	台州市	0. 500	48	云南省	玉溪市	0. 384
18	四川省	成都市	0. 496	49	四川省	泸州市	0. 384
19	江苏省	常州市	0. 493	50	安徽省	六安市	0. 384
20	江苏省	镇江市	0. 484	51	安徽省	铜陵市	0. 384
21	江苏省	扬州市	0. 470	52	湖北省	宜昌市	0. 383
22	湖北省	武汉市	0. 464	53	江西省	抚州市	0. 382
23	江苏省	南通市	0. 458	54	四川省	德阳市	0. 381
24	江苏省	徐州市	0. 458	55	四川省	攀枝花市	0. 381
25	湖南省	株洲市	0. 456	56	安徽省	淮南市	0. 380
26	江苏省	泰州市	0. 450	57	安徽省	宣城市	0. 380
27	江苏省	盐城市	0. 445	58	四川省	内江市	0. 380
28	安徽省	芜湖市	0. 444	59	安徽省	阜阳市	0. 380
29	江西省	南昌市	0. 442	60	安徽省	滁州市	0. 378
30	云南省	昆明市	0. 439	61	四川省	宜宾市	0. 376
31	贵州省	贵阳市	0. 434	62	四川省	眉山市	0. 375

续表

排名	省份	城市	共同富裕水平	排名	省份	城市	共同富裕水平
63	四川省	乐山市	0.374	87	湖南省	邵阳市	0.348
64	四川省	遂宁市	0.374	88	湖南省	娄底市	0.348
65	云南省	曲靖市	0.373	89	江西省	上饶市	0.346
66	四川省	资阳市	0.372	90	湖南省	永州市	0.345
67	四川省	自贡市	0.371	91	安徽省	宿州市	0.345
68	江西省	吉安市	0.370	92	湖南省	常德市	0.338
69	四川省	广元市	0.369	93	湖北省	孝感市	0.336
70	安徽省	淮北市	0.369	94	重庆市	重庆市	0.333
71	安徽省	蚌埠市	0.367	95	贵州省	遵义市	0.331
72	四川省	雅安市	0.366	96	云南省	昭通市	0.330
73	安徽省	安庆市	0.366	97	云南省	保山市	0.330
74	湖北省	鄂州市	0.365	98	湖北省	黄冈市	0.329
75	江西省	九江市	0.362	99	云南省	丽江市	0.329
76	湖南省	郴州市	0.362	100	湖北省	十堰市	0.327
77	湖北省	荆门市	0.361	101	湖北省	荆州市	0.327
78	安徽省	池州市	0.361	102	湖北省	咸宁市	0.325
79	四川省	南充市	0.360	103	贵州省	毕节市	0.321
80	安徽省	亳州市	0.357	104	云南省	临沧市	0.320
81	湖南省	怀化市	0.357	105	湖北省	黄石市	0.319
82	湖北省	襄阳市	0.356	106	湖南省	张家界市	0.318
83	贵州省	铜仁市	0.355	107	湖北省	随州市	0.315
84	湖南省	益阳市	0.355	108	云南省	普洱市	0.312
85	四川省	巴中市	0.350	109	贵州省	六盘水市	0.311
86	四川省	达州市	0.349	110	贵州省	安顺市	0.299

从一级指标的分值来看，长江经济带110个城市共同富裕的政治指数分值为0.172~0.755，其中指数得分最高的十个城市分别是上海市、江苏省南京市、浙江省杭州市、安徽省合肥市、江苏省苏州市、四川省成都市、江苏省无锡市、湖南省长沙市、湖北省武汉市、浙江省宁波市，主要是经济发展

水平较高的长江经济带下游城市及中游省会城市。共同富裕的经济指数的分值为0.292~0.630，其中指数得分最高的十个城市分别是浙江省嘉兴市、浙江省舟山市、浙江省杭州市、江苏省苏州市、浙江省衢州市、浙江省绍兴市、浙江省宁波市、湖南省长沙市、浙江省湖州市、江苏省无锡市，这些城市在人人富裕方面取得了较好的成绩。共同富裕的社会指数的分值为0.199~0.667，其中指数得分最高的十个城市分别是上海市、浙江省杭州市、浙江省丽水市、浙江省绍兴市、浙江省金华市、浙江省湖州市、浙江省宁波市、浙江省台州市、浙江省温州市、浙江省嘉兴市，这些城市在共建共享、人人受益方面表现突出。

表4　2020年长江经济带110个城市共同富裕指数一级指标结果

省份	城市	政治	经济	社会
上海市	上海市	0.755	0.519	0.667
江苏省	南京市	0.736	0.529	0.385
江苏省	无锡市	0.647	0.534	0.388
江苏省	徐州市	0.469	0.433	0.481
江苏省	常州市	0.596	0.476	0.412
江苏省	苏州市	0.703	0.587	0.394
江苏省	南通市	0.540	0.433	0.410
江苏省	连云港市	0.376	0.433	0.451
江苏省	淮安市	0.424	0.400	0.420
江苏省	盐城市	0.452	0.432	0.455
江苏省	扬州市	0.518	0.469	0.421
江苏省	镇江市	0.536	0.504	0.404
江苏省	泰州市	0.475	0.457	0.416
江苏省	宿迁市	0.406	0.411	0.457
浙江省	杭州市	0.736	0.611	0.620
浙江省	宁波市	0.612	0.568	0.532
浙江省	温州市	0.501	0.520	0.517
浙江省	嘉兴市	0.519	0.630	0.514
浙江省	湖州市	0.478	0.554	0.536
浙江省	绍兴市	0.535	0.577	0.540
浙江省	金华市	0.512	0.508	0.538

续表

省份	城市	政治	经济	社会
浙江省	衢州市	0.468	0.577	0.514
浙江省	舟山市	0.592	0.620	0.495
浙江省	台州市	0.442	0.520	0.532
浙江省	丽水市	0.455	0.517	0.550
安徽省	合肥市	0.734	0.438	0.354
安徽省	芜湖市	0.579	0.397	0.371
安徽省	蚌埠市	0.383	0.305	0.433
安徽省	淮南市	0.372	0.378	0.390
安徽省	马鞍山市	0.491	0.378	0.368
安徽省	淮北市	0.398	0.339	0.379
安徽省	铜陵市	0.467	0.361	0.329
安徽省	安庆市	0.364	0.393	0.331
安徽省	黄山市	0.427	0.398	0.424
安徽省	滁州市	0.425	0.321	0.409
安徽省	阜阳市	0.283	0.393	0.458
安徽省	宿州市	0.300	0.339	0.396
安徽省	六安市	0.308	0.418	0.414
安徽省	亳州市	0.310	0.346	0.418
安徽省	池州市	0.370	0.377	0.331
安徽省	宣城市	0.392	0.376	0.373
江西省	南昌市	0.536	0.454	0.333
江西省	景德镇市	0.413	0.443	0.378
江西省	萍乡市	0.411	0.450	0.338
江西省	九江市	0.375	0.430	0.259
江西省	新余市	0.429	0.425	0.357
江西省	鹰潭市	0.401	0.411	0.369
江西省	赣州市	0.381	0.457	0.398
江西省	吉安市	0.304	0.405	0.390
江西省	宜春市	0.369	0.432	0.369
江西省	抚州市	0.349	0.404	0.384
江西省	上饶市	0.361	0.356	0.319
湖北省	武汉市	0.634	0.442	0.324
湖北省	黄石市	0.304	0.369	0.268
湖北省	十堰市	0.322	0.316	0.347

续表

省份	城市	政治	经济	社会
湖北省	宜昌市	0. 393	0. 378	0. 378
湖北省	襄阳市	0. 333	0. 354	0. 382
湖北省	鄂州市	0. 286	0. 394	0. 406
湖北省	荆门市	0. 305	0. 383	0. 388
湖北省	孝感市	0. 263	0. 390	0. 338
湖北省	荆州市	0. 278	0. 311	0. 396
湖北省	黄冈市	0. 172	0. 412	0. 376
湖北省	咸宁市	0. 270	0. 337	0. 363
湖北省	随州市	0. 239	0. 320	0. 385
湖南省	长沙市	0. 637	0. 566	0. 339
湖南省	株洲市	0. 522	0. 454	0. 390
湖南省	湘潭市	0. 469	0. 438	0. 380
湖南省	衡阳市	0. 382	0. 420	0. 359
湖南省	邵阳市	0. 359	0. 371	0. 306
湖南省	岳阳市	0. 393	0. 433	0. 416
湖南省	常德市	0. 347	0. 302	0. 378
湖南省	张家界市	0. 317	0. 292	0. 352
湖南省	益阳市	0. 299	0. 340	0. 429
湖南省	郴州市	0. 378	0. 316	0. 407
湖南省	永州市	0. 335	0. 333	0. 370
湖南省	怀化市	0. 374	0. 298	0. 418
湖南省	娄底市	0. 331	0. 303	0. 424
重庆市	重庆市	0. 460	0. 331	0. 209
四川省	成都市	0. 649	0. 506	0. 332
四川省	自贡市	0. 411	0. 385	0. 312
四川省	攀枝花市	0. 449	0. 352	0. 351
四川省	泸州市	0. 348	0. 406	0. 390
四川省	德阳市	0. 389	0. 395	0. 355
四川省	绵阳市	0. 429	0. 360	0. 411
四川省	广元市	0. 331	0. 409	0. 355
四川省	遂宁市	0. 340	0. 417	0. 349
四川省	内江市	0. 389	0. 417	0. 321
四川省	乐山市	0. 389	0. 397	0. 328
四川省	南充市	0. 352	0. 374	0. 351

续表

省份	城市	政治	经济	社会
四川省	眉山市	0.361	0.371	0.395
四川省	宜宾市	0.380	0.371	0.378
四川省	广安市	0.356	0.437	0.385
四川省	达州市	0.341	0.366	0.334
四川省	雅安市	0.417	0.345	0.345
四川省	巴中市	0.322	0.361	0.362
四川省	资阳市	0.376	0.380	0.356
贵州省	贵阳市	0.549	0.495	0.238
贵州省	六盘水市	0.321	0.383	0.205
贵州省	遵义市	0.384	0.390	0.199
贵州省	安顺市	0.338	0.333	0.216
贵州省	毕节市	0.340	0.351	0.264
贵州省	铜仁市	0.376	0.427	0.240
云南省	昆明市	0.587	0.406	0.336
云南省	曲靖市	0.319	0.399	0.391
云南省	玉溪市	0.446	0.368	0.345
云南省	保山市	0.266	0.378	0.330
云南省	昭通市	0.210	0.424	0.326
云南省	丽江市	0.307	0.362	0.306
云南省	普洱市	0.252	0.328	0.352
云南省	临沧市	0.208	0.392	0.335

从二级指标的结果来看，国家强盛指数结果差异较大，得分为 0.07～0.76，得分最高的十个城市分别是上海市、安徽省合肥市、浙江省杭州市、江苏省南京市、江苏省苏州市、湖北省武汉市、江苏省无锡市、安徽省芜湖市、浙江省宁波市、四川省成都市，这些城市在人均 GDP、产业结构、科研投入等方面为国家的富强和现代化做出了巨大贡献，更为共同富裕奠定了坚实的基础。民族复兴指数的分值为 0.2～0.78，得分最高的十个城市分别是江苏省南京市、四川省成都市、湖南省长沙市、浙江省杭州市、浙江省舟山市、上海市、云南省昆明市、四川省攀枝花市、江苏省无锡市、江苏省苏州市，其中四川省成都市、攀枝花市、云南省昆明市 2020 年经济增速较快、

城镇化率较高、恩格尔系数处于较低水平，呈现出了良好的追赶态势，体现了国家在统筹区域协调发展战略方面所取得的显著成效。

物质富裕指数得分的差异较大，分值为0.05~0.83，深刻反映我国当前仍处于社会主义初级阶段，发展不平衡问题尚未从根本上得到解决，初次分配存在不合理问题。物质富裕指数得分最高的十个城市分别是浙江省杭州市、浙江省嘉兴市、江苏省苏州市、浙江省舟山市、上海市、浙江省宁波市、浙江省衢州市、浙江省湖州市、浙江省绍兴市、云南省昆明市。精神富裕指数的分值为0.1~0.56，得分最高的十个城市分别是贵州省铜仁市、云南省昭通市、四川省成都市、湖南省长沙市、贵州省毕节市、湖南省怀化市、云南省临沧市、云南省丽江市、湖南省永州市、江苏省南京市，这些城市与物质富裕居前十名的城市存在较大的差异，说明物质富裕和精神富裕并不是完全对等的，物质生活贫困未必精神生活也贫困，而实现全体人民共同富裕就是要促进人民群众物质生活和精神生活都富裕，这为物质富裕和精神富裕差距较大的城市实现共同富裕指明了努力方向。逐步富裕指数的分值为0.28~0.87，得分最高的十个城市分别是浙江省绍兴市、浙江省宁波市、江苏省盐城市、江苏省宿迁市、浙江省舟山市、浙江省嘉兴市、四川省成都市、江苏省徐州市、浙江省湖州市、四川省自贡市，这些城市无论是纵向的人均可支配收入增速还是横向的城乡收入比和消费比都保持在适度范围内。

社会分配结构指数的分值为0.23~0.73，得分最高的十个城市分别是浙江省丽水市、浙江省绍兴市、浙江省金华市、浙江省湖州市、浙江省宁波市、浙江省台州市、浙江省杭州市、安徽省阜阳市、江苏省徐州市、浙江省温州市，这些城市中等收入阶层占主体，大多数人实现了高质量就业，在乡村振兴背景下，农村经济的强大韧性为形成和谐稳定的社会结构提供了保障。社会保障水平指数的分值为0.03~0.99，得分最高的城市分别是上海市及浙江省杭州市、丽水市、绍兴市、金华市、湖州市、宁波市、台州市、温州市、嘉兴市、衢州市、舟山市，这些城市较高的社会保障水平为实现共同富裕发挥了托底作用。

表 5　2020 年长江经济带 110 个城市共同富裕指数二级指标结果

省份	城市	国家强盛	民族复兴	物质富裕	精神富裕	逐步富裕	社会分配结构	社会保障水平
上海市	上海市	0.76	0.75	0.73	0.21	0.55	0.45	0.99
江苏省	南京市	0.69	0.78	0.64	0.32	0.59	0.52	0.18
江苏省	无锡市	0.57	0.73	0.64	0.19	0.74	0.53	0.18
江苏省	徐州市	0.30	0.63	0.28	0.29	0.78	0.68	0.18
江苏省	常州市	0.49	0.70	0.51	0.17	0.73	0.57	0.18
江苏省	苏州市	0.68	0.72	0.79	0.21	0.68	0.54	0.18
江苏省	南通市	0.44	0.64	0.46	0.16	0.67	0.56	0.18
江苏省	连云港市	0.23	0.52	0.33	0.25	0.76	0.63	0.18
江苏省	淮安市	0.29	0.56	0.40	0.14	0.67	0.58	0.18
江苏省	盐城市	0.32	0.58	0.32	0.17	0.84	0.64	0.18
江苏省	扬州市	0.41	0.63	0.46	0.20	0.75	0.58	0.18
江苏省	镇江市	0.44	0.63	0.55	0.19	0.76	0.55	0.18
江苏省	泰州市	0.35	0.60	0.53	0.12	0.70	0.57	0.18
江苏省	宿迁市	0.25	0.56	0.22	0.27	0.81	0.64	0.18
浙江省	杭州市	0.71	0.76	0.83	0.18	0.75	0.70	0.50
浙江省	宁波市	0.54	0.69	0.68	0.13	0.86	0.70	0.28
浙江省	温州市	0.35	0.65	0.60	0.27	0.66	0.67	0.28
浙江省	嘉兴市	0.38	0.66	0.82	0.20	0.80	0.67	0.28
浙江省	湖州市	0.34	0.61	0.68	0.16	0.78	0.70	0.28
浙江省	绍兴市	0.45	0.62	0.67	0.16	0.87	0.71	0.28
浙江省	金华市	0.36	0.66	0.65	0.18	0.65	0.71	0.28
浙江省	衢州市	0.34	0.59	0.68	0.27	0.75	0.67	0.28
浙江省	舟山市	0.43	0.76	0.79	0.20	0.80	0.64	0.28
浙江省	台州市	0.31	0.57	0.62	0.16	0.75	0.70	0.28
浙江省	丽水市	0.32	0.59	0.63	0.23	0.66	0.73	0.28
安徽省	合肥市	0.75	0.72	0.50	0.14	0.66	0.52	0.10
安徽省	芜湖市	0.55	0.61	0.33	0.14	0.75	0.55	0.10
安徽省	蚌埠市	0.31	0.45	0.27	0.14	0.52	0.65	0.10
安徽省	淮南市	0.19	0.55	0.32	0.24	0.60	0.58	0.10
安徽省	马鞍山市	0.38	0.60	0.35	0.15	0.63	0.55	0.10
安徽省	淮北市	0.23	0.56	0.33	0.12	0.57	0.56	0.10
安徽省	铜陵市	0.36	0.57	0.44	0.19	0.43	0.48	0.10
安徽省	安庆市	0.23	0.50	0.31	0.17	0.72	0.48	0.10
安徽省	黄山市	0.35	0.50	0.30	0.17	0.76	0.64	0.10

续表

省份	城市	国家强盛	民族复兴	物质富裕	精神富裕	逐步富裕	社会分配结构	社会保障水平
安徽省	滁州市	0.24	0.61	0.22	0.16	0.61	0.61	0.10
安徽省	阜阳市	0.15	0.41	0.35	0.25	0.59	0.69	0.10
安徽省	宿州市	0.17	0.43	0.27	0.11	0.66	0.59	0.10
安徽省	六安市	0.18	0.44	0.34	0.28	0.66	0.62	0.10
安徽省	亳州市	0.18	0.44	0.20	0.24	0.65	0.63	0.10
安徽省	池州市	0.21	0.53	0.25	0.18	0.74	0.48	0.10
安徽省	宣城市	0.25	0.54	0.25	0.16	0.76	0.55	0.10
江西省	南昌市	0.38	0.70	0.60	0.12	0.60	0.52	0.06
江西省	景德镇市	0.25	0.58	0.44	0.24	0.65	0.59	0.06
江西省	萍乡市	0.24	0.59	0.38	0.27	0.73	0.52	0.06
江西省	九江市	0.24	0.51	0.47	0.21	0.60	0.39	0.06
江西省	新余市	0.27	0.59	0.42	0.20	0.65	0.56	0.06
江西省	鹰潭市	0.27	0.53	0.41	0.16	0.66	0.58	0.06
江西省	赣州市	0.23	0.53	0.46	0.32	0.59	0.62	0.06
江西省	吉安市	0.19	0.42	0.34	0.25	0.64	0.61	0.06
江西省	宜春市	0.26	0.48	0.37	0.22	0.73	0.58	0.06
江西省	抚州市	0.22	0.48	0.26	0.28	0.73	0.60	0.06
江西省	上饶市	0.20	0.52	0.27	0.22	0.61	0.49	0.06
湖北省	武汉市	0.63	0.64	0.56	0.20	0.53	0.46	0.12
湖北省	黄石市	0.21	0.40	0.42	0.17	0.50	0.37	0.12
湖北省	十堰市	0.22	0.43	0.32	0.25	0.38	0.50	0.12
湖北省	宜昌市	0.33	0.45	0.44	0.14	0.54	0.55	0.12
湖北省	襄阳市	0.27	0.40	0.34	0.10	0.62	0.56	0.12
湖北省	鄂州市	0.30	0.27	0.33	0.20	0.68	0.60	0.12
湖北省	荆门市	0.22	0.39	0.35	0.21	0.61	0.57	0.12
湖北省	孝感市	0.19	0.34	0.40	0.19	0.58	0.48	0.12
湖北省	荆州市	0.17	0.38	0.25	0.14	0.56	0.58	0.12
湖北省	黄冈市	0.14	0.20	0.41	0.31	0.52	0.55	0.12
湖北省	咸宁市	0.20	0.34	0.23	0.26	0.56	0.52	0.12
湖北省	随州市	0.13	0.35	0.27	0.13	0.58	0.56	0.12
湖南省	长沙市	0.51	0.77	0.55	0.39	0.76	0.51	0.08
湖南省	株洲市	0.39	0.66	0.45	0.25	0.66	0.60	0.08
湖南省	湘潭市	0.33	0.60	0.40	0.20	0.72	0.58	0.08
湖南省	衡阳市	0.27	0.50	0.32	0.24	0.74	0.55	0.08

续表

省份	城市	国家强盛	民族复兴	物质富裕	精神富裕	逐步富裕	社会分配结构	社会保障水平
湖南省	邵阳市	0.18	0.54	0.24	0.26	0.66	0.46	0.08
湖南省	岳阳市	0.29	0.50	0.36	0.29	0.68	0.64	0.08
湖南省	常德市	0.23	0.46	0.10	0.21	0.67	0.58	0.08
湖南省	张家界市	0.35	0.29	0.05	0.31	0.60	0.54	0.08
湖南省	益阳市	0.12	0.48	0.09	0.25	0.77	0.66	0.08
湖南省	郴州市	0.25	0.51	0.10	0.25	0.67	0.63	0.08
湖南省	永州市	0.19	0.48	0.07	0.32	0.70	0.57	0.08
湖南省	怀化市	0.26	0.49	0.05	0.33	0.59	0.65	0.08
湖南省	娄底市	0.19	0.47	0.07	0.27	0.65	0.65	0.08
重庆市	重庆市	0.31	0.61	0.25	0.19	0.58	0.33	0.03
四川省	成都市	0.53	0.77	0.32	0.46	0.80	0.51	0.06
四川省	自贡市	0.19	0.63	0.25	0.17	0.78	0.48	0.06
四川省	攀枝花市	0.16	0.74	0.29	0.16	0.63	0.55	0.06
四川省	泸州市	0.11	0.59	0.38	0.18	0.67	0.61	0.06
四川省	德阳市	0.18	0.60	0.34	0.14	0.72	0.55	0.06
四川省	绵阳市	0.23	0.62	0.26	0.14	0.71	0.65	0.06
四川省	广元市	0.10	0.57	0.41	0.19	0.63	0.55	0.06
四川省	遂宁市	0.09	0.59	0.35	0.17	0.76	0.54	0.06
四川省	内江市	0.17	0.61	0.37	0.17	0.73	0.50	0.06
四川省	乐山市	0.16	0.62	0.36	0.12	0.72	0.51	0.06
四川省	南充市	0.10	0.61	0.24	0.19	0.74	0.55	0.06
四川省	眉山市	0.15	0.57	0.26	0.15	0.75	0.62	0.06
四川省	宜宾市	0.14	0.62	0.26	0.16	0.73	0.59	0.06
四川省	广安市	0.16	0.56	0.44	0.21	0.66	0.60	0.06
四川省	达州市	0.13	0.55	0.24	0.21	0.69	0.52	0.06
四川省	雅安市	0.22	0.61	0.25	0.17	0.65	0.54	0.06
四川省	巴中市	0.13	0.51	0.19	0.31	0.63	0.57	0.06
四川省	资阳市	0.17	0.58	0.25	0.20	0.74	0.56	0.06
贵州省	贵阳市	0.41	0.69	0.54	0.28	0.65	0.30	0.15
贵州省	六盘水市	0.14	0.50	0.44	0.29	0.41	0.24	0.15
贵州省	遵义市	0.16	0.61	0.33	0.25	0.60	0.23	0.15
贵州省	安顺市	0.21	0.47	0.26	0.30	0.47	0.26	0.15
贵州省	毕节市	0.18	0.50	0.26	0.37	0.45	0.34	0.15
贵州省	铜仁市	0.22	0.53	0.33	0.56	0.41	0.30	0.15

续表

省份	城市	国家强盛	民族复兴	物质富裕	精神富裕	逐步富裕	社会分配结构	社会保障水平
云南省	昆明市	0.42	0.75	0.65	0.20	0.28	0.44	0.18
云南省	曲靖市	0.13	0.50	0.31	0.25	0.66	0.53	0.18
云南省	玉溪市	0.33	0.56	0.33	0.20	0.58	0.45	0.18
云南省	保山市	0.07	0.46	0.30	0.26	0.60	0.43	0.18
云南省	昭通市	0.07	0.35	0.27	0.48	0.58	0.42	0.18
云南省	丽江市	0.19	0.43	0.30	0.32	0.48	0.39	0.18
云南省	普洱市	0.17	0.34	0.28	0.30	0.43	0.47	0.18
云南省	临沧市	0.12	0.30	0.26	0.33	0.63	0.44	0.18

五　实现共同富裕的路径

共同富裕是马克思、恩格斯提出的关于社会主义社会的本质要求，是马克思主义中国化的重要特征，是我党几代人的远大理想，更是当前党和国家的重大战略部署，十九届六中全会强调，坚定不移走全体人民共同富裕道路。长江经济带11省市接近6亿常住人口的共同富裕感受度具有典型性，本报告围绕长江经济带110个城市政治、经济、社会三大维度进行了现状分析，对长江经济带各城市共同富裕情况进行了评价。

（一）深刻理解共同富裕的理论内涵，探索平衡、协调、包容的发展路径

共同富裕不是一个纯粹的经济问题，共同富裕的内涵包括政治内涵、经济内涵、社会内涵，处理好政治、经济、社会的关系，有助于站在高位领悟共同富裕的历史进程。共同富裕的政治内涵是实现共同富裕的制度基础，是社会主义优越性的集中体现，是共产党人对人民的庄严承诺。共同富裕的政治内涵要求将推动高质量发展放在首位，从三个维度的指标结果可以看出，政治内涵分值较高的城市共同富裕水平较高，因此，在通往共同富裕的道路

上，发展仍然是硬道理，只有大力发展经济，才能逐步实现全体人民的共同富裕。

（二）夯实共同富裕的经济制度保障，深入实施区域协调发展战略

从长江经济带共同富裕水平指数可以看出，长江经济带上中下游间的区域差异较大，区域发展不平衡、不充分问题仍然突出，经济发展水平较高的地区共同富裕水平较高，因此要坚持实施区域协调发展战略，发挥先富带动后富效应，尤其要深入实施中部地区高质量战略和西部大开发战略，让中部地区和西部地区保持良好的追赶态势。进一步完善长江经济带区域间的协调机制，充分发挥长江经济带下游地区的经济引领作用，带动中西部地区经济增长，有效缩小东、中、西部地区间的经济发展差距，提高长江经济带各地区之间的合作层次和合作质量。

（三）精神富裕物质富裕同步推进，建设物质文明精神文明高度共存的社会

从长江经济带的物质富裕指数和精神富裕指数可以看出，当前长江经济带地区物质富裕和精神富裕并不完全对等，存在不少城市物质生活贫困但精神文化丰富，也存在不少地区实现了物质富裕但精神文化需求并没有得到完全满足。共同富裕是新时代中国式现代化的重要特征，马克思主义的共同富裕理论是物质生产成果和精神生产成果都能满足全体人民的需要，因此共同富裕的目标不应过度聚焦物质层面而忽略了精神文化需求。未来要继续扎实推进社会主义核心价值观、弘扬中华民族优秀传统文化，同步实现物质富裕和精神富裕。

（四）全面推进乡村振兴战略，缩小城乡生活差距

乡村发展是实现共同富裕的关键点和难点所在，从长江经济带共同富裕指数的三级指标可以看出，乡村振兴战略的实施使得农村经济具有强大的韧性，共同富裕程度较高的城市，城乡间的差距较小。在“后小康”时代，

要努力提高长江经济带各地农村家庭经营性收入、财产性收入，通过乡村振兴战略的实施，深化农村土地改革，实现农村资源、资产的自由流动和优化配置，为农村居民收入提升拓宽渠道，缩小城乡居民生活水平差距。

参考文献

刘培林、钱滔、黄先海、董雪兵：《共同富裕的内涵、实现路径与测度方法》，《管理世界》2021 年第 8 期。

林贤明、李建平：《新时代扎实推进共同富裕需要处理好的关系》，《毛泽东邓小平理论研究》2022 年第 6 期。

李实：《共同富裕的目标和实现路径选择》，《经济研究》2021 年第 11 期。

谭燕芝、王超、陈铭仕、海霞、姚海琼：《中国农民共同富裕水平测度及时空分异演变》，《经济地理》2022 年第 8 期。

产 业 篇

Industry Reports

B.9 长江经济带农业发展报告（2021～2022）

戴伟娟*

摘 要： 长江经济带的农业规模仍占我国农业经济的近半壁江山，拥有和全国整体相似的产业结构，上、中、下游农业基础各异，下游地区农业发展水平较高，中游次之，随着对农业用地的宜机化改造，以丘陵山区为主的中下游地区的农业增长较快，机械化和设施化水平不断提高。要整体上实现农业现代化，长江经济带存在短板，需要上、中、下游地区加强合作，协同发展。2022 年长江经济带将继续以实施乡村振兴战略为总抓手，稳定主要农产品供给、夯实农业现代化基础、推动一二三产业融合发展，大力提升农业发展质量。

关键词： 长江经济带 农业 现代农业 现代化

* 戴伟娟，博士，上海社会科学院城市与人口发展研究所助理研究员。

长江经济带 11 省市包含了我国多个农业强省和农业大省，是我国农业生产及农业经济发展的重要功能区，在我国农业发展总格局中具有重要的战略地位。

一　长江经济带农业发展总体概况

（一）农业投入

长江经济带横贯我国东、中、西三大自然和经济区域，跨越我国南北方分界线，覆盖温带、亚热带、热带、高原等多个温度带，地形地貌、土壤水文、气象气候、动植物资源等存在明显的地域差异，农业资源条件丰富而多样。仅从农业最基础的两大资源要素——土地和从业人口来看，长江经济带农业总量规模较大、占全国比重较高。

1. 近年来土地投入相对稳定，内部结构调整明显

2019 年，长江经济带地区的耕地、草地、园地、林地加总面积有所减少。2019 年，长江经济带耕地面积、园地面积、林地面积和草地面积分别约为 38174 千公顷、7948 千公顷、109753 千公顷和 11759 千公顷，占全国总面积的比重分别为 29. 9%、39. 4%、38. 6%和 4. 4%。相比 2017 年，2019 年长江经济带地区耕地面积明显减少，草地面积、园地面积和林地面积均有所增加，但四类农地总面积有所减少，占全国四类农地总面积的比重由 24. 6%减少为 24. 1%。

表 1　长江经济带农业用地结构变化及全国比较

单位：千公顷，%

年份	项目	耕地面积	园地面积	林地面积	草地面积	四地小计
2017	长江经济带	44909	5477	109115	11239	170740
	全国	134881	14214	325911	219320	694327
	占全国比重	33. 3	38. 5	33. 5	5. 1	24. 6

续表

年份	项目	耕地面积	园地面积	林地面积	草地面积	四地小计
2019	长江经济带	38174	7948	109753	11759	167634
	全国	127862	20172	284126	264530	696690
	占全国比重	29.9	39.4	38.6	4.4	24.1

资料来源：2019 年数据来源于《中国统计年鉴 2021》，2017 年数据来源于《中国统计年鉴 2020》。下文关于农业各类用地面积的数据，若无特殊注明，来源相同。

从农作物播种面积来看，2020 年长江经济带农作物播种总面积为 66272 千公顷，与上年相比略有增加，增长率为 1.3%，增幅高于全国平均增长率（0.9%），长江经济带农作物播种面积占全国的比重较上年有所提高，由 2019 年的 39.4%提高到 2020 年的 39.6%。

表 2　长江经济带农作物播种面积变化及全国比较

单位：千公顷，%

项目	2011 年	2019 年	2020 年	2020 年比 2019 年增加
长江经济带	64692	65405	66272	1.3
全国	160360	165931	167487	0.9
占全国比重	40.3	39.4	39.6	

资料来源：《中国统计年鉴 2012》《中国统计年鉴 2020》。下文关于农作物播种面积的数据，若无特殊注明，来源相同。

2. 近年来农业就业人口比下降明显，农业就业人口占全国比重有所下降

2020 年，长江经济带第一产业从业人口有 7707 万人，占全国第一产业从业人口的比重为 44%。与上个人口普查年相比，第一产业从业人口减少了 5131 万人，减少幅度 40%，比全国农业从业人口减少幅度高 3 个百分点。近 10 年来长江经济带第一产业从业人口占全国的比重下降了 2 个百分点。也就是说，与全国相比，长江经济带第一产业从业人口减少得更快。

从就业结构来看，2020 年底，长江经济带第一产业从业人口比重为 23%，低于全国平均水平 1 个百分点。近年来，长江经济带第一产业从业人

表 3　长江经济带第一产业从业人口及其变化

单位：万人，%

项目	2010 年	2020 年
长江经济带第一产业从业人口	12838	7707
全国第一产业从业人口	27931	17715
第一产业从业人口占全国比重	46	44
长江经济带第一产业从业人口比	39	23
全国第一产业从业人口比	37	24

注：其中，上海市 2020 年从业人员数据缺失，暂用 2019 年数据代替。

资料来源：全国及长江经济带各省市 2012 年和 2021 年统计年鉴；下文关于农业从业人口的数据，若无特殊注明，来源相同。

口占全社会从业人口的比重下降，由 2010 年的 39%下降到 2020 年的 23%；与全国平均水平相比，由 2010 年的高于全国平均水平转变为 2020 年的低于全国平均水平，实现了反转。

3. 对农业的投资显著加强

2020 年，与全国平均水平相比，长江经济带各地对农业的投入明显增加。2020 年，全国农林牧渔业固定资产投资比上年增长 19.1%，远高于全部投资额的增长水平（2.9%），长江经济带除了湖北和湖南的农林牧渔业固定资产投资额增长为负外，其他省市的增幅均超过全国平均水平。其中，上海的增幅超过 100%，浙江超过 60%，云南和贵州均超过 40%，江苏、安徽和四川均超过 30%，重庆和江西均超过 20%。

（二）农业规模

作为我国重要的农业产区，长江经济带地区是我国粮、棉、油、猪等大宗农产品的主要生产区，也是我国茶叶、水产品、蚕桑、水果、中药材等特色农产品主产区，为我国农产品供给提供了重要保障。

1. 对全国农业经济的贡献稳中有降

近年来，长江经济带地区的农业经济总量持续增长。2021 年，11 省市共实现农业增加值约 35896 亿元，在全国农业经济总量中的比重为 43.2%，与上年相比，下降了0.5个百分点。2017~2021年长江经济带农业对我国农业经济发展的支撑作用相对稳定，占全国的比重为43%~44%。

表4 2017~2021年长江经济带第一产业增加值

单位：亿元，%

年份	长江经济带第一产业增加值	占全国比重	长江经济带第一产业增加值占比	全国第一产业增加值占比
2017	26944	43.4	7.3	7.6
2018	27828	43.0	6.9	7.2
2019	30597	43.4	6.7	7.1
2020	34113	43.7	7.2	7.7
2021	35896	43.2	6.8	7.3

注：其中，2019年、2020年数据为2021年调整后的数据。

资料来源：各省市数据来自国家统计局网站；全国数据来自国家统计局网站；下文有关第一产业增加值的数据，若无特殊注明，来源相同。

从第一产业对地方经济的贡献度来看，近年来长江经济带第一产业增加值占GDP的比重相对稳定，为6.7%~7.3%。与全国平均水平相比，2021年长江经济带第一产业增加值占GDP比重为6.8%，2017~2021年均低于全国平均值，说明长江经济带经济较为发达，对农业的依存度相对较低。

2. 保持逐年增长势头，但占全国农业经济的比重有所回落

2021年，长江经济带农业总产值为61452亿元，占全国农业总产值的41.8%。纵向来看，2021年长江经济带农业总产值保持了增长势头，但与上年相比，占全国总量的比重稳中有降，降低了0.5个百分点。

3. 粮食产量再创新高

2021年，长江经济带粮食产量约24280万吨，比上年高出约366万吨。

近年来，长江经济带粮食产量处于高位，2021年产量达到新高。2015年，长江经济带和全国一样实现了12年连续增长，2016年有所下降，2017年显著回调，并明显高于2015年的产量，2018年和2019年的产量虽然持

表 5　2017~2021 年长江经济带农业总产值及占全国比重变化

单位：亿元，%

项目	2017 年	2018 年	2019 年	2020 年	2021 年
长江经济带	45702	47006	51925	58291	61452
中国	109332	113580	123968	137782	147013
占全国比重	41.8	41.4	41.9	42.3	41.8

资料来源：各省市数据来自国家统计局网站；全国数据来自国家统计局网站；下文有关农业总产值的数据，若无特殊注明，来源相同。

续下降，但仍处于高位，高于 2015 年的产量，2020 年和 2021 年持续提高，2021 年粮食产量达到新高。

从占全国总产量的比重来看，2014~2021 年长江经济带粮食产量占全国总产量的比重为 35.0%~36.4%。2021 年，长江经济带地区粮食产量占全国总产量的比重为 35.6%，与上年相比略有下降。

图 1　2014~2021 年长江经济带粮食产量及占全国比重变化

资料来源：各省市数据来自国家统计局网站；全国数据来自国家统计局网站；下文有关粮食产量的数据，若无特殊注明，来源相同。

除粮食外，长江经济带也是我国棉花、油菜等其他大宗农作物，以及麻、茶叶、烟叶、柑橘等特色农产品的重要产区。

（三）农业结构

1. 仍以种植业为主，畜牧业比重下降

2021 年，长江经济带农业仍以种植业为主，种植业总产值为 31728 亿元，在农业中占 51.6%，继 2020 年首次占比低于 50%后再次超过一半；其次为牧业和渔业，占比分别为 26.4%和 11.3%。

从纵向来看，2021 年畜牧业有所回调，比重下降 3.2 个百分点，其他四个行业的比重均有不同程度的提高。其中，种植业、渔业、林业和农林牧渔服务业分别提高 2.1 个、0.7 个、0.2 个和 0.3 个百分点。

从全国平均水平来看，长江经济带农业结构与全国整体相近，种植业占据半壁江山，其次是畜牧业，占比 26.4%，渔业占一成左右，林业及农林牧渔服务业占比均在 5%左右。

2. 渔林业比重较高

与全国平均水平相比，2021 年，长江经济带种植业和畜牧业比重低于全国平均水平，渔业和林业比重仍高于全国平均水平，农林牧渔服务业比重与全国平均水平持平。与全国平均水平相比，在长江经济带农业总产值构成中，林业和渔业产值比重相对较大，种植业和畜牧业产值比重相对略低。种植业和畜牧业比重较全国平均水平分别低 1.7 个百分点和 0.7 个百分点，渔业和林业比重较全国平均水平分别高 1.4 个和 1.0 个百分点。

3. 除牧业和渔业外，其他行业对全国的贡献均有所提高

从长江经济带各行业的总产值在全国的地位来看，2021 年，长江经济带地区第一产业中的各个行业在全国有举足轻重的地位，占全国总量的比重均超过 40%，其中林业和渔业约占全国半壁江山，比重分别为 51.0%和 47.7%。

与上年相比，长江经济带地区种植业、林业和农林牧渔服务业总产值占全国的比重均有所上升，分别上升了 0.2 个、0.1 个和 0.3 个百分点，畜牧业和渔业总产值占全国的比重有所下降，分别下降了 2.2 和 0.6 个百分点。

表 6　2021 年长江经济带农业内各行业总产值及全国比较

单位：亿元，%

项目	种植业	林业	畜牧业	渔业	农林牧渔服务业
长江经济带	31728	3319	16241	6917	3247
内部构成	51.6	5.4	26.4	11.3	5.3
全国	78340	6508	39911	14507	7748
内部构成	53.3	4.4	27.1	9.9	5.3
占全国比重	40.5	51.0	40.7	47.7	41.9

资料来源：各省市数据来自国家统计局网站；全国数据来自国家统计局网站；长江经济带数据基于 11 省市的数据计算得到。若无特殊注明，下文有关农业产值的数据来源与此相同。

二　长江经济带农业发展的地区比较

本报告对长江经济带各地区的比较主要基于农业发展基础、农业发展速度和农业现代化水平三个方面。从对农业现代化的衡量指标来看，目前在我国最常应用的是 2013 年《国家现代农业示范区建设水平监测评价办法（试行）》提出的国家现代农业示范区建设水平监测评价指标体系。考虑到可比性和数据可获得性等，本报告仅选择农业物质装备水平、基础设施投入、农业生产效率等方面的几个指标对各地区的农业现代化水平进行简要分析比较。

（一）农业发展基础

长江经济带地区横跨 11 省市，各地在农业禀赋、农业要素投入和农业在当地经济中的相对地位等方面差别较大，比较各地农业发展水平需要以此为基础。

1. 上游农地资源丰富，中下游可播种土地较多

从要素禀赋来看，长江经济带多数的农业用地集中分布在上游和中游，分别拥有长江经济带约 56.42% 和 28.14% 的农业用地，下游的农地资源较少，约占 15.44%。从 11 省市来看，四川和云南两省的农地资源比较丰富，其次是湖南、湖北、贵州和江西。

表 7　长江经济带第一产业要素投入比较

区　域	2017 年		2020 年			
	农地面积（千公顷）	农地面积比例（%）	农作物播种面积（千公顷）	农作物播种面积比例（%）	就业人数（万人）	就业比例（%）
上　海	313	0.18	255	0.39	41	0.53
江　苏	6470	3.77	7478	11.28	675	8.76
浙　江	8589	5.00	2015	3.04	208	2.70
安　徽	11122	6.48	8818	13.31	815	10.57
江　西	14412	8.40	5644	8.52	455	5.90
湖　北	15730	9.16	7974	12.03	897	11.64
湖　南	18167	10.58	8400	12.68	836	10.85
重　庆	7057	4.11	3373	5.09	378	4.90
四　川	42133	24.55	9850	14.86	1542	20.01
贵　州	14726	8.58	5475	8.26	634	8.23
云　南	32928	19.18	6990	10.55	1226	15.91
上　游	96844	56.42	25687	38.76	3780	49.05
中　游	48308	28.14	22019	33.22	2188	28.39
下　游	26495	15.44	18566	28.01	1739	22.56
长江经济带	171646	100.00	66272	100.00	7707	100.00

注：上游包括重庆、四川、贵州和云南四省，中游包括江西、湖北、湖南三省，下游包括上海、江苏、浙江、安徽四个省市；如无特殊说明，下文同。

从农作物播种面积来看，长江经济带上、中、下游三个区段的占比接近，2020 年，上、中、下游分别约占 38.76%、33.22%和 28.01%，与 2019 年持平。从 11 省市情况来看，四川、湖北、湖南、安徽、江苏和云南六个省份的播种面积较大，占长江经济带的比重均超过 10%。

总体来看，虽然上游的农业用地资源丰富，但下游和中游的农作物播种面积较大，耕地资源较为丰富。

2. 农业劳动力集中在上游地区，中下游农业劳动力减少较快

从农业劳动力投入情况来看，2020 年，长江经济带 49%的农业就业人员集中在上游，中、下游地区分别集中了长江经济带约 28%和 23%的农业劳动力。从 11 省市情况来看，上游的川滇、中游的两湖、下游的安徽几个

地区是农业劳动力集中分布的区域，各地农业就业人员数占长江经济带的比重均超过10%。

纵向来看，上游地区的农业从业人员占比增加，中下游地区的农业从业人员占比均减少。与中、下游相比，长江经济带上游地区的农业劳动力减少速度较慢。

3. 农业产出分布相对稳定

与农地资源分布情况相比，长江经济带上、中、下游的农业增加值差距相对较小，上、中、下游地区农业增加值与农作物播种面积比例相当。2021年，上、中、下游地区农业增加值占长江经济带的比重分别为39.5%、31.5%和29.0%。与上年相比，上、中、下游地区对长江经济带农业增加值的贡献相对稳定，上、下游占比略有降低，中游地区占比略有提高。从11省市的情况来看，四川、江苏、两湖地区和云南是长江经济带地区的农业大区，第一产业增加值占比均超过10%。

表8　2021年长江经济带第一产业产出比较

区　域	第一产业增加值（亿元）	占比（%）	粮食产量（万吨）	占比（%）
上　海	100	0.3	94	0.4
江　苏	4722	13.2	3746	15.4
浙　江	2209	6.2	621	2.6
安　徽	3361	9.4	4088	16.8
江　西	2334	6.5	2192	9.0
湖　北	4662	13.0	2764	11.4
湖　南	4323	12.0	3074	12.7
重　庆	1922	5.4	1093	4.5
四　川	5662	15.8	3582	14.8
贵　州	2731	7.6	1095	4.5
云　南	3870	10.8	1930	8.0
上　游	14185	39.5	7700	31.7
中　游	11319	31.5	8031	33.1
下　游	10392	29.0	8549	35.2
长江经济带	35896	100.0	24280	100.0

从粮食产量来看，2021 年长江经济带上、中、下游地区粮食产量比较接近，分别占 31.7%、33.1%和 35.2%，与 2020 年相比，上、中、下游地区粮食产量占比相对稳定。从 11 省市的情况来看，安徽、江苏、四川和两湖地区是长江经济带地区的农业大区，粮食产量占比均超过 10%，其中安徽粮食产量占长江经济带地区粮食总产量的 16.8%。

（二）农业发展增速下滑明显，中上游发展相对较快

2021 年，受猪价持续下跌、渔牧业退养、纠偏“非粮化”种植政策等因素的影响，农业发展增速减缓。长江经济带农业增长速度下滑明显，但上、中游仍保持了较快的发展势头。2021 年，长江经济带上游、中游和下游第一产业增加值的增长率分别为 5%、7%和 4%。长江经济带整体增速为 5%，低于全国平均水平 1 个百分点。

从各省市来看，湖北农业增加值增长率逆势上扬，达到 13%，以一省之力把中游地区的农业增加值增速拉到三区段最高。农业增加值增速较高的省市仍主要集中在上游地区，除四川外，重庆、云南和贵州的农业增加值增速均超过全国平均水平。

表 9　长江经济带第一产业增加值年增长情况

单位：%

区　域	2018 年	2019 年	2020 年	2021 年	年均增长率
上　海	-6	3	3	-9	-3
江　苏	2	4	6	4	4
浙　江	2	6	3	2	3
安　徽	2	11	9	6	7
江　西	2	10	9	4	6
湖　北	1	7	8	13	7
湖　南	3	18	16	2	10
重　庆	8	13	16	7	11
四　川	4	9	16	2	7
贵　州	6	6	11	8	8
云　南	7	22	18	8	13

续表

区　域	2018 年	2019 年	2020 年	2021 年	年均增长率
上　游	6	12	16	5	9
中　游	2	12	12	7	8
下　游	2	6	6	4	5
长江经济带	3	10	11	5	7
全　国	4	9	11	6	8

（三）农业现代化水平

农业现代化主要是指农业生产和农业组织的现代化，最终体现为农业生产力的提高。

1. 上游地区农业机械化程度有所提高

考虑到数据的可得性，本报告将农业机械总动力作为各地农业机械化程度的衡量指标。从农业机械总动力占全国的比重来看，2021 年，长江经济带上、中、下游地区该指标分别为 11. 1%、13. 1%和 12. 9%。农用地面积较大的上游地区的农业机械化程度相对较低。

从长江经济带 11 省市的机械规模来看，2021 年农业机械总动力较高的仍是安徽省和湖南省，分别占我国农业机械总动力的 6. 4%和 6. 2%，均已超过 6500 万千瓦，其次为江苏、四川和湖北，农业机械总动力均超过 4000 万千瓦。

从单位面积的机械投入情况来看，长江经济带 11 省市中每亩农地机械投入较大的是江苏省和安徽省，其次是上海、湖南和湖北，分别为 0. 67 千瓦、0. 46 千瓦、0. 26 千瓦、0. 26 千瓦和 0. 22 千瓦。①

总体来看，下游地区单位农地的农业机械投入较大，上游地区农业机械

① 考虑到我国农用地控制严格，以及农业机械主要用于耕地、园地和林地，在缺乏最新数据的情况下，此处用 2021 年的机械投入和 2019 年的耕地、林地和园地总面积计算，可以发现，单位农地面积机械动力投入力度情况与直接采用农用地面积计算的 2017 年类似，机械投入较大的仍是江苏和安徽，其次是上海、湖南和湖北。

投入相对较小。

与2020年相比，2021年长江经济带地区及其三个区段的农业机械总动力均有所下降，其中，下游地区的机械动力下降幅度较小，上游地区下降幅度较大。

表10　长江经济带11省市农业机械总动力比较

单位：万千瓦，%

区　域	2013年	2015年	2016年	2017年	2018年	2019年	2020年	2021年	占全国比重
上　海	113	119	122	122	94	98	103	102	0.1
江　苏	4406	4826	4907	4991	5018	5112	5148	5214	4.8
浙　江	2462	2361	2137	2072	2009	1908	1774	1813	1.6
安　徽	6140	6581	6868	6313	6544	6650	6924	6800	6.4
江　西	2014	2261	2202	2310	2382	2471	2695	2591	2.5
湖　北	4081	4468	4188	4335	4425	4516	4731	4626	4.4
湖　南	5434	5894	6098	6255	6339	6472	6676	6589	6.2
重　庆	1199	1300	1319	1353	1428	1465	1532	1498	1.4
四　川	3953	4405	4267	4420	4604	4682	4834	4754	4.5
贵　州	2241	2575	2041	2181	2377	2485	2705	2582	2.5
云　南	3070	3333	3441	3535	2694	2714	2839	2787	2.6
上　游	10463	11613	11068	11489	11102	11346	11911	11621	11.1
中　游	11529	12623	12487	12900	13145	13458	14103	13806	13.1
下　游	13121	13887	14033	13498	13665	13769	13949	13929	12.9
长江经济带	35113	38123	37588	37887	37912	38573	39963	39356	37.1

资料来源：国家统计局网站。

从主要农作物综合机械化水平来看，2021年，我国全国农作物耕种收机械化率达到72%。[①] 小麦、水稻、玉米三大粮食作物生产基本实现机械化。[②]

① 刘慧：《小麦耕种收综合机械化率逾97%——挖掘丰产丰收的农机化潜力》，《经济日报》2022年7月5日。

② 许肖茜、于文静：《全国农作物耕种收综合机械化率超70%》，http：//www.gov.cn/shuju/2020-01/08/content_ 5467487.htm，2020年1月8日。

长江经济带下游地区的机械化水平较高，明显高于全国平均水平。如上海主要农作物耕种收综合机械化率在 2019 年就已达到 95%，[①] 2020 年上海市水稻生产综合机械化水平达到 96%，[②] 2021 年，江苏省在全国率先基本实现粮食生产全程机械化，农作物耕种收综合机械化率达 83%。[③] 目前浙江省农作物耕种收综合机械化率达到 74.9%，领跑 12 个丘陵山区省份。[④] 安徽省 2020 年农作物耕种收综合机械化水平达到 81%，小麦、水稻和玉米的耕种收综合机械化率分别达到 96.8%、87.7%、88.6%，均基本实现全程机械化。[⑤] 中游地区的机械化水平也相对较高，如江西省主要农作物综合机械化率达 75.9%（水稻综合机械化率达 81%以上）；[⑥] 湖北省主要粮食作物耕种收综合机械化率超过 84%，水稻、油菜耕种收综合机械化率分别达到 87.1%、71.7%。[⑦] 湖南省机械化水平相对较低，2021 年底，农作物耕种收综合机械化水平达到 54%，水稻和油菜耕种收综合机械化率分别达到 80.05%、64.77%。[⑧] 而上游地区由于地势原因机械化程度较低，正在通过宜机化改造、完善特色农作物全程机械化体系等措施提高机械化水平。如四川省、贵州省、重庆市、云南省主要农作物耕种收综合机械化水平均低于全国平均水平。重庆市宜机化农田面积只有 770 万余亩，仅占全市耕地面积的 27%，[⑨] 2021

① 《上海农业机械化发展报告》，http：//nyncw.sh.gov.cn/2019fzbg/20200316/5de954f98b264842be22fcbc7fd256d2.html，2020 年 3 月 16 日。

② 李荣：《上海加大农机投入力度：水稻生产综合机械化水平达到 96%》，https：//m.gmw.cn/baijia/2021-03/15/1302166946.html，2020 年 3 月 15 日。

③ 《“三农”工作》，http：//www.js.gov.cn/col/col84329/index.html，2022 年 5 月 19 日。

④ 祝梅、来逸晨：《农业强省，怎么走出不一样的步伐》，《浙江日报》2022 年 9 月 16 日。

⑤ 史力：《安徽小麦开镰　三大主粮生产实现全程机械化》，http：//www.moa.gov.cn/xw/qg/202105/t20210517_6367880.htm，2021 年 5 月 17 日。

⑥ 《江西农业农村概况》，http：//nync.jiangxi.gov.cn/art/2022/4/28/art_27752_3377197.html，2022 年 4 月 28 日。

⑦ 薛婷：《丰收十年　成色十足》，http：//news.cnhubei.com/content/2022-09/23/content_15096850.html，2022 年 9 月 23 日。

⑧ 王晓宇、高林雪：《湖南：刷亮“湘味农机”金字招牌》，《农民日报》2022 年 6 月 13 日。

⑨ 赵伟平：《重庆将开展“六大行动”力争到 2025 年全市农作物耕种收综合机械化率超 60%》，《重庆日报》2022 年 8 月 6 日。

年底主要农作物耕种收综合机械化率达到 53.5%。[①] 贵州和云南主要农作物耕种收综合机械化率分别为 45.2%（2021 年）[②] 和 50%（2020 年）[③]。

2. 中下游设施化水平较高，上游发展较快

从耕地灌溉面积比重来看，长江经济带超过一半的地区耕地为可灌溉耕地。2017 年，长江经济带上、中、下游地区耕地的可灌溉比重分别为 32.9%、65.0%和 81.5%（可得的耕地面积最新数据为 2017 年）。与全国平均水平相比，中游地区和下游地区的有效灌溉面积比重较高，上游地区较低。

2020 年，长江经济带有效灌溉面积约为 2556.6 万公顷，与上年相比，增加了 1.08%，其中，上、中、下游增长率分别为 1.57%、1.67% 和 0.31%。中、上游的增幅相对较大，下游小幅增长。从耕地的有效灌溉面积比重来看，下游、中游和上游地区间差距明显。下游地区已经基本实现设施化，中游的设施化水平也相对较高，超过 70%，但上游地区有效灌溉面积比重不足 50%，低于全国平均水平。

从 11 省市来看，长江经济带中、下游地区耕地的有效灌溉面积比重较高。根据 2019 年的数据，中、下游 7 省市的有效灌溉面积比重均显著超过全国平均水平，上游地区除四川外均低于全国平均水平。其中，下游的所有耕地基本为可灌溉地，[④] 安徽省有效灌溉面积比为 0.83，约 80%以上的耕地为有效灌溉地。中游地区有效灌溉面积比也较高，湖南、江西和湖北的有效灌溉面积比分别为 0.88、0.75 和 0.62。

从增长情况来看，最近几年上游省市可灌溉面积增加较快。与上年相

---

① 崔建玲：《拖拉机开进丘陵山区了！——重庆市农机装备补短板纪实》，《农民日报》2022 年 8 月 24 日。

② 张云开：《水稻全程机械化现场观摩会　在荔波召开》，《贵州日报》2022 年 5 月 19 日。

③ 《云南省“十四五”农业农村现代化发展规划》，https：//www. yn. gov. cn/zwgk/zcwj/zxwj/202204/t20220418_ 240826. html，2022 年 4 月 11 日。

④ 耕地面积和有效灌溉面积数据分别来自《中国统计年鉴 2021》和《中国统计年鉴 2020》，三地的灌溉面积/耕地面积大于 1，其原因可能是口径不同，但即使具体数字不具有参考价值，其大小程度和排序应可作为参考。

比，除上海大幅下降外，2020年长江经济带其他省市的有效灌溉面积均有所增加，其中增幅较大的是湖北，比上年增长3.94%。与其他地区相比，上游地区的云南、四川和贵州的有效灌溉面积继续增加，增幅大于长江经济带大多数省市。

表11　长江经济带11省市有效灌溉面积比较

单位：千公顷，%

地　区	2015年	2019年	2020年	比上年增长	有效灌溉面积/耕地面积
上　海	188	191	165	-13.50	1.18
江　苏	3953	4205	4225	0.46	1.03
浙　江	1432	1405	1416	0.73	1.09
安　徽	4400	4581	4609	0.61	0.83
江　西	2028	2036	2038	0.12	0.75
湖　北	2899	2969	3086	3.94	0.62
湖　南	3113	3176	3193	0.53	0.88
重　庆	687	698	698	0.09	0.37
四　川	2735	2954	2992	1.29	0.57
贵　州	1065	1154	1165	1.00	0.33
云　南	1758	1922	1978	2.89	0.36
上　游	6245	6728	6834	1.57	0.42
中　游	8040	8181	8317	1.67	0.74
下　游	9973	10382	10414	0.31	0.94
长江经济带	24259	25292	25566	1.08	0.66
全　国	65873	68679	69161	0.70	0.54

注："有效灌溉面积/耕地面积"按照2019年相关数据计算。

资料来源：《中国统计年鉴》（2016、2020、2021）。

总体来看，长江经济带下游和中游地区农田灌溉设施配套建设情况较好，抗自然风险能力较强。虽然上游地区的配套水平较低，但有效灌溉面积增长相对更快，与中、下游地区之间的差距有缩小之势。

3. 农户组织化经营程度普遍偏低

根据第三次农业普查数据，长江经济带农户的规模化经营程度普遍较低，中游和下游规模经营户比例均为1.4%，上游仅为0.7%，全部低于全国平均水平（1.9%）。11省市中，只有湖北省高于全国平均水平。

表12　长江经济带11省市农户规模经营情况

单位：万户，%

区　域	农业经营户	规模农业经营户	规模经营户比例
上　海	55.9	0.8	1.4
江　苏	1028.0	15.0	1.5
浙　江	674.1	10.2	1.5
安　徽	1081.3	12.6	1.2
江　西	748.2	9.3	1.2
湖　北	872.1	18.4	2.1
湖　南	1295.6	12.2	0.9
重　庆	582.6	2.9	0.5
四　川	1666.1	13.5	0.8
贵　州	739.5	3.9	0.5
云　南	840.8	8.0	1.0
上　游	3829.1	28.3	0.7
中　游	2915.8	39.8	1.4
下　游	2839.3	38.6	1.4
长江经济带	9584.3	106.7	1.1
全　国	20743.2	398.0	1.9

资料来源：2016年第三次农业普查报告。

4. 农业劳动生产率高出全国平均，上游地区偏低

农业劳动生产率①是衡量农业生产效率的重要指标之一。如果按照每个农业从业人口创造的农业增加值来衡量，2020年长江经济带农业劳动生产率高于全国平均水平，达到4.43万/人。2020年，长江经济带上、中、下游地区农业劳动生产率分别为3.57万元/人、4.85万元/人和5.75万元/人。

① 根据国家核算方案，2012~2015年全员劳动生产率为地区生产总值（以2010年价格计算）与全部就业人员的比值，依此口径，农业劳动生产率为第一产业增加值与第一产业就业人员的比值。

总体上，长江经济带上、中、下游地区农业劳动生产率依次上升。其中，下、中游地区农业劳动生产率均高于全国平均水平（4.40万元/人）。

从11省市来看，农业劳动生产率处于第一梯队的是下游的浙江省和江苏省，分别10.43万元/人和6.72万元/人，处于第二梯队的是中游的三省和上游的重庆市，农业劳动生产率在人均5万元上下，上游的其他三省市处于第三梯队，均低于长江经济带和全国的平均水平。

表13　2020年长江经济带11省市农业劳动生产率比较

区　域	农业增加值(亿元)	农业从业人口(万人)	农业劳动生产率(万元/人)
上　海	110	41	2.69
江　苏	4537	675	6.72
浙　江	2169	208	10.43
安　徽	3185	815	3.91
江　西	2242	455	4.93
湖　北	4132	897	4.61
湖　南	4240	836	5.07
重　庆	1803	378	4.77
四　川	5557	1542	3.60
贵　州	2540	634	4.01
云　南	3599	1226	2.94
上　游	13499	3780	3.57
中　游	10614	2188	4.85
下　游	10000	1739	5.75
长江经济带	34113	7707	4.43
中　国	78031	17715	4.40

注：此处“农业增加值”为第一产业增加值，“农业从业人口”为第一产业从业人口数，“农业劳动生产率”为每个农业从业人口实现的增加值。2020年及以前年度第一产业从业人口数据根据2020年全国第七次人口普查数据做了调整，2020年数据与本报告以前年度从业人口数据相比差别较大。

5. 土地单产受地势特征影响，下游地区单产相对较高

农业土地生产率也是衡量农业生产效率的重要指标之一，受自然条件及设施投入水平等的影响。总体来看，主要大宗农产品中，长江经济带谷物和

油菜籽的单产较高，棉花和花生的单产较低，但也有部分省份的单产较高（如安徽省和江苏省的花生）。

从谷物单产来看，长江经济带单产普遍较高。2020 年，11 省市中仍有 7 个省市的单产高于全国平均水平（6296 公斤/公顷）。其中，下游地区的单产较高，如单产最高的上海为 8033 公斤/公顷，在全国名列前茅，其次是江苏，超过 7000 公斤/公顷，浙江、重庆、湖南、四川和湖北，每公顷产出均超过 6300 公斤，均高于全国平均水平。相对来说，多山的云南和贵州两省不是适宜的谷物产区，单位土地产出率较低，安徽和江西的单产则稍低于全国平均水平。

从棉花单产来看，2020 年长江经济带各地的单产低于全国平均水平（1865 公斤/公顷），单位土地产出率相对较高的是中游的江西和下游的浙江两省。

从花生单产来看，长江经济带土地产出效率低于全国平均水平。2020 年，仍只有下游的安徽和江苏 2 个省高于全国平均水平（3803 公斤/公顷），其中，安徽省的花生单产较高，为 4960 公斤/公顷，即便是在全国也属高产地区。

从油菜籽单产来看，长江经济带土地产出效率相对较高。2020 年，长江经济带 11 省市中仍有 7 个省市单产高于全国平均水平（2077 公斤/公顷），其中，上海和江苏单位土地产量在全国名列前茅，分别为 3059 公斤/公顷和 2962 公斤/公顷。

总体来看，长江经济带种植谷物和油菜籽的土地单产较高，下游地区的单位产出相对较高。

表 14　2020 年长江经济带地区主要农产品单位面积产量比较

单位：公斤/公顷

区　域	谷　物	棉　花	花　生	油菜籽
全　国	6296	1865	3803	2077
上　海	8033	1370	2890	3059
江　苏	7127	1269	4075	2962
浙　江	6665	1426	3043	2264

续表

区　域	谷　物	棉　花	花　生	油菜籽
安　徽	5926	801	4960	2434
江　西	5915	1511	2969	1426
湖　北	6329	832	3502	2331
湖　南	6508	1252	2653	1724
重　庆	6627		2234	1989
四　川	6383	950	2603	2455
贵　州	4928	1014	2484	1768
云　南	5057	483	1753	2104

资料来源：《中国统计年鉴 2021》。

三　结论与展望

（一）结论

长江经济带是我国重要的农业区域，农业发展有如下特点。

从农业来看，长江经济带拥有与全国整体相似的产业结构，农业规模占我国农业经济的近半壁江山。长江经济带与全国整体具有相似的农业结构，种植业占比一半左右，畜牧业占 1/4 左右、渔业占 1/10 左右，林业和农林牧渔服务业占 5%左右。从产业规模来看，虽然长江经济带的农业用地只占全国的 26%左右，但耕地资源相对丰富，农作物播种面积占全国的 40%，聚集了全国 44%的农业从业人口，第一产业增加值占全国的 43%。林业总产值占比超过全国的一半，牧业总产值占比也接近全国的一半。长江经济带生产的粮食占全国的 35%以上，还是我国谷物和油菜籽的重要产地，对我国粮食安全战略和农业发展战略的实施具有重要作用。

从农业发展情况来看，长江经济带的上、中、下游地区农业基础各异，既有较为发达的下游地区，也有高于全国平均水平的中游地区，还有因地域特征和资源禀赋等农业发展水平较低的上游地区。农业耕作条件较差的上游地区通过发挥后发优势，农业增长速度快于中、下游地区。尤其是上游地区，加强对农业用地的宜机化改造，机械化和设施化水平明显提高，与中、下游地区的农业发展水平差距持续缩小。可见，在区域发展不平衡的同时，在打破这种不平衡的过程中，与全国相比，长江经济带具有典型性特征。

从发展瓶颈来看，长江经济带整体在实现农业现代化上存在短板。长江经济带上游地区具有一半以上的农业用地资源，以及近一半的农业劳动力资源，但在农业产值、农业效率和农业现代化水平方面存在短板。长江经济带要实现农业现代化，就需要协同发展，复制和推广先发展地区的经验，实现上、中、下游资源整合，合理布局农业产区，推动中、上游地区发挥后发优势。

（二）展望

2022 年 1 月，中共中央、国务院出台《关于做好 2022 年全面推进乡村振兴重点工作的意见》，提出要全力抓好粮食生产和重要农产品供给、强化现代农业基础支撑等要求。2022 年长江经济带各地区将继续以实施乡村振兴战略为总抓手，将继续保供给、夯实农业现代化基础、推动一二三产业融合发展，大力提升农业发展质量。

1. 继续稳定粮食生产和重要农产品供给

2022 年，长江经济带将落实“长牙齿”的耕地保护硬措施，全面落实粮食安全党政同责，严格粮食安全责任制考核，确保粮食播种面积和产量稳定。保障“菜篮子”产品供给，提升油料作物产能，稳定猪、油等居民必需农产品供给。如浙江省 2022 年着力于加强高标准农田建设，推行“田长制”，确保 1510 万亩粮食播种面积。江苏省贯彻落实“农田就是农田，而且必须是良田”，加大投入，确保 2022 年新建 400 万亩高标准农田，并积极探索开展严格禁捕、增殖渔业、科学回捕试点，确保重要农副产品稳产保供。安徽省 2022 年计划新建高标准农田 510 万亩，将粮食播种面积稳定在

1 亿亩以上、产量稳定在 800 亿斤以上。江西省计划建成高标准农田 290 万亩，并积极完善生猪生产逆周期调控机制。湖北省 2022 年计划建设高标准农田 420 万亩，强化生猪、家禽、蔬菜、油料、水产品等初级产品供给。湖南省从建立长效机制入手，推动建立“田长制”，编制耕地保护专项规划，加强耕地用途管制，并确保粮食播种面积稳定在 7135 万亩以上、产量稳定在 600 亿斤以上。重庆市实施“千年良田”建设工程，加快农田宜机化示范改造，稳定粮食播种面积和产量，健全生猪产业平稳有序发展长效机制。四川省计划新建高标准农田 450 万亩，采取措施确保生猪出栏稳定在 6000 万头左右。

2. 不断夯实农业现代化支撑

2022 年，长江经济带继续通过强化基础逐步实现农业机械化、设施化、组织化、市场化，提高科技贡献度。一是大力提升农机装备研发应用水平，提升机械化率。如安徽省为强化农机研制补短板，编制装备需求和研制清单，组建农机装备创新研发推广联盟。贵州省确保主要农作物耕种收综合机械化率提升至 46% 以上，提高农机装备水平。二是大力推进种源振兴。如上海计划建设高标准良种繁育基地 2000 亩，加快推进种源农业发展。安徽省为推进种业振兴，深入开展良种重大科研联合攻关和农业种质资源普查工作，建设和完善农业种质资源库 10 个。贵州省深入实施种业振兴行动，加快作物种质资源库建设，加强种源关键技术攻关、良种培育，强化种植养殖技能培训。三是继续提高科技贡献度。如浙江省积极推进农业标准地改革，加大科技强农、机械强农推进力度，省财政支持资金增长 86%。安徽省为加快农业“四新”科技成果转化，选任科技特派员 7000 名，新建农业科技示范基地 200 个。四是继续提高农业规模化和组织化程度。通过提高经营规模、培育经营主体等方式大力提高农业规模化和组织化程度。如浙江和安徽省积极推进农业“标准地”建设，加大农业经营规模，提升农田宜机化水平。安徽、贵州、四川等省大力发展家庭农场和农民合作社，其中，四川省计划新增省级重点龙头企业 98 家，建立农民专业合作社名录 10. 5 万个，新增农民合作社质量提升试点县 80 个。五是完善农业保险制度，提高灾害防范能力。如江西省2022年将落实稻谷最低收购价政策，提升收储调控能力，实现水稻完全成本保险44个产粮大县全覆盖。

3. 继续大力提升农业发展质量

2022年，长江经济带各省市在农业发展中将继续注重培育品牌和突出特色，聚焦绿色生产，实现农业高效发展。如上海着力打造一批地产农产品品牌，加快农业招商引资，培育龙头企业，发展数字农业，努力打造高精尖农业的标杆。安徽省着力促进种养业提质增效，培育“皖美农品”区域公用品牌20个、企业品牌25个、产品品牌150个。江西省将推进部省共建绿色有机农产品基地建设，实施绿色生态农业提升工程，抓好绿色种养循环农业试点，新增绿色有机地理标志农产品400个以上。重庆聚焦现代山地特色高效农业，加强品种品质品牌建设，引育名优特新品种，扩大农业标准化生产，健全农产品质量安全追溯体系，推广“巴味渝珍”“三峡柑橘”等区域公用品牌，让农产品卖得出、卖得远、卖得好。四川加快成渝现代高效特色农业带和成德眉资都市现代高效特色农业示范区建设，开展商标、地理标志品牌经济培育专项行动，打造一批“川字号”绿色优质农产品品牌。贵州以12个农业特色优势产业为引领，按照市场化方向，突出主导产业，进一步调整优化种养殖结构。大力发展林下经济，不断提高林下农产品的质量和效益。

4. 持续推进农村一二三产业融合发展

2022年，长江经济带各地区将继续推动一二三产业融合发展。积极拓展农业多种功能、挖掘乡村多元价值，重点发展农产品加工、乡村休闲旅游、农村电商等产业。推进现代农业产业园和农业产业强镇建设，培育优势特色产业集群。实施乡村休闲旅游提升计划、“数商兴农”工程，以及农业品种培优、品质提升、品牌打造和标准化生产提升行动，推进食用农产品承诺达标合格证制度，完善全产业链质量安全追溯体系。如上海积极推进国家农村产业融合发展示范园建设，探索一条打通全产业链的新路径。安徽省计划实施农业全产业链建设、绿色循环发展、数字赋农等行动，预计绿色食品产业产值增长8%以上，新建长三角绿色农产品生产加工供应基地100个，推进5个数字乡村试点县和8个农业产业互联网建设，培育数字农业工厂100个。重庆市将发展壮大柑橘、柠檬、榨菜、生猪、中药材等特色产业集群，打造重点农产品全产业链，建设成渝现代高效特色农业带。四川计划发展“一村一品”“一乡一业”，创建国家级农业产业强镇15个以上。云南省大力发展特色种养、手工、农村电商等县域富民产业，加快社会化服务体系建设，推动一二三产业融合发展。

参考文献

王振、杨昕主编《长江经济带发展报告（2020~2021）》，社会科学文献出版社，2022。

刘慧：《小麦耕种收综合机械化率逾97%——挖掘丰产丰收的农机化潜力》，《经济日报》2022年7月5日。

许肖茜、于文静：《全国农作物耕种收综合机械化率超70%》，http：//www. gov. cn/shuju/2020-01/08/content_ 5467487. htm，2020年1月8日。

《上海农业机械化发展报告》，http：//nyncw. sh. gov. cn/2019fzbg/20200316/5de954f98b264842be22fcbc7fd256d2. html，2020年3月16日。

李荣：《上海加大农机投入力度：水稻生产综合机械化水平达到96%》，https：//m. gmw. cn/baijia/2021-03/15/1302166946. html，2021年3月15日。

《“三农”工作》，http：//www. js. gov. cn/col/col84329/index. html，2022年5月19日。

祝梅、来逸晨：《农业强省，怎么走出不一样的步伐》，《浙江日报》2022年9月16日。

史力：《安徽小麦开镰　三大主粮生产实现全程机械化》，http：//www. moa. gov. cn/xw/qg/202105/t20210517_ 6367880. htm，2021年5月17日。

《江西农业农村概况》，http：//nync. jiangxi. gov. cn/art/2022/4/28/art_ 27752_ 3377197. html，2022年4月28日。

薛婷：《丰收十年　成色十足》，http：//news. cnhubei. com/content/2022-09/23/content_ 15096850. html，2022年9月23日。

王晓宇、高林雪：《湖南：刷亮“湘味农机”金字招牌》，《农民日报》2022年6月13日。

赵伟平：《重庆将开展“六大行动”力争到2025年全市农作物耕种收综合机械化率

超 60%》，《重庆日报》2022 年 8 月 6 日。

崔建玲：《拖拉机开进丘陵山区了！——重庆市农机装备补短板纪实》，《农民日报》2022 年 8 月 24 日。

张云开：《水稻全程机械化现场观摩会　在荔波召开》，《贵州日报》2022 年 5 月 19 日。

《云南省"十四五"农业农村现代化发展规划》，https：//www. yn.　gov. cn/zwgk/zcwj/zxwj/202204/t20220418_ 240826. html，2022 年 4 月 11 日。

B.10 长江经济带工业发展报告（2021～2022）

张美星*

摘　要：　长江经济带工业体系完整，产业链齐全，具备雄厚的先进制造业基础，经济总量占据全国半壁江山，是我国区域经济发展重要的“增长极”。2021 年长江经济带工业经济稳健上行、稳中向好，工业投资恢复快速增长，规上工业企业经济效益大幅提升，工业资产增幅持续扩大。从重点行业发展水平看，计算机、通信和其他电子设备制造业实现快速增长，化学原料和化学制品制造业营收持续下滑，电气机械和器材制造业平稳发展，汽车制造业产销量均显著提升，新能源汽车产量成倍增长。2022 年是实施“十四五”规划的关键之年。“推进长江经济带发展”作为促进区域协调发展的重大举措而被党的二十大报告所重点提及。长江经济带 11 省市将加快培育壮大新动能，积极推进数字产业化、产业数字化，增强产业链供应链韧性，提高制造业的核心竞争力，推动经济高质量发展。

关键词：　长江经济带　工业　经济效益　转型升级

2021 年是党和国家历史上具有里程碑意义的一年。在中国共产党成立

* 张美星，经济学博士，上海社会科学院信息研究所助理研究员，研究方向为科技创新与宏观经济发展。

100周年之际，小康社会全面建成，我国踏上了向第二个百年奋斗目标进军的新征程。自长江经济带发展2014年上升为国家战略以来，长江经济带已成为具有全球影响力、在全国具有重要支撑地位的内河经济带。覆盖我国11省市、横跨东中西三大板块的长江经济带2021年生产总值达到53.02万亿元，同比增长12.4%，是我国区域经济发展重要的增长极，经济总量已接近全国的半壁江山。本报告将在分析长江经济带工业经济运行概况的基础上，充分剖析工业生产、投资、效益等发展情况，深入研究地区及各省市重点行业发展态势，并对2022年长江经济带工业发展趋势进行展望。

一　2021年长江经济带工业经济运行概况

（一）工业经济稳健上行

长江经济带经济增长明显提速，稳步回暖。2021年，长江经济带实现地区生产总值530228亿元，同比增长12.4%，较全国增速高4.3个百分点，增幅比上年大幅增加3.6个百分点，与疫情前相比，增速相较于全国平均水平的优势更加显著，经济增长明显提速、稳健上行。长江经济带的地区生产总值占全国的46.4%，与上年持平。分区域看，中游地区经济增速最快，2021年实现地区生产总值125696亿元，同比增长13.3%，较长江经济带平均增速高0.9个百分点；下游地区的地区生产总值最高，为276054亿元，占长江经济带的52.06%，占比较上年小幅增长0.17个百分点，同比增长12.8%，增速略高于长江经济带平均水平；作为2020年经济增速最快的上游地区，2021年经济增速不敌中、下游地区，为10.8%，较长江经济带平均增速慢1.6个百分点，实现地区生产总值128478亿元。长江经济带11省市经济增长水平差距较大，从总量上看，下游地区的江苏、浙江及上游地区的四川依然位列长江经济带前三名，2021年分别实现地区生产总值116364亿元、73516亿元及53851亿元；从增速上看，上、中、下区域内省市的增速比较接近，湖北省经济恢复向好，增速转负为正，2021 年同比增长 12.9%，江西经济增速排名第 2，11 省市中仅湖南、云南的经济增速不足 8%。

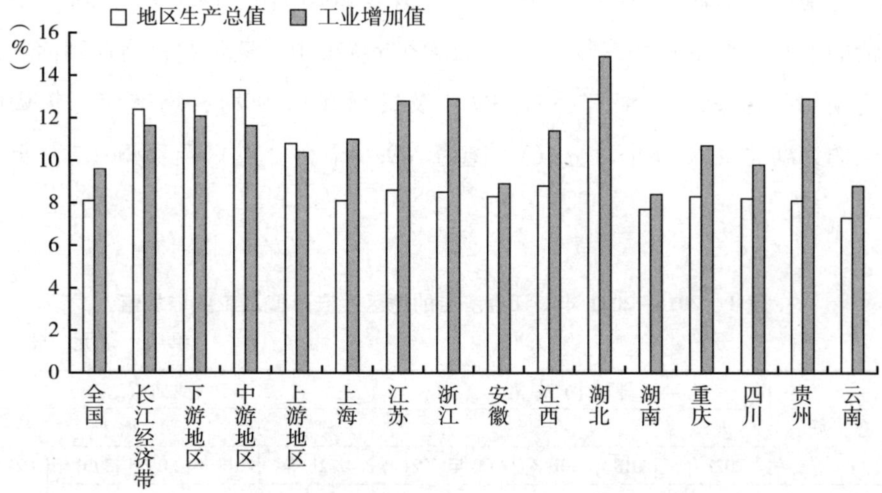

图 1　2021 年长江经济带的地区生产总值与工业增加值增速

资料来源：国家统计局及各省统计公报。

长江经济带工业增加值快速增长。2021 年，长江经济带实现工业增加值 166599 亿元，同比增长 11.6%，增速较上年大幅提高 9.1 个百分点，较同期全国快 2 个百分点。分区域看，下游地区增速连续两年领先，2021 年长三角地区工业增加值为 89201 亿元，占长江经济带工业增加值总值的 53.5%，占比较上年小幅扩大 0.2 个百分点，同比增长 12%，较长江经济带增速高 0.4 个百分点；中游地区增速与长江经济带整体水平持平，仅次于下游地区，列第二，2021 年实现工业增加值 42933 亿元，占比 25.8%，较上年大幅增加 4.9 个百分点；上游地区 2021 年工业增加值为 34465.3 亿元，同比增长 10.3%，较上年增速大幅提高。分省市看，2021 年长江经济带 11 省市工业增加值均实现快速增长，增速较上年均有不同程度的提升。在工业增加值规模方面，2021 年江苏、浙江、湖北位居前三，分别实现 46911 亿元、18871 亿元及 17267 亿元；下游地区的重庆、云南及贵州三省市工业增加值相对较低，分别为 8234 亿元、5938 亿元及 5548 亿元，三省市工业增加值之和不及江苏省的一半，省市间差异明显。在工业增加值增速方面，湖北工业增加值增速由 2020 年的-6.1%提升至 2021 年的 14.8%，工业经济从疫情的不利影响中较快恢复，在长江经济带省市中增速最快；增速列前三位的为湖北（14.8%）、浙江（12.9%）及贵州（12.9%），增速较上年增幅最大的为湖北（20.9 个百分点）、上海（9.6 个百分点）及贵州（7.9 个百分点）等。

表 1　2018~2021 年长江经济带的地区生产总值及工业增加值

单位：亿元，%

区　域	地区生产总值					工业增加值				
	规模	增速				规模	增速			
	2021 年	2018 年	2019 年	2020 年	2021 年	2021 年	2018 年	2019 年	2020 年	2021 年
全　国	1143669.70	6.6	6.1	2.3	8.1	343125.8	6.1	5.7	2.4	9.6
长江经济带	530227.99	7.4	7.0	3.0	12.4	166598.8	6.6	6.7	2.5	11.6
下游地区	276054.25	7.0	6.5	3.1	12.8	89200.5	5.9	5.6	4.1	12.0
中游地区	125695.74	8.0	7.6	0.5	13.3	42933.0	7.5	8.0	-0.8	11.6
上游地区	128478.00	7.9	7.5	5.2	10.8	34465.3	7.0	7.9	2.8	10.3
上　海	43214.85	6.6	6.0	1.7	8.1	10718.7	1.9	0.4	1.4	11.0
江　苏	116364.20	6.7	6.1	3.7	8.6	46911.0	5.1	6.2	6.1	12.8
浙　江	73516.00	7.1	6.8	3.6	8.5	18870.7	7.3	6.6	5.4	12.9
安　徽	42959.20	8.0	7.5	3.9	8.3	12700.1	9.2	7.5	5.1	8.9
江　西	29619.70	8.7	8.0	3.8	8.8	9973.3	8.7	8.4	4.6	11.4
湖　北	50012.94	7.8	7.5	-5.0	12.9	17267.3	7.1	7.8	-6.1	14.8
湖　南	46063.10	7.8	7.6	3.8	7.7	15692.4	7.4	8.3	4.8	8.4
重　庆	27894.02	6.0	6.3	3.9	8.3	8234.1	0.5	6.2	5.8	10.7
四　川	53850.80	8.0	7.5	3.8	8.2	14744.7	8.1	7.9	3.9	9.8
贵　州	19586.42	9.1	8.3	4.5	8.1	5548.2	9.0	9.6	5.0	12.9
云　南	27146.76	8.9	8.1	4.0	7.3	5938.3	11.6	8.1	2.4	8.8

注：部分省份工业增加值数据由笔者根据最后公布年份数值及近年增速计算而得。

资料来源：国家统计局及各省统计公报。

2021 年长江经济带规模以上工业企业营业收入大幅增长。2021 年我国规模以上工业企业营业收入为 1279227 亿元，同比增长 19.4%，工业经济保持较快增长，是国民经济平稳运行的重要支撑力量。2021 年长江经济带规模以上工业企业营业收入达 583704 亿元，占全国的 45.6%，份额与上年基本持平，同比大幅增长 20.5%，增速较全国高 1.1 个百分点。分区域看，增速方面，2021 年下游地区实现规上工业企业营业收入 340562 亿元，同比增长 23.2%，较上年增速扩大 20.7 个百分点，增速领先；中、上游地区增速相近，同比分别增长 16.2%、17.6%，增速均低于长江经济带整体水平，其中中游地区逆转上年下降趋势，增幅扩大 16.5 个百分点，上游地区增幅扩大 14.6 个百分点。从份额上看，2021 年下游地区规上工业企业营业收入继续以绝对优势占长江经济带的 58.4%，较上年增长 1.36 个百分点，占据长江经济带的半壁江山；中游地区以占比 23.3%居第二位，较上年占比减少 0.84 个百分点；上游地区占比 18.36%，较 2020 年份额小幅下滑。长江经济带上、中、下游地区规上工业企业营业收入不论是规模还是占比均差异明显，各省市规上工业企业营业收入也存在较大差距。从规上工业企业营业收入规模看，下游地区江苏、浙江分别以 149921 亿元、100302 亿元列长江经济带前两位，上游地区四川以 52583 亿元位居第三，而同属上游地区的贵州、云南规上工业企业营业收入较少，分别排名倒数第一、第二位，分别仅为 9713 亿元、17360 亿元。从增长速度看，2021 年长江经济带 11 省市均实现规上工业企业营业收入正增长，其中浙江（29.1%）、江苏（22.7%）、重庆（22.2%）增速位居前三，其中上海（16.1%）、湖北（20.8%）、贵州（10%）、云南（19.3%）等扭转上年负增长趋势，2021 年实现 10%以上的正增长。

（二）工业投资恢复快速增长

长江经济带固定资产投资恢复较快增长，与疫情前的增速基本持平。2021 年全国全社会固定资产投资 544547 亿元，比上年增长 4.9%。分地区

表 2　2017~2021 年长江经济带规模以上工业企业营业收入

单位：亿元，%

区　域	规模	增速				
	2021 年	2017 年	2018 年	2019 年	2020 年	2021 年
全　国	1279227.00	11.1	8.5	3.8	0.8	19.4
长江经济带	583704.05	12.2	8.5	3.9	1.9	20.5
下游地区	340562.44	11.6	7.6	2.4	2.5	23.2
中游地区	135955.70	11.8	9.3	5.7	-0.3	16.2
上游地区	107185.91	15.1	10.4	6.5	3.0	17.6
上　海	44820.66	10.5	2.6	-2.6	-1.7	16.1
江　苏	149920.66	10.9	7.3	3.5	4.0	22.7
浙　江	100301.65	13.6	10.2	3.4	2.0	29.1
安　徽	45519.47	12.4	9.6	2.2	3.6	20.0
江　西	43976.70	11.1	12.0	6.6	7.9	16.0
湖　北	49215.70	11.7	8.2	4.8	-9.1	20.8
湖　南	42763.30	12.4	8.1	6.1	4.6	11.5
重　庆	27530.51	13.6	3.2	6.6	6.6	22.2
四　川	52583.40	14.2	13.8	9.2	5.5	16.2
贵　州	9712.50	18.7	6.3	-1.5	-2.8	10.0
云　南	17359.50	18.1	14.6	4.1	-0.1	19.3

资料来源：国家统计局及各省统计公报。

看，东部地区投资比上年增长 6.4%，中部地区投资增长 10.2%，西部地区投资增长 3.9%，东北地区投资增长 5.7%。2021 年长江经济带固定资产投资增速为 8.2%，与 2019 年增速基本持平，较上年大幅增长 6.3 个百分点，较全国固定资产投资增速高 3.3 个百分点。分区域看，三大区域固定资产投资均实现不同程度的增长，其中中游地区增速领先，同比增长 13.1%，增速转负为正，增幅达 15.3 个百分点；下游地区以 8.5%的增速位居第二，较上年增长 5.1 个百分点；上游地区增速为 4.3%，与上年基本持平，仅增长 0.1 个百分点。从各省市数据看，长江经济带 11 省市中仅有贵州固定资产投资负增长，同比下滑 3.1%；湖北自疫情之后，固定资产投资快速恢复，

2021 年同比增长 20.4%，居区域内首位，下游地区的浙江（10.8%）及中游地区的江西（10.8%）紧随其后；贵州、云南、上海等增速不及上年，2021 年增速分别下滑 6.3 个、3.7 个、2.2 个百分点。

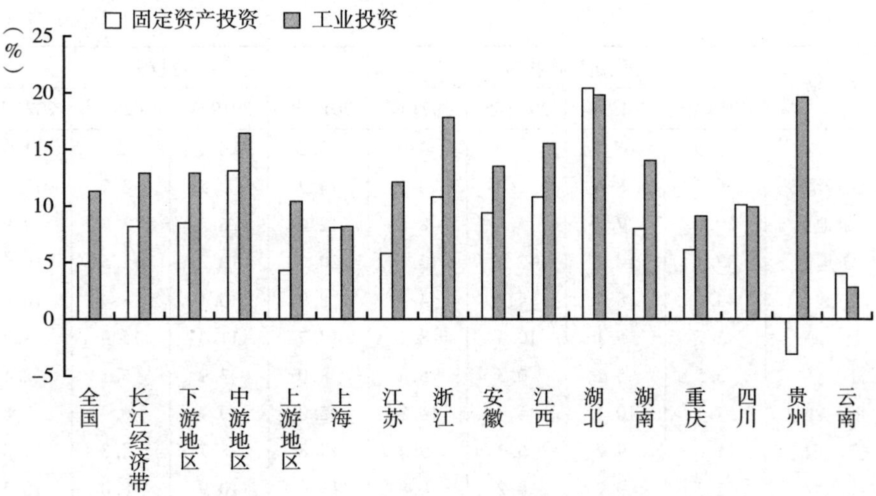

图 2　2020 年长江经济带固定资产投资和工业投资增速

资料来源：国家统计局及各省统计公报。

长江经济带工业投资增长明显，增速跑赢全国。2021 年全国工业投资比上年增长 11.3%。其中，采矿业投资增长 10.9%，制造业投资增长 13.5%，电力、热力、燃气及水生产和供应业投资增长 1.1%。长江经济带工业投资增长明显，增速跑赢全国 1.6 个百分点，2021 年同比增长 12.9%，较上年增速大幅扩大 9 个百分点。分三大区域分析，2021 年工业投资实现较快增长，各区域间工业投资增速差距缩小。中游地区领跑，2021 年同比增长 16.4%，扭转上年下跌态势，比长江经济带平均增速快 3.5 个百分点；下游地区以 12.9%的增速居第二位，较上年增长 9.6 个百分点；上游地区增速较上年提高 2 个百分点，同比增长 10.4%。分省市分析，2021 年长江经济带 11 省市工业投资均实现正增长，其中湖北（19.8%）、贵州（19.6%）、浙江（17.8%）位列前三，为区域内增速最快的，湖北从疫情影响中显著恢复，由 2020 年的-23.9%增长到 2021 年的 19.8%，上海、云南、四川等的增速有不同程度的放缓，增幅分别减小 7.7 个、2.6 个、0.8 个百分点。

表 3　2018~2021 年长江经济带固定资产投资及工业投资增速

单位：%

区　域	固定资产投资				工业投资			
	2018 年	2019 年	2020 年	2021 年	2018 年	2019 年	2020 年	2021 年
全　国	5.9	5.4	2.9	4.9	7.2	4.1	0.1	11.3
长江经济带	6.3	8.6	1.9	8.2	14.2	9.2	3.9	12.9
下游地区	29.6	7.4	3.4	8.5	12.0	6.5	3.3	12.9
中游地区	32.1	10.1	-2.2	13.1	20.2	12.3	-1.5	16.4
上游地区	44.6	8.7	4.2	4.3	8.9	10.1	8.4	10.4
上　海	5.2	5.1	10.3	8.1	17.7	11.3	15.9	8.2
江　苏	5.5	5.1	0.3	5.8	8.0	3.9	-5.1	12.1
浙　江	7.1	10.1	5.4	10.8	5.0	9.7	6.7	17.8
安　徽	11.8	9.2	5.1	9.4	24.8	8.7	-4.3	13.5
江　西	11.1	9.2	8.2	10.8	13.1	10.9	8.0	15.5
湖　北	11.0	10.6	-18.8	20.4	15.8	8.1	-23.9	19.8
湖　南	10.0	10.1	7.6	8.0	32.7	18.4	11.4	14.0
重　庆	7.0	5.7	3.9	6.1	7.3	8.8	5.8	9.1
四　川	10.2	8.6	2.8	10.1	8.1	7.6	10.7	9.9
贵　州	15.8	1.0	3.2	-3.1	13.1	32.6	11.8	19.6
云　南	11.6	8.5	7.7	4.0	11.3	-0.1	5.4	2.8

资料来源：国家统计局及各省统计公报①。

（三）经济效益大幅提升

2021 年，全国规模以上工业企业实现利润总额 87092.1 亿元，比上年增加 22576 亿元，同比增长 34.3%，两年平均增长 18.2%。分经济类型看，国有控股企业实现利润总额 22769.7 亿元，比上年增长 56.0%；股份制企业实现利

① 长江经济带及上、中、下游工业投资增速根据相应地区增速均值估算，固定资产投资增速根据 2017 年投资额数据及随后几年增速估算。

润总额 62702.2 亿元，增长 40.2%；外商及港澳台商投资企业实现利润总额 22845.5 亿元，增长 21.1%；私营企业实现利润总额 29150.4 亿元，增长 27.6%。分门类看，采矿业实现利润总额 10390.8 亿元，比上年增长 1.91 倍；制造业实现利润总额 73612.2 亿元，增长 31.6%；电力、热力、燃气及水生产和供应业实现利润总额 3089.2 亿元，下降 41.9%。

长江经济带规模以上工业企业利润总额大幅提升。2021 年长江经济带规模以上工业企业实现利润总额 38732 亿元，同比大幅增长 22.7%，增速较上年大幅提高 14.5 个百分点，但低于全国平均水平。分区域看，2021 年上游地区增速超长江经济带平均水平，居地区内首位，实现 8511 亿元利润总额，较 2020 年增长 29.9%，增速扩大 16 个百分点；下游地区以 21.3%紧随其后，增幅较上年大幅增加 12.3 个百分点，实现 21849 亿元利润；中游地区实现 8372 亿元利润总额，同比增长 19.8%，较上年大幅增速 18.5 个百分点。从各省市数据分析对比，从利润总额来看，江苏、浙江、四川居前三位，2021 年分别实现 9358 亿元、6789 亿元及 4359 亿元的利润总额；上游地区的贵州、云南、重庆等则排名靠后，2021 年利润总额分别为 1064 亿元、1211 亿元及 1878 亿元。从利润总额增速看，长江经济带 11 省市均实现了不同程度的正增长，其中重庆（42.4%）、四川（36.3%）及江西（28.1%）位列前三位，重庆、四川增幅较上年显著扩大，湖北扭转 2020 年负增长态势，2021 年同比增长 26.6%，湖南、贵州增速较上年显著回落，增幅分别缩减 7.4 个、16.2 个百分点。

长江经济带亏损企业亏损程度扩大，增速超过全国水平。2021 年长江经济带亏损企业亏损总额为 4230 亿元，较上年大幅增长 24.5%，增速扩大 23.9 个百分点，超全国增速 4.6 个百分点，亏损总额占全国的 35.8%，较 2020 年增加 1.3 个百分点。分区域看，下游地区亏损总额占长江经济带地区总额的 63.9%，份额较上年增加 3.38 个百分点，亏损总额为 2703 亿元，同比大幅增长 31.4%，增幅较上年扩张 27.4 个百分点；中游地区亏损总额为 744 亿元，同比增长 13.8%，近三年增速首次下降到 15%以下，亏损企业亏损规模增速趋缓；上游地区亏损总额再次增加，同比增长 13.8%，亏损总额为784亿元，区域内位列第二。分省市看，从亏损总额分析，下游地区江苏、浙江、上海亏损企业亏损总额位居长江经济带区域前三，2021年分别亏损1251亿元、607亿元、467亿元；重庆、江西、云南亏损总额最少，2021年分别为151亿元、167亿元、174亿元。根据亏损总额增速分析，2021年长江经济带各省市亏损总额均有不同程度增加，其中安徽、江西、上海居前三位，分别同比增长89.4%、48.4%、34.7%；湖北、湖南增幅回落，分别较上年下降26.8个、7.9个百分点。

表4　2019~2021长江经济带规模以上工业企业利润总额和亏损企业亏损总额

单位：亿元，%

区域	利润总额				亏损企业亏损总额			
	规模	增速			规模	增速		
	2021年	2019年	2020年	2021年	2021年	2019年	2020年	2021年
全　国	87092.1	-3.3	4.1	35.0	11814	16.0	2.8	19.9
长江经济带	38731.8	-1.1	8.2	22.7	4230	18.1	0.6	24.5
下游地区	21848.7	-4.1	9.0	21.3	2703	21.4	4.0	31.4
中游地区	8371.9	3.3	1.3	19.8	744	15.7	16.6	13.8
上游地区	8511.2	2.9	13.9	29.9	784	12.6	-17.9	13.8
上　海	3032.0	-14.2	-2.0	7.9	467	10.6	15.8	34.7
江　苏	9358.1	-5.4	10.1	27.1	1251	30.2	3.0	25.1
浙　江	6788.7	5.4	14.7	22.4	607	12.2	8.3	18.8
安　徽	2669.9	-3.7	5.1	16.4	378	20.2	-12.3	89.4
江　西	3122.4	-0.3	12.2	28.1	167	7.4	-1.7	48.4
湖　北	3189.5	4.0	-8.3	26.6	360	25.1	36.7	9.9
湖　南	2060.0	6.6	8.7	1.3	217	9.7	9.5	1.6
重　庆	1877.5	-4.3	17.3	42.4	151	66.9	-39.2	0.1
四　川	4359.2	10.4	13.4	36.3	253	-17.8	-14.1	16.6
贵　州	1063.5	0.1	19.5	3.3	206	24.9	-10.3	29.8
云　南	1211.0	-6.8	13.2	20.4	174	9.1	-4.7	7.1

资料来源：国家统计局及各省统计公报。

（四）工业资产增幅持续扩大

长江经济带规模以上工业企业资产持续增长，增幅不断扩大，高于全国水平。2021 年全国规模以上工业企业资产总计 1412880 亿元，同比增长 9.9%，增速较上年增长 3.2 个百分点。长江经济带规模以上工业企业资产总计 593315 亿元，占全国的 42%，较上年小幅增长 0.14 个百分点，同比增长 11.8%，增速较 2020 年扩大 3.1 个百分点。分区域分析，下游地区规上工业企业资产总计 360416 亿元，占区域资产总额的 60.7%，比重扩大 1.27 个百分点，2021 年同比增长 14.3%，高于长江经济带整体增速 2.5 个百分点，为三大区域中最快的；中游地区规上工业企业资产总计 109409 亿元，同比增长 5.5%，较上年放缓 1.2 个百分点；上游地区规上工业企业资产总计 123491 亿元，增速较上年提高 3.2 个百分点，同比增长 10.7%。分省市分析，2021 年江苏、浙江、四川工业资产规模连续两年区域内领先，分别为 149341 亿元、110369 亿元、57922 亿元；长江经济带区域内各省市规上工业企业资产规模差距较大，上游地区的贵州、重庆、云南规上工业企业资产规模较小，2021 年分别为 16453 亿元、24311 亿元及 24805 亿元。从规上工业企业资产增速分析，2021 年 11 省市均实现了工业资产正增长，其中下游地区的安徽、浙江、江苏增速最快，分别达到 17.4%、15.6%、14.7%，江西、湖南、贵州增速放缓，分别下降 0.9 个、6.6 个、6.1 个百分点。

表 5　2017~2021 年长江经济带规模以上工业企业资产总计

单位：亿元，%

地　区	规模	增速				
	2021 年	2017 年	2018 年	2019 年	2020 年	2021 年
全　国	1412880.0	6.9	6.1	5.8	6.7	9.9
长江经济带	593314.6	7.7	7.3	6.1	8.7	11.8
下游地区	360415.5	7.4	7.2	6.2	9.7	14.3
中游地区	109408.6	9.5	9.7	7.0	6.7	5.5
上游地区	123490.5	6.7	5.4	4.9	7.5	10.7
上　海	51746.2	6.6	3.4	3.5	6.9	7.9

续表

地区	规模	增速				
	2021 年	2017 年	2018 年	2019 年	2020 年	2021 年
江　苏	149340. 8	7. 4	6. 6	5. 4	8. 6	14. 7
浙　江	110368. 5	7. 7	8. 5	8. 5	11. 5	15. 6
安　徽	48960. 0	7. 9	10. 9	6. 8	9. 4	17. 4
江　西	30357. 9	9. 2	14. 5	8. 7	7. 8	6. 9
湖　北	46565. 5	8. 3	9. 3	5. 8	6. 2	6. 2
湖　南	32485. 2	11. 6	6. 3	7. 4	9. 9	3. 3
重　庆	24310. 8	5. 9	2. 7	6. 3	8. 3	9. 0
四　川	57922. 3	6. 4	8. 4	6. 4	7. 0	15. 1
贵　州	16452. 9	10. 8	4. 5	4. 2	6. 9	0. 8
云　南	24804. 5	5. 3	2. 7	1. 0	7. 6	9. 7

资料来源：国家统计局及各省统计公报。

二　2021年长江经济带重要行业发展态势

（一）计算机、通信和其他电子设备制造业

计算机、通信和其他电子设备制造业是长江经济带高新技术产业部门中的重要行业。经过多年的发展，长江经济带计算机、通信和其他电子设备制造业的内生动力显著增强，增长态势稳固。2020 年，长江经济带计算机、通信和其他电子设备制造业实现主营业务收入 56266. 9 亿元，同比增长 14. 9%，占区域内规模以上工业全行业主营收入的比重为 9. 6%，较上年下降 0. 66 个百分点；利润总额实现 2576. 9 亿元，较 2019 年大幅增长 26. 5%，逆转下降趋势，占长江经济带规上工业企业总收入的 6. 65%，与上年基本持平。分区域分析，下游地区连续三年领跑长江经济带地区营收及利润总额。2020 年下游地区计算机、通信和其他电子设备制造业主营业务收入为 33744 亿元，同比增长 14. 23%，增速与长江经济带平均水平接近，占长江经济带总收入的 60%，与上年基本持平，全年共实现利润 1555 亿元，同比大幅增长 26. 5%，扭转上年下降趋势，实现快速增长。中游地区主营业务收入在三大区

域中最低，2020 年实现主营业务收入 8923 亿元，占比 15.9%，同比增长 9.8%，较上年增幅回落 11.8 个百分点；实现利润 467 亿元，同比增长 18.4%，增速略低于上年。2020 年上游地区计算机、通信和其他电子设备制造业增长最快，主营业务收入为 13600 亿元，大幅增长 20.4%，超过上年增速 9.6 个百分点；实现利润总额 556 亿元，增速超 50%。分省市看，下游地区省市优势明显。江苏、四川、浙江居 2020 年主营业务收入前三位，分别完成 18450 亿元、6815 亿元、6173 亿元。从主营收入增速看，11 省市除贵州外均实现正增长，贵州 2020 年主营收入大幅下滑 27.5%，而同为上游地区的云南、四川则大幅增长，涨幅分别高达 73.9%、27.4%。从利润总额增速上看，湖北、上海、贵州、安徽等的利润总额均有不同程度的下滑，其中湖北受疫情影响，大幅下跌 43.4%，而重庆、云南、湖南、四川利润总额增速均超过了 50%，区域内利润增长趋势差异化明显。

表 6　2018~2020 年长江经济带计算机、通信和其他电子设备制造业情况

单位：亿元

区　域	主营业务收入			利润总额		
	2018 年	2019 年	2020 年	2018 年	2019 年	2020 年
长江经济带	47063.9	48964.5	56266.9	2214.9	2037.8	2576.9
下游地区	30186.7	29541.0	33744.0	1490.7	1281.1	1554.5
中游地区	6683.9	8127.1	8922.9	330.2	394.2	466.6
上游地区	10193.3	11296.4	13600.0	394.0	362.5	555.8
上　海	5675.3	5320.5	5633.3	152.4	171.8	152.3
江　苏	17448.3	16434.9	18450.1	820.0	600.9	803.7
浙　江	4449.9	4998.4	6172.7	372.8	392.5	488.0
安　徽	2613.2	2787.1	3488.0	145.5	116.0	110.6
江　西	2695.8	3366.7	4070.6	155.1	167.1	200.8
湖　北	2304.7	2409.2	2497.9	94.5	82.5	46.7
湖　南	1683.4	2351.2	2354.4	80.6	144.7	219.2
重　庆	4501.0	4945.3	5591.5	168.3	135.5	218.7
四　川	4782.7	5348.4	6815.4	170.0	140.1	210.2
贵　州	624.6	542.7	393.3	13.8	16.9	15.2
云　南	285.0	460.0	799.7	41.9	70.0	111.8

资料来源：2018~2020 年长江经济带成员地区统计年鉴。

2021年，我国计算机、通信和其他电子设备制造业企业完成营业收入141285.3亿元，同比增长14.7%，增速较上年提高6.4个百分点；增加值增长15.7%，较上年提升8个百分点；实现利润总额8283亿元，较上年大幅增长近40%，增幅扩大22.8个百分点；亏损1087亿元，同比扩大16.8%。从产品产量上看，2021年生产集成电路3594.3亿块，同比增长37.6%；生产程控交换机699.6万线，较2020年小幅下滑1%；生产手机166151.6万台，同比增长12.9%；生产微型计算机设备46692万台，同比大幅增长23.5%。

2021年，长江经济带计算机、通信和其他电子设备制造业实现快速增长。分区域分析，下游地区中，2021年上海市规模以上计算机、通信和其他电子设备制造业总产值为5351.42亿元，较上年增长1.4%。工业产品方面，2021年生产笔记本计算机1949.96万台，增速31.9%；智能手机2892.24万台，同比下降24.1%；智能电视15351万台，同比增长0.1%；集成电路364.95亿块，增速为19.8%；集成电路圆片1117.3万片，同比增长23.2%。2021年江苏完成集成电路1186.1亿块，大幅增长39.1%；微型电子计算机5472.2万台，同比增长10.4%；移动通信手持机4045.5万台，大幅下滑26.8%。2021年浙江计算机、通信和其他电子设备制造业持续快速发展，增加值同比增长22.7%，完成集成电路229.7亿块，比上年增长43.6%；完成电子元件1607.9亿只，比上年增长45%；完成微型计算机设备190.7万台，大幅度增长38.4%；完成移动通信手持机3214.5万台，比上年下滑11.2%。2021年安徽省计算机、通信和其他电子设备制造业增加值同比增长33.2%，较上年提高近10个百分点；全年生产工业机器人12906套，同比下降4%；微型计算机设备3694.8万台，同比大幅度增加19.1%；移动通信手持机96.6万台，同比增加5.7%。

中游地区中，2021年湖北省计算机、通信和其他电子设备制造业工业增加值增长40.6%，占规上工业的5.5%，实现利润89.71亿元，较上年增长219%。生产产品方面，2021年生产微型计算机设备2057.1万台，同比增长19.5%；通信手持机5622.3万台，较上年增长76.2%。2021年湖南省计算机、通信和其他电子设备制造业实现利润 161.7 亿元，增长 3.7%。

上游地区中，2021 年重庆计算机、通信和其他电子设备制造业规上工业增加值增速为 13.5%，生产微型计算机设备 10730.36 万台，同比增长 17.5%；智能手机 8649.68 万台，较上年增长 11.6%；液晶显示屏 3.65 亿片，较上年增长 29.7%。2021 年四川计算机、通信和其他电子设备制造业增加值比上年增长 22.5%，生产电子计算机整机 9817.6 万台，同比增长 29%；移动通信手持机 1.3 亿台，较上年下降 3.5%。2021 年贵州工业增加值增长 27.8%，生产集成电路 5902.62 万块，连续两年下降，同比减少 14.6%；电子元件 69.88 亿只，较上年增长 21.5%。

（二）化学原料和化学制品制造业

2020 年，长江经济带化学原料和化学制品制造业工业经济效益持续下滑，完成主营业务收入 31504 亿元，同比下滑 5.5%，占规上全行业工业企业主营业务收入的 5.4%，较上年继续下降 1.6 个百分点；实现利润总 2596 亿元，同比小幅增长 1.63%，逆转上年下降趋势，占规上全行业工业企业总利润的 6.7%，较上年增幅收窄 1.6%。分区域看，2020 年，下游地区化学原料和化学制品制造业完成 19768.3 亿元主营业务收入以及 1776.3 亿元利润总额，具有绝对领先优势。其中主营收入占全国行业总收入的 31%，实现利润占比 40%，利润占比较上年收缩 6 个百分点。增速方面，下游地区 2020 年主营业务收入下滑 5.13%，利润总额小幅增长 0.81%。中游地区 2020 年主营收入为 7153 亿元，同比下滑 7.39%，是三大区域中下降幅度最大的，实现利润总额 493 亿元，同比下降 4.02%，是长江经济带唯一利润负增长的地区。2020 年上游地区主营业务收入实现 4583 亿元，同比下滑 3.7%，利润总额为 327 亿元，大幅增长 17.2%。分省市看，下游地区的江苏、浙江、上海位居主营业务收入前三位，分别完成 8660 亿元、5599 亿元、3326 亿元。从增速上看，湖北、湖南、江苏、浙江等主营业务收入也有不同程度的下滑。江苏、浙江、上海的利润总额同样居前三位，分别实现 673 亿元、619 亿元、333

亿元，贵州扭亏为赢，利润增长幅度最大，湖北利润同比下降 8%，为区域内降幅最大的省份。

表 7　2018~2020 年长江经济带化学原料和化学制品制造业情况

单位：亿元

区 域	主营业务收入			利润总额		
	2018 年	2019 年	2020 年	2018 年	2019 年	2020 年
长江经济带	36697.4	33319.9	31504.0	3015.2	2554.4	2596.0
下游地区	24405.9	20838.3	19768.3	2060.2	1762.0	1776.3
中游地区	7408.5	7723.5	7153.0	603.4	513.4	492.7
上游地区	4883.0	4758.1	4582.7	351.6	279.0	326.9
上 海	3360.8	3306.9	3326.1	420.6	336.1	332.6
江 苏	12318.1	9391.2	8659.7	910.9	644.9	673.1
浙 江	6635.1	6011.5	5598.6	540.1	639.8	618.5
安 徽	2091.9	2128.7	2183.9	188.6	141.2	152.1
江 西	1668.9	1642.3	1714.3	166.8	153.8	154.4
湖 北	3179.6	3523.5	3095.9	284.6	196.2	180.5
湖 南	2560.0	2557.8	2342.8	152.0	163.3	157.8
重 庆	778.9	777.5	760.4	80.4	63.0	64.4
四 川	2352.7	2458.2	2467.9	226.4	192.8	196.8
贵 州	827.8	612.3	457.3	14.3	-19.7	14.2
云 南	923.6	910.2	897.1	30.5	42.8	51.6

资料来源：2018~2020 年长江经济带成员地区统计年鉴。

2021 年，我国化学原料和化学制品制造业工业增加值同比增长 7.7%，较上年增长 4.3 个百分点；实现营业收入 63809.8 亿元，同比小幅增长 1.1%；完成利润总额 4439.6 亿元，同比增长 4.3%。从工业产品产量看，2021 年我国生产硫酸 9382.7 万吨，同比增长 1.6%；烧碱产量为 3891.3 万吨，同比增长 5.9%。

分区域分析，下游地区中，2021 年上海市规模以上化学原料和化学制品制造业总产值为 3601.79 亿元，较上年增长 7.1%；完成营业收入 4116.01 亿元，较上年增长 23.5%；实现利润总额 434.64 亿元，同比大幅增长 32.1%。2021 年江苏省全年生产硫酸 331.3 万吨，同比增长 31%；生产纯碱 474 万吨，较上年下降 2.1%；生产乙烯 243.7 万吨，比上年增长 10.6%；生产化肥 178.3 万吨，下降 10.6%。浙江完成硫酸 320.6 万吨，同比增长 16.9%；盐酸 49 万吨，同比下降 14.5%；烧碱 223.1 万吨，较上年增长 7.1%；纯碱 27.6 万吨，同比下滑 6.8%；纯苯 65.9 万吨，下降 4.2%；浓硝酸 13.8 万吨，较上年大幅下跌 26.2%；合成氨 62.8 万吨，较去年增长 2.8%；化学农药原药 23.7 万吨，同比增长 23.4%。2021 年安徽省在工业产品生产方面，完成硫酸 697.8 万吨，同比增长 3.5%；烧碱 75.1 万吨，同比下滑 12.2%；纯碱 83.3 万吨，同比下滑 6.2%；合成氨 303.8 万吨，减少 6.9%；化学农药 22.4 万吨，大幅增长 39.1%。

中游地区中，2021 年江西省生产硫酸 290.9 万吨，较上年小幅增长 0.4%；农用氮、磷、钾化学肥料 97.4 万吨，较上年增长 345%；化学原料药 12.32 万吨，大幅度增长 31.8%。2021 年湖北全年工业增加值增速为 16.1%，增加值占规上工业的比重为 7.3%，全年完成利润 358.99 亿元，大幅增长 104.8%；产品产量方面，生产硫酸 1120.7 万吨，同比增加 8.5%；烧碱 107.5 万吨，大幅增长 25.4%；农用氮、磷、钾化学肥料 573.6 万吨，较上年增长 9.4%；化学农药原药 15.3 万吨，较上年略下滑 0.6%。2021 年湖南生产硫酸 189.3 万吨，下滑 4.5%；烧碱 62 万吨，同比增长 3.8%；合成氨 59.5 万吨，较上年小幅下滑 0.8%；化肥 59.6 万吨，同比增长 1.5%。

上游地区中，2021 年重庆市化学原料和化学制品制造业规上工业增加值增速为 4.3%，较上年下降 3.7 个百分点。四川省化学原料和化学制品制造业规上工业增加值同比增长 8.3%，生产农用氮、磷、钾化学肥料 335.7 万吨，同比小幅下滑 0.5%。2021 年贵州省化学原料和化学制品工业增加值增长 25.9%，规模以上工业企业生产农用氮、磷、钾化学肥料 336.2 万吨，小幅增长 0.7%。2021 年云南省工业增加值增长 7.4%；工业产品方面，生产硫酸 1596.68 万吨，同比增长 1.9%；烧碱 21.58 万吨，较上年下降 5.6%；化肥 240.7 万吨，同比增长 12.6%。

（三）电气机械和器材制造业

2020 年长江经济带电气机械和器材制造业完成主营业务收入 38327.1 亿元，同比增长 7.95%，占规模以上工业总收入的 6.6%，份额较上年缩减 0.84 个百分点；实现利润总额 2124.8 亿元，同比增长 4.47%，占规模以上工业总利润的 5.5%，份额缩减 1.14 个百分点。分区域看，下游地区电气机械和器材制造业领先优势明显。2020 年完成主营业务收入 28542.2 亿元，较上年增长 9.1%，占全国该行业主营总收入的 41%，领先优势明显；实现利润总额 1645.3 亿元，同比增长 9.6%，占全国该行业利润总额的 38.5%。中游地区主营业务收入位列第二，2020 年主营业务收入为 6623 亿元，同比增长 2.3%，利润总额明显下滑，仅为 305 亿元，较上年大幅减少 16.7%；上游地区主营业务收入增速为区域内最快，2020 年增长 10.8%，实现主营业务收入 3162 亿元，利润总额 174 亿元，较上年增长 5.2%。分省市看，江苏、浙江、安徽主营业务收入最高，分别为 13467 亿元、8656 亿元、3798 亿元，四川、重庆、江苏涨幅最大，分别同比增长 14.5%、12.7%、11.6%，湖北、贵州、云南主营业务收入均为负增长，分别减少 14.8%、9.1%、3.7%。从利润总额看，江苏、浙江、安徽同样领先，位列区域内前三名，2020 年利润总额分别为 712 亿元、543 亿元、215 亿元，11 省市中浙江增幅最大，同比增长 16.6%，湖南、湖北、安徽下滑，分别同比减少 36.8%、28.9%、5.1%。

2021 年我国电气机械和器材制造业企业完成主营业务收入 69306.6 亿元，同比上涨 2.2%；工业增加值同比增长 16.8%，较上年增幅扩大 7.9 个百分点；实现利润总额 4275.5 亿元，同比增长 6.9%。产品产量方面，2021 年全年生产家用电冰箱 8992.1 万台，同比下降 0.3%；彩色电视机 18496.5 万台，同比下降 5.8%；房间空气调节器 21835.7 万台，较上年增长 3.8%。

2021 年长江经济带各省市电气机械和器材制造业实现较快增长。分区域看，下游地区中，2021 年上海电气机械和器材制造业规上总产值完成 2618.39 亿元，同比增长 15.1%；完成营业收入 3086.7 亿元，同比增长 20.6%，

表 8　2018~2020 年长江经济带电气机械和器材制造业情况

单位：亿元

区　域	主营业务收入			利润总额		
	2018 年	2019 年	2020 年	2018 年	2019 年	2020 年
长江经济带	35748.6	35505.5	38327.1	2227.2	2034.0	2124.8
下游地区	26969.2	26174.2	28542.2	1706.9	1501.8	1645.3
中游地区	6052.4	6477.6	6623.1	356.4	366.5	305.2
上游地区	2727.0	2853.8	3161.8	163.9	165.7	174.3
上　海	2394.8	2527.1	2620.6	183.3	174.6	175.5
江　苏	13620.9	12072.2	13467.1	867.7	635.3	712.1
浙　江	7263.7	7896.9	8656.3	379.0	465.2	542.6
安　徽	3689.8	3678.0	3798.3	276.9	226.7	215.1
江　西	2493.3	2782.4	3162.6	136.7	156.8	162.9
湖　北	2122.4	2055.3	1751.9	171.4	123.1	87.5
湖　南	1436.7	1639.9	1708.7	48.3	86.6	54.8
重　庆	974.7	1019.5	1149.3	69.9	77.1	77.9
四　川	1409.9	1428.9	1635.7	84.1	76.0	81.9
贵　州	208.8	247.9	225.3	6.0	8.6	9.9
云　南	133.6	157.4	151.6	3.9	4.0	4.6

资料来源：2018~2020 年长江经济带成员地区统计年鉴。

较上年增速提高 12.5 个百分点；实现利润总额 195.52 亿元，同比大幅提升 15.8%。产品产量方面，2021 年上海生产房间空气调节器 261.04 万台，较上年增长 12.9%。2021 年江苏完成彩色电视机 753.6 万台，同比下滑 5.4%；家用电冰箱 1372.1 万台，同比增长 8.5%；房间空调器 596.1 万台，较上年大幅增长 46.4%。2021 年浙江省生产房间空气调节器 1763.5 万台，较上年增长 15.6%；家用电冰箱 537593 万台，同比下滑 9.4%；家用电风扇 21161622.3 万台，同比大幅增长 30.4%；家用洗衣机 861907.2 万台，下降 5.1%。2021 年安徽省电气机械和器材制造业增加值增长 11.3%，工业产品完成家用洗衣机 2627.4 万台，同比增长 10.4%；家用电冰箱 2381.4 万台，同比下降 2.3%；房间空气调节器 3385.5 万台，较上年增长 7.8%；彩色电视机 1224.8 万台，同比小幅增长 0.03%。

中游地区中，2021 年江西生产家用电冰箱 72.3 万台，同比下滑 7.5%；房间空调器 352 万台，小幅增长 1.9%。2021 年湖北电气机械和器材制造业增加值增长 26.5%，增加值占规上工业的比重为 4%，较上年小幅增长 0.3%；全年实现利润 126.2 亿元，同比大幅提高 42.2%；产品生产方面，完成房间空气调节器 2003.8 万台，同比大幅增长 17.5%。

上游地区中，2021 年重庆电气机械和器材制造业规上工业增加值同比增长 27%，较上年增速增长 19.4%。2021 年四川生产彩色电视机 1286.6 万台，同比增长 27.5%；家用电冰箱 124.2 万台，同比增长 11.8%；房间空气调节器 229 万台，同比增长 8.6%。2021 年贵州电气机械和器材制造业工业增加值同比下降 6.3%，生产家用电冰箱 161.96 万台，较上年增长 3.1%。

（四）汽车制造业

2020 年长江经济带汽车制造业完成主营业务收入 39220.9 亿元，同比增长 1.48%，占规模以上工业总收入的 6.7%，份额连续两年缩水，2020 年缩水 1.4 个百分点；实现利润总额 2358.5 亿元，较上年下跌 5.7%，占规模以上工业利润总额的 6.1%，较 2019 年缩减 2.07 个百分点。分地区看，下游地区主营业务收入规模占据绝对优势，领跑长江经济带，2020 年为 22870 亿元，同比增长 2.15%；上游地区主营业务收入增速最快，2020 年较上年增长近 10%，为 6771 亿元；中游地区受疫情影响，2020 年主营业务收入下滑 5.17%。从利润总额看，上游地区利润较上年翻倍，而中、下游地区则分别下降 20%、9.8%。分省市看，江苏、浙江、上海、湖北四省市在主营业务收入及利润总额上均有绝对优势，2020 年云南、湖南、湖北、上海主营业务收入较上年均有不同程度的下滑，分别同比下跌 35.4%、14.2%、4.3%、2.5%；重庆利润总额较上年增长 5 倍多，贵州增长 1 倍多，而上海、湖北、江苏利润总额分别缩减 24.6%、22.9%、15.5%。

表 9　2018~2020 年长江经济带汽车制造业情况

单位：亿元

区　域	主营业务收入			利润总额		
	2018 年	2019 年	2020 年	2018 年	2019 年	2020 年
长江经济带	40476. 8	38649. 2	39220. 9	3545. 7	2501. 3	2358. 5
下游地区	23127. 3	22389. 4	22869. 7	2319. 1	1746. 3	1575. 1
中游地区	10174. 0	10103. 0	9580. 5	844. 4	611. 4	488. 8
上游地区	7175. 5	6156. 9	6770. 7	382. 2	143. 6	294. 6
上　海	8334. 2	7923. 4	7727. 8	1077. 7	795. 0	599. 1
江　苏	7023. 0	6842. 2	7016. 0	655. 1	440. 2	371. 9
浙　江	5360. 9	5176. 2	5331. 9	509. 7	452. 8	514. 3
安　徽	2409. 2	2447. 6	2794. 0	76. 6	58. 3	89. 7
江　西	1657. 6	1683. 7	1691. 1	69. 4	28. 4	32. 8
湖　北	6785. 2	6707. 5	6420. 2	733. 5	570. 6	440. 0
湖　南	1731. 2	1711. 8	1469. 3	41. 5	12. 4	16. 1
重　庆	3799. 6	3494. 1	4093. 9	153. 4	25. 3	171. 1
四　川	2896. 2	2273. 8	2375. 7	201. 7	114. 9	120. 7
贵　州	155. 8	137. 2	138. 4	3. 3	3. 5	8. 2
云　南	323. 9	251. 8	162. 8	23. 8	0. 0	-5. 3

资料来源：2018~2020 年长江经济带成员地区统计年鉴。

2021 年我国汽车制造业企业完成主营业务收入 81703. 9 亿元，同比增长 0. 2%；工业增加值同比增长 5. 5%，较上年回落 1. 1 个百分点；实现利润总额 5093. 6 亿元，同比小幅下滑 0. 6%。产品生产方面，2021 年生产汽车 2652. 8 万辆，同比增长 4. 8%；基本型乘用车（轿车）976. 5 万辆，同比增长 5. 7%；运动型多用途乘用车（SUV）973. 6 万辆，较上年增长 7. 6%。

长江经济带在我国汽车制造业发展格局中占据着重要地位，近年来新能源汽车生产制造产业逐渐发展成熟，产销量均显著提升。分地区看，下游地区中，上海 2021 年汽车制造业规上总产值为 7585. 55 亿元，同比大幅度增长 21. 1%，增速较上年提高 11. 8 个百分点；完成营业收入 8685. 06 亿元，较上年增长 12. 3%；实现利润总额 598. 73 亿元，同比小幅下降 0. 6%。产品产量方面，生产汽车 283. 32 万辆，同比增长 7%；其中轿车 145. 16 万辆，较上年小幅增加 0.5%，新能源汽车 63.19 万辆，是上年产量的 1.6 倍。2021 年江苏汽车制造业增加值增长 14.7%，生产汽车 77.6 万辆，同比增长 2.5%，其中轿车 34.1 万辆，较上年增长 12.3%；新能源汽车 22.5 万辆，是上年产量的 1.98 倍。2021 年浙江汽车制造业增加值增长 10%，全年生产汽车 104.4 万辆，同比增长 18%；其中新能源汽车 18 万辆，是上年产量的 1.5 倍。2021 年安徽汽车制造业增加值同比增长 17.4%，较上年增长 2.1%；产品产量方面，全年生产企业 150.3 万辆，同比大幅增长 29.5%；其中新能源汽车 25.2 万辆，较上年增长 127%。

中游地区中，2021 年江西生产汽车 43.6 万辆，同比减少 1.3%。2021 年湖北汽车制造业工业增加值同比增长 8.7%，增加值占规上工业的 13%，全年汽车制造业实现利润 517.2 亿元，同比大幅增长 30%；生产汽车 209.9 万辆，较上年小幅下降 0.2%，其中 80.6 万辆基本型乘用车，同比下降 5.2%；新能源汽车 15 万辆，产量较上年增长近 4 倍。

上游地区中，2021 年重庆汽车制造业规上工业增加值增速为 12.6%，较上年增长 2.5%；生产汽车 199.8 万辆，同比大幅增长 26.1%；其中轿车 39.57 万辆，同比增长 30%，新能源汽车 15.22 万辆，较上年增长 252.1%。2021 年四川汽车制造业增加值增速为 8.2%，较上年增长 4.7%；生产汽车 72.7 万辆，同比增长 11.3%。2021 年贵州汽车制造业工业增加值下滑 5.1%，生产汽车 8.82 万辆，较上年小幅回落 0.9 个百分点。

三　2022年长江经济带工业发展展望[①]

2022 年是党的二十大召开之年，也是实施“十四五”规划的关键之年。党的二十大报告提出，促进区域协调发展，深入实施区域协调发展战略、区域重大战略、主体功能区战略、新型城镇化战略，优化重大生产力布局，构建优势互补、高质量发展的区域经济布局和国土空间体系。其中，“推进长

① 主要依据长江经济带各省市 2021 年政府工作报告。

江经济带发展”作为促进区域协调发展的重大举措而被重点提及。长江上中下游协同发展、东中西部互动合作，将使得长江经济带成为区域协调发展的重要样本，对我国经济及工业高质量发展而言都具有重大意义。

在下游地区，2022 年，上海全力落实三大产业“上海方案”。加快培育壮大新动能，强化新赛道布局和终端带动。瞄准产业链高端和核心环节，启动一批产业基础再造工程项目。江苏积极推进数字产业化、产业数字化。加快发展数字经济，不断提升产业现代化水平。推动产业转型升级，抢抓战略性新兴产业发展的新“窗口期”。浙江加快提升制造业的核心竞争力，重塑制造业高质量发展体系，强化龙头企业的引领带动作用，推动先进制造业与现代服务业融合发展，助推制造业向价值链高端攀升。安徽省着力实施二产“提质扩量增效”行动计划，提升制造业的核心竞争力。实施优质企业引育行动，推进产业链供应链生态建设工程，着力增强发展效益，促进工业互联网赋能增效。

在中游地区，2022 年江西推动产业协同高效发展，深入实施产业集群提能升级行动，开展全产业链数字化改造，争创国家级先进制造业产业集群。湖北持续推进产业转型升级，切实做大做强现代产业集群，狠抓强链补链延链稳链，实施数字经济跃升工程，促进数字技术和实体经济深度融合。湖南全力培塑高质量发展新优势，提升制造业的核心竞争力，创建国家制造业高质量发展试验区，推进产业数字化，支持企业“上云用数赋智”，培育数字化转型标杆企业。

在上游地区，重庆将围绕国家重要先进制造业中心建设，突出支柱产业提质增效、战略性新兴产业发展壮大、产业链供应链现代化水平提升，提高制造业的核心竞争力。四川着力增强产业链供应链的韧性和优势，大力推进制造强省建设，选择经济总量较大、制造业基础扎实的重点城市和成长性好、带动性强的若干特色优势产业开展试点示范，不断提升制造业的核心竞争力。贵州巩固提升特色优势产业，改造传统产业，加快发展壮大新兴产业，大力发展新能源电池及材料产业。云南深入推进产业延链补链强链，塑造绿色发展新优势，培育壮大新兴产业，加快工业互联网应用示范平台建设，打造一批智能制造标杆企业。

参考文献

郭阳琛、张家振：《长江经济带变身“黄金经济带”沿江省市焕发新动能》，《中国经营报》2022 年 10 月 24 日。

叶云岭、邓洲、魏继石：《长江经济带制造业集聚水平影响因素研究——基于专业化集聚与多样化集聚的比较视角》，《经济纵横》2022 年第 7 期。

陆剑锋：《长江经济带生产性服务业与制造业对经济发展的影响研究》，南京航空航天大学学位论文，2020。

B.11
长江经济带数字经济发展报告（2021～2022）

徐丽梅*

摘 要： 2021年，中国数字经济规模达到45.5万亿元，同比名义增长16.2%，占GDP比重达到39.8%。长江经济带的数字经济显著发展。从数字产业化来看，长江经济带的电子信息制造业占全国比重为1/2左右，软件与信息技术服务业等的增速都在10%以上。从产业数字化来看，江苏、浙江、上海、湖北、四川、湖南、安徽、重庆、江西的产业数字化规模都超过了1万亿元。另外，2021年长江经济带的电子商务、大数据、人工智能等都有不俗的表现。长江经济带数字经济将成为后疫情时代经济发展的重要动能，网络基础设施进一步改善，数字化转型步伐加快，数字经济将实现更好地协同发展。

关键词： 长江经济带　数字经济　电子信息产业

2021年，中国数字经济持续快速增长。根据中国信息通信研究院（以下简称“中国信通院”）发布的《中国数字经济发展报告（2022年）》，2021年中国数字经济规模达到45.5万亿元，同比名义增长16.2%，占GDP比重达到39.8%。作为经济发展的引领力量，数字经济在国民经济中的地位更加稳固、支撑作用更加明显。长江经济带是我国重要的区域之一，其数字经济取得了不错的成绩。

---

* 徐丽梅，上海社会科学院应用经济研究所副研究员，研究方向为区域经济、数字经济。

一　长江经济带数字经济发展的总体概况

（一）数字经济的基本概念

关于“数字经济”的概念，本研究继续沿用往年对“数字经济”的定义[①]：以使用数字化的知识和信息作为关键生产要素、以现代信息网络作为重要载体、以信息通信技术的有效使用作为效率提升和经济结构优化的重要推动力的一系列经济活动。从产业发展的角度看，数字经济主要包括两个部分：一是数字产业化部分，也称为数字经济基础部分，即传统意义上的电子信息产业，包括电子信息制造业、软件和信息技术服务业等；二是产业数字化部分，即数字技术在各个产业得到广泛应用，因此而带来产出增加和效率提升的部分，也称为数字经济融合部分。[②] 本报告将继续从这两个方面来论述长江经济带数字经济发展情况，所用数据以2020~2022年各省市政府网站公开数据和国家统计局网站数据、《中国统计年鉴》（2021年、2020年）为基础，另外以部分社会研究机构的测算数据为补充，如中国信通院、赛迪智库等机构的研究报告。

（二）数字经济的规模总量

近几年，我国数字经济快速发展，数字经济规模由2014年的16.2万亿元稳步增长到2018年的31.3万亿元，突破了30万亿元；2021年，数字经济规模突破40万亿元，达到45.5万亿元。数字经济占GDP比重相应地从2014年的26.1%增长到2018年的34.8%，2021年该比重达到39.8%（见图1）。

---

① 2016年G20杭州峰会发布的《二十国集团数字经济发展与合作倡议》对“数字经济”的定义。

② 中国信息通信研究院：《中国数字经济发展白皮书（2017）》。

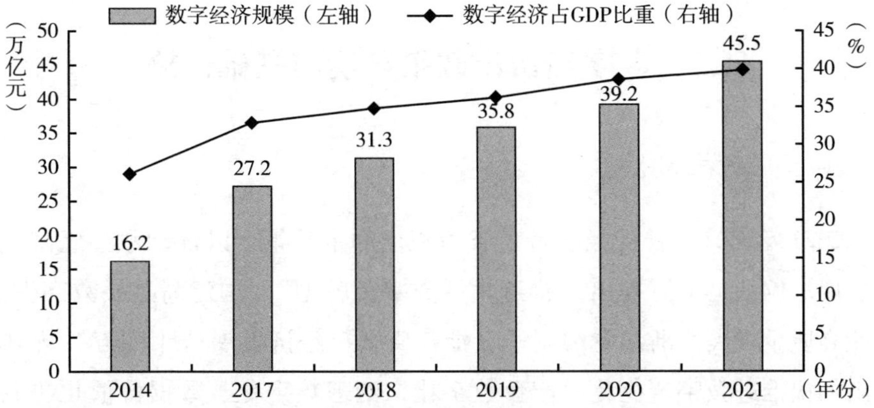

图1　2014~2021年中国数字经济规模及占比

资料来源：中国信息通信研究院：《中国数字经济发展报告》（2021年、2022年）。

2021年，中国各地区数字经济进一步发展。据中国信通院的《中国数字经济发展报告（2022年）》，2021年全国多个省市的数字经济规模都超过了1万亿元，长江经济带有江苏、浙江、上海、湖北、四川、湖南、安徽、重庆、江西等九个省份的数字经济规模均超过1万亿元，相比2020年，增加了重庆和江西两个省份。从数字经济占GDP比重来看，上海市超过50%，是长江经济带占比最高的省份。此外，浙江、江苏、重庆和湖北等省市的数字经济占比也超过了全国平均水平。例如，2021年浙江省数字经济增加值达到3.57万亿元，占GDP比重达到48.6%，数字经济核心产业增加值达到8348.3亿元，五年年均增长13.3%，两倍于GDP年均增速。[①] 江西省2021年数字经济加速发展，增加值达10378亿元，首次迈过万亿元大关，同比增长19.5%，高于地区生产总值增速10.7个百分点，占GDP比重达到35.0%。[②] 这些数据显示了2021年许多地区数字经济发展较快。

① 《浙江省数字经济发展白皮书（2022年）》。

② 《2022年江西省数字经济发展白皮书》。

二　数字经济的政策环境与基础设施

（一）政策环境

2021年以来，长江经济带各省市积极制定政策，以推动数字经济进一步发展。例如，上海提出“推进生活数字化转型”，构建高品质数字生活，赋能高质量发展。浙江省编制了《浙江省数字经济发展“十四五”规划》，提出加快推进数字产业化、产业数字化、治理数字化、数据价值化协同发展，着力完善数字经济发展生态和数字基础设施，努力建成全球数字变革高地。安徽省制定了《安徽省大数据发展条例》，致力于规范和保障大数据领域新技术、新业态、新模式的高质量发展，发展以数据为关键要素的数字经济。四川省发布了《四川省“十四五”数字经济发展规划》，明确到2025年，全省数字经济总量超3万亿元、占GDP比重达到43%，建成具有全国影响力的数字经济科技创新中心和数字化转型赋能引领区，初步建成全国数字经济发展新高地。重庆市编制了《重庆市数字经济“十四五”发展规划（2021—2025年）》，提出到2022年，全市将集聚100家数字经济龙头企业、500家前沿领域高成长创新企业、5000家“专特精尖”中小微企业和创新团队，创建10个国家级数字经济应用示范高地，到2025年全市数字经济总量超过1万亿元，等等。这些政策从不同方面对数字经济发展予以支持，为数字经济的持续发展创造了良好的政策环境（见表1）。

地方政府通过应用数字技术，建设“电子政府”，提升为民服务水平，其中注册政府机构微博是手段之一。根据人民网舆情数据中心对全国各地政务微博竞争力的研究，四川省的政务微博具有最强的竞争力，在全国31个省份中排名第一，得分达到93.62。在全国排名第二的是江苏省，政务微博竞争力得分为80.29。在长江经济带的11个省市中，排名第三的是浙江省，得分为79.32，与第二名江苏省不相上下。其后依次是安徽省、上海市、江西省、云南省、湖南省和湖北省，得分为65~79。重庆和贵州两个地区的政

表 1　2021 年长江经济带有关数字经济发展的政策文件

地区	时间	政策文件
浙江	2021 年 6 月	《浙江省数字经济发展“十四五”规划》
上海	2021 年 1 月	《关于全面推进上海城市数字化转型的意见》
	2021 年 7 月	《推进上海生活数字化转型　构建高品质数字生活行动方案（2021—2023 年）》
	2021 年 7 月	《推进上海经济数字化转型　赋能高质量发展行动方案（2021—2023 年）》
	2021 年 10 月	《上海市全面推进城市数字化转型“十四五”规划》
江苏	2021 年 8 月	《江苏省“十四五”数字经济发展规划》
安徽	2021 年 3 月	《安徽省大数据发展条例》
江西	2021 年 9 月	《江西省大数据企业示范工作管理办法（试行）》
	2021 年 12 月	《江西省电子信息（集成电路）产业“十三五”发展规划》
四川	2021 年 1 月	《国家数字经济创新发展试验区（四川）建设工作方案》
	2021 年 4 月	《2021 年四川省数字经济发展工作方案》
	2021 年 5 月	《四川省数字化转型促进中心建设实施方案》
	2021 年 9 月	《四川省信息通信行业发展规划（2021—2025 年）》
	2021 年 11 月	《四川省“十四五”数字经济发展规划》
	2021 年 12 月	《四川省加快发展工业互联网推动制造业数字化转型行动计划（2021—2023 年）》
贵州	2021 年 12 月	《贵州省“十四五”数字经济发展规划》
云南	2021 年 2 月	《关于促进经济平稳健康发展 22 条措施的意见》
重庆	2021 年 12 月	《重庆市数字经济“十四五”发展规划（2021—2025 年）》
湖北	2021 年 12 月	《湖北省人民政府关于全面推进数字湖北建设的意见》
湖南	2021 年 3 月	《湖南省软件产业振兴计划（2021—2025 年）》
	2021 年 8 月	《湖南省“十四五”战略性新兴产业发展规划》
	2021 年 12 月	《湖南省工业互联网“十四五”发展规划》

资料来源：根据相关政府网站资料整理。

务微博竞争力最弱，得分都低于 60，分别为 54.40 和 54.38，在全国分别排第 23 位和第 24 位。从图 2 可以看出，在政务微博竞争力方面，四川省的竞争力最突出，而重庆市和贵州省的竞争力最弱，其他省市的得分都在 60 以上。

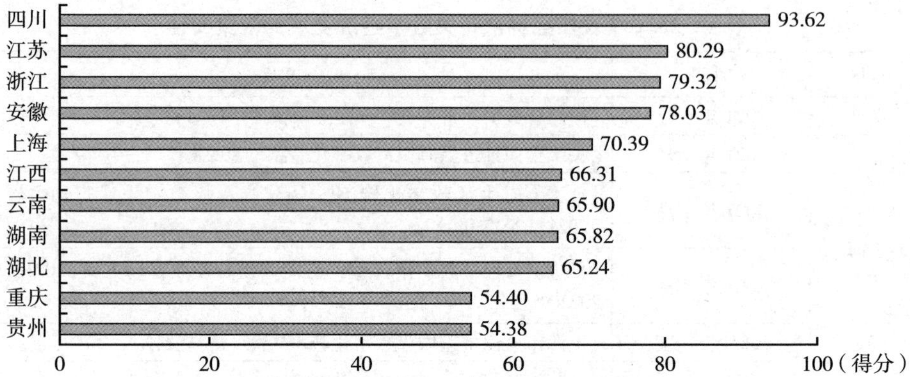

图 2　2021 年长江经济带 11 省市政务微博竞争力

资料来源：人民网舆情数据中心：《2021 年度政务微博影响力报告》。

（二）基础设施

良好的网络基础设施是数字经济发展的重要基础和保障。根据国家网信办发布的《数字中国发展报告（2021 年）》，北京、上海、浙江、江苏、天津、广东、重庆、河南、山东、四川等 10 个省份位列全国数字基础设施建设水平前 10 名。这些地区超前部署 5G、千兆宽带等数字基础设施，构建了区域数字化发展的良好基础环境。

具体来看长江经济带，表 2 是长江经济带 11 省市 2020 年①的互联网域名数、网页数、IPv4 地址数、移动互联网用户以及互联网宽带接入用户等情况，长江经济带的人口数占全国人口总数的 40%以上，可以看到，长江经济带的网页数和 IPv4 地址数占全国的比例都低于 30%，可见这两项指标低于全国平均水平；域名数占比接近全国的 40%，移动互联网用户以及互联网宽带接入用户都占全国的 40%以上，可见这三项指标都高于全国平均水平。如果从长江经济带各省市情况来看，江苏、浙江和四川等的网络基础设施较为完善，而云南、贵州和江西等的网络基础设施则较为匮乏。

① 数据来自国家统计局网站和《中国统计年鉴 2021》，故仅能获得 2020 年的数据。

表 2　2020 年长江经济带互联网基础设施情况

区　域	域名数（万个）	网页数（万个）	IPv4 地址数（万个）	移动互联网用户（万户）	互联网宽带接入用户（万户）
上　海	140.7	2239088.2	1539.8	3365.7	919.0
江　苏	206.7	1416309.6	1621.6	8428.7	3756.8
浙　江	167.5	3704249.3	2204.1	7041.1	2938.8
安　徽	154.8	275910.1	562.1	5010.5	2093.0
江　西	130.7	254496.4	589.4	3599.3	1510.5
湖　北	180.4	292523.1	817.6	4789.7	1870.2
湖　南	184.8	175974.9	804.0	5771.2	2113.2
重　庆	86.6	52792.4	572.3	3117.2	1228.4
四　川	219.0	546960.0	943.7	7521.4	2975.5
贵　州	110.1	11949.1	149.9	3597.4	1002.4
云　南	89.9	172690.3	333.9	3945.4	1278.1
长江经济带	1671.2	9142943.3	10138.3	56187.4	21685.8
全　国	4197.8	31550109.8	34066.8	134851.9	48355.0
占全国比重(%)	39.8	29.0	29.8	41.7	44.8

资料来源：《中国统计年鉴 2021》。

图 3 反映了 2021 年长江经济带 11 省市的政府网站数量情况，其中四川省的数量最高，有 926 个；其次是安徽省，有 843 个，这两个地区的数量都

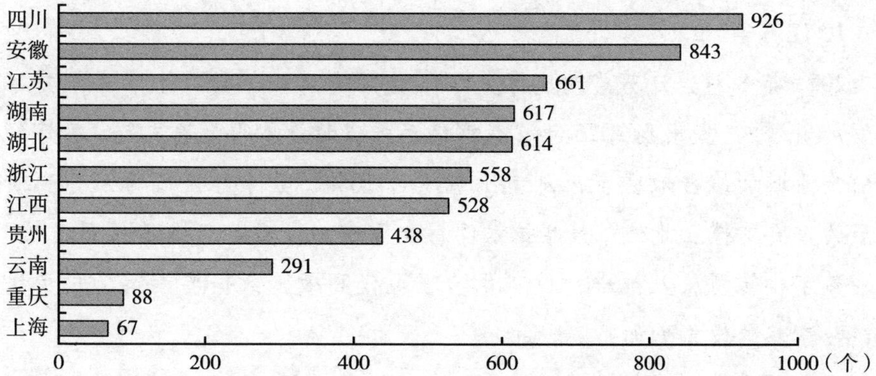

图 3　2021 年 12 月长江经济带 11 省市的政府网站数量

资料来源：中国互联网络信息中心：第 49 次《中国互联网络发展状况统计报告》。

较上年略有增长，在长江经济11省市中居前列；江苏、湖南、湖北三省的政府网站数量都有600多个，属于中等水平；贵州和云南两省的政府网站数量较少，分别只有438和291个；而上海和重庆作为直辖市，由于行政层级较少，政府网站数量较少，分别只有67个和88个。考虑到一些政府网站存在长期不更新、互动栏目很少有回应等问题，以上数据只能作为参考。实际上，要评价政府对网站的重视程度，除了考察政府网站的数量外，还要考察网站更新和回应的频率。

专栏1：长江经济带部分省市数字经济“十四五”规划内容

2021年12月，国务院印发《“十四五”数字经济发展规划》，提出到2025年，数字经济迈向全面扩展期，数字经济核心产业增加值占GDP比重达到10%，数字化创新引领发展能力大幅提升，智能化水平明显提升，数字技术与实体经济融合取得显著成效，数字经济治理体系更加完善，我国数字经济竞争力和影响力稳步提升。2021年，长江经济带部分省市也制定了各自的数字经济“十四五”规划，如江苏省、浙江省、四川省、重庆市、湖北省和贵州省等，而上海市、江西省、湖南省、云南省等则是在2022年制定的。这里选择江苏省、浙江省、四川省、重庆市、湖北省和贵州省的数字经济“十四五”规划发展目标梳理如下。

1. 江苏省

2021年8月，江苏省政府办公厅印发实施《江苏省“十四五”数字经济发展规划》，提出到2025年，数字经济强省建设取得显著成效，数字经济核心产业增加值占地区生产总值比重超过10%，数字经济成为江苏高质量发展的重要支撑。此外，数字技术创新支撑有力，数字产业能级显著提升，产业数字化转型深入推进，数字化治理现代高效，数据要素市场化步伐加快，数字基础设施更加坚实。

2. 浙江省

2021年9月，浙江省发布《浙江省数字经济发展“十四五”规划》，提出到2025年，数字经济发展水平稳居全国前列、达到世界先进水平，数字经济增加值占GDP比重达60%左右，高水平建设国家数字经济创新发展试验区，加快建成“三区三中心”，成为展示“重要窗口”的重大标志性成果。此外，建成全国数字产业化发展引领区，建成全国产业数字化转型示范区，建成全国数字经济体制机制创新先导区，建成具有全球影响力的数字科技创新中心，建成具有全球影响力的新兴金融中心，建成全球数字贸易中心。

3. 四川省

2021年12月，《四川省“十四五”数字经济规划》印发，明确到2025年，四川省数字经济总量超3万亿元、占GDP比重达到43%，建成具有全国影响力的数字经济科技创新中心和数字化转型赋能引领区，高水平建成国家数字经济创新发展试验区，初步建成全国数字经济发展新高地。

4. 重庆省

2021年12月，重庆市政府印发《重庆市数字经济“十四五”发展规划（2021—2025年》，提出到2022年，集聚“100+500+5000”数字经济领域市场主体，打造千亿级数字经济核心产业集群，创建10个国家级数字经济应用示范高地，高水平建成国家数字经济创新发展试验区。到2025年，大数据智能化走在全国前列，全市数字经济总量超过万亿级规模，建成国内领先、具有全球影响力的数字经济创新发展高地，数字经济成为支撑我市“智造重镇”“智慧名城”建设的主力军。到2035年，数字经济综合发展水平稳居全国前列。

5. 湖北省

2021年12月，湖北省政府印发《湖北省数字经济发展“十四五”规划》，提出到2025年，全省数据要素资源体系基本建成，数据开放和流通机制逐步完善，形成数据资产化管理、市场化运营和融合应用的运营生态。数字经济核心产业增加值超过6000亿元，占全省GDP比重超过10%，培育3~5家数字经济全球知名企业，带动一批全国知名的数字经济领军企业，数字经济成为推动湖北省经济社会高质量发展的主引擎，建成“四区两中心”，并且建成全国数字产业化引领区、全国产业数字化先导区、中部数字化治理样板区、数字生态活力区、全国数字商贸物流中心，建成具有全国影响力的数字科技创新中心。

6. 贵州省

2021年12月，贵州省大数据发展领导小组办公室印发《贵州省“十四五”数字经济发展规划》，明确了“十四五”贵州数字经济增加值万亿倍增的总体目标及四个方面的主要发展目标，并就2035年数字经济发展进行了展望。一是实现数字经济增加值万亿倍增。到2025年，大数据电子信息产业总产值突破3500亿元；全省数字经济增加值实现倍增，占GDP比重达到50%左右；三次产业规模以上企业基本实现大数据深度融合改造全覆盖。二是在产业发展、数字治理、数据价值、数字基建等方面取得新突破。到2025年，构建形成特色引领的数字产业生态，打造数智驱动的数字治理标杆，建成全国一流的数据要素基地和集约高效的数字基础设施。三是对贵州2035年数字经济发展进行展望：到2035年，健全数字产业生态，全面建成数字政府，数据要素市场化水平引领全国，数字基础设施规模和创新水平处于全国前列，数字经济全面引领经济社会发展。

三　数字产业部分：电子信息产业

据中国信通院发布的《中国数字经济发展白皮书（2021）》，2021年，我国数字产业化规模为8.35万亿元，同比名义增长11.9%，占数字经济比重为18.3%，占GDP比重为7.3%，数字产业化发展正经历由量的扩张到质的提升转变。2021年，长江经济带数字产业化进一步发展，下文按照传统产业分类，从电子信息制造业和软件与信息技术服务业两个方面来分析。

（一）电子信息制造业

电子信息制造业是长江经济带着力打造的五大产业之一。从总体上看，长江经济带的电子信息制造业占全国的比重为1/2左右，如电子信息制造业的企业数量、主营业务收入、固定资产投资等都占全国的50%左右。但是长江经济带各省市间的电子信息制造业发展水平存在较大差异。2021年，湖北省计算机、通信和其他电子设备制造业增长 40.6%，安徽省增长 33.2%，四川省增长 22.5%，重庆市增长 13.5%，可见各省市增长速度差异很大。[①]

具体到产品数量，长江经济带各省市间差异也较大。手机（移动通信手持机）方面，湖南和贵州的产量最高，都超过了 1 亿台；浙江和四川都超过 5000 万台；江西和重庆都超过 3000 万台；上海和湖北超过 2000 万台；云南超过 1000 万台；而安徽和江苏产量最少，均不足 1000 万台。在微型计算机设备方面，产量最高的是湖南，达到 9130 万台；其次是浙江、四川、安徽和江西，产量为 2000 万～8000 万台；重庆和上海产量超过 1700 万台；而湖北、江苏、贵州和云南的产量均在 200 万台以下。

表 3　2020 年长江经济带 11 省市产品产量

单位：万台

地　区	移动通信手持机	地　区	微型计算机设备
湖　南	13450.47	湖　南	9130.26
贵　州	13319.83	浙　江	7527.01
浙　江	5649.09	四　川	5029.46
四　川	5527.48	安　徽	3097.13
江　西	3704.59	江　西	2188.45
重　庆	3686.58	重　庆	1799.51
上　海	2667.01	上　海	1720.01
湖　北	2369.20	湖　北	184.51
云　南	1352.91	江　苏	139.21
安　徽	574.74	贵　州	82.57
江　苏	91.35	云　南	0.07

资料来源：《中国统计年鉴 2021》。

集成电路产业方面，长江经济带各省市间发展也存在很大差异。11 省市中，2020 年生产集成电路最多的是江苏省，集成电路产量达到 836.45 亿块，与其他省市相比遥遥领先。位列第二的是上海市，2020 年产量达到

① 各省市 2021 年国民经济和社会发展统计公报。

288.67 亿块。上海已是国内集成电路产业集中度最高、产业链最完善、综合技术能力最强的地区之一，2020 年上海市集成电路产业实现销售收入 2071 亿元，较 2019 年增长 21.40%，占全国集成电路销售收入的近 1/4。浙江省和四川省集成电路产量都超过了 100 亿块。重庆市集成电路产量在 45 亿块以上。湖南集成电路产量不足 20 亿块，安徽、云南、江西、贵州、湖北五个省份的集成电路产量最低，均不足 10 亿块（见图 4）。

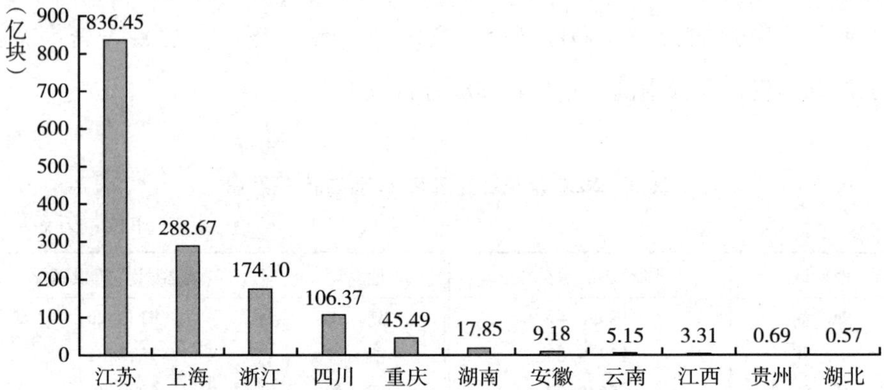

图 4　2020 年长江经济带 11 省市集成电路产量

资料来源：《中国统计年鉴 2021》。

（二）软件与信息技术服务业

2021 年，我国软件与信息技术服务业呈现平稳发展态势，收入和利润均保持较快增长态势。长江经济带的软件与信息技术服务业增长呈现平稳向好趋势，增速在 10% 以上。但由于各省市经济发展水平和产业基础不同，软件与信息技术服务业的发展也呈现出不同的局面。首先，长江经济带 11 省市中有 4 个省市进入全国软件业务收入增长前十强，包括江苏、浙江、上海和四川，这与上年情况相同，这 4 个省市分别位列全国的第 3 位、第 4 位、第 6 位和第 7 位。从软件业务收入情况来看，长江经济带的江苏省超过了 12000 亿元，其余省市均在 10000 亿元以下，如图 5 所示，除了江苏之外，其他省份的软件业务收入偏低，尤其与第 1 名的北京和第 2 名的广东相比存在较大差距。

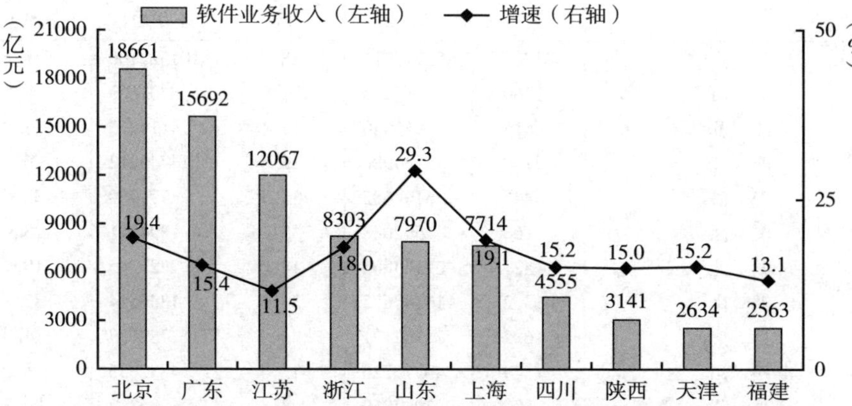

图 5　2021 年我国前十位省市软件业务收入情况

资料来源：中国工业和信息化部网站，http：//www. miit. gov. cn/。

从企业数量和收入、利润来看，如表 4 所示，2021 年 1~11 月，长江经济带软件与信息技术服务业企业数量为 18785 家，比上年减少了 478 家企业，占全国的比重为 45. 0%，较上年的 46. 2%有所减少，可见软件与信息技术服务业的发展规模略有收缩。长江经济带的软件与信息技术服务业收入为 36117 亿元，较上年的 30922 亿元有所提高，但占全国的比重仍然为 42. 3%，与上年持平。长江经济带软件与信息技术服务业利润为 5027 亿元，超过了上年的 4380 亿元。可见，2021 年长江经济带以更少的企业数量实现了更高的收入和利润水平，企业效率提高。

具体到长江经济各个省份来看，2021 年 1~11 月江苏省的企业数量和收入是 11 省市中最高的，但是浙江省的利润水平超过了江苏省，在长江经济带地区独占鳌头，可见浙江省软件与信息技术服务业企业的经济效益大幅提高。另外，2021 年 1~11 月安徽、江西、贵州和云南的企业数量仍然较少，均不足 1000 家。云南省的软件与信息技术服务业发展不足，收入和利润总额最低，分别仅有 935840 万元和 35992 万元，利润增长速度最低，为-31. 1%（见表 4）。

表 4　2021 年 1~11 月长江经济带地区软件与信息技术服务业收入情况

地　区	企业数量（家）	收入		利润	
		本期累计（万元）	同比增长（%）	本期累计（万元）	同比增长（%）
全　国	41782	853712711	18.3	101527100	8.2
上　海	1760	74565313	21.9	8707689	6.5
江　苏	6615	106965960	12.1	14114012	15.7
浙　江	2170	73134986	15.6	14746212	-6.2
安　徽	846	6194685	31.7	791959	33.6
江　西	164	1592088	35.0	394771	123.9
湖　北	1827	21143805	14.0	2227545	19.1
湖　南	1362	10147675	30.4	1346554	32.2
重　庆	1682	22302121	24.9	2752679	14.7
四　川	1849	40275726	12.4	4852655	8.9
贵　州	380	3907859	68.4	296807	106.3
云　南	130	935840	26.8	35992	-31.1
长江经济带	18785	361166058	—	50266875	—
占全国比重（%）	45.0	42.3	—	49.5	—

资料来源：中国工业和信息化部网站，http：//www.miit.gov.cn/n11293472/index.html。

四　数字经济的产业融合部分

（一）总体发展情况

据中国信通院发布的《中国数字经济发展报告（2022 年）》，2021 年我国产业数字化规模达到 37.18 万亿元，同比名义增长 17.2%，占数字经济比重为 81.7%，占 GDP 比重为 32.5%，产业数字化转型持续向纵深加速推进。

2021 年，长江经济带 11 省市的产业数字化进一步发展。江苏、浙江、上海、湖北、四川、湖南、安徽、重庆、江西的产业数字化规模都超过了 1 万亿元。从占 GDP 比重来看，上海的数字经济占 GDP 比重超过 50%，浙江、江苏、重庆、湖北等省市的数字经济占比都超过了全国平均水平；从发展速度看，贵州、重庆、江西、四川、浙江、湖北、安徽、湖南等省市的数字经济增速都超过全国平均水平，其中，贵州、重庆的数字经济同比增速均超过 20%（见图 6）。①

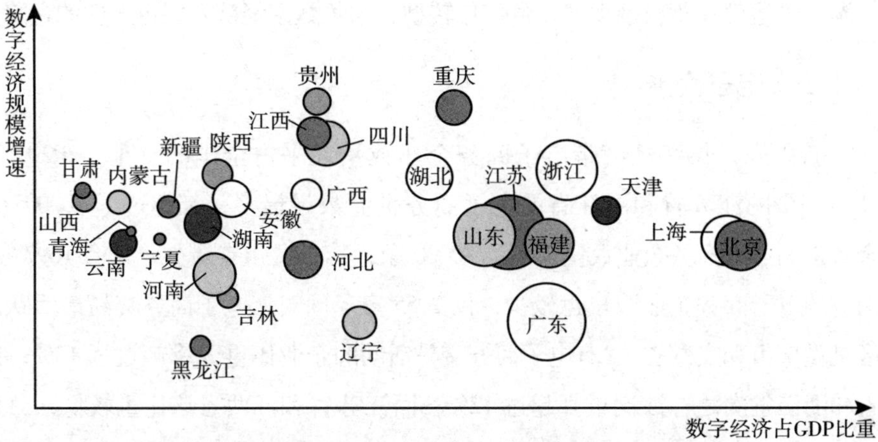

图 6　2021 年中国部分省市数字经济规模、占比和增速

注：圆圈大小表示数字经济规模。

资料来源：中国信息通信研究院：《中国数字经济发展报告（2022 年）》。

2021 年，长江经济带各省市继续加速产业数字化转型。2021 年 9 月，上海推出《上海市促进城市数字化转型的若干政策措施》，提出聚焦云计算、大数据、人工智能等重点领域，培育一批高能级市场主体，加快推动新生代互联网企业发展，打造数字经济上海品牌。江苏加快产业数字化转型步伐，自 2018 年起在全国率先出台《关于进一步加快智能制造发展的意见》，探索建设省级智能制造示范车间、示范工厂，2021 年底启动了制造业智能化改造和数字化转型三年行动计划，对产业数字化转型进行再部署，截至 2021 年底，江苏共有智能制造工厂 130 多家，“上云”企业累计达 38 万家。浙江利用数字化新技术、新理念，全方位、全链条改造传统产业，产业数字化水平稳居全国第一，累计认定未来工厂 32 家、智能工厂（数字化车间）423 家；获批共建长三角工业互联网一体化发展示范区，培育上云企业 47 万家。长江经济带中游地区，如重庆近年来坚持将大数据智能化作为高质量发展的战略选择，加快推进数字产业化、产业数

① 中国信息通信研究院：《中国数字经济发展报告（2022 年）》。

字化，截至2021年底，已实现全市所有区县重点区域5G网络全覆盖，同时加速赋能数字化转型，累计有9.5万户企业“上云上平台”。此外，江西、四川、湖北、湖南等地都在积极推动产业数字化转型，力争数字经济发展迈上新的台阶。

（二）电子商务

一直以来，长江经济带电子商务企业数量几乎占全国的一半。2020年，长江经济带的江苏省和浙江省的电子商务企业数量最多，都超过了10000家，其余省市的电子商务企业数量都不足10000家，其中贵州省最少，只有1697家，云南省的电子商务企业数量也较少，仅2055家。同时，电子商务交易最活跃的地区是重庆市和安徽省，“有电子商务交易活动的企业比重”都超过了13%；四川省和浙江省次之，该比重都超过12%；而江苏省和江西省该比重较低，分别为10.4%和10.2%（见表5）。可见，电子商务企业数量最多的地区不一定是电子商务交易活动最活跃的地区。浙江省的电子商务企业数量最多，交易活动也比较活跃，反映了长江经济带11省市中浙江省电子商务的蓬勃发展态势。

表5　长江经济带电子商务企业情况

单位：个，%

地　区	有电子商务交易活动的企业数		有电子商务交易活动的企业比重	
	2019年	2020年	2019年	2020年
上　海	4660	5434	11	11.2
江　苏	9844	12511	9.4	10.4
浙　江	11353	12563	11.7	12.2
安　徽	5830	5698	14.4	13.3
江　西	2658	3259	9.1	10.2
湖　北	3909	4545	9.7	11.1
湖　南	4158	4834	10	10.9
重　庆	2737	3199	12.4	13.7
四　川	4968	5876	11.8	12.6
贵　州	1487	1697	9.4	10.6
云　南	1783	2055	10.5	11.6
长江经济带	53387	61671	—	—
全　国	109410	124552	—	—
占全国比重	48.8	49.5	—	—

资料来源：《中国统计年鉴2021》。

从电子商务交易情况来看，长江经济带的电子商务销售额和采购额都超过全国的40%。2020 年，上海的电子商务销售额和采购额仍然名列 11 个省市中的第一位，远远超过电商企业数量众多的江苏省和浙江省。2021 年 5 月，上海推出《全面推进上海数字商务高质量发展实施意见》，提出全面推进数字商务高质量发展，到 2025 年商务领域数字化、网络化、智能化水平进一步提升。上海的电子商务发展步伐稳健，2021 年上海市电子商务交易额达 32403.6 亿元，同比增长 10.15%。排名第二的是江苏省，但电子商务销售额和采购额远低于上海。在 11 省市中，江西、云南和贵州的电子商务发展较为落后，销售额和采购额都排最后三名（见表 6）。

表 6　2020 年长江经济带 11 省市电子商务交易情况

单位：亿元，%

地　区	电子商务销售额	电子商务采购额
上　海	23624.8	14097.3
江　苏	13189.1	7713.0
浙　江	12124.5	4377.1
安　徽	6281.1	2734.4
江　西	3294.2	1585.2
湖　北	5078.7	2946.9
湖　南	4185.8	2820.2
重　庆	5810.3	2148.4
四　川	5901.6	4405.0
贵　州	1628.1	772.3
云　南	2324.4	1358.1
长江经济带	83442.6	44957.9
全　国	189334.7	109133.4
占全国比重	44.1	41.2

资料来源：《中国统计年鉴 2021》。

（三）大数据产业

大数据产业是数字经济发展的重要内容之一。赛迪智库的《中国大数据区域发展水平评估报告（2022年）》从大数据发展环境指数、大数据产业发展指数和大数据行业应用指数三个方面，对我国各地大数据发展水平进行了评估。从2021年我国大数据总体发展指数来看，广东居全国第1位，江苏居全国第3位、长江经济带第1位。上海市和浙江省分别居全国第4和第5位。此外，四川、湖北和安徽的大数据总体发展指数也处于全国第一梯队。而重庆、贵州、湖南和江西处于全国大数据总体发展指数的第二梯队（见图7）。

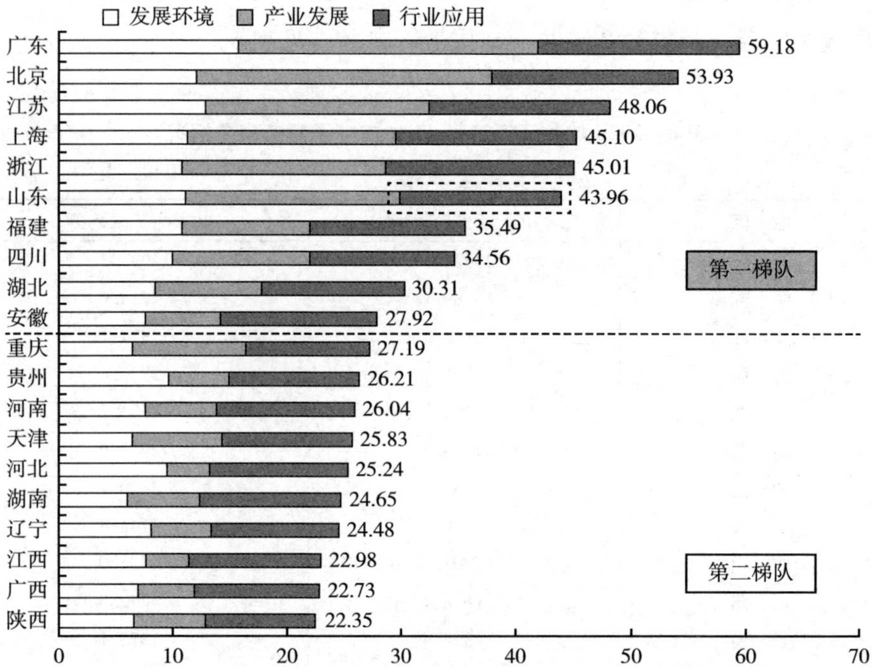

图7　2021年我国部分省市大数据发展水平

资料来源：赛迪智库信息化与软件产业研究所：《中国大数据区域发展水平评估报告（2022年）》。

从大数据产业发展指数来看，大数据产业发展指数由产业规模、企业数量、创新能力、数据资源四个分项指数决定。从图8可以看出，2021年，江苏省仍然是我国大数据产业发展指数排第3的省份，在长江经济带中排第1，大数据产业发展指数为48.9；其次是上海、浙江和四川，分别列长江经济带的第 2、第 3 和第 4 位，这个排位与上年相同，这三个省市的大数据产业发展指数都在 30 以上；重庆、湖北的大数据产业发展指数为 20~30，在长江经济带分别排第 5 位、第 6 位；而安徽、湖南、贵州和江西四个省份的大数据产业发展指数偏低，都在 20 以下。

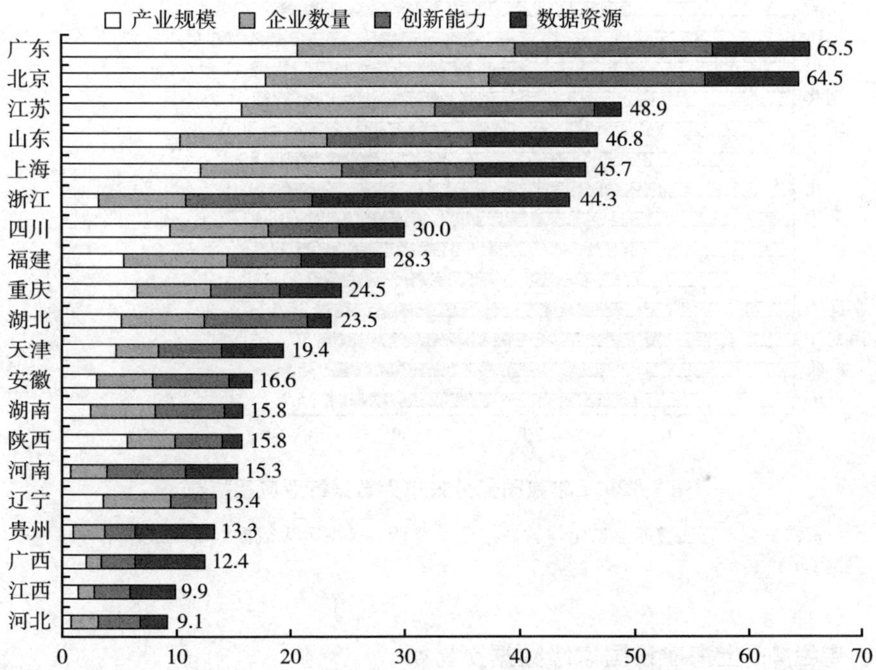

图 8　2021 年我国部分省市大数据产业发展指数

资料来源：赛迪智库信息化与软件产业研究所：《中国大数据区域发展水平评估报告（2022 年）》。

从大数据行业应用指数来看，大数据行业应用指数主要是测量某地区的金融、商贸、农业等行业的大数据应用情况，以及在政务和民生方面的大数据应用情况。如图 9 所示，长江经济带 11 省市中浙江省的大数据行业应用指数排名第一，为 54. 6；排第二的是江苏省，指数为 51. 7，排第三的是上海市，指数为 51. 3。安徽、四川、湖北、湖南、江西、贵州和重庆的大数据行业应用指数都在 50 以下。

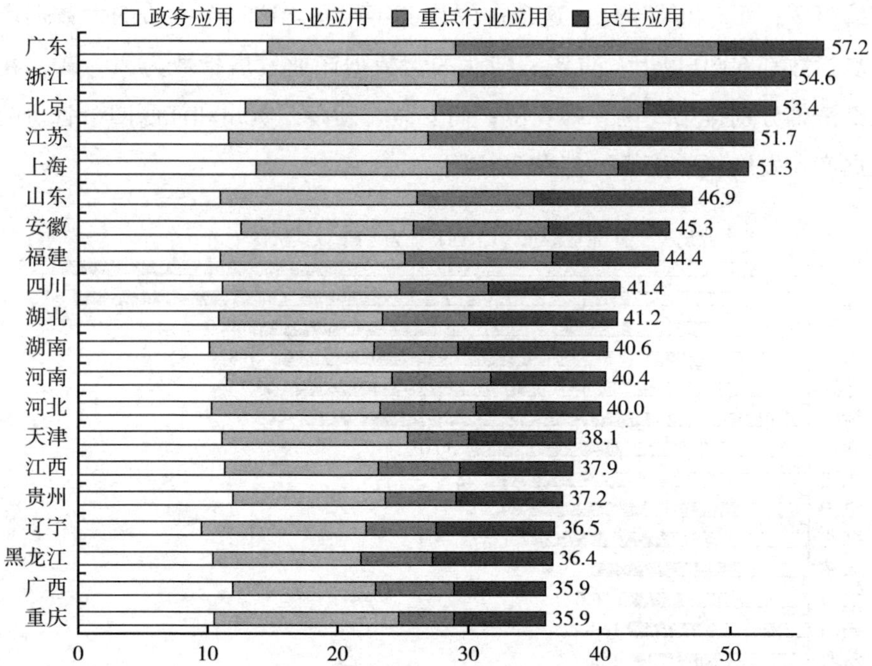

图 9　2021 年我国部分省市大数据行业应用指数

资料来源：赛迪智库信息化与软件产业研究所：《中国大数据区域发展水平评估报告（2022 年）》。

专栏 2：上海建设国家级数据交易所

2021 年 1 月 25 日，上海数据交易所揭牌成立。

上海数据交易所致力于破解数据交易“五难”问题，重点聚焦确权难、定价难、互信难、入场难、监管难等关键共性难题，以“全国五大首发”，形成系列创新安排。一是全国首发数商体系，全新构建“数商”新业态，培育和规范新主体，构筑更加繁荣的流通交易生态；二是全国首发数据交易配套制度，确立“不合规不挂牌，无场景不交易”的基本原则，让数据流通交易有规可循、有章可依；三是全国首发全数字化数据交易系统，上线新一代智能数据交易系统，保障数据交易全时挂牌、全域交易、全程可溯；四是全国首发数据产品说明书，以数据产品说明书的形式使数据可阅读。

上海数据交易所采用公司制架构，围绕打造全球数据要素配置的重要枢纽节点的目标，构建“1+4+4”体系。紧扣建设国家级数据交易所“一个定位”，突出准公共服务、全数字化交易、全链生态构建、制度规则创新“四个功能”，体现规范确权、统一登记、集中清算、灵活交付“四个特征”。上海数据交易所面向数据流通交易提供高效便捷、合规安全的数据交易服务，同时引导多元主体加大数据供给，培育发展“数商”新业态。力争用3~5年时间，将国家级数据交易所的“四梁八柱”构筑成型，实现“汇天下数据而通之，聚天下数据而用之”的目标。

（四）人工智能

人工智能是引领社会和经济发展的战略性技术之一。相关数据显示，2021年，我国人工智能产业规模达4041亿元人民币，人工智能核心企业数量已超3000家。人工智能技术与实体经济加速融合，助推传统产业转型升级，为高质量发展注入了强劲动力。在数字技术和智能技术进步的推动下，长江经济带的人工智能产业稳定发展。根据IDC发布的报告，2021年，中国AI计算力发展排名前十的城市中，长江经济带有6个城市入选，分别是杭州、南京、上海、苏州、成都、合肥，分别排全国的第2、第4、第5、第6、第9和第10位。

长江经济带各省市重视人工智能发展。上海市把人工智能产业作为三大先导产业之一，突出创新引领，在类脑研究、计算机视觉、核心芯片、算法平台、智能机器人等领域确立了领先优势。根据上海市经信委数据，2021年，上海人工智能规模以上企业产值实现3056.8亿元，全年实现项目总投资805亿元。目前，上海市人工智能领域拥有企业1100多家，占全国相关企业总数的12.7%。浙江省发布的《2022年浙江省人工智能产业发展报告》显示，2021年，浙江省人工智能企业实现总营业收入3887.42亿元，同比增长30.96%，实现利润总额446.32亿元，拥有人工智能企业1156家，同比增长约60%，人工智能发展成绩显著。湖北近年来积极推动人工智能产业发展，已形成语义识别、机器视觉、无人驾驶、智能机器人等一批特色产业。据统计，2021年湖北拥有人工智能相关企业超过200家，人工智能核心产业规模超过100亿元，相关产业规模超过1000亿元。类似地，2021年湖南省人工智能核心产业产值超过125亿元，同比增长25%。人工智能与主营业务相结合的企业超过4600家。

专栏3：2021年长江经济带部分省市人工智能政策

人工智能产业对经济发展、社会进步和人类生活产生着重要影响，各个国家均在战略层面上予以高度关注。2017年7月，国务院发布的《新一代人工智能发展规划》是中国在人工智能领域的第一个部署文件，确定了人工智能产业发展的总体思路、战略目标和任务，确定了人工智能产业“三步走”的发展目标。长江经济带各省市相继出台了相关政策促进人工智能产业发展。

表7　2021年部分省市人工智能产业政策

地区	时间	政策	内容
上海市	2021年7月	《上海新一代人工智能算法创新行动计划(2021~2023年)》	到2023年,上海人工智能算法水平总体保持国内领先、部分领域达到国际一流,初步成为前沿成果丰硕、应用生态活跃、创新人才集聚的国际人工智能算法高地,为驱动上海人工智能高质量发展、赋能城市全面数字化转型提供有力支撑
江西省	2021年9月	《江西省“十四五”制造业高质量发展规划》	坚持基础先行、系统集成、场景示范、应用推广,巩固提升移动物联网、VR等技术先发优势,支持发展5G与物联网、VR、大数据与云计算、工业互联网、人工智能、区块链、信息安全等产业,抢占数字产业化发展高地。重点打造物联网全产业链,建设“智联江西”。办好世界VR产业大会,完善VR产业生态,打造世界级VR中心。到2025年,力争5G与物联网、VR及相关产业、大数据与云计算、AI(人工智能)及相关产业规模分别突破2000亿元、1500亿元、1000亿元、1000亿元
	2021年9月	《江西省“十四五”信息化和工业化深度融合发展规划》	引进和培育一批人工智能领域创新平台,培育若干人工智能产业集聚区。推动智能机器人、智能网联车、智能安防、智能家居等特色人工智能产业集群发展,推动人工智能核心要素资源集聚。推动人工智能骨干企业针对共性技术和重点行业应用,开放面向云端训练和终端执行的开发框架、算法库、工具集等,协同产业链上下游企业共同构建基于开源技术的软件、硬件、数据、应用协同的新型产业生态

续表

地区	时间	政策	内容
湖北省	2021年2月	《光谷科技创新大走廊发展战略规划(2021—2035年)》	打造具有国际竞争力的智能产业带。加快突破前沿理论与核心算法,促进人工智能与经济社会发展深度融合,加快人工智能应用场景开放,完善新型数字基础设施,加快布局人工智能软硬件产品,优化提升智能制造、智能网联汽车、数字建造等产业,打造具有国际竞争力的智能产业
四川省	2021年5月	《四川省新一代人工智能2021年度工作要点(征求意见稿)》	组织实施人工智能领域重大项目30项,建设科技创新平台10家,建立10个人工智能深度应用场景,打造国内具有竞争力的人工智能产业创新发展示范区。培育10家以上国内有影响力的人工智能企业,力争推动1~2家企业上市,力争到2022年形成人工智能核心产业产值500亿元,带动相关产业规模达3000亿元

五　长江经济带地区数字经济发展：2022年展望

2021年长江经济带数字经济发展取得不错的成绩。2022年，在长江经济带发展战略背景下，长江经济带数字经济获得进一步发展，呈现以下趋势。

（一）数字经济成为后疫情时代经济发展的重要动能

数字经济是推动经济增长的重要引擎，其在后疫情时代的经济发展中发挥的作用愈发重要。一方面，数字经济对经济增长的贡献度日益提升。目前上海的数字经济占GDP比重超过50%，成为拉动经济发展的主导力量；浙江、江苏、重庆、湖北等省市的数字经济占比也超过全国平均水平，对经济的拉动作用明显。另一方面，数字经济快速增长为疫情期间经济复苏提供了新的支撑。众所周知，受疫情冲击，经济增长速度放缓，不少领域出现停滞甚至负增长。例如2022年上半年上海全市生产总值19349亿元，同比下降5.7%。疫情防控常态化下数字经济“一枝独秀”，能够为促进经济复苏和发展做出重要贡献。同样是2022年上半年，在国民生产总值下降的背景下，上海的数字经济相关领域指标却逆势增长，其中信息传输、软件和信息技术服务业增加值同比增长 5.3%，拉动上海经济增长 0.4 个百分点；网上商店零售额比上年同期增长 0.9%，占社会消费品零售总额的比重为 22.8%，同比提高 6.4 个百分点。相信未来数字经济将成为应对经济下行的重要稳定器。

（二）网络基础设施将得到进一步改善

5G 建设引领发展，2022 年是 5G 应用规模化发展的关键之年，据预计我国新建 5G 基站将达 60 万个以上。上海已累计建设超 6 万个 5G 室外基站、21 万个 5G 室内小站，《全国移动网络质量监测报告》显示，上海 5G 网络平均下行接入速率达 463M，排名全国第一。安徽省积极推进 5G 基站建设，2022 年上半年共新建 5G 基站 9186 个。其他地方也纷纷加快 5G 布局，将 5G 应用作为经济发展中的重要支柱产业。网络基础设施另一个引人注意的方面是新型算力网络格局加快。在“东数西算”工程加速推进的情况下，京津冀、长三角、成渝等地区启动建设全国一体化算力网络国家枢纽节点，截至 2022 年 6 月底，我国服务器规模约 2000 万台，算力总规模超过 150EFlops，排名全球第二。上海 2022 年 6 月发布了《新型数据中心“算力浦江”行动计划（2022—2024 年）》，为全面赋能与支撑上海城市数字化转型，加快打造具有世界影响力的国际数字之都提供新动能。贵州省 2022 年 7 月出台了《关于加快推进“东数西算”工程建设全国一体化算力网络国家（贵州）枢纽节点的实施意见》，通过实施算力集群攻坚行动、算力输送通道提速行动等“七大行动”，加快全国一体化算力网络国家（贵州）枢纽节点建设。2022 年，各地的新型算力网络格局不断完善。

（三）数字化转型步伐加快，数字经济做大做强

长江经济带拥有良好的产业和人才优势，数字经济发展有着良好的基础，随着数字技术创新加快，数字化产业投资规模将不断扩大。许多地方政府相继发布文件，培育壮大集成电路、关键软件、大数据、云计算、人工智能、区块链等数字产业，打造具有国际竞争力的产业生态。例如，2022 年 5

月合肥推出《合肥市加快推进集成电路产业发展若干政策》，支持企业研发创新，支持企业规模化发展，支持产业生态营造。2021 年，重庆出台《重庆市大数据标准化建设实施方案（2020—2022 年）》，提出到 2022 年将参与国家大数据共享开放标准、数据安全标准研制 3 项以上等内容，推动大数据产业发展。各地政府适应创新与数字化转型趋势，加大在数字化建设、创新方面的投入，深入实施智能制造工程，推进工业互联网创新应用等，数字经济呈现蓬勃发展态势，有力支撑经济发展。

（四）长江经济带数字经济将更好地协同发展

协同发展是长江经济带的重要战略命题。长江经济带包含 11 省市，各地资源禀赋、发展基础不同，从而经济发展水平、产业结构等也存在较大差异，因而数字技术水平、数字基础设施、数字经济发展速度和发展特点等也不尽相同。在国家建设长江经济带的大战略背景之下，2022 年各地继续出台文件，进一步推进长江经济带数字经济协同发展，如《2022 年江苏省推动长江经济带发展工作要点》《2022 年无锡市推动长江经济带高质量发展工作要点》《2022 年镇江市推动长江经济带发展工作要点》等，针对集聚先进制造业、战略性新兴产业以及现代服务业，提升长江经济带产业能级，推进沿江传统产业智能化改造和数字化转型等做出部署。尤其是长江经济带下游的长三角地区，在过去几年里已经迈出一体化发展的重大步伐，新一代信息技术产业集群是长三角着力建设的国际性集群之一。未来需要以长三角为基础，各地统筹规划、分工合作与协同发展，共同推动数字经济高质量发展。

参考文献

《2021~2022 中国人工智能计算力发展评估报告》，2021 年 10 月。

国家网信办：《数字中国发展报告（2021 年）》2022 年 7 月。

《浙江省数字经济发展白皮书（2022 年）》，2022 年 8 月。

江西省大数据中心：《2022 年江西省数字经济发展白皮书》，2022 年 9 月。

B.12

长江经济带旅游业发展报告（2021～2022）

于秋阳　王 倩*

摘　要： 长江经济带横跨我国东中西三大区域，是我国旅游业综合实力最强、战略支撑作用最大的区域之一，共建“长江国际黄金旅游带”是推进长江经济带重大战略的突破口和重要抓手。经过多年发展，长江经济带11省市旅游业在资源开发、产业转型升级等方面进行了长效合作。但同时，区域间的旅游发展水平仍有差异，区域合作过程中仍存在壁垒。本报告结合疫情防控常态化下旅游业，尤其是乡村旅游和红色旅游的发展新趋势，对长江经济带的旅游业现状作出分析，针对当下旅游业发展的新需求，就进一步开发国内旅游市场、丰富长江经济带乡村旅游业态、打响区域红色旅游品牌等提出相关建议。

关键词： 长江经济带　旅游业　乡村旅游　红色旅游

长江经济带覆盖我国东、中、西部11省市，面积约205.23万平方公里，占全国面积的21.4%。推动长江经济带发展，是关系国家发展全局的重大战略，对实现第二个一百年奋斗目标、实现中华民族伟大复兴的中国梦具有重要意义。习近平总书记在全面推动长江经济带发展座谈会上强

* 于秋阳，经济学博士，上海社会科学院应用经济研究所副研究员，研究方向为旅游产业经济、区域经济、文化创意产业；王倩，上海社会科学院旅游管理硕士研究生，研究方向为旅游经济。

调，要坚定不移贯彻新发展理念，推动长江经济带高质量发展，打造区域协调发展新样板，构筑高水平对外开放新高地，使长江经济带成为我国生态优先绿色发展主战场、畅通国内国际双循环主动脉、引领经济高质量发展主力军。①

长江经济带拥有我国最广阔的腹地和发展空间，经济增长潜力巨大。在“十四五”开局之年，长江经济带经济总量占全国的比重从 2015 年的 45.1%提高到 2021 年前三季度的 46.7%，对全国经济增长的贡献率从 48.5%提高到 51.1%。除此之外，2021 年前三季度，长江经济带的上海、重庆、苏州、成都、杭州、武汉和南京 7 个城市位居全国 GDP 排名前十。由此可见，在应对百年变局、构建新发展格局的背景下，长江经济带已发展成为我国综合实力最强、战略支撑作用最大的区域之一。

一　长江经济带旅游业发展总体概况

（一）我国旅游业波动式发展

2021 年，我国旅游业发展在波动中企稳回暖，但旅游经济的回弹幅度低于预期。与此同时，外部环境催生消费习惯转变，倒逼产业升级、迎合新消费需求，旅游产业结构迎来更高品质的优化。

在国内旅游消费市场方面，2021 年，全年国内旅游人数 32.46 亿人次，较上年同期增长 12.8%，恢复至 2019 年同期的 54%。其中，城镇居民游客 23.42 亿人次，增长 13.4%；农村居民游客 9.04 亿人次，增长 11.1%。国内旅游收入 2.92 万亿元，较上年同期增长 31%，恢复至 2019 年同期的 51%。其中，城镇居民游客消费 2.36 万亿元，增长 31.6%；农村居民游客

① 《习近平主持召开全面推动长江经济带发展座谈会并发表重要讲话》，http://www.gov.cn/xinwen/2020-11/15/content_5561711.htm，2020 年 11 月 15 日。

消费 0.55 万亿元，增长 28.4%。[①] 2022 年上半年，国内旅游人数 14.55 亿人次，比上年下降 22.2%。其中，城镇居民国内旅游人数 10.91 亿人次，下降 16.6%；农村居民国内旅游人数 3.64 亿人次，下降 35.4%。国内旅游收入 1.17 万亿元，比上年下降 28.2%。其中，城镇居民旅游消费 0.94 万亿元，下降 26.7%；农村居民旅游消费 0.23 万亿元，比上年下降 33.8%。[②]

在旅游产业发展方面，2021 年末，全国共有 A 级景区 14196 个，比上年末增加 846 个；全国共有旅行社 42432 家，全年全国旅行社营业收入 1857.16 亿元；全国旅游监管服务平台的星级饭店管理系统中共有 8771 家星级饭店，全年星级饭店营业收入 1379.43 亿元，平均出租率 41.8%。此外，为进一步延伸旅游资源挖掘深度、丰富旅游产业供给，我国推出“建党百年红色旅游百条精品线路”、认定首批 54 家国家级旅游休闲街区、推出 12 家国家级滑雪旅游度假地和体育旅游示范基地、发布 10 条黄河主题国家级旅游线路，成功举办全国“互联网+旅游”发展论坛、“百名红色讲解员讲百年党史”、全国红色旅游创意产品和红色旅游演艺创新成果展示等活动，推荐浙江余村、安徽西递村入选联合国世界旅游组织首届最佳世界旅游乡村，扎实推进国家文化公园建设。[③]

（二）长江经济带旅游业缓慢复苏

2021 年，长江经济带旅游业虽仍未摆脱低迷的惯性状态，但开始呈现复苏态势。除湖北省外，长江经济带其他省市旅游总人数达 61.33 亿人次，同比增长 22.34%；旅游总收入达 73193.73 亿元，同比增长 20.92%（见表 1）。

---

① 国家统计局：《2021 年国民经济和社会发展统计公报》，http：//www.stats.gov.cn/tjsj/zxfb/202202/t20220227_ 1827960.html，2022 年 2 月 28 日。

② 中华人民共和国文化和旅游部：《2022 年上半年国内旅游数据情况》，https：//zwgk.mct.gov.cn/zfxxgkml/tjxx/202207/t20220715_ 934711.html，2022 年 7 月 15 日。

③ 中华人民共和国文化和旅游部：《中华人民共和国文化和旅游部 2021 年文化和旅游发展统计公报》，https：//zwgk.mct.gov.cn/zfxxgkml/tjxx/202206/t20220629_ 934328.html，2022 年 6 月 29 日。

表 1　2021 年长江经济带 11 省市旅游市场总体情况

区域	省份	旅游总人数（亿人次）	同比增长（%）	旅游总收入（亿元）	同比增长（%）
下游	上海	2.95	24.47	3767.81	21.04
	浙江	6.21	8.95	9165.24	10.76
	江苏	7.10	49.60	11667.44	41.41
	安徽	5.80	23.40	5578.40	32.10
中游	江西	7.43	33.40	6769.00	24.80
	湖北	—	—	—	—
	湖南	7.86	13.91	9185.52	11.18
上游	四川	4.84	19.28	7352.76	11.25
	重庆	5.83	37.20	5739.00	24.31
	云南	5.75	31.13	7326.40	13.11
	贵州	6.44	4.21	6642.16	14.72
长江经济带		61.33	22.34	73193.73	20.92

注：旅游外汇收入按 1 美元 = 6.4512 元人民币（2021 年）、1 美元 = 6.8974 元人民币（2020 年）汇率进行折算加总。湖北省 2021 年旅游总人数、旅游总收入数据缺失。

资料来源：各省市 2021 年国民经济和社会发展统计公报。

2021 年，长江经济带旅游总人数有所提升。湖南省旅游总人数最高，为 7.86 亿人次，此外，江西省、江苏省旅游总人数亦突破 7 亿人次，分别以 7.43 亿人次、7.10 亿人次居长江经济带第二、第三位。上海市旅游总人数最低，仅为 2.95 亿人次，此外，四川省旅游总人数亦偏低，为 4.84 亿人次（见图 1）。

从旅游总人数增长率来看，较受疫情冲击最严重的 2020 年而言，2021 年长江经济带旅游总人数呈现正增长趋势，且整体增长率为 22.34%。江苏省、重庆市、江西省、云南省、安徽省与上海市等省市的旅游总人数增长率高于长江经济带平均水平，其中，江苏省以 49.60% 的高增长率位居第一，重庆市次之，增长率为 37.20%；贵州省、浙江省、湖南省、四川省等虽为正增长，但增长率均低于长江经济带平均水平，其中，贵州省旅游总人数增长率最低，仅为 4.21%，浙江省的增长率为 8.95%，亦未突破 10% 的增长速率（见图 2）。

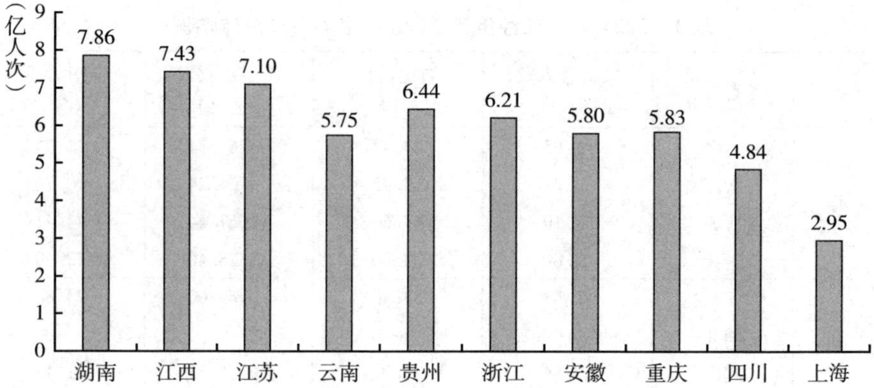

图 1　2021 年长江经济带 10 省市旅游总人数排名

资料来源：各省市 2021 年国民经济和社会发展统计公报。

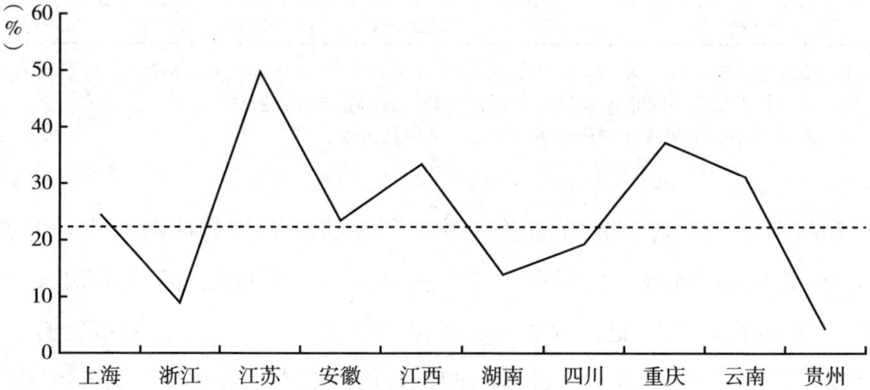

图 2　长江经济带 10 省市旅游总人数增长率

资料来源：各省市 2021 年国民经济和社会发展统计公报。

2021 年，伴随着旅游总人数增加，长江经济带旅游总收入逐步回升。其中，江苏省、湖南省、浙江省旅游总收入突破 9000 亿元，江苏省更是以 11667.44 亿元的旅游总收入稳居长江经济带首位，湖南省、浙江省的旅游总收入分别为 9185.52 亿元、9165.24 亿元，分别居第 2、第 3 位。上海市旅游总收入受限于旅游总人数，仅为 3767.81 亿元，居于末位，此外，安徽省、重庆市的旅游总收入亦相对偏低，仅分别为 5578.40 亿元、5739.00 亿元（见图 3）。

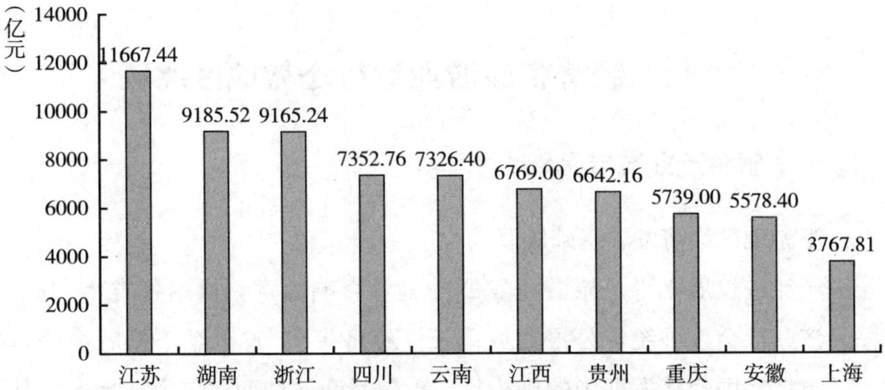

图 3　长江经济带 10 省市旅游总收入排名

资料来源：各省市 2021 年国民经济和社会发展统计公报。

从旅游总收入增长率来看，长江经济带旅游总收入整体增长率为 20.92%。江苏省、安徽省、江西省、重庆市和上海市的旅游总收入增长率高于长江经济带平均水平，其中，江苏省以 41.41%的增长率稳居第 1 位，安徽省、江西省次之，增长率分别为 32.1%、24.8%。而浙江省、湖南省、四川省、云南省及贵州省的增长率低于长江经济带平均水平，其中，浙江省旅游总收入增长率最低，仅为 10.76%，湖南省、四川省亦相对偏低，增长率分别为 11.18%、11.25%。(见图 4)。

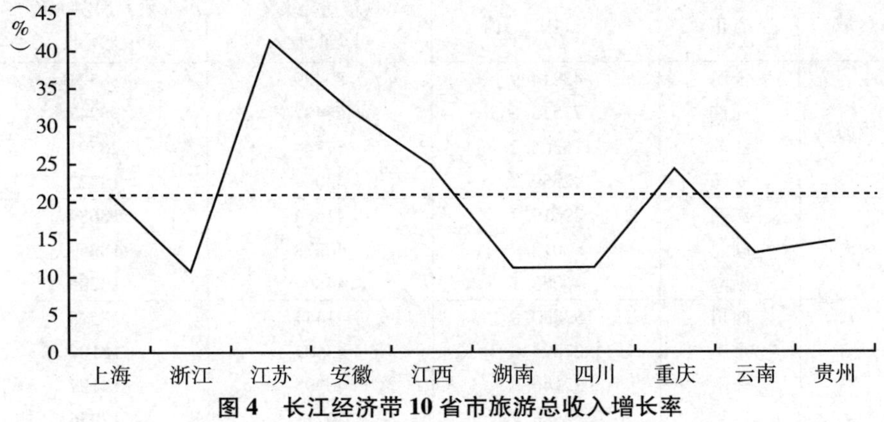

图 4　长江经济带 10 省市旅游总收入增长率

资料来源：各省市 2021 年国民经济和社会发展统计公报。

二 长江经济带旅游业运行态势地区比较

（一）旅游产业发展基础

1. 下游地区经济发展基础雄厚

区域经济发展水平是旅游业发展的重要影响因素。根据各省市 2021 年国民经济和社会发展统计公报数据，长江经济带 11 省市经济发展水平差异大，既包括我国经济发展中的排头兵，也包括我国中西部欠发达地区。从数据上看，下游地区尤其是上海市、浙江省、江苏省三地的地区生产总值、城镇居民人均可支配收入、农村居民人均可支配收入显著高于中上游地区。其中，安徽省相对其他三省市，社会经济基础较为薄弱，但也处于长江经济带中等发展水平。中游地区三省市差异较小，湖北省经济实力相对较强，而湖南省居民消费能力更强。上游地区中，重庆市经济发展水平较高，城乡居民消费能力明显不同，城镇居民人均可支配收入是农村居民人均可支配收入的 2.4 倍（见表 2）。

表 2　长江经济带 11 省市社会经济指标状况

单位：亿元，元

区域	省市	地区生产总值	城镇居民人均可支配收入	农村居民人均可支配收入
下游	上海	43214.9	82429	38521
	浙江	73515.8	68487	35247
	江苏	116364.2	57744	26791
	安徽	42959.2	43009	18372
中游	江西	29619.7	41684	18684
	湖北	50012.9	40278	18259
	湖南	46063.1	44866	18295
上游	四川	53850.8	41444	17575
	重庆	27894.0	43503	18100
	云南	27146.8	40905	14197
	贵州	19586.4	39211	12856

资料来源：各省市 2021 年国民经济和社会发展统计公报。

2021 年我国常住人口城镇化率达到 64.72%，长江经济带城镇化率为 64.92%，略高于全国平均水平，其中，上海市、浙江省、江苏省、重庆市城镇化率显著高于长江经济带平均水平。从区域格局来看，下游地区除安徽省城镇化率不足 60%外，其他省份城镇化率均较高，其中上海城镇化率最高，达 89.31%，浙江、江苏两省也均超过 70%；中游地区次之，其中湖北城镇化率较高，达 64.08%，上游地区除重庆市城镇化率达到 70.33%外，其他三省城镇化率均不足 57%，城镇化水平较低（见图 5）。

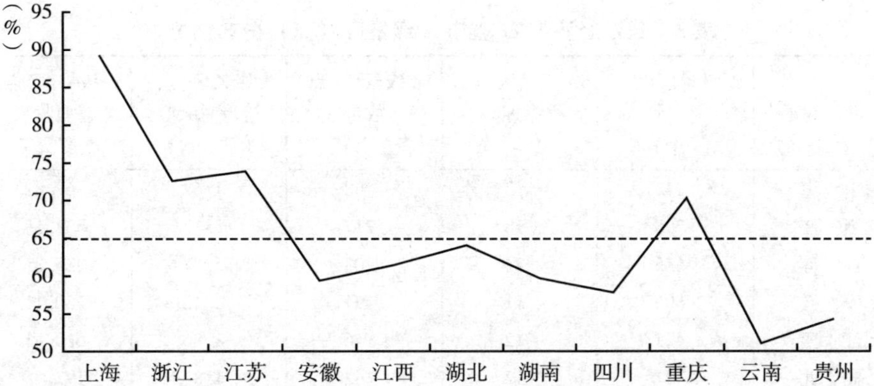

图 5　长江经济带 11 省市城镇化率情况

资料来源：各省市 2021 年国民经济和社会发展统计公报。

2. 下游地区旅游资源开发水平较为领先

从 A 级景区（点）的资源分布情况来看，截至 2020 年，下游地区景区（点）数量最多，5A 数量为 56 个，较上年增加 3 个，4A 数量为 679 个，较上年增加 56 个，A 级数量为 2131 个，较上年增加 126 个，在全流域的优势较为明显；上游地区仅次于下游，5A 数量为 37 个，较上年增加 4 个，4A 数量为 568 个，较上年增加 111 个，A 级数量为 1684 个，较上年增加 483 个；中游地区景区（点）数量最少，5A 数量为 33 个，较上年增加 5 个，4A 数量为 409 个，较上年增加 59 个，A 级数量为 1324 个，较上年增加 207 个。

从A级景区（点）接待人数来看，长江经济带接待游客总人数31.82亿人次，约占全国景区（点）接待总人数的49.14%，接待游客人数最多的省份包括江苏省、浙江省、安徽省、四川省，均超过3亿人次。从A级景区（点）的营业收入看，长江经济带实现营业收入3252.77亿元，占全国A级景区（点）营业总收入的64.21%，四川省、江西省、浙江省营业收入排前三位，均超过500亿元人民币，上海市、重庆市、云南省营业收入较少，均不足100亿元（见表3）。

表3　长江经济带11省市A级景区（点）分布情况

省　份	A级景区(点)数量(个)	5A级景区(点)数量(个)	4A级景区(点)数量(个)	A级景区(点)接待总人数(亿人次)	A级景区(点)营业收入(亿元)
上　海	113	3	68	1.62	67.82
浙　江	798	18	217	5.12	538.15
江　苏	615	24	203	5.77	225.85
安　徽	605	11	191	3.12	230.11
江　西	421	12	146	1.86	610.81
湖　北	421	12	142	1.84	192.25
湖　南	482	9	121	2.88	306.68
四　川	679	13	269	4.04	708.00
重　庆	242	9	105	1.76	88.57
云　南	343	8	74	1.67	77.21
贵　州	420	7	120	2.13	207.32
下　游	2131	56	679	15.63	1061.93
中　游	1324	33	409	6.57	1109.74
上　游	1684	37	568	9.61	1081.10
长江经济带	5139	126	1656	31.82	3252.77

资料来源：2020年中国文化和旅游统计年鉴及其副本。

3.下游地区文娱环境状况较好

随着文化和旅游进一步融合，区域的文化设施供给、娱乐活动成为旅游业发展的重要基础和动力。在艺术表演方面，下游区域艺术表演团体机构条件明显优于中游、上游区域。2021 年上游区域艺术表演团体机构总数为 4505 个，艺术表演场馆机构数为 748 个，两者均超过中游区域与上游区域。其中，安徽省的艺术表演团体机构数最多，为 2334 个，重庆市、浙江省次之，均突破 1000 个，分别为 1265 个、1236 个；而贵州省艺术表演团体机构数最少，仅为 200 个。浙江省艺术表演场馆机构数最多，为 313 个；江苏省、四川省、湖南省、安徽省的艺术表演场馆机构数均超过 100 个，分别为 274 个、125 个、110 个、100 个；贵州省艺术表演场馆机构数最低，仅为 31 个。

在公共图书馆与博物馆供给方面，下游地区、中游地区与上游地区的公共图书馆供给状况整体相近，而下游地区的博物馆数明显高于中游、上游地区，分别为 1110 个、508 个、616 个，由此可知，下游地区文娱环境供给状况优于中游、上游地区。其中，四川省公共图书馆数最多，为 207 个，除上海市、重庆市外，其他省市公共图书馆数量均超过 100 个；浙江省博物馆数最多，为 406 个，除贵州省仅有 92 个博物馆外，其他省市博物馆数量均超过 100 个，部分省市突破 200 个，如江苏省、安徽省、四川省、湖北省，分别为 367 个、230 个、258 个、214 个（见表 4）。

表 4　长江经济带 11 省市文娱环境情况

单位：个

区　域	艺术表演团体机构数	艺术表演场馆机构数	公共图书馆数	博物馆数
上　海	315	61	23	107
浙　江	1236	313	104	406
江　苏	620	274	120	367
安　徽	2334	100	131	230
江　西	380	77	114	172
湖　北	441	73	117	214
湖　南	631	110	143	122
四　川	725	125	207	258
重　庆	1265	51	43	105
云　南	270	34	149	161
贵　州	200	31	100	92

续表

区　域	艺术表演团体机构数	艺术表演场馆机构数	公共图书馆数	博物馆数
下　游	4505	748	378	1110
中　游	1452	260	374	508
上　游	2460	241	499	616
长江经济带	8417	1249	1251	2234

资料来源：《中国统计年鉴 2021》。

4. 中上游地区拥有自然环境优势

区域的园林、绿化等自然生态环境是旅游环境的重要组成部分。在城市绿地面积方面，下游地区城市绿地面积大于中游地区与上游地区。其中，下游地区的江苏省、浙江省、上海市位居前三，分别为 305816 公顷、179350 公顷、164611 公顷；上游地区的云南省、贵州省、重庆市城市绿化面积相对较小，分别为 51338 公顷、56825 公顷、70680 公顷。

在建成区绿化覆盖率方面，各省市间差别较小。其中，江西省、江苏省、重庆市列前三位，分别达到 46.4%、43.5%、43.1%，仅有上海市的建成区绿化覆盖率未超过 40%，仅为 37.3%。

在森林覆盖率方面，上游地区和中游地区普遍好于下游地区，江西省达到了 61.16%的森林覆盖率，位居第一，浙江省以 59.43%的覆盖率次之，云南省、湖南省、重庆市、贵州省的森林覆盖率超过长江经济带平均水平，上海市、江苏省、安徽省森林覆盖率排最后三位，分别为 14.04%、15.20%、28.65%（见表 5）。

表 5　长江经济带 11 省市生态环境指标状况

单位：公顷，%

区域	省市	城市绿地面积	建成区绿化覆盖率	森林覆盖率
下游	上海	164611	37.3	14.04
	浙江	179350	42.2	59.43
	江苏	305816	43.5	15.20
	安徽	119533	42.0	28.65

续表

区域	省市	城市绿地面积	建成区绿化覆盖率	森林覆盖率
中游	江西	77149	46.4	61.16
	湖北	105752	41.1	39.61
	湖南	80964	41.5	49.69
上游	四川	130514	42.5	38.03
	重庆	70680	43.1	43.11
	云南	51338	40.5	55.04
	贵州	56825	40.9	43.77
长江经济带		1342531	42.0	41.00

资料来源：《中国统计年鉴 2021》。

（二）旅游业运营状况

1. 下游地区旅行社业绩表现较好

根据文化和旅游部发布的《2021 年度全国旅行社统计调查报告》，截至 2021 年低，全国旅行社总数为 42432 家，比 2020 年增长 4.30%。长江经济带共有旅行社 17541 家，占全国旅行社总数的 41.34%，增长率 5.42%，高于同期全国增长率。从地区分布来看，下游地区的旅行社数量远高于中、上游地区，江苏省旅行社数量最多，达到 3155 家，浙江省次之，有 3014 家旅行社。中、上游地区部分省市的旅行社数量增长速度较快，如湖南省、贵州省、江西省 2021 年旅行社数量分别增加了 11.63%、9.24%、8.83%，远高于长江经济带和全国平均水平。

在旅行社营业收入总额方面，下游地区也普遍高于中、上游地区，其中，上海营业收入总额最高，达到 264.94 亿元，浙江、江苏两省的营业收入总额均高于 100 亿元，而中、上游地区，除重庆市、湖北省之外，营业收入总额都不足 50 亿元。

在旅行社利润总额方面，2021 年长江经济带利润较低，平均利润为负，整体呈现亏损现状，但相较 2020 年有所回升。上海市、江苏省、湖北省、四川省、云南省与贵州省的利润总额为负，其中，上海市亏损额最大，为 6.46

亿元。浙江省、安徽省、江西省、湖南省与重庆市旅行社利润总额为正，其中，重庆市在疫情背景下旅行社利润总额最大，为3.72亿元（见表6）。

表6　长江经济带11省市旅行社数量和业绩情况

区域	省市	旅行社数量（家）	增长率（%）	营业收入总额（亿元）	利润总额（亿元）
下游	上海	1865	3.15	264.94	-6.46
	浙江	3014	4.47	167.37	0.97
	江苏	3155	3.21	110.73	-1.19
	安徽	1557	2.30	24.26	0.01
中游	江西	1060	8.83	21.37	0.26
	湖北	1395	6.49	59.18	-0.39
	湖南	1468	11.63	44.30	0.74
上游	四川	1413	5.76	40.28	-1.06
	重庆	756	6.48	65.13	3.72
	云南	1125	-1.92	33.11	-2.43
	贵州	733	9.24	19.61	-0.39
长江经济带		17541	5.42	850.29	-0.57
全国		42432	4.30	1467.48	-3.00

资料来源：文化和旅游部：《2021年度全国旅行社统计调查报告》。

2. 下游地区星级饭店的综合实力更强

根据文化和旅游部发布的《2021年度全国星级饭店统计调查报告》，长江经济带星级饭店在全国占有重要地位，2021年，长江经济带共拥有星级饭店3032家，占全国星级饭店总数的39.5%；全国星级饭店营业收入总额1379.43亿元，其中长江经济带11省市贡献了637.05亿元，占全国的46.18%；全国星级饭店当年利润总额为负值，亏损118.44亿元，长江经济带利润总额为-35.07亿元，亏损额有所降低；长江经济带星级饭店的平均出租率为43.93%，略高于全国的平均水平41.77%。

从区域分布来看，下游地区星级饭店的综合实力更强，上海市、浙江省和江苏省星级饭店数量、从业人员年平均人数、营业收入总额略高于中上游地区，其中浙江省星级饭店数量、从业人员年平均人数分别为453家、5.20

万人，均居长江经济带首位。在疫情影响下，上海市星级饭店虽然利润总额为正增长，但仅为 0.07 亿元，其余省市星级饭店的利润总额均为负。相较而言，中、上游地区的星级饭店亏损略低于下游地区，贵州省亏损最少，利润为-0.55 亿元，浙江省亏损最多，利润为-10.52 亿元。上海市星级饭店的平均出租率在长江经济带排首位，达 50.75%，云南省的平均出租率最低，为 37.12%（见表 7）。

表 7 长江经济带 11 省市星级饭店数量和业绩情况

区域	省市	星级饭店数量（家）	营业收入总额（亿元）	利润总额（亿元）	从业人员年平均人数(万人)	平均出租率（%）
下游	上海	164	123.76	0.07	3.35	50.75
	浙江	453	123.24	-10.52	5.20	45.19
	江苏	353	121.43	-5.14	4.97	43.06
	安徽	247	39.89	-2.72	2.24	42.58
中游	江西	302	29.82	-3.07	2.09	43.82
	湖北	283	35.50	-1.95	1.91	43.10
	湖南	229	36.42	-2.41	2.21	49.16
上游	四川	328	55.56	-2.24	3.26	43.96
	重庆	142	23.66	-2.75	1.32	42.44
	云南	341	27.35	-3.79	2.13	37.12
	贵州	190	20.42	-0.55	1.05	42.05
长江经济带		3032	637.05	-35.07	2.70	43.93
全国		7676	1379.43	-118.44	69.98	41.77

资料来源：文化和旅游部：《2021 年度全国星级饭店统计调查报告》。

3. 下游地区旅游业从业人员规模较大

截至 2020 年，长江经济带旅行社从业人数 190716 人，占全国总数的 45.85%。下游地区旅行社从业人数为 104644 人，远高于中、上游地区，约占长江经济带的 54.87%，其中江苏从业人数最多，达 31261 人；中游地区旅行社从业人数为 44553 人，约占长江经济带的 23.36%；上游地区旅行社从业人数最少，为 41519 人，约占长江经济带的 21.77%。

截至2020年，长江经济带星级饭店从业人数368320人，占全国总数的34.69%。下游地区星级饭店从业人数最多，为199800人，占长江经济带的54.25%，其中浙江省从业人数最多，达73000人；中游地区星级饭店从业人数最少，仅83400人，占长江经济带的22.64%；上游地区星级饭店从业人数85120人，占长江经济带的23.11%。

截至2020年，长江经济带A级景区从业人数771217人，占全国总数的47.60%。下游地区A级景区从业人数239887人，占长江经济带的31.10%；中游地区A级景区从业人数234101人，占长江经济带的30.35%；上游地区A级景区从业人数最多，为297229人，占长江经济带的38.54%。其中，湖南省、四川省A级景区从业人数均突破了10万人，为当地带来了大量的就业机会（见表8）。

表8　长江经济带11省市旅游行业相关从业人员数量

单位：人

区　域	旅行社从业人数	星级饭店从业人数	A级景区从业人数
上　海	29707	41300	13832
浙　江	31057	73000	70749
江　苏	31261	57700	75899
安　徽	12619	27800	79407
江　西	6913	23900	45120
湖　北	18318	27900	53687
湖　南	19322	31600	135294
四　川	11818	39400	165936
重　庆	12375	12900	23612
云　南	11793	20720	60167
贵　州	5533	12100	47514
下　游	104644	199800	239887
中　游	44553	83400	234101
上　游	41519	85120	297229
长江经济带	190716	368320	771217

资料来源：2020年中国文化和旅游统计年鉴及其副本。

（三）乡村旅游发展状况

1. 乡村旅游成为率先恢复的新亮点

随着疫情防控常态化，乡村旅游对于带动旅游产业复苏、农村经济发展的作用逐日凸显。统计显示，2021 年疫情对旅游业的影响仍在持续，但乡村旅游复苏明显，其凭借着短时间、近距离、高频次等特点已成为国内游客出游的热门选择，全年乡村旅游规模 8.6 亿人次，同比增长 55.5%。根据文化和旅游部数据，2022 年清明节假期期间全国各地接待游客中省内游客占比 94.9%，其中五成左右游客选择城市周边乡村旅游。随着乡村旅游规模的扩大，其经济效益不断显现。乡村旅游收入从 2012 年的 0.24 万亿元上升至 2019 年的 1.81 万亿元，疫情前实现年均复合增长率突破 15%。由此可见，乡村旅游作为旅游产业的重要组成部分，既能凸显其产业价值链条长的经济特征，具有较大的前后关联及旁侧关联经济效益，又能实现乡土文化与民俗风情、古村落与古建筑、青山绿水等人文价值。

长江经济带幅员辽阔、交通便利、资源丰富，具有发展乡村旅游的资源优势与市场优势，其乡村旅游业已取得一定的发展成效。截至 2021 年，在我国公布的三批全国乡村旅游重点村中，长江经济带地区共有 452 个，占全国总量的 37.76%（见表 9）。

表 9　长江经济带 11 省市全国乡村旅游重点村数量

单位：个，%

区域	省市	2019 年第一批	2020 年第二批	2021 年第三批	总计
下游	上海	7	11	5	23
	浙江	14	26	7	47
	江苏	13	26	7	46
	安徽	12	22	7	41
中游	江西	12	25	7	44
	湖北	11	27	7	45
	湖南	11	23	7	41

续表

区域	省市	2019 年第一批	2020 年第二批	2021 年第三批	总计
上游	四川	12	23	7	42
	重庆	9	20	6	35
	云南	13	23	7	43
	贵州	12	26	7	45
长江经济带		126	252	74	452
占全国比重		39.62	37.06	37.19	37.76

2. 上游地区注重优化乡村旅游公共服务

上游地区乡村旅游资源优势明显，但多数省市乡村旅游公共服务和配套设施尚不完善，应据此进一步夯实乡村旅游业发展基础。

四川省实施休闲农业和乡村旅游精品工程，发展休闲观光园区、森林人家、康养基地、乡村民宿、田园综合体等。

重庆市推动一二三产业融合发展，大力发展农产品精深加工，加快发展休闲农业、乡村旅游、农村电商，支持打造网货生产基地和产地直播基地，拓展农民增收空间。推进文化旅游产业与农业、工业、交通、体育、医疗等深度融合，培育壮大气候养生、低空旅游、休闲度假等新业态，丰富乡村旅游体验，促进“观光游”向“体验游”、“景点游”向“全域游”转变。

云南省推动具备条件的乡镇将商贸流通与休闲农业、乡村旅游、农产品加工等有机结合。大力发展特色产业、乡村旅游、民族文化、民宿休闲、田园观光等多元化集体经济，增强集体经济“造血”功能。综合布局农产品加工业、乡村服务业、农村电商，为乡村旅游业发展打造良好的环境。

贵州省大力发展乡村旅游，推进乡村旅游重点村创建，实施乡村旅游村寨、客栈、民宿和农家乐标准化建设，推动打造一批乡村类旅游 A 级景区。积极拓展旅游景区、旅游酒店、旅行社、旅游车队、乡村旅游等产业链，培育壮大旅游市场主体，通过“千企引进”和“千企改造”，大力培育和引进旅游龙头企业，实施旅游企业培育“四转”工程，推动优强旅游企业上市融资，打造大型现代旅游集团。推进花溪扰绕村、开阳龙广村、播州花茂村、新蒲新区槐安村等全国乡村旅游重点村寨建设。

3. 中游地区注重丰富乡村旅游产品

中游地区承东启西、连南接北，交通条件优越，拥有广阔的市场腹地，乡村旅游已有一定的发展基础。在此背景下，中游地区针对旅游消费的新需求，着力推进乡村旅游的多业态发展、多产业融合。

江西省推动旅游从传统观光型向休闲度假型升级，聚焦全域旅游示范省建设，实施“旅游+”融合工程，积极发展乡村旅游等业态，建设一批文化特色鲜明的高品质国家级旅游景区和度假区，打造最美生态旅游目的地、中华优秀传统文化体验地，建设世界知名旅游目的地。培育体验农业、休闲农业、定制农业等新业态，创建一批省级田园综合体和休闲农业精品园区，发展壮大乡村旅游、农村电商等产业，培育一批区域性优势特色农业产业集群。针对特色保护类村庄，重点保护村庄整体空间形态与环境，全面保护传统建筑，发展乡村旅游和特色产业。

湖北省发展民宿经济、景观农业、休闲康养、农耕文化体验等乡村旅游新业态，实施休闲农业和乡村旅游精品工程，创建一批美丽乡村（镇）、休闲农庄、休闲渔业综合体。在巩固城市旅游、风景名胜旅游的基础上，大力发展红色旅游和乡村旅游，持续推进湖北旅游强县名镇名村创建。

湖南省挖掘农业多种功能，推进农业与文化、科技、生态、旅游等产业深度融合，发展休闲农业、创意农业、康养农业，构建长株潭都市圈近郊乡村旅游圈、大湘西大湘南农业旅游带，打造一批休闲农业集聚发展示范村和示范农庄，创建一批国家和省级农村产业融合发展示范园。大力发展特色文旅，实施乡村旅游重点村建设等工程，构建环湖生态文化旅游圈，建设“天下洞庭”旅游品牌，打造环洞庭湖区精品旅游线路和旅游产业带。发挥张家界全域旅游基地建设的龙头作用，继续推进全域旅游示范创建、旅游产业融合创新，大力发展大众旅游，培育旅游专业人才，壮大旅游市场主体，优化拓展旅游消费链条，大力发展乡村旅游，加快发展智慧旅游，提升旅游公共服务。

4. 下游地区推进乡村旅游业态创新

长江下游地区经济基础雄厚，城镇化水平高，乡村旅游具有广阔的市场需求。依托发达的城市经济，下游地区打造都市型乡村旅游业态，迎合乡村旅游消费新需求，推进乡村旅游产业创新升级。

上海市推进“田园五镇”农业科技品牌共建、乡村旅游跨区共赢，建设长三角乡村振兴一体化发展先行区。提升休闲农业和乡村旅游水平，打造一批民宿集聚点、乡村旅游路线和农事节庆文化活动，围绕旅游古镇、特色村落、乡村民宿等打造一批特色村镇休闲区，满足城乡居民消费休闲需求。

江苏省丰富乡村经济业态，壮大休闲农业、体验农业、乡村旅游、民宿经济等新业态。发展高品质乡村旅游、边境旅游、海洋旅游，培育发展邮轮旅游、研学旅游、低空旅游等新业态新模式。健全文化旅游服务体系，提高文化旅游目的地和集散地间的通达度，完善旅游交通标识、风景绿道和乡村旅游廊道系统，加快建设旅游集散中心，深化“旅游厕所革命”。

浙江省整合提升现代农业园区、特色农业强镇、特色农产品优势区等平台，大力发展乡村旅游、森林康养和渔港经济，打造一批乡村优势特色产业集群。提升发展红色旅游、乡村旅游、生态旅游、康养旅游、研学旅行等特色产品，积极发展低空旅游、自驾车旅居车旅游、夜间旅游等新业态。

安徽省推动具备条件的乡镇将商贸物流与休闲农业、乡村旅游等有机结合。开展全域旅游示范区创建活动，推进乡村旅游和休闲农业融合发展。深入实施休闲农业和乡村旅游精品工程，提升安徽休闲农业和乡村旅游品牌的内涵和价值。推进乡村旅游提质升级，打造一批具有历史特征、地域特点的乡村旅游品牌，开发一批特色突出、主题鲜明的乡村旅游产品。实施乡村旅游融合发展工程。推动乡村旅游业态培育和品质提升，重点支持实施乡村旅游文旅融合提升项目，加大乡村旅游风景道、乡村旅游驿站、旅游停车场、旅游厕所、自驾车设施和其他公共服务设施建设力度，提升乡村旅游服务能力。

（四）红色旅游发展状况

1. 上游地区突出长征文化特色

长江上游是我国红军长征的核心区，各省市围绕长征文化着力建设长征文化公园，四川省的泸定桥、四姑娘山，云南省的巴哈雪山、金沙江，重庆的綦江石壕，贵州省的遵义、赤水，都见证了红军长征的伟大事迹和经典故事，承载着长征精神。此外，重庆的红岩精神也展现出从抗日战争时期到解放战争初期老一辈革命家们的精神气概。在全国 100 处红色旅游经典景区中，上游四省市共 11 处（见表 10），在全国 260 处国家级抗战纪念设施、遗址名录中，上游四省市共 23 处。

表 10　上游各省市红色旅游经典景区

省　份	红色旅游经典景区
四　川	①广安市红色旅游系列景区(点) ②巴中市、达州市、广元市、南充市川陕革命根据地红色旅游系列景区(点) ③四川红军长征红色旅游系列景区(点) ④宜宾市宜宾县赵一曼纪念馆 ⑤资阳市乐至县陈毅故居
重　庆	重庆市红色旅游系列景区(点)
云　南	①云南红军长征红色旅游系列景区(点) ②昆明市“一二·一”四烈士墓及“一二·一”纪念馆
贵　州	①贵州红军长征线红色旅游系列景区(点) ②贵阳市息烽集中营革命历史纪念馆 ③安顺市王若飞故居

2. 中游地区发挥革命老区资源优势

长江经济带中游所处的赣湘鄂地区是革命老区的集聚地。赣湘鄂地区有大量革命早期建设的根据地，如井冈山革命根据地、湘鄂西革命根据地、湘鄂赣革命根据地、湘赣革命根据地、湘鄂川黔革命根据地、赣东北革命根据地等，为中国的土地革命战争提供了可靠的战略依托。其中，江西省的井冈山是中国革命的摇篮，南昌是中国人民解放军的诞生地，瑞金是苏维埃中央政府成立的地方；湖南省的秋收起义、湖南起义、桑植起义、平江起义等记载了共产党人的奋斗历程；湖北的武昌起义、八七会议、黄麻起义见证了我国革命时期的艰苦岁月。依托于丰富的革命老区遗址遗迹，中游地区红色旅游资源丰富。在全国100处红色旅游经典景区中，中游三省共17处（见表11），在全国260处国家级抗战纪念设施、遗址名录中，中游三省共24处。

表11　中游各省市红色旅游经典景区

省　份	红色旅游经典景区
江　西	①南昌市红色旅游系列景区（点）（南昌八一起义纪念馆、方志敏纪念馆） ②萍乡市红色旅游系列景区（点） ③井冈山市红色旅游系列景区（点） ④赣州市、吉安市、抚州市中央苏区政府根据地红色旅游系列景区（点） ⑤上饶市上饶集中营革命烈士陵园
湖　北	①武汉市红色旅游系列景区（点） ②黄冈市大别山红色旅游区 ③湘鄂西红色旅游系列景区（点） ④孝感市红色旅游系列景区（点）
湖　南	①湘潭市韶山市毛泽东故居和纪念馆 ②长沙市红色旅游系列景区（点） ③湘潭市湘潭县彭德怀故居和纪念馆 ④岳阳市红色旅游系列景区（点） ⑤郴州市宜章县湘南暴动指挥部旧址 ⑥衡阳市衡东县罗荣桓故居 ⑦张家界市桑植县贺龙故居和纪念馆 ⑧湘西自治州永顺县湘鄂川黔革命根据地旧址

3. 下游地区突出“党的诞生地”影响

2021年7月习近平总书记在庆祝中国共产党成立100周年大会上的讲话深刻诠释了“伟大建党精神”，是坚持真理、坚守理想，践行初心、担当使命，不怕牺牲、英勇斗争，是中国共产党的精神之源。长江下游地区拥有“党的诞生地”，见证了中国共产党的成长，是“伟大建党精神”的践行地。上海、浙江两省市重要党史人物多、重大党史事件多、重要党史遗址遗迹多是其红色文化的突出特点，而安徽、江苏两省有着我国抗日战争、解放战争时期的重要根据地。在全国 100 处红色旅游经典景区中，下游地区共 16 处（见表 12），在全国 260 处国家级抗战纪念设施、遗址名录中，下游地区共 41 处。

表 12　下游各省市红色旅游经典景区

省　份	红色旅游经典景区
上　海	上海红色旅游系列景区（点）
浙　江	①嘉兴市南湖风景名胜区（中共一大旧址） ②绍兴市鲁迅故居及纪念馆 ③台州市解放一江山岛战役纪念地 ④温州市浙南（平阳）抗日根据地旧址 ⑤宁波市浙东（四明山）抗日根据地旧址
江　苏	①南京市红色旅游系列景区（点） ②江苏新四军红色旅游系列景区（点） ③徐州市淮海战役纪念馆 ④南通市海安县苏中七战七捷纪念馆 ⑤淮安市红色旅游系列景区（点）
安　徽	①宣城市泾县皖南事变烈士陵园及新四军军部旧址纪念馆 ②淮北市濉溪县、宿州市萧县淮海战役双堆集烈士陵园及淮海战役总前委旧址 ③六安市金寨县、金安区、裕安区、霍山县和安庆市岳西县大别山红色旅游系列景区（点） ④芜湖市王稼祥纪念园 ⑤滁州市藕塘烈士纪念馆及中原局旧址

三　长江经济带旅游业发展展望

（一）更大力度开发国内旅游市场

随着国内外形势的变化，旅游消费市场也发生了巨大变化。出境旅游消费逐渐转至国内，出现了“高端消费回流”的现象，[①] 国际流动大幅减少，

① 魏小安：《文旅消费正在发生三大变化》，https：//mp. weixin. qq. com/s/fsVESxqAroEjQfVNz7KkgA，2022 年 9 月 29 日。

高品质旅游需求留在国内，一系列新型优质的中高端度假产品、主题玩法引领旅游市场恢复，旅游消费水平逐步提升。2022 年出台的《中共中央　国务院关于加快建设全国统一大市场的意见》强调，建设全国统一大市场是构建新发展格局的基础支撑和内在要求，要持续推动国内市场高效畅通和规模拓展。[①] 长江经济带作为我国经济最为活跃、人口最为密集的地区之一，具有旅游需求大、旅游消费高等特点。因此，应更加充分地挖掘国内旅游市场、以国内游客作为主要服务对象，尤其注重本地游客的需求，着力开发都市休闲游、省内近程游、郊区乡村游、自驾游、露营旅游等多种形式的近距离本地游。

（二）结合新需求，打造乡村旅游新业态

长江经济带拥有发展乡村旅游的得天独厚的优势条件，因此在未来乡村旅游业的发展中，要结合乡村旅游发展新需求，并以需求侧为导向丰富乡村旅游的多业态产品，培育新的经济增长点。下游地区可加强乡村旅游与科普教育的融合，打造农事体验、自然教育等乡村科普、研学旅行产品。中游地区加强乡村民俗文化与新型演艺、虚拟技术的融合，打造线上线下相结合的“乡愁”体验项目、演艺产品。上游地区要深入挖掘乡村在地文化，注重文化创意的注入，不断丰富和创新乡村旅游产品形式和内容，要注重产品消费过程的参与性、体验性，以更好地满足消费者的“乡愁”感知需求。

（三）深耕红色文化，更好打响红色旅游品牌

在建党百年所引发的红色旅游热潮中，长江经济带凭借着丰厚且多样化的红色资源，已打造出多个红色旅游景点景区与红色文化品牌。红色旅游热潮余温尚存，在未来红色旅游发展过程中，首先，长江经济带要进一步创新红色文化传播方式，完善线上线下推广体系，立体化打响各区域红色文化品

① 《中共中央　国务院关于加快建设全国统一大市场的意见》，http：//www. gov. cn/zhengce/2022-04/10/content_ 5684385. htm，2020 年 4 月 10 日。

牌，如上游地区以“长征文化”为核心、中游地区以“革命历程”为核心、下游地区以“伟大建党精神”为核心。其次，上、中、下游地区要进行区域联动，实现红色资源串联式开发，营造整体红色氛围。最后，要深入发掘红色名人等红色文旅 IP，由此进一步提升区域红色文化品牌的影响力，更好地发展红色旅游业。

参考文献

《上海市国民经济和社会发展第十四个五年规划和二〇三五年远景目标纲要》，2021 年 1 月。

《江苏省国民经济和社会发展第十四个五年规划和二〇三五年远景目标纲要》，2021 年 3 月。

《浙江省国民经济和社会发展第十四个五年规划和二〇三五年远景目标纲要》，2021 年 1 月。

《安徽省国民经济和社会发展第十四个五年规划和 2035 年远景目标纲要》，2021 年 2 月。

《江西省国民经济和社会发展第十四个五年规划和二〇三五年远景目标纲要》，2021 年 2 月。

《湖北省国民经济和社会发展第十四个五年规划和二〇三五年远景目标纲要》，2021 年 4 月。

《湖南省国民经济和社会发展第十四个五年规划和二〇三五年远景目标纲要》，2021 年 3 月。

《四川省国民经济和社会发展第十四个五年规划和二〇三五年远景目标纲要》，2021 年 3 月。

《重庆市国民经济和社会发展第十四个五年规划和二〇三五年远景目标纲要》，2021 年 2 月。

《云南省国民经济和社会发展第十四个五年规划和二〇三五年远景目标纲要》，2021 年 2 月。

《贵州省国民经济和社会发展第十四个五年规划和二〇三五年远景目标纲要》，2021 年 1 月。

B.13
长江经济带交通运输业发展报告（2021~2022）

王晓娟　段　宇*

摘　要： 2021年疫情多点散发，在国家各项有力防疫措施的实施下，国内疫情防控形势向好，长江经济带交通运输业抓住时机求发展，交通基础设施建设稳步推进，综合立体交通网络加快完善，高效率交通基础设施以及普通干线交通网结构不断优化，交通运输水平逐步提升。本报告从多角度出发，基于交通网络里程、道路投资状况、港口建设和机场群建设等方面的统计数据，深入分析长江经济带交通运输业发展情况，并对上、中、下游发展状况进行比较，以期对长江经济带交通运输业发展提出相关建议。

关键词： 长江经济带　交通运输业　港口　机场

2021年，交通运输行业统筹疫情防控和交通运输各项工作，坚持推动行业高质量发展，努力建设交通强国，充当中国现代化的开路先锋，"十四五"规划取得了良好开局。2021年末，全国铁路营业里程达到15万公里，其中高铁营业里程达到4万公里；全国公路总里程528.07万公里，比上年末增加8.26万公里；全国内河航道通航里程12.77万公里，生产用码头泊

* 王晓娟，博士，上海社会科学院应用经济研究所副研究员，主要研究方向：区域经济学；段宇，上海社会科学院应用经济研究所硕士研究生，主要研究方向：产业经济学。

位 20867 个；年末颁证民用航空运输机场 248 个，比上年末增加 7 个，其中定期航班通航机场 248 个，定期航班通航城市（或地区）244 个。①

2021 年是“十四五”规划期开启之年，《“十四五”长江经济带综合交通运输体系规划》（以下简称《规划》）提出了 6 方面建设任务，包括提升交通网络通达能力、提高城市群交通一体化发展水平、构建高水平对外开放运输体系、推动综合交通枢纽高效链接、提升综合运输服务水平和推进交通绿色低碳发展。在《规划》的指导下，这一年，交通运输业坚持稳中求进工作总基调，加快完善综合立体交通网络，提档升级运输装备，不断增强物流保障能力。交通强国建设取得显著成绩，为做好“六稳”“六保”工作提供了重要的交通运输支撑。

一　构建长江经济带交通体系

（一）长江经济带交通网络里程

2021 年，国家发展改革委发布的《规划》是新时代按照新发展理念制定的长江经济带综合交通规划，对指导“十四五”长江经济带综合交通运输体系高质量发展具有重要的意义，彰显了长江经济带在中国交通网络布局中的战略位势及在经济空间格局中的关键作用，“长江经济带联动中国西中东部地区，成为国内国际双循环的主动脉”的地位已基本形成。

长江经济带横跨我国东中西三大区域，在我国具有十分重要的经济及战略地位，对我国战略发展全局意义重大。在长江经济带高质量发展过程中，交通运输业一直充当着“先行官”的角色。通过江海联运和公铁联运的有效连接，长江经济带已基本实现国内和国际循环的有机衔接。为进一步完善交通运输体系，深入贯彻落实《规划》，推动长江经济带高质量发展，长江

① 《2021 年交通运输行业发展统计公报》，http：//www. gov. cn/xinwen/2021-05/19/content_5608523. htm，2021 年 5 月 19 日。

经济带应坚持交通运输体系网络化发展、一体化发展、开放型发展、可持续发展、创新型发展。点燃发展新引擎，加快补齐中西部发展中的短板。

表1统计了2020年长江经济带运输线路长度情况。2020年长江经济带铁路营业总里程达到44620公里，占全国的30.49%，占比与上年基本持平；内河航道里程90833公里，占全国的71.14%，占比与上年基本持平。下游地区内河航道里程占长江经济带内河航道里程的45.62%、中游地区占28.21%、下游地区占26.17%。可见，全国内河航道主要分布在长江流域，而长江内河航道的优势主要体现在下游地区。长江经济带公路总里程达235万公里，占全国的45.14%，占比与上年相比增加0.64个百分点。其中长江经济带高速公路总里程超过6万公里，占全国的39.59%，占比与上年相比增加0.28个百分点。

表1 2020年长江经济带运输线路长度

单位：公里，%

项目	铁路营业里程	内河航道里程	公路里程		
			总里程	等级公路	其中:高速
上海	491	1654	12917	12917	845
江苏	4174	24372	158101	158101	4925
浙江	3159	9758	123080	123080	5096
安徽	5287	5651	236483	236424	4904
江西	4917	5638	210641	205122	6234
湖北	5185	8488	289612	282705	7230
湖南	5646	11496	241138	229192	6951
重庆	2356	4352	180796	164865	3402
四川	5312	10881	394371	379260	8140
贵州	3873	3954	206693	183245	7607
云南	4220	4589	292479	272273	8406
下游	13111	41435	530581	530522	15770
中游	15748	25622	741391	717019	20415
上游	15761	23776	1074339	999643	27555
长江经济带	44620	90833	2346311	2247184	63740
全国	146330	127686	5198120	4944489	160980
占全国比重	30.49	71.14	45.14	45.45	39.59

资料来源：《中国统计年鉴2021》。

（二）道路交通投资状况

1. 交通投资总体概况

2021 年，随着疫情防控和交通建设工作发力见效，交通运输业投资增长不断向好，各省市投资增速仍高位运行。2021 年公路水路交通固定资产投资完成情况如表 2 所示，长江经济带总投资、公路建设投资、内河建设投资以及沿海建设投资较上年都有所上升。总投资占全国比重与上年基本持平，其中，公路建设投资占全国比重基本不变，内河建设投资占比下降 2 个百分点左右，沿海建设投资占比下降 3 个百分点，其他建设投资占比上升 6 个百分点。上中下游地区总投资、公路建设投资、内河建设投资的投资额均

表 2　2021 年公路水路交通固定资产投资完成情况

单位：亿元，%

地　区	总投资	公路建设投资	内河建设投资	沿海建设投资	其他建设投资
上　海	1828126	1535170	205042	—	87914
江　苏	11908948	10107656	1000872	770695	29725
浙　江	20007811	17994320	837664	1169591	6236
安　徽	9371879	8411870	956775	—	3234
江　西	8516287	7658520	857768	—	—
湖　北	11693543	10934914	743208	—	15421
湖　南	10347954	9953608	386608	—	7738
重　庆	6465462	6136690	326496	—	2276
四　川	21578883	21113020	465864	—	—
贵　州	9032431	8961763	70668	—	—
云　南	32179062	32059424	119638	—	—
下　游	43116764	38049016	3000353	1940286	127109
中　游	30557784	28547042	1987584	—	23159
上　游	69255838	68270897	982666	—	2276
长江经济带	142930386	134866955	5970603	1940286	152544
全　国	275083388	259953289	7431007	7227432	471660
占全国比重	51.96	51.88	80.35	26.85	32.34

资料来源：中华人民共和国交通运输部。

有上升，其各项投资额占长江经济带各项投资额的比例有升有降。下游总投资占长江经济带总投资比例基本不变，中、上游所占比例分别升、降1.5个百分点；下游公路建设投资占长江经济带公路建设投资比例与上年基本持平，中、上游所占比例分别升、降2.5个百分点左右；下游内河建设投资占比下降较快，幅度约7个百分点，中、上游所占比例分别上升6个百分点和1个百分点。

2. 下游地区的交通运输情况

根据《2021年度上海市综合交通运行年报》，2020年沪苏通铁路开通运营，沪苏湖铁路开工建设，北沿江、沪乍杭铁路前期工作有序推进；机场联络线开工建设，嘉闵线前期工作有序推进，市域铁路建设快速推进；一体化示范区交通互联互通有序推进，毗邻地区累计打通4条省界断头路，开通20余条毗邻公交线路，日均客流约1.3万人次，加快推进自贸区新片区和虹桥商务区交通设施建设。[①]

江苏省交通绿色发展成绩显著，同时推进运输结构调整。2020年，江苏省推广应用新能源营运车辆5.5万辆、清洁能源营运车辆7.5万辆，比2015年分别增长358%、5.6%；建成一批绿色生态航段，包括京杭运河湖西航道等；南京禄口机场T2航站楼是全国首个绿色运行机场；国家级、省级多式联运示范项目分别达到4个、22个，开通示范线路116条，居全国首位。扎实推进运输结构调整，铁路货物发送量从“十二五”时期末的5066万吨增长到2020年的6866万吨；沿海主要港口大宗货物铁路和水路集疏港比例提升至94.2%，公路运输量减少超过1900万吨，水路货运周转量占比63.2%，居全国前列；内河集装箱港口达11个、运输量达65.5万标箱，分别是2015年的2.75倍和3.87倍。[②]

浙江省加快大通道建设，交通运输网络日趋成熟。建成杭台高铁、金台铁路、杭海城际、杭绍城际、宁波舟山港主通道等一批重大项目。

---

① 《2021年度上海市综合交通运行年报》，2022年6月17日。

② 《2021年度江苏绿色交通发展报告》，https://www.zgjtb.com/2021-02/25/content_257571.htm，2021年2月25日。

增强四大都市区集聚辐射功能，唱好杭州、宁波“双城记”五年行动计划落地实施。①

安徽省交通重大项目建设扎实稳步推进。公路建设方面，固镇至蚌埠、池州至石台、芜湖至黄山 3 个计划通车的“县县通高速”项目全部建成通车，“县县通高速”攻坚行动圆满收官，同时新增一级公路 398 公里；港航建设方面，引江济淮航运工程 81 个项目均已开工建设，八大枢纽已全部开工，河渠全部开工；民航机场建设方面，合肥机场改扩建、亳州机场和蚌埠机场开工建设。庐江通用机场完工，即将正式运营。②

3. 中游地区的交通运输情况

江西省全力以赴抓重点、补短板、强弱项、防风险，全年交通运输业建设成效卓著。公路总里程 211101.17 公里，比上年增加 459.67 公里，四级及以上等级公路里程 205654.8 公里，比上年增加 533.21 公里，二级及以上等级公路里程 22106.65 公里，增加 482.23 公里；全省公路桥梁 27861 座、1807676.32 延米，比上年增加 83 座、21198.68 延米；新建公路隧道 7 座。③

湖北省一手抓建设，一手搞投资，建设投资高效率实施。全省累计完成交通固定资产投资 1200.9 亿元，为年度目标（1000 亿元）的 120.1%。十巫高速鲍峡至溢水段等 4 个高速公路项目 148 公里建成；107 国道咸安绕城段、雅口枢纽、兴山公铁换乘站等项目加快建设；鄂州机场高速一期工程等项目实现开工；汉江蔡甸至兴隆段 2000 吨级航道整治工程启动前期工作。④

---

① 《2022 年浙江省政府工作报告》，https://baijiahao.baidu.com/s?id=1690445581167096466&wfr=spider&for=pc。

② 《安徽省 2021 年交通运输经济运行分析报告》，https://www.sohu.com/a/445806801_120207614。

③ 《2021 年江西省交通运输行业发展统计公报》，http://www.jiangxi.gov.cn/art/2021/3/19/art_5157_3286523.html。

④ 《湖北省 2021 年交通运输工作总结》，https://baijiahao.baidu.com/s?id=1689818571658058424&wfr=spider&for=pc。

湖南省交通投资建设实现新突破。全年完成固定资产投资达 1050.7 亿元，为年度目标的 130%，增长 43.1%。24 条 1602 公里在建项目全面推进，其中安慈、龙琅、祁常、临连 4 条 134 公里超目标任务建成通车；新新、益常扩容、零道 3 条 362 公里开工建设。内河水运建成投运千吨级泊位 18 个，新开工高等级航道项目 3 个。①

4. 上游地区的交通运输情况

重庆市交通建设持续推进，对外交通建设表现可圈可点。公路方面，2021 年，全市新建成高速公路 437 公里，通车里程达到 3839 公里，省际出口通道达 27 个。新开工 290 公里高速公路，成渝地区双城经济圈高速路网络稳步加密。铁路方面，2021 年铁路在建总里程 1200 公里，创历史新高。水运方面，全市港口货物吞吐量 1.98 亿吨，同比增长 20.0%；水运集装箱年吞吐量 133 万标箱，同比增长 16.0%，铁水联运和水水中转同比增长超 20%。②

四川省交通运输业均衡发展，交通体系不断完善。2021 年末铁路营业里程 5687 公里，比上年末增长 7.1%；年末公路总里程 39.9 万公里，比上年末增加 0.5 万公里；内河航道通航里程 10881 公里，比上年末增长 3.2%；颁证民用航空机场共计 16 个，成都天府国际机场正式通航。

贵州省加速交通设施建设，超额完成年度目标任务。2021 年全年公路水路固定资产投资 903 亿元，超年初目标 103 亿元，为全省稳投资作出了积极贡献。建成高速公路 403 公里，总里程突破 8000 公里；建成普通国省道 435 公里，超年度目标 135 公里；建成县乡公路路面改善提升工程 6025 公里，累计完成 1.5 万公里。③

云南省交通基础设施持续优化，交通运输行业保持战略定力。截至

① 《湖南交通运输 2021 年成绩单发布》，http：//jtt. hunan. gov. cn/jtt/jjzdgz/hnjtystj/gzdttj/202101/t20210128_ 14299158. html。

② 《2021 年重庆市中心城区交通发展年度报告》，http：//www. cq. gov. cn/zwxx/jrcq/202106/t20210611_ 9389684. html。

③ 《2021 年贵州省政府工作报告》，http：//www. guizhou. gov. cn/xwdt/zy/ldhd/202102/t20210224_ 66836412. html。

2021 年底，云南省公路通车里程达 30.09 万公里，形成了以昆明为中心的“七出省五出境”高速公路运输网络；铁路运营里程达 0.47 万公里，运输能力不断增强，基本形成了“八出省五出境”铁路运输网络；民用航空航线里程达 29.09 万公里，运输机场达到 15 个，运营航线 666 条；新增内河航道达到 5108 公里，水运发展基础不断夯实。①

（三）长江港口建设

长江是中国第一大河，是横贯我国东西的水运大动脉。全长 6300 余公里的长江，货运量居全球内河第一，素有“黄金水道”之称，在流域综合运输体系中具有重要地位，在沿江经济发展中更是发挥了无与伦比的保障作用。求发展，也要重环保，绿水青山就是金山银山。在发展过程中，全流域践行绿色发展理念，长江航运迅猛发展，助推沿线经济持续健康发展，不仅没有影响长江环境，反而在“长江大保护”的理念下，全流域生态环境发生了转折性变化，实现了以长江生态环境高水平保护促进和支撑长江经济带高质量发展。

在保护长江生态环境的同时，不断对长江航道进行整治以增强“黄金水道”功能。2016 年以来，随着一个个航道整治工程建成投用，长江“水上高速路”越来越畅通，黄金水道潜能不断释放，2020 年干线货物通过量突破 30 亿吨。这条世界上运量最大、通航最繁忙的内河航道，正在为长江经济带发展提供澎湃动能。②

2020 年长江经济带内河主要规模以上港口码头总长度为 351693 米，占全国内河码头总长度的 30.79%，占比与上年基本持平。2020 年长江经济带拥有泊位个数为 3571 个，占全国码头泊位数的 20.65%，与上年相比所占比例基本保持不变。长江经济带在生产用码头和非生产用码头方面，生产用码

① 《2021 年货物运输总量达 14.39 亿吨！云南省物流网建设成绩亮眼》，https://baijiahao.baidu.com/s?id=1692581614085078024&wfr=spider&for=pc。

② 《万吨级巨轮常年直达武汉——黄金水道建设为长江经济带发展提供澎湃动能》，http://cpc.people.com.cn/n1/2021/0106/c64387-31990247.html。

头长度增加6295米，占全国生产用码头长度的比例上升0.7个百分点；生产用码头数量减少36个，占全国的比例上升0.51个百分点；非生产用码头长度减少4159米，占全国的比重下降3.93个百分点；非生产用码头数量减少60个，但占全国的比重仅下降1.47个百分点（见表3）。

表3　2020年内河主要规模以上港口码头情况

项　目	总计			生产用			非生产用	
	码头长度（米）	泊位个数（个）	吨位（万吨）	码头长度（米）	泊位个数（个）	吨位（万吨）	码头长度（米）	泊位个数（个）
重　庆	78878	927	—	59411	610	—	19467	317
宜　昌	22924	185	—	22924	185	—	—	—
武　汉	19746	184	—	18078	163	—	1668	21
黄　石	7336	54	—	7336	54	—	—	—
九　江	16204	146	—	15963	144	—	241	2
安　庆	3924	39	—	3485	33	—	439	6
池　州	8385	79	—	8385	79	—	—	—
铜　陵	7414	74	3	7369	73	3	45	1
芜　湖	12515	115	12	12515	115	12	—	—
马鞍山	9793	117	1	9793	117	1	—	—
南　京	24263	187	58	24263	187	58	—	—
镇　江	24263	218	49	24143	216	49	120	2
泰　州	21158	148	62	21158	148	62	—	—
扬　州	9370	49	29	9370	49	29	—	—
江　阴	16514	107	39	16514	107	39	—	—
常　州	3746	27	9	3746	27	9	—	—
南　通	26515	156	65	25960	150	65	555	6
上海(内河)	38745	759	—	38395	754	—	350	5
下　游	206605	2075	327	205096	2055	327	1509	20
中　游	66210	569	—	64301	546	—	1909	23
上　游	78878	927	—	59411	610	—	19467	317
长江经济带	351693	3571	327	328808	3211	327	22885	360
全　国	1142202	17297	454	1102597	16681	454	39605	616
占全国比重(%)	30.79	20.65	72.03	29.82	19.25	72.03	57.78	58.44

资料来源：《中国统计年鉴2021》。

如表4所示，2020年沿海主要规模以上港口码头总长度为257282米，占全国的27.29%，与上年基本持平；泊位数总计为2198个，同比上涨0.33%，占全国的34.09%，占比略有下降。生产用码头长度增加2817米，略有上升，生产用码头泊位数减少12个；非生产用码头长度与泊位数都略有下降。

表4　2020年沿海主要规模以上港口码头泊位数

项　目	总计			生产用			非生产用	
	码头长度（米）	泊位个数（个）	吨位（万吨）	码头长度（米）	泊位个数（个）	吨位（万吨）	码头长度（米）	泊位个数（个）
上　海	105814	1024	185	75817	560	185	29997	464
连云港	17494	76	62	17197	74	62	297	2
宁波—舟山	100955	699	196	96543	608	196	4412	91
台　州	15740	197	11	15740	197	11	—	—
温　州	17279	202	20	17141	201	20	138	1
长江经济带	257282	2198	474	222438	1640	474	34844	558
全　国	942866	6447	2138	882385	5461	2138	60481	986
占全国比重（%）	27.29	34.09	22.17	25.21	30.03	22.17	57.61	56.59

资料来源：《中国统计年鉴2021》。

（四）机场群建设情况

截至2021年，长江经济带共有84个机场通航运行，占全国总机场数量的33.87%。上、中、下游机场数量分别为40个、19个和25个。2021年长江经济带新通航的机场包括上游的成都天府机场，中游的荆州沙市机场、九江庐山机场以及郴州北湖机场，下游的芜湖宣州机场。同时，下游的连云港白塔埠机场迁至连云港花果山机场，连云港花果山国际机场由连云港白塔埠机场的民用部分迁建机场而来，解决了连云港白塔埠机场军用部分和民用部分之间的运营矛盾，同时也完善了中国民航机场的总体布局。长江经济带年内定期航班新通航的城市（或地区）有湖北荆州、江西九江及安徽芜湖（见表5）。

表 5　长江经济带机场分布情况

地区	机场名称
上游机场	成都/双流、成都/天府、昆明/长水、重庆/江北、重庆/仙女山、贵阳/龙洞堡、丽江/三义、西双版纳/嘎洒、绵阳/南郊、德宏/芒市、宜昌/三峡、大理、遵义、九寨/黄龙、泸州/蓝田、腾冲/驼峰、宜宾/菜坝、毕节/飞雄、南充/高坪、万州/五桥、普洱/思茅、迪庆/香格里拉、西昌/青山、保山/云瑞、达州/河市、临沧、兴义、安顺/黄果树、广元/盘龙、攀枝花/保安营、六盘水/月照、昭通、稻城/亚丁、凯里/黄平、文山/普者黑、黎平、黔南州/荔波、宁蒗/泸沽湖、阿坝/红原、沧源/佤山
中游机场	长沙/黄花、武汉/天河、荆州/沙市、南昌/昌北、九江/庐山、张家界/荷花、郴州/北湖、赣州/黄金、襄阳/刘集、铜仁/凤凰、景德镇/罗家、井冈山、恩施/许家坪、宜春/明月山、十堰/武当山、衡阳/南岳、黔江/武陵山、永州/零陵、神农架/红坪
下游机场	上海/浦东、上海/虹桥、杭州/萧山、南京/禄口、温州/龙湾、宁波/栎社、合肥/新桥、无锡/硕放、常州/奔牛、南通/兴东、徐州/观音、扬州/泰州、义乌、盐城/南洋、淮安/涟水、连云港/白塔埠(连云港/花果山)、舟山/普陀山、台州/路桥、黄山/屯溪、阜阳、常德/桃花源、池州/九华山、安庆、衢州、芜湖/宣州

资料来源：中国民航总局网站。

二　长江经济带交通运输能力

（一）公路和水路货物运输能力

1. 上中下游比较

如表 6 所示，水路运输方面，长江经济带水路货运量占全国水路总货运量的 67.13%，水路货物周转量占全国的 55.62%。长江经济带水路运输优势明显，水路运输的优势主要体现在下游地区，下游地区水路货运量占长江经济带的 80.16%，同时货物周转量占比高达 89.14%。长江经济带下游地区是长江经济带水路运输的主要承担者。

公路运输方面，上、中、下游公路运输的货物量分别占各自总货物量（各地区公路货运量和水路货运量之和）的 94.80%、86.87%、61.63%。可见，上、中游货物运输基本上依靠公路运输，水路运输发挥的效用较小；下游货物运输发挥了水路优势，以公路运输为主，以水路运输为辅。上、中、下游公路运输的货物周转量分别占各自总货物周转量（各地区公路货物周转量和水路货物周转量之和）的 64.89%、64.19%、16.21%。中、上游将公路、水路作为货物周转的方式，而下游将水路作为货物周转的主要手段。

表 6　2021 年长江经济带公路和水路货运量和货物周转量

项　目	货运量(万吨)		货物周转量(万吨公里)	
	公路	水路	公路	水路
上　海	52899	101380	10373231	330183278
江　苏	186708	98232	36877943	77432909
浙　江	213653	109210	26369680	100295135
安　徽	259044	134580	37278807	65132585
江　西	181024	12843	39601135	3542415
湖　北	161310	47625	21961780	34463874
湖　南	198423	21272	14611563	4496243
重　庆	121185	21462	11558412	24359447
四　川	171377	5400	17897895	2647296
贵　州	89154	560	7263145	237349
云　南	129090	576	13775726	79198
下　游	712304	443402	110899661	573043907
中　游	540757	81740	76174478	42502532
上　游	510806	27998	50495178	27323290
长江经济带	1763867	553140	237569317	642869729
全　国	3913889	823973	690876531	1155775068
占全国比重(%)	45.07	67.13	34.39	55.62

资料来源：中华人民共和国交通运输部。

2. 小结

2021 年，长江经济带公路货运量约为 176.39 亿吨，同比上升 14.63%，占全国公路货运总量的 45.07%，与上年相比占比基本保持不变；公路货物周转量为 23756.93 亿吨公里，同比上升 16.15%，占全国公路货物周转总量的 34.39%，占比较上年略有上升，提高了 0.4 个百分点。水路的货运量约为 55.31 亿吨，同比上升 7.50%，占全国水路货运总量的 67.13%，占比基本与上年持平；水路货物周转量约为64286.97亿吨公里，同比上升5.18%，占全国的比重为55.62%，与上年相比占比略有下降。

（二）公路和水路客运能力

1. 总体情况

如表7所示，2021年，长江经济带的客运总量和旅客周转量分别同比下降25.83%和20.20%，占全国客运总量和旅客周转总量的比例分别为52.15%和49.07%，相比上年，所占比重基本保持不变，说明全国客运总量及旅客周转总量也都明显下滑。长江经济带客运量和旅客周转量连续两年下滑。从公路看，公路客运量同比减少26.63%，占长江经济带总客运量的96.37%，占全国公路客运总量的51.87%；公路旅客周转量同比下降20.30%，占长江经济带旅客周转总量的99.11%，占全国公路旅客周转总量的49.07%。水路方面，水路客运量与上年基本持平，占长江经济带总客运量的3.63%，占全国水路客运总量的60.89%；水路旅客周转量同比下降6.64%，占长江经济带旅客周转总量的0.89%，占全国公路旅客周转总量的48.26%。

在疫情防控常态化下，2021年全国疫情防控形势向好，但客运量和旅客周转量仍持续走低，长江经济带客运量和旅客周转量已经连续两年下滑。疫情虽然得到有效控制，但仍不能有效刺激人口流动，人口流动形势不容乐观。

表7　2021年长江经济带客运量和旅客周转量

项　目	客运量（万人次）		旅客周转量（万人公里）	
	公路	水路	公路	水路
上　海	1480	361	496806	7068
江　苏	43789	2140	3015808	8254
浙　江	24246	3846	1768698	49403
安　徽	16284	161	1478161	2130
江　西	14978	159	977066	2406
湖　北	21098	314	1286053	18775

续表

项　目	客运量(万人次)		旅客周转量(万人公里)	
	公路	水路	公路	水路
湖　南	37031	764	1953756	16897
重　庆	25647	610	1203887	29847
四　川	45349	865	2702690	9784
贵　州	19004	370	1538892	8890
云　南	14973	357	1380309	6334
下　游	85799	6508	6759473	66855
中　游	73107	1237	4216875	38078
上　游	104973	2202	6825778	54855
长江经济带	263879	9947	17802126	159788
全　国	508693	16337	36275426	331117
占全国比重(%)	51.87	60.89	49.07	48.26

资料来源：中华人民共和国交通运输部。

2. 上、中、下游比较

上、中、下游地区的客运量分别占长江经济带总客运量的39.14%、27.15%和33.71%，上游客运量最大，其次是下游，中游最小。上、中、下游地区旅客周转量占比分别为38.31%、23.69%和38.00%，上、下游旅客周转量基本持平，中游最小。通过表7可以看出，长江经济带的客运方式是以公路运输为主，公路运输的客运量和旅客周转量都远远高于水路运输。

（三）长江干线内河港口运输能力

2021年长江经济带港口吞吐量呈反弹上升趋势，货物吞吐量达75.66亿吨，较上年有大幅增加，同比上升97.55%；外贸吞吐量为16.54亿吨，同比上升43.45%；集装箱吞吐量为11301万TEU，同比上升28.67%。上中下游地区比较可见，下游地区的吞吐量优势明显，货物吞吐量占长江经济带的85.77%，与上年相比占比进一步提升，增长了8.9个百分点，外贸吞吐量和集装箱吞吐量占比分别为97.9%和94.7%，占比较上年均有所上升。

中游地区吞吐量次之，下游地区最少。与上年相比，下游地区的货物吞吐量、外贸吞吐量和集装箱吞吐量均呈上升趋势，分别上升 121.42%、44.71%和 29.36%。与上年不同，上游地区的货物吞吐量、外贸吞吐量和集装箱吞吐量逐步复苏，呈上升趋势，分别上升 22.34%、12.89%和 11.97%。与上年相同，中游地区外贸吞吐量略有下降，下降 1.28%，货物吞吐量和集装箱吞吐量均呈上升趋势，分别上升 22.07%和 19.68%（见表 8）。

表 8　2021 年长江干线主要内河港口货物、集装箱吞吐量

项目	港口	货物吞吐量(万吨)	外贸吞吐量(万吨)	集装箱吞吐量(万 TEU)
上游	重庆	19804	578	133
	四川	2044	140	26
	小计	21848	718	159
	同比增长(%)	22.34	12.89	11.97
中游	江西	22905	444	78
	湖北	48831	1787	284
	湖南	14094	460	82
	小计	85830	2691	444
	同比增长(%)	22.07	-1.28	19.68
下游	上海(内河)	7143	—	—
	上海(沿海)	69827	41491	4703
	江苏(内河)	282709	42550	1639
	江苏(沿海)	38127	16948	541
	浙江(内河)	43824	263	122
	浙江(沿海)	149010	59170	3489
	安徽	58326	1522	204
	小计	648966	161944	10698
	同比增长	121.42	44.71	29.36
长江经济带	总计	756644	165353	11301
	同比增长(%)	97.55	43.45	28.67
全国	总计	1554534	469736	28272
	同比增长(%)	6.85	4.49	6.97
占全国比重(%)		48.67	35.20	39.97

资料来源：中国交通运输部网站。

（四）航空运输能力

1. 总体概况

2021 年长江经济带机场全年旅客吞吐量为 39619 万人次，比上年上升 5.96%，占全国全年旅客吞吐总量的 43.66%。其中，中游地区上升幅度较大，同比增速为 21.0%，上、下游略微上升，同比增速分别为 2.81% 和 4.03%。与旅客吞吐量相比，货邮吞吐量同比增速更快，全年货邮吞吐量 867.1 万吨，占全国货邮吞吐总量的 48.64%，同比增长 9.3%。其中，中游地区上升幅度较大，同比增速为 23.83%，而上、下游地区同比增速分别为 10.54% 和 7.52%（见表 9）。长江经济带机场吞吐量相比上年有所上升，但仍未恢复到疫情前水平，与疫情前水平相距甚远。

表 9　2021 年长江经济带机场吞吐量

机　场	旅客吞吐量			货邮吞吐量		
	增速排名	本期完成（万人次）	同比增速（%）	增速排名	本期完成（万吨）	同比增速（%）
上　海	18	6541.4	6.1	16	436.6	8.5
江　苏	23	3941.3	0.5	26	65.3	-2.8
浙　江	19	5182.8	3.7	12	112.6	10.5
安　微	16	1099.7	6.5	17	10.0	7.7
江　西	13	1374.6	8.0	28	17.9	-4.3
湖　北	1	2663.7	50.0	1	32.5	65.0
湖　南	17	2502.5	6.2	15	21.3	9.1
重　庆	21	3741.6	2.8	5	47.9	16.0
四　川	10	5578.8	11.8	21	68.0	5.3
贵　州	26	2221.5	-1.4	25	12.0	1.5
云　南	29	4771.1	-4.3	4	43.0	16.6
下　游		16765.2	4.03		624.5	7.52
中　游		6540.8	21.00		71.7	23.83
上　游		16313.0	2.81		170.9	10.54
长江经济带		39619.0	5.96		867.1	9.30
全　国		90748.3	5.87		1782.8	10.91
占全国比重(%)		43.7			48.6	

资料来源：中国民用航空局。

2. 上、中、下游比较

如表 10 所示，与上年相比，截至 2021 年底，长江经济带下游地区旅客吞吐量超千万级的机场仍然为 4 个，分别为上海虹桥、上海浦东、杭州萧山、南京禄口；中游地区仍拥有 2 个千万级机场，分别为长沙黄花和武汉天河；上游地区则有 4 个千万级机场，分别为成都双流、重庆江北、昆明长水及贵阳龙洞堡。

相比上年，长江经济带 2021 年仍有 19 个机场位列全国航空旅客吞吐量 50 强，全年旅客吞吐量约 3 亿人次，同比上年上升 9.35%。从排名上看，2021 年全国航空旅客吞吐量机场前 10 名中，相比上年，仍然有 6 个机场位于长江经济带。但各个机场航空旅客吞吐量的上升趋势并不太明显，甚至部分机场同比增速为负。只有武汉天河机场的航空旅客吞吐量同比增速超过了 50%，其原因可能是武汉 2020 年封城 76 天，造成当年航空旅客吞吐量过低。与 2020 年相比，各机场的排名基本都有变化，其中位次上升最明显的是武汉天河机场，上升 10 个位次。成都天府机场是 2021 年新开通的机场，2021 年航空旅客吞吐量排名第 47 位，成都成为又一拥有 2 个机场位列全国航空旅客吞吐量 50 强的城市。下降最明显的是丽江三义机场，下降 4 个位次。南通兴东机场退出全国航空旅客吞吐量 50 强。

从货邮吞吐量来看，丽江三义机场、西双版纳嘎洒机场、绵阳南郊机场都在全国 50 强之外。上海浦东机场货邮吞吐量仍位居全国第一，占长江经济带机场货邮总吞吐量的 47.22%，占比与上年基本持平。

在全国十大货邮吞吐量机场中，长江经济带仍然拥有 5 个，分别是上海浦东、杭州萧山、成都双流、重庆江北、上海虹桥；与上年相比，上海虹桥重新进入全国十大货邮吞吐量机场行列，同比增速 13.2%；而南京禄口则退出该行列。排名方面，与上年相比，上海浦东机场、杭州萧山机场、成都双流机场及重庆江北机场排名不变，上海虹桥机场上升 1 个位次，居第 10 位。

从货邮吞吐量同比增速看，大部分机场的同比增速为正，说明疫情防控常态化下，机场货邮吞吐量有所恢复。其中增速最明显的是武汉天河机场以及西双版纳嘎洒机场，分别为 66.9%和 59.7%。南京禄口机场、南昌昌北机场、宁波栎社机场、温州龙湾机场及绵阳南郊机场的货邮吞吐量都有所下降，同比增速为负值。

表 10　2021 年长江经济带主要机场吞吐量

机场	旅客吞吐量				货邮吞吐量			
	名次	本期完成（人次）	上年同期（人次）	同比增速（%）	名次	本期完成（吨）	上年同期（吨）	同比增速（%）
成都/双流	2	40117496	40741509	-1.5	7	629422.2	618527.7	1.8
重庆/江北	4	35766284	34937789	2.4	8	476723.1	411239.6	15.9
上海/虹桥	5	33207337	31165641	6.6	10	383405.5	338557.1	13.2
昆明/长水	7	32221295	32989127	-2.3	11	377225.4	324989.8	16.1
上海/浦东	8	32206814	30476531	5.7	1	3982616.4	3686627.1	8.0
杭州/萧山	10	28163820	28224342	-0.2	5	914063.0	802049.1	14.0
长沙/黄花	12	19983064	19223825	3.9	16	209074.5	192018.0	8.9
武汉/天河	13	19796618	12802070	54.6	13	315998.2	189361.1	66.9
南京/禄口	15	17606886	19906576	-11.6	12	359138.5	389362.4	-7.8
贵阳/龙洞堡	17	16964158	16583878	2.3	28	115242.6	113452.0	1.6
南昌/昌北	31	9795967	9426518	3.9	20	173394.4	182174.8	-4.8
宁波/栎社	32	9462501	8971579	5.5	29	112685.6	119155.9	-5.4
温州/龙湾	33	9231409	8787200	5.1	35	73241.4	73571.6	-0.4
合肥/新桥	36	8795391	8594344	2.3	33	93721.0	87505.6	7.1
无锡/硕放	38	7126411	5993519	18.9	22	163395.2	157198.0	3.9
成都/天府	47	4354758	—	—	49	19853.7	—	—
西双版纳/嘎洒	48	4267978	4091893	4.3	55	13719.5	8592.4	59.7
丽江/三义	49	4220618	5037158	-16.2	54	14212.6	11207.9	26.8
绵阳/南郊	50	2980409	2890912	3.1	67	7347.3	7564.8	-2.9
合计	—	336269214	320844411	9.35	—	8434480.1	7713154.9	4.81

资料来源：中国民用航空局。

（五）快递服务业发展情况

近年来我国邮政、物流及仓储等不断发展，我国快递行业也随之快速发展。加上近年来电商行业火爆，网络通信发展更是带动了我国快递行业的发展，快递业务量激增。物流行业也随之蓬勃发展起来。快递业是现代服务业的重要组成部分，可以有效地推动流通方式转型，同时促进消费升级。快递业已经成为交通运输业十分重要的组成部分。如表 11 所示，2021 年，长江经济带快递业务量约为 495.30 亿件，同比增长 28.1%；快递收入突破 5000 亿元大关，全年快递收入为 5062.86 亿元，同比增加 19.5%。长江经济带的快递业务量及快递收入占全国的比重分别为 45.74% 和 49.00%。上、中、下游地区比较发现，长江经济带的快递业务量和收入主要集中在下游地区，分别占长江经济带的 77.24% 和 78.72%。而中、上游地区的快递业务量和收入均占长江经济带的 10%左右。

表 11　2021 年长江经济带快递业务量和收入情况

项　目	快递业务量（万件）	同比增长（%）	快递收入（万元）	同比增长（%）
上　海	374137.9	11.2	17158198.9	20.1
江　苏	860653.7	23.4	7883840.7	11.2
浙　江	2278148.1	26.9	12646992.4	18.1
安　徽	312664.8	42.0	2168052.1	23.9
江　西	160091.5	42.9	1443098.3	25.9
湖　北	269341.6	50.9	2413143.4	35.0
湖　南	197803.1	34.4	1625079.7	25.3
重　庆	97936.0	34.0	1034335.2	24.6
四　川	278269.8	29.3	2680665.3	20.1
贵　州	39787.1	41.3	666807.3	27.7
云　南	84190.5	33.7	908387.2	23.2
下　游	3825604.5	25.5	39857084.1	17.8
中　游	627236.2	43.3	5481321.4	29.6
上　游	500183.4	31.8	5290195.0	22.4
长江经济带	4953024.1	28.1	50628600.5	19.5
全　国	10829641.3	29.9	103323162.0	17.5
占全国比重(%)	45.74		49.00	

资料来源：中华人民共和国交通运输部。

三　发展展望与建议

2021 年，全国疫情防控常态化，交通运输行业抓住机会，坚持稳中求进工作总基调，完整、准确、全面贯彻新发展理念，以建设交通强国为目标，大力推进交通行业高质量发展，力图构建高质量发展新格局，统筹疫情防控和交通运输发展各项工作，为做好“六稳”“六保”工作提供了重要的支撑。这一年，是“十四五”规划的开局之年，是我国开启全面建设社会主义现代化国家新征程的第一个五年，对于谋划好“十四五”时期的发展非常重要。长江经济带交通运输业也全面形成了横穿东西、纵贯南北的综合立体交通运输走廊体系，在“十四五”开局之年迈好了第一步、创造了新气象。

中国经济已步入全面建设社会主义现代化国家的新征程，对长江经济带的发展也提出新要求。面对新的发展形势，长江经济带将构建高水平对外开放运输体系，充当社会主义现代化建设的先头兵。长江经济带的交通运输体系是推动长江经济带高质量发展的重要支撑，是畅通国内国际双循环主动脉的关键举措，更是促进长江经济带上中下游协调发展的有力抓手。面对新的机遇和挑战，长江经济带应做好以下几个方面的工作。

构建高水平对外开放运输体系。这就需要在综合立体交通运输走廊体系之上发挥长江经济带东西双向开放、陆海统筹兼具的区位优势，加快推进长江经济带黄金水道中重点项目建设，加速完成向东、向西、向南、内陆四个方向的对外通道建设任务，逐步形成陆海内外联动、东西双向互济的全面开放新格局。

求发展，也要重保护。长江经济带将生态优先、绿色发展作为目标定位，在保护生态环境的前提下，不断推进综合交通运输体系建设，始终将保护修复长江生态环境放在压倒性位置。最大限度保护长江流域重点生态功能区，同时降低交通污染排放和能源资源消耗，实现长江经济带低碳、绿色、可持续发展。

加强科技攻关，融合创新发展。推动长江经济带交通运输数字化、智能化发展，加快流域新型基础设施建设，创新运输组织形式，强化新技术、新装备在交通运输发展中的应用。加强与其他相关行业的融合发展，为交通运输业的发展不断注入新的动力。

Contents

Ⅰ General Reports

B.1 Report on Economic Development of Yangtze River Economic Belt (2021-2022)

Wang Zhen, *Ma Shuang* / 001

Abstract: The Yangtze River Economic Belt covers three regional plates and 11 provinces (or municipalities) of China, the population and economic output account half for the country. Thus, it has a prominent economic position and great development potential, and plays an important role in promoting China's regional coordinated and high-quality development. In 2021, the GDP and its proportion of the whole country of the Yangtze River Economic Belt continued to grow, regional agglomeration effect became more significant. The industrial structure became more optimization, and the development of service industry, industry and strategic emerging industries had its own merits. The three major economic development drivers, that is, investment, consumption and export all showed positive growth, domestic consumption rebounded strongly, and investment and export maintained stable growth.

Keywords: Economic Development; Industrial Structure; Economic Driving Force; Yangtze River Economic Belt

B.2 Report on Social Development of Yangtze River Economic Belt (2021-2022)

Yang Xin / 013

Abstract: This report focuses on the analysis of social undertakings development data of 11 provinces and cities in the Yangtze River Economic Belt from 2019 to 2021. It describes and summarizes the current situation of social undertakings development in the dimensions of population development, people's life, public services, science and technology culture, employment and pension, and social security. It focuses on the changes of social undertakings in the context of repeated epidemics in 2021, and attempts to clarify the development context Summarize the basic characteristics to analyze the problems faced by the coordinated development of the economy and society of the whole Yangtze River Economic Belt, so as to provide reference for promoting the realization of the goal of common prosperity of the Yangtze River Economic Belt.

Keywords: Yangtze River Economic Belt; Social Development; Social Undertakings

B.3 Report on Ecological Development of Yangtze River Economic Belt (2021-2022)

Shang Yongmin, *Hai Junjiao* / 050

Abstract: As the provinces and cities in the Yangtze River Economic Belt put the restoration of the ecological environment of the Yangtze River in an overwhelming position and promote a comprehensive green transformation of economic and social development, a turning point has taken place in the ecological and environmental protection of the Yangtze River Economic Belt. During 2021 and 2022, the provinces and cities in the Yangtze River Economic Belt have firstly actively respond to climate change and accelerate the realization of the dual-carbon development goals, secondly strengthen ecological environment governance and fight the tough battle of pollution prevention and control, once again solidly promote ecological construction and strengthen ecosystem protection and restoration, and finally strengthen ecological Environmental protection supervision and modernization of environmental governance capabilities have been carried out. Furthermore, the environmental quality of the Yangtze River has continued to improve, the ecological protection and restoration effects of the Yangtze River have gradually emerged, and the resource utilization efficiency has been steadily improved. By evaluating the ecological green development level of the Yangtze River Economic Belt, we found that the inter-regional gap in the comprehensive level of green development among the provinces and cities in the Yangtze River Economic Belt continues to narrow, and the green development level of the central region has improved significantly whose ranking have surpassed that of the eastern region. Among them, the eastern region has obvious advantages in green production, while the central and western regions have advantages in green life and green ecology respectively. In the future, the Yangtze River Economic Belt should take water environment management as the breakthrough point of environmental protection in the Yangtze River Economic Belt, lead the circular economy development of the Yangtze River Economic Belt with the construction of waste-free cities, and promote the Yangtze River Economic Belt to realize the double-carbon goal as soon as possible with the transformation of low-carbon and energy-saving.

Keywords: Ecological Development; "Carbon Peaking and Carbon Neutrality" Development; Green and Low-carbon Transition; Yangtze River Economic Belt

Ⅱ Index Reports

B.4 Report on Green Development Index of Yangtze River Economic Belt in 2021-2022

Hai Junjiao / 077

Abstract: The Yangtze River Economic Belt is the main battlefield for the national ecological priority and green development policy, and the coordinated promotion of ecological environmental protection and economic development is the main theme of regional development. This report evaluates the green development level of 126 cities (prefectures) in the Yangtze River Economic Belt from the three aspects of green ecology, green production and green life by constructing the index system of green development of the Yangtze River Economic Belt. The progress of green development of three urban agglomerations and the top 20 leading cities in the comprehensive index was classified and introduced.

Keywords: Green Development; Index System; Yangtze River Economic Belt

B.5 The Science and Technology Innovation Driving Force Index Report in the Yangtze River Economic Belt (2021-2022)

Yang Fan / 107

Abstract: The scientific and technological innovation driving force (S&T IDFI) has become a leading factor in the high-quality development of the Yangtze River Economic Belt. By constructing the evaluation system of the S&T IDFI based on the AHP-EVM model, this paper makes a quantitative assessment of the S&T IDFI in 110 cities in the Yangtze River Economic Belt, divides the cities into grades in general, and compares and analyzes the ranking of cities in the sub-system of the S&T IDFI. Meanwhile, the capacity structure model is used to analyze the development of regional collaborative innovation. Based on the sub-system structure of the S&T IDFI, the key city combination with high possibility of collaborative innovation and the benefit pattern of collaborative innovation are mainly revealed.

Keywords: Yangtze River Economic Belt; Science and Technology Innovation; Index Evaluation System; Capability Structure; Coordinated Development

B.6 Report on Industrial Transformation and Upgrading Index of Yangtze River Economic Belt in 2021-2022

Ma Shuang / 142

Abstract: This report systematically and comprehensively evaluates the industrial transformation and upgrading level of 126 cities in the Yangtze River economic belt from the four dimensions: structural optimization, quality improvement, industrial innovation and environmental friendliness. According to the comprehensive index and four special indexes, the 126 cities and the top 20 key cities are analyzed.

Keywords: The Yangtze River Economic Belt; Industrial Transformation and Upgrading; Industrial Innovation

B.7 Yangtze River Economic Belt Social Development Index Report in 2021-2022

Yang Xin / 173

Abstract: The report takes 126 administrative units above prefecture level cities in the whole Yangtze River Economic Belt as samples, and comprehensively analyzes the regional development dynamics of the Yangtze River basin by building a social development index of the Yangtze River Economic Belt, including social undertakings, social security, people's living standards, and social vitality. Compared with last year, the social development index of the Yangtze River Economic Belt has continued to grow, but the impact of the epidemic is still obvious, so the pace of progress is slower than before. From the perspective of regional gap, the gap between the upstream, middle and downstream is still widening, especially between the upstream and downstream. From the perspective of sub indicators, the development of social undertakings across the Yangtze River Economic Belt is relatively stable, and the development of urban and rural areas is relatively balanced. Although social security undertakings are improving, there is still much room for progress. In general, the three provinces and one city in the lower Yangtze River Delta continue to lead the whole region by a large margin, forming a ladder like fault with the middle and upper reaches. The cities in the upper and middle reaches still lag behind in the field of social security, and further targeted measures need to be taken to promote comprehensive social development.

Keywords: Yangtze River Economic Belt; Social Undertakings; Development Index

B.8 Report on Common Prosperity Index of Yangtze River Economic Belt in 2021-2022

Le Han / 198

Abstract: The healthy development of the Yangtze River Economic Belt is the driving force of the rapid development of the national economy in the new era and the benchmark of the national strategy. Achieving common prosperity is the essential requirement of the socialist system, the lofty ideal of several generations of our party, and also the major strategic deployment of the current party and the country. This paper constructs a measurement index system of common prosperity in the Yangtze River Economic Belt around the essence, connotation, and goal of common prosperity in the Yangtze River Economic Belt, and explores the road to common prosperity in the Yangtze River Economic Belt from the three macro dimensions of "politics", "economy", and "society", It is proposed to deeply understand the theoretical connotation of common prosperity and explore a balanced, coordinated and inclusive development path; Consolidate the economic system guarantee of common prosperity and thoroughly implement the strategy of regional coordinated development; Spiritual prosperity and material prosperity should be promoted at the same time to build a society with a high degree of coexistence of material civilization and spiritual civilization; We will comprehensively promote the rural revitalization strategy and narrow the gap between urban and rural life.

Keywords: Yangtze River Economic Belt; Common Prosperity; Socialist System

Ⅲ Industry Reports

B.9 Report on Agricultural Development in Yangtze River Economic Belt in 2021-2022

Dai Weijuan / 220

Abstract: The scale of agricultural industrial in the Yangtze River Economic Belt still accounts for nearly half of China's agricultural economy. It has an industrial structure similar to the national average. In its upstream, middle and downstream, its agricultural bases are different. The agricultural development level of the downstream area is higher, followed by the midstream. With the "mechanization" transformation of agricultural land, the agricultural growth of the midstream and downstream areas, mainly hilly and mountainous areas, is faster, and the mechanization and facility level are constantly improving. To achieve agricultural modernization as a whole, there are weak points in the Yangtze River Economic Belt. It is necessary for the upstream, middle and downstream regions to strengthen cooperation and coordinated development. In 2022, all regions of the Yangtze River Economic Belt will continue to take the implementation of the rural revitalization strategy as the overall starting point, stabilize the supply of major agricultural products, consolidate the foundation of agricultural modernization, promote the integration of three industries, and vigorously improve the quality of agricultural development.

Keywords: Yangtze River Economic Zone; Agriculture; Modern Agriculture; Modernization

B.10 Report on the Industrial Development of the Yangtze River Economic Belt in 2021–2022

Zhang Meixing / 245

Abstract: The Yangtze River Economic Belt has a complete industrial system, a complete industrial chain and a solid industrial foundation for advanced manufacturing. The total economic output accounts for "half of the country" and is an important "growth pole" for China's regional economic development. In 2021, the industrial economy of the Yangtze River Economic Belt has been steadily rising, steadily improving, industrial investment has achieved rapid growth, the economic benefits of industrial enterprises above designated size has been significantly improved, and the growth of industrial assets continues to expand. From the perspective of the development level of key industries, the computer, communication and other electronic equipment manufacturing industry has achieved rapid growth, the revenue of chemical raw materials and chemical products manufacturing industry has continued to decline, the electrical machinery and equipment manufacturing industry has developed steadily, the production and sales of automobile manufacturing industry have significantly increased, and the output of new energy vehicles has doubled. 2022 is a key year for the implementation of the Fourteenth Five Year Plan. "Promoting the development of the Yangtze River Economic Belt", as a major measure to promote regional coordinated development, was highlighted in the report of the 20th National

Congress of the Communist Party of China. The provinces and cities along the Yangtze River Economic Belt will speed up the cultivation and expansion of new drivers of development, actively promote digital industrialization and industrial digitalization, enhance the resilience and advantages of the industrial chain supply chain, improve the core competitiveness of the manufacturing industry, and promote high-quality economic development.

Keywords: Yangtze River Economic Belt; Manufacturing Industry; Economic Efficiency; Transformation and Upgrading

B.11 Digital Economy Development Report of Yangtze River Economic Belt in 2021-2022

Xu Limei / 269

Abstract: In 2021, the scale of Chinese digital economy reached 45.5 trillion-yuan, nominal growth rate reached 16.2%, and accounted for 39.8% of GDP. In the past year, the digital economy in the Yangtze River Economic Belt region has also developed significantly. From the perspective of digital industrialization, the electronic information manufacturing industry in the Yangtze River Economic Belt accounted for about 1/2 of the national proportion, and the growth rate of the software and information technology service industries was more than 10%. From the perspective of industrial digitization, the scale of industrial digitization in Jiangsu, Zhejiang, Shanghai, Hubei, Sichuan, Hunan, Anhui, Chongqing, and Jiangxi all exceeded 1 trillion yuan. In addition, e-commerce, big data and artificial intelligence in the Yangtze River Economic Belt performed well in 2021. Looking forward to 2022, the digital economy in the Yangtze River Economic Belt will become an important driving force for economic development in the post-epidemic era. The network infrastructure will be further improved, the pace of digital transformation will be accelerated, and the digital economy will develop better in coordination.

Keywords: The Yangtze Economic Belt; Digital Economy; Electronic Information Industry

B.12 Report on Tourism Industry Development of Yangtze River Economic Belt in 2021–2022

Yu Qiuyang, *Wang Qian* / 294

Abstract: The Yangtze River Economic Zone spans the eastern, Western and central regions of China, and is also one of the regions with the strongest comprehensive strength and greatest strategic support for China's tourism industry. The joint construction of the "Yangtze River International Golden Tourism Zone" has become a breakthrough and an important starting point to promote the major strategy of the Yangtze River Economic Zone. After years of development, the tourism industry of the 11 provinces and cities in the Yangtze River Economic Zone has carried out long-term cooperation in resource development, industrial upgrading, transformation and upgrading. But at the same time, the level of tourism development among regions is still different, and there are still barriers in the process of regional cooperation. Combined with the outbreak era the new trend of development of the tourism industry, especially rural tourism and red tourism, this paper made an analysis about the present situation of tourism development along the Yangtze River Economic Zone. On this basis, combined with the current new demand of tourism development, this paper puts forward corresponding suggestions on how to develop the domestic tourism market, further enrich the rural tourism formats of the Yangtze River Economic Zone and promote the regional red tourism brand.

Keywords: Yangtze River Economic Zone; Tourism; Rural Tourism; Red Tourism

B.13 Report on the Development of Transportation Industry in the Yangtze River Economic Belt in 2021–2022

Wang Xiaojuan, Duan Yu / 318

Abstract: The COVID–19 broke out in 2020. Under this severe situation, the transportation industry of the Yangtze River Economic Belt was still developing steadily, and the transportation system was becoming increasingly perfect. In this year the transportation modes were gradually diversified and the transportation capacity was constantly improving. Based on the statistical data of transportation network mileage, road investment, port construction and airport cluster construction, this report analyzed the development of transportation industry in the Yangtze River Economic Belt from multiple perspectives, compared the development of upstream, middle and downstream, and finally put forward corresponding suggestions and prospects for the future development of transportation industry in the Yangtze River Economic Belt.

Keywords: Yangtze River Economic Belt; Transportation Industry; Port; Airport

皮 书

智库成果出版与传播平台

皮书定义

皮书是对中国与世界发展状况和热点问题进行年度监测，以专业的角度、专家的视野和实证研究方法，针对某一领域或区域现状与发展态势展开分析和预测，具备前沿性、原创性、实证性、连续性、时效性等特点的公开出版物，由一系列权威研究报告组成。

皮书作者

皮书系列报告作者以国内外一流研究机构、知名高校等重点智库的研究人员为主，多为相关领域一流专家学者，他们的观点代表了当下学界对中国与世界的现实和未来最高水平的解读与分析。截至 2022 年底，皮书研创机构逾千家，报告作者累计超过 10 万人。

皮书荣誉

皮书作为中国社会科学院基础理论研究与应用对策研究融合发展的代表性成果，不仅是哲学社会科学工作者服务中国特色社会主义现代化建设的重要成果，更是助力中国特色新型智库建设、构建中国特色哲学社会科学“三大体系”的重要平台。皮书系列先后被列入“十二五”“十三五”“十四五”时期国家重点出版物出版专项规划项目；2013~2023 年，重点皮书列入中国社会科学院国家哲学社会科学创新工程项目。

皮书网

（网址：www.pishu.cn）

发布皮书研创资讯，传播皮书精彩内容
引领皮书出版潮流，打造皮书服务平台

栏目设置

◆ **关于皮书**
何谓皮书、皮书分类、皮书大事记、
皮书荣誉、皮书出版第一人、皮书编辑部

◆ **最新资讯**
通知公告、新闻动态、媒体聚焦、
网站专题、视频直播、下载专区

◆ **皮书研创**
皮书规范、皮书选题、皮书出版、
皮书研究、研创团队

◆ **皮书评奖评价**
指标体系、皮书评价、皮书评奖

◆ **皮书研究院理事会**
理事会章程、理事单位、个人理事、高级研究员、理事会秘书处、入会指南

所获荣誉

◆ 2008 年、2011 年、2014 年，皮书网均在全国新闻出版业网站荣誉评选中获得“最具商业价值网站”称号；

◆ 2012 年，获得“出版业网站百强”称号。

网库合一

2014年，皮书网与皮书数据库端口合一，实现资源共享，搭建智库成果融合创新平台。

皮书网　“皮书说”微信公众号　皮书微博

S 基本子库
UB DATABASE

中国社会发展数据库（下设 12 个专题子库）

紧扣人口、政治、外交、法律、教育、医疗卫生、资源环境等 12 个社会发展领域的前沿和热点，全面整合专业著作、智库报告、学术资讯、调研数据等类型资源，帮助用户追踪中国社会发展动态、研究社会发展战略与政策、了解社会热点问题、分析社会发展趋势。

中国经济发展数据库（下设 12 专题子库）

内容涵盖宏观经济、产业经济、工业经济、农业经济、财政金融、房地产经济、城市经济、商业贸易等12个重点经济领域，为把握经济运行态势、洞察经济发展规律、研判经济发展趋势、进行经济调控决策提供参考和依据。

中国行业发展数据库（下设 17 个专题子库）

以中国国民经济行业分类为依据，覆盖金融业、旅游业、交通运输业、能源矿产业、制造业等 100 多个行业，跟踪分析国民经济相关行业市场运行状况和政策导向，汇集行业发展前沿资讯，为投资、从业及各种经济决策提供理论支撑和实践指导。

中国区域发展数据库（下设 4 个专题子库）

对中国特定区域内的经济、社会、文化等领域现状与发展情况进行深度分析和预测，涉及省级行政区、城市群、城市、农村等不同维度，研究层级至县及县以下行政区，为学者研究地方经济社会宏观态势、经验模式、发展案例提供支撑，为地方政府决策提供参考。

中国文化传媒数据库（下设 18 个专题子库）

内容覆盖文化产业、新闻传播、电影娱乐、文学艺术、群众文化、图书情报等 18 个重点研究领域，聚焦文化传媒领域发展前沿、热点话题、行业实践，服务用户的教学科研、文化投资、企业规划等需要。

世界经济与国际关系数据库（下设 6 个专题子库）

整合世界经济、国际政治、世界文化与科技、全球性问题、国际组织与国际法、区域研究 6 大领域研究成果，对世界经济形势、国际形势进行连续性深度分析，对年度热点问题进行专题解读，为研判全球发展趋势提供事实和数据支持。